Amos 28에 의한 조절효과, 매개효과 및 PROCESS 모델 분석

배병렬

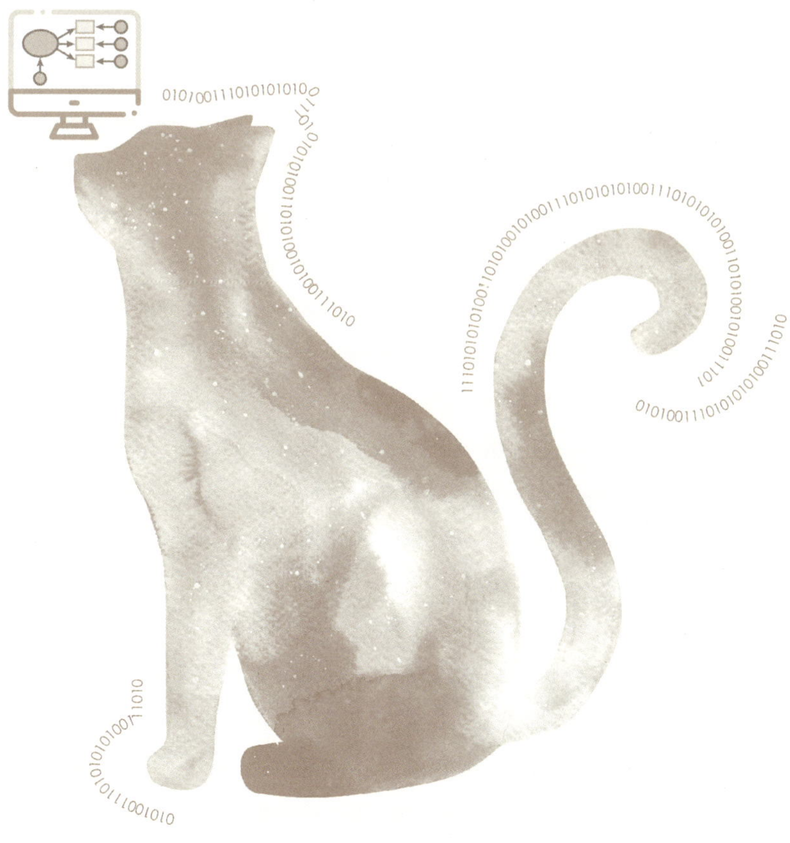

도서출판 청람

| 머리말 |

안녕하십니까? 배병렬입니다.

이 책은 조절효과, 매개효과 및 Hayes의 PROCESS 모델을 Amos를 이용하여 분석하는 것에 초점을 맞추어 기술한 것입니다. 이 책의 특징은 조절효과 및 매개효과와 관련된 모든 내용을 담고자 했고, 또한 PROCESS 모델 가운데 다중조절모델, 조절된 매개모델 및 조절된 조절된 매개모델을 Amos를 이용하여 분석하는 것에 초점을 맞추어 기술한 것입니다.

이들 분석을 Amos에 초점을 맞춘 이유는 구조방정식모델링 프로그램 가운데 Amos가 국내에서 가장 많이 사용되고 있기 때문입니다. Amos는 Syntax 방식이 아닌 GUI(graphical user interface) 방식이어서 사용하기가 편리하므로 많은 연구자가 이 프로그램을 이용하여 연구하고 있습니다. Amos는 사용하기는 편리하나 경쟁 프로그램인 Mplus에 비해 여러 가지 면에서 한계가 있습니다. 특히 PROCESS 모델을 분석하는 데 있어 Mplus는 Amos에 비해 많은 강점이 있습니다.

이 책은 PROCESS 모델 가운데 다중조절모델(multiple moderation model), 조절된 매개모델(moderated mediation model), 조절된 조절된 매개모델(moderated moderated mediation model)을 Amos를 이용하여 분석하는 것에 대해 기술한 국내 최초의 책입니다. 저자가 알기로는 세계 최초의 책이기도 합니다. Amos로 분석한 값을 Mplus로 분석한 것과 비교해 보니, 값이 크게 차이가 나지 않았습니다.

저자의 Amos 19(2011) 책에서 다중매개모델(multiple mediation model)인 경우 팬텀변수(phantom variable)를 도입하여 특정간접효과(specific indirect effect)를 추정하는 것을 국내에 처음 소개할 때 저자는 유레카의 희열을 느꼈었는데, 이 책을 집필하면서도 그런 감정을 느꼈습니다. 이 책을 집필하면서 세렌디피티(serendipity)라는 단어의 의미를 깨닫게 되는 소중한 경험을 한 것 같습니다.

아무쪼록 이 책이 Amos로 조절효과, 매개효과, PROCESS 모델을 분석할 때 도움이 되기를 소망합니다. 끝으로 독자의 건강과 행복을 기원하며 머리말을 맺고자 합니다. 감사합니다.

2022년 5월
저자 씀

★ 궁금한 점이 있으면 http://www.esem.co.kr의 [자료실]→[질문과 답변]에 글을 남겨주시기 바랍니다.

|차례|

CHAPTER 1 조절효과분석: 개요

1. 조절효과의 의의 ▪ 2
2. 조절효과의 통계적 모델 ▪ 5
3. 조절효과분석의 의의 ▪ 9
4. 조절효과의 이론적 가정 ▪ 10
   4.1 조절효과의 유형: 연속형 조절변수인 경우 ▪ 11
   4.2 조절효과의 유형: 범주형 조절변수인 경우 ▪ 15
5. 조절효과분석 절차 ▪ 15
   5.1 조절변수의 선정 ▪ 16
   5.2 조절효과의 가설설정 ▪ 17
   5.3 조절효과 분석법의 선택 ▪ 18
   5.4 상호작용항 계수의 사후심층탐구 ▪ 19
   5.5 시각화 ▪ 19
   5.6 결과보고 및 기술 ▪ 20

✪ 참고문헌 ▪ 21

CHAPTER 2 조절효과분석(Ⅰ): 범주형 조절변수

1. 범주형 조절변수의 조절효과분석: 예 1 ▪ 26
   1.1 한 개의 경로에 대한 조절효과분석 ▪ 26
   1.2 두 개의 경로에 대한 조절효과분석 ▪ 40
2. 범주형 조절변수의 조절효과분석: 예 2 ▪ 42

✪ 참고문헌 ▪ 49

CHAPTER 3

조절효과분석(Ⅱ): 범주형 조절변수

1. 범주형 조절변수의 조절효과분석: 두 집단의 경우 ▪ 52
   1.1 대응별 모수비교에 의한 방법 ▪ 53
   1.2 χ^2차이검정에 의한 방법 ▪ 59
2. 범주형 조절변수의 조절효과분석: 세 집단의 경우 ▪ 61
   2.1 대응별 모수비교에 의한 방법 ▪ 61
   2.2 χ^2차이검정에 의한 방법 ▪ 64
3. 범주형 조절변수의 조절효과분석: 두 경로에 대한 동시 분석 ▪ 65
✪ 참고문헌 ▪ 72

CHAPTER 4

조절효과분석(Ⅰ): Ping의 접근법

1. 연속형 조절변수의 조절효과분석 접근법 ▪ 74
2. Ping의 접근법 ▪ 77
   2.1 단일지표 접근법 ▪ 77
   2.2 적항 접근법 ▪ 78
3. Ping의 접근법: 예 1 ▪ 78
   3.1 Ping(1996b)의 예 ▪ 78
4. Ping의 접근법: 예 2 ▪ 83
   4.1 Ping(1994, 1996a)의 예 ▪ 83
5. Ping의 접근법: 예 3 ▪ 89
6. Ping의 접근법: 예 4 ▪ 100
✪ 참고문헌 ▪ 106

CHAPTER 5

조절효과분석(Ⅱ): Marsh 등의 접근법

1. Marsh 등의 접근법: 개요 ▪ 110
2. Marsh 등(2006)의 접근법: 예 1 ▪ 111
   2.1 Marsh 등의 첫 번째 방법: 평균구조가 있는(with mean structure) 모델 ▪ 112
   2.2 Marsh 등의 두 번째 방법: 평균구조가 없는(without mean structure) 모델 ▪ 114
   2.3 표준화계수의 교정 ▪ 118

3. Marsh 등(2013)의 접근법: 예 2 ▪ 120
3.1 평균구조가 있는 모델 ▪ 120
3.2 평균구조가 없는 모델 ▪ 122
4. Marsh 등(2006)의 접근법: 예 3 ▪ 123
4.1 Marsh 등의 첫 번째 방법: 평균구조가 있는 모델 ▪ 123
4.2 Marsh 등의 두 번째 방법: 평균구조가 없는 모델 ▪ 125
✪ 참고문헌 ▪ 129

CHAPTER 6

조절효과분석(Ⅲ): Lin 등의 접근법

1. Lin 등(2010)의 접근법: 예 1 ▪ 132
1.1 모든 적지표 접근법 ▪ 132
1.2 대응된 쌍 접근법 ▪ 135
2. Lin 등(2010)의 접근법: 예 2 ▪ 136
2.1 모든 적지표 접근법 ▪ 137
2.2 대응된 쌍 접근법 ▪ 140
3. 대응된 쌍 전략을 위한 고려사항 ▪ 141
4. 조절효과의 사후심층탐구 ▪ 143
4.1 특정값 선택법에 의한 사후심층탐구 ▪ 143
4.2 Johnson-Neyman 기법에 의한 유의영역 확인 ▪ 146
✪ 참고문헌 ▪ 151

CHAPTER 7

조절효과분석(Ⅳ): Little 등의 접근법

1. Little 등(2006)의 접근법: 예 1 ▪ 156
1.1 Little 등의 접근법의 개요 ▪ 157
1.2 Little 등의 접근법에서 오차분산 연결 방법 ▪ 162
2. Little 등(2006)의 접근법: 예 2 ▪ 168
2.1 접근법 1: 모든 적지표와 공분산 연결 ▪ 168
2.2 접근법 2: 모든 적지표와 공분산 연결 않음 ▪ 171
2.3 접근법 3: 대응된 쌍 지표와 공분산 연결 않음 ▪ 172
3. 세 가지 접근법의 비교 ▪ 173
3.1 Marsh 등의 접근법 ▪ 175

3.2 Lin 등의 접근법 ▪ 176
3.3 Little 등의 접근법 ▪ 179
✪ 참고문헌 ▪ 182

CHAPTER 8 다중조절효과분석

1. 가법다중조절모델: PROCESS 모델 2 ▪ 186
1.1 가법다중조절모델의 의의 ▪ 186
1.2 가법다중조절모델: 예 1 ▪ 187
1.3 가법다중조절모델: 예 2 ▪ 193
2. 조절된 조절모델: PROCESS 모델 3 ▪ 198
2.1 조절된 조절모델의 의의 ▪ 198
2.2 조절된 조절모델: 예 1 ▪ 201
2.3 조절된 조절모델: 예 2 ▪ 206
✪ 참고문헌 ▪ 210

CHAPTER 9 매개효과분석: 개요

1. 매개변수 및 매개효과의 의의 ▪ 212
1.1 매개변수의 의의 ▪ 212
1.2 매개효과의 의의 ▪ 214
2. 매개효과분석의 의의 ▪ 215
2.1 기존의 연구 및 이론의 통합 ▪ 215
2.2 인과관계의 메커니즘 파악 ▪ 218
2.3 실무적 시사점 도출 ▪ 219
3. 매개모델의 형태 ▪ 219
3.1 단일매개모델 ▪ 219
3.2 다중매개모델 ▪ 220
3.3 다중독립변수모델 ▪ 221
3.4 다중종속변수모델 ▪ 221
4. 매개효과 검정을 위한 연구설계 ▪ 222
4.1 적절한 매개변수의 선정 ▪ 222
4.2 매개효과의 검정력 고려 ▪ 222
4.3 직접효과를 분석에 포함할 것인가? ▪ 222

4.4 매개효과의 가설화 접근법 및 가설의 명확한 기술 ▪ 224
5. 부분매개와 완전매개의 용어에 대한 비판 ▪ 226
5.1 Hayes(2013, 2018, 2022)의 주장 ▪ 227
5.2 Zhao 등(2010)의 주장 ▪ 227
6. 매개효과와 간접효과의 차이 ▪ 230
✪ 참고문헌 ▪ 231

CHAPTER 10 단일매개효과분석

1. 단일매개효과모델: 예 1 ▪ 236
2. 단일매개효과모델: 예 2 ▪ 241
2.1 주관적규범과 행동 간 행동의도의 매개효과 검정 ▪ 241
2.2 태도와 행동 간 행동의도의 매개효과 검정 ▪ 245
2.3 주관적규범 및 태도와 행동 간 행동의도의 매개효과 동시 검정 ▪ 247
3. 단일매개효과모델: 예 3 ▪ 250
3.1 adaptive와 tolerance 간 delight의 매개효과 ▪ 250
3.2 adaptive와 wom 간 delight의 매개효과 ▪ 252
3.3 servicescape와 tolerance 간 delight의 매개효과 ▪ 253
3.4 servicescape와 wom 간 delight의 매개효과 ▪ 254
4. 단일매개효과모델: 예 4 ▪ 256
4.1 직접효과를 포함하지 않고 분석 ▪ 256
4.2 직접효과를 포함하여 분석 ▪ 258
4.3 분석 결과 보고 ▪ 260
✪ 참고문헌 ▪ 262

CHAPTER 11 다중매개효과분석(Ⅰ): 병렬다중매개모델

1. 병렬다중매개모델의 의의 ▪ 264
2. 병렬다중매개모델: 예 1 ▪ 265
2.1 팬텀변수에 의한 특정간접효과의 추정 ▪ 266
2.2 사용자 정의 추정에 의한 특정간접효과의 추정 ▪ 274
3. 병렬다중매개모델: 예 2 ▪ 276
✪ 참고문헌 ▪ 281

CHAPTER 12

다중매개효과분석(Ⅱ): 연속다중매개모델

1. 연속다중매개모델: 예 1 ▪ 284
2. 연속다중매개모델: 예 2 ▪ 287
3. 연속다중매개모델: 예 3 ▪ 290
   3.1 팬텀변수에 의한 특정간접효과 추정 ▪ 293
   3.2 사용자 정의 추정에 의한 특정간접효과 추정 ▪ 305
4. 연속다중매개모델: 예 4 ▪ 306
5. 연속다중매개모델: 예 5 ▪ 308
   5.1 사용자 정의 추정(user-defined estimand)에 의한 분석 ▪ 308
   5.2 팬텀변수에 의한 분석 ▪ 311
6. 연속다중매개모델: 예 6 ▪ 312

✪ 참고문헌 ▪ 316

CHAPTER 13

조절된 매개효과분석(Ⅰ): 범주형 변수

1. 조절된 매개효과분석의 의의 ▪ 318
   1.1 조절변수가 범주형 변수인 경우 ▪ 318
   1.2 조절변수가 연속형 변수인 경우(1) ▪ 318
   1.3 조절변수가 연속형 변수인 경우(2) ▪ 319
2. 조절된 매개효과분석: 범주형 조절변수(예 1) ▪ 319
   2.1 붓스트래핑에 의한 분석 ▪ 320
   2.2 베이지언 추정에 의한 분석 ▪ 327
3. 조절된 매개효과분석: 범주형 조절변수(예 2) ▪ 331
   3.1 다중집단 만들기 ▪ 332
   3.2 데이터 연결하기 ▪ 332
   3.3 경로에 라벨 부여하기 ▪ 333

✪ 참고문헌 ▪ 338

CHAPTER 14

조절된 매개효과분석(Ⅱ): 연속형 변수

1. PROCESS 모델 7: 예 1 ▪ 340
   1.1 PROCESS macro에 의한 분석 ▪ 342
   1.2 Amos에 의한 분석 ▪ 346

2. PROCESS 모델 7: 예 2 ▪ 350
2.1 PROCESS macro에 의한 분석 ▪ 350
2.2 Amos에 의한 분석 ▪ 352
2.3 Amos에 의한 잠재변수의 조절된 매개효과분석 절차 ▪ 354
2.4 Amos에 의한 잠재변수의 조절된 매개효과분석: 예 1 ▪ 356
2.5 Amos에 의한 잠재변수의 조절된 매개효과분석: 예 2 ▪ 361
3. PROCESS 모델 7: 예 3 ▪ 364
4. PROCESS 모델 8 ▪ 368
4.1 PROCESS 모델 8의 개요 ▪ 368
4.2 PROCESS 모델 8: 예 1 ▪ 370
4.3 PROCESS 모델 8: 예 2 ▪ 373
✪ 참고문헌 ▪ 378

CHAPTER 15 조절된 매개효과분석(Ⅲ): 연속형 변수

1. PROCESS 모델 14 ▪ 382
1.1 PROCESS 모델 14의 개요 ▪ 382
1.2 PROCESS 모델 14: 예 1 ▪ 383
1.3 PROCESS 모델 14: 예 2 ▪ 386
1.4 PROCESS 모델 14: 예 3 ▪ 390
2. PROCESS 모델 15 ▪ 395
2.1 PROCESS 모델 15의 개요 ▪ 395
2.2 PROCESS 모델 15: 예 1 ▪ 396
2.3 PROCESS 모델 15: 예 2 ▪ 400
✪ 참고문헌 ▪ 405

CHAPTER 16 조절된 매개효과분석(Ⅳ): 연속형 변수

1. 연속다중매개모델의 조절된 매개효과분석 ▪ 408
1.1 PROCESS 모델 83의 개요 ▪ 408
1.2 PROCESS 모델 83의 예 ▪ 409
1.3 PROCESS 모델 84의 개요 ▪ 413
1.4 PROCESS 모델 84의 예 ▪ 415
1.5 PROCESS 모델 87의 개요 ▪ 418

1.6 PROCESS 모델 87의 예 ▪ 420
1.7 PROCESS 모델 88의 개요 ▪ 422
1.8 PROCESS 모델 88의 예 ▪ 423
1.9 PROCESS 모델 91의 개요 ▪ 425
1.10 PROCESS 모델 91의 예 ▪ 427
2. 병렬다중매개모델의 조절된 매개효과분석 ▪ 429
2.1 병렬다중매개모델: 예 1 ▪ 429
2.2 병렬다중매개모델: 예 2 ▪ 433
2.3 병렬다중매개모델: 예 3 ▪ 438
2.4 병렬다중매개모델: 예 4 ▪ 440
✪ 참고문헌 ▪ 444

CHAPTER 17 조절된 조절된 매개효과분석

1. 조절된 조절된 매개효과분석의 의의 ▪ 446
2. PROCESS 모델 11 ▪ 446
2.1 PROCESS 모델 11의 개요 ▪ 446
2.2 PROCESS 모델 11: 예 1 ▪ 448
2.3 PROCESS 모델 11: 예 2 ▪ 454
2.4 PROCESS 모델 11: 예 3 ▪ 457
3. PROCESS 모델 18 ▪ 458
3.1 PROCESS 모델 18의 개요 ▪ 458
3.2 PROCESS 모델 18: 예 1 ▪ 460
4. PROCESS 모델 21 ▪ 466
4.1 PROCESS 모델 21의 개요 ▪ 466
4.2 PROCESS 모델 21: 예 1 ▪ 468
4.3 PROCESS 모델 21: 예 2 ▪ 473
✪ 참고문헌 ▪ 478

▪ 부록 1. 표준정규분포표 ▪ 481
2. χ^2 분포표 ▪ 482

▪ 찾아보기 ▪ 483

Chapter 1

조절효과분석: 개요

1. 조절효과의 의의
2. 조절효과의 통계적 모델
3. 조절효과분석의 의의
4. 조절효과의 이론적 가정
5. 조절효과분석 절차

CHAPTER 01

조절효과분석: 개요

1 조절효과의 의의

사회과학 및 행동과학을 연구하는 연구자는 독립변수와 종속변수 간의 관계에 대해 관심을 갖는다. 예를 들어, 학력(독립변수)과 소득(종속변수) 간에는 어떤 관계가 있을까?, 스트레스(독립변수)와 우울증(종속변수) 간에는 어떤 관계가 있을까? 그들은 그들의 관심 학문영역에서 수많은 변수들 간의 관계를 확인하고자 연구를 한다. 이처럼 두 변수 간의 관계에서 원인(예: 학력, 스트레스)과 결과(예: 소득, 우울)로 가정되는 관계를 인과관계(causal relationship)라 한다. 두 변수 간의 인과관계를 분석하여 얻는 효과를 직접효과(direct effect)라 한다. 연구결과, 학력과 소득 간에는 일반적으로 정적(+)인 관계가 있는 것으로 나타난다. 즉 학력이 높을수록 소득이 높다. 마찬가지로, 스트레스와 우울증 간에도 정적(+)인 관계가 있다. 즉 스트레스를 많이 받을수록 우울증이 심해진다.

사회과학자 및 행동과학자들은 독립변수와 종속변수 간의 관계에 제3의 변수를 추가하여 연구를 시도한다. 제3의 변수는 조절변수와 매개변수로 나뉜다. 독립변수와 종속변수 간 관계의 크기와(또는) 방향에 영향을 주는 제3의 독립변수를 조절변수(moderator, moderating variable)라 한다. 조절효과(moderating effect)란 종속변수와 독립변수 간의 관계가 조절변수의 수준에 따라 크기(strength)와(또는) 방향(direction)이 달라지는 것을 의미한다. 여기에서, 와(또는)를 쓴 이유는 크기가 달라질 수 있고, 방향이 달라질 수 있고, 크기와 방향이 모두 달라질 수 있기 때문이다. 조절효과 및 매개효과분석에서 가장 많이 인용되는 논문인 Baron & Kenny(1986)의 조절변수 정의를 원문 그대로 소개한다(p. 1174).

moderator is a qualitative (e.g., sex, race, class) or quantitative (e.g., level of reward) variable that affects the direction and/or strength of the relation between an independent or predictor variable and a dependent or criterion variable.

위의 조절변수의 정의에서 볼 수 있듯, 'and/or'로 기술되어 있는 것을 알 수 있다.

조절변수로서 적절한 변수로는 일반적으로 시간의 경과에 따라 속성이 크게 변하지 않는 성격을 갖는 변수들이 여기에 속한다. 이처럼 시간이 경과하더라도 속성이 크게 변하지 않는 성격을 갖는 변수들을 심리학에서 특성변수(trait variable) 또는 기질변수라 한다. 예를 들면, 인구통계학적 변수, 성격 등이 여기에 해당한다. 종속변수와 독립변수 간의 관계가 조절변수에 따라 크기와(또는) 방향이 달라지는가를 분석하는 것을 조절효과분석(moderating effect analysis)이라 한다. 통계적 모델의 관점에서 보면 조절변수도 일종의 독립변수이기 때문에 조절변수와 독립변수를 구분하기 위해 독립변수를 초점예측변수(focal predictor)로 부르기도 한다.

조절효과분석은 종속변수와 독립변수 간의 관계를 설명하는 데 있어 언제(when), 어떤 조건에서(under what conditions), 그리고 누구에게서(for whom) 보다 약하거나, 강하거나 또는 효과가 없는가를 연구하고자 하는 데 목적이 있다.

학력이 높으면 소득이 높다는 이론을 구축하는 데 있어 모든 조건에서 그런 것이 아니고 '상황에 따라', '대상에 따라' 달라지는 조건을 조절효과분석을 통해 규명할 수 있다. 예를 들어, 학력이 높으면 소득이 높은데, 이러한 관계가 성별에 따라 차이가 있다면 성별은 조절효과가 있다고 할 수 있다. 마찬가지로, 스트레스를 많이 받으면 우울증이 심해지는 관계에서 '상황에 따라', '대상에 따라' 달라질 수 있는 조건을 규명할 수 있다. 예컨대, 스트레스와 우울증 간의 관계에서 사회적 지원이 조절효과가 있는가를 검정할 수 있다.

이처럼 독립변수와 종속변수 간의 관계가 '상황에 따라', '대상에 따라' 달라지는 조건을 규명하는 데 조절효과분석의 이론적 의의가 있다. 연구를 통해 그러한 조건들을 규명함으로써 조절변수는 이론을 구축하는 데 있어 경계조건(boundary condition)을 제시해 주는 역할을 한다.

조절변수는 성별과 같이 비메트릭변수(범주형 변수)가 될 수 있고, 사회적 지원과 같이 메트릭변수(연속형 변수)가 될 수 있다. [그래프 1-1]을 보면 남자에 비해 여자가 스트레스를 많이 받을수록 우울증이 심해지고, [그래프 1-2]를 보면 사회적 지원이 크면 스트레스를 많이 받더라도 우울증이 약해지는 것을 알 수 있다. 스트레스(독립변수)와 우울증(종속변수) 간의 관계가 성별(조절변수)에 따라 크기가 다를 수 있고, 사회적 지원(조절변수)의 정도에 따라 이들 간의 관계가 달라질 수 있다.

그래프 1-1 스트레스가 우울증에 미치는 성별의 조절효과

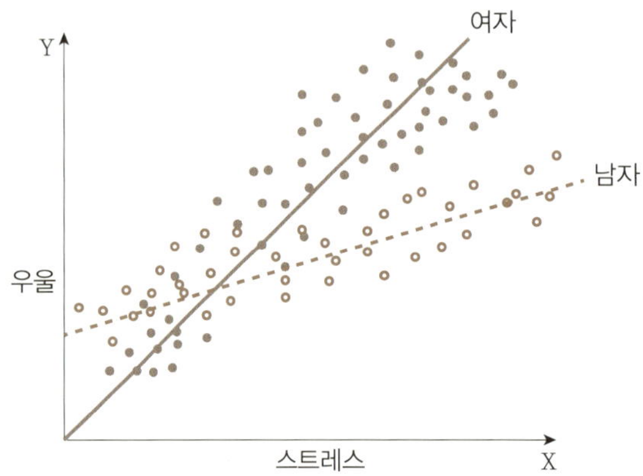

그래프 1-2 스트레스가 우울증에 미치는 사회적 지원의 조절효과

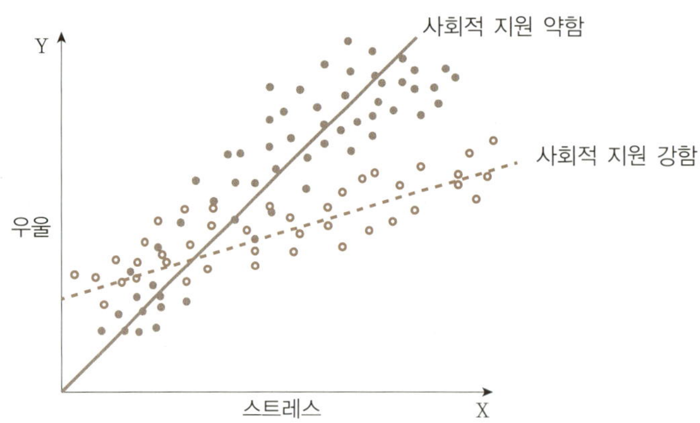

2 조절효과의 통계적 모델

스트레스와 우울증 간의 관계에서 성별 및 사회적 지원의 조절효과를 개념적 모델로 나타내면 [그림 1-1]과 같다. 개념적 모델은 두 변수 간의 관계에 성별 또는 사회적 지원이 영향을 미친다고 가정한다. 논문에서 [그림 1-1]처럼 그려진 그림이 있다면 조절효과를 가정한 것으로 이해하면 된다.

그림 1-1 ▌조절효과의 개념적 모델

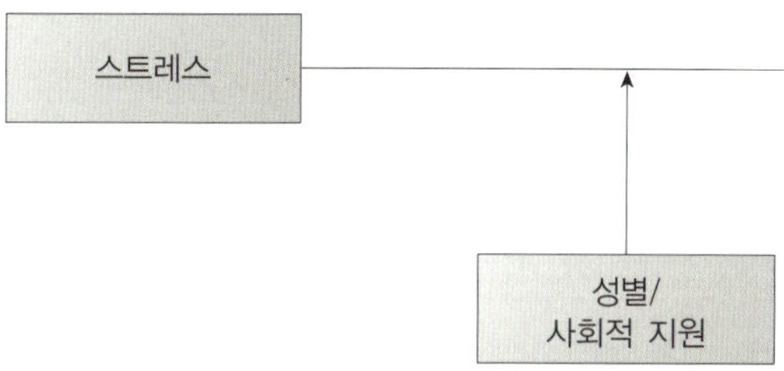

성별과 사회적 지원의 조절효과분석을 위한 통계적 모델은 각각 [그림 1-3], [그림 1-4]와 같이 나타낼 수 있다.

[그림 1-2]에서 스트레스가 우울에 미치는 효과를 남자와 여자로 구분하지 않고 추정한 결과 $b=0.5$의 회귀계수를 얻었다고 가정한다. 이는 스트레스를 1단위 받게 되면 0.5만큼 우울이 증가한다는 것을 의미한다.

그림 1-2 ▌스트레스가 우울에 미치는 효과

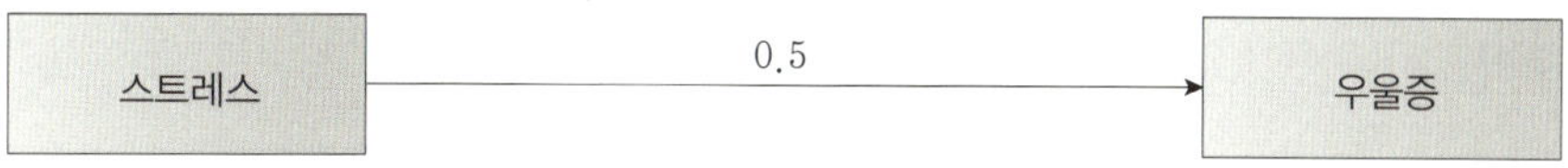

이제 이들 간의 관계를 남자와 여자로 구분하여 추정한 결과 여자집단은 $b=0.7$의 회귀계수를, 남자집단은 $b=0.2$의 회귀계수를 얻었다고 가정한다.

그림 1-3 ❙ 스트레스와 우울증 간의 관계: 남자와 여자로 구분한 경우

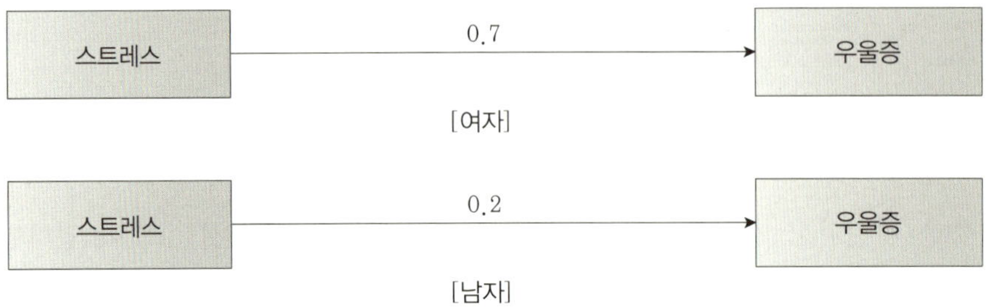

이 두 집단 간의 계수 차이는 $b=0.5$이다. 이 차이가 통계적으로 유의적이면 스트레스와 우울증 간의 관계는 성별에 따라 조절효과가 있다고 해석한다. Amos에서 조절변수가 범주형 변수(예: 성별)인 경우에는 집단을 나누어 다중집단분석(multiple-group analysis)을 하고 집단 간에 경로계수가 유의적인 차이가 있는가를 검정한다. 유의적인 차이가 있으면 조절효과가 있고, 유의적인 차이가 없으면 조절효과가 없다고 해석한다.

그림 1-4 ❙ 사회적 지원의 조절효과의 통계적 모델

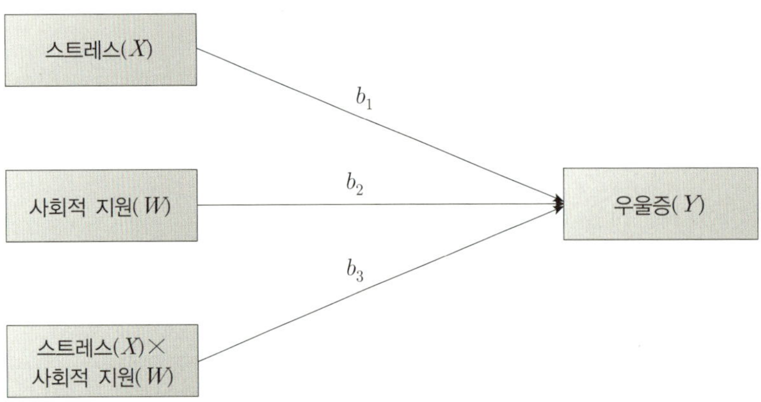

Amos에서 조절변수가 연속형 변수(예: 사회적 지원)인 경우에는 조절효과분석을 위해 독립변수와 조절변수의 상호작용항(interaction term)을 만들어 이 상호작용항의 계수(b_3)가 종속변수에 어떤 영향을 주는가를 검정한다. 이처럼 조절변수가 연속형 변수인 경우에는 상호작용효과분석(interaction effect analysis)을 통해 상호작용항 계수(b_3)의 유의도를 검정하여 유의적이면 조절효과가 있고, 유의적이지 않으면 조절효과가

없다고 해석한다.

SPSS에 의해 [그림 1-4] 모델을 회귀분석으로 추정하여 [Output 1-1]을 얻었다고 가정한다. 이 결과를 토대로 조절효과분석에 대해 좀 더 자세히 살펴보기로 한다.

Output 1-1 SPSS 회귀분석 결과

Model		Unstandardized Coefficients		Standardized Coefficients	t	Sig.
		B	Std. Error	Beta		
1	(Constant)	12.754	2.521		5.060	.000
	stress	.134	.027	.368	4.874	.000
	social support	-.432	.116	-.280	-3.708	.000
2	(Constant)(b_0)	1.811	4.774		.379	.705
	stress(b_1)	.483	.133	1.328	3.626	.000
	social support(b_2)	.111	.232	.072	.476	.635
	strs_socs(b_3)	-.017	.006	-1.040	-2.677	.008

a. Dependent Variable: depression

회귀분석으로 조절효과를 검정하기 위한 회귀식은 다음과 같이 세울 수 있다.

$$\hat{Y} = b_0 + b_1 X + b_2 W + b_3 XW + e \tag{1}$$

식(1)을 다음과 같이 정리할 수 있다.

$$\hat{Y} = [b_0 + b_2 W] + [(b_1 + b_3 W)]X + e \tag{2}$$

식(2)에서 $[b_0 + b_2 W]$을 단순절편(simple intercept), $[(b_1 + b_3 W)]$을 단순기울기(simple slope)라 한다. [Output 1-1]의 값을 식(1)에 대입하면 다음과 같은 회귀식을 세울 수 있다.

우울 = 1.811 + .483×(스트레스) + .111×(사회적 지원) − .017×(스트레스×
사회적 지원) (3)

[Output 1-1]을 보면, 상호작용항의 계수($b_3 = -.017$)가 유의적이므로($p = .008$) 조절효과

가 있다고 해석한다. 조절효과를 보다 구체적으로 살펴보기 위해 종속변수와 독립변수 간의 관계가 조절변수의 수준에 따라 어떻게 나타나는지를 살펴본다. 사회적 지원에 따라 우울과 스트레스 간의 관계가 어떻게 변하는지 알아보기 위해 임의의 조절변수값을 회귀식(2)에 대입한다. 이때 임의의 값으로 가장 많이 쓰이는 것이 조절변수의 ① 평균(M)보다 1표준편차(SD) 작은 값, ② 평균값, ③ 평균보다 1표준편차 큰 값이다. 사회적 지원(조절변수)의 평균과 표준편차를 구하면 M=19.688, SD=4.445이다. 따라서 19.688−4.445=15.243, 19.688, 19.688+4.445=24.133의 값을 얻는다. 이 값을 식(3)에 대입하면 다음과 같은 값을 얻는다.

- 사회적 지원(W)의 값이 15.243인 경우:

  우울=1.811+(.483−.017×15.243)스트레스+.111×15.243

  =3.503+.224×스트레스

- 사회적 지원(W)의 값이 19.688인 경우:

  우울=1.811+(.483−.017×19.688)스트레스+.111×19.688

  =3.996+.148×스트레스

- 사회적 지원(W)의 값이 24.133인 경우:

  우울=1.811+(.483−.017×24.133)스트레스+.111×24.133

  =4.490+.073×스트레스

사회적 지원이 15.243, 19.688, 24.133으로 증가함에 따라 스트레스 1단위의 증가가 우울증에 미치는 효과는 .224, .148, .073으로 감소한다. 이처럼 조절변수(W)의 값에 따라 독립변수(X)가 종속변수(Y)에 미치는 효과를 단순효과(simple effect)라 한다. 식(1)에서 b_3 계수는 조절변수(W)가 1단위 증가할 때 독립변수(X)와 종속변수(Y)의 관계를 나타내는 직선의 기울기의 변화를 의미한다. [Output 1-1]에서 b_3 계수값이 −.017인데 이는 조절변수인 사회적 지원이 1단위 증가할 때 스트레스가 우울에 미치는 효과가 그만큼 감소한다는 의미를 갖는다. 이 변화율이 통계적으로 유의적이면 조절효과가 있고, 그렇지 않으면 조절효과가 없다고 해석한다. 이러한 단순효과를 그래프로 제시하면 [그래프 1-3]과 같다.

그래프 1-3 사회적 지원의 조절효과

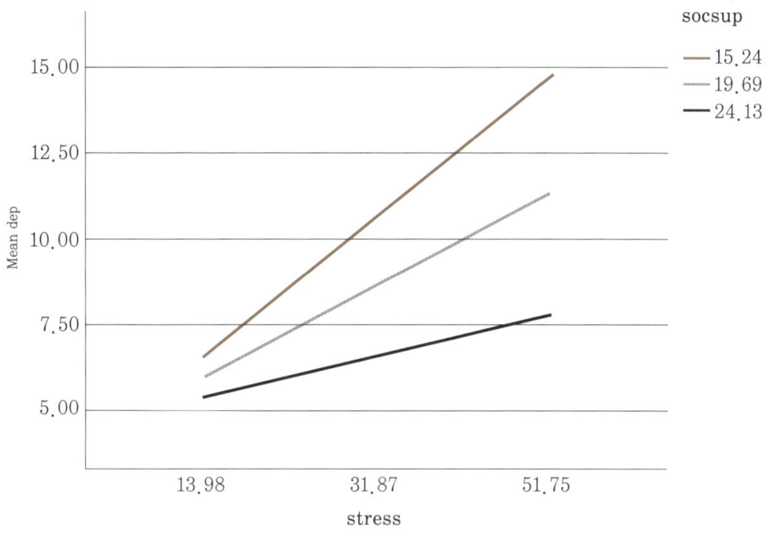

[그래프 1-3]에서 3개의 직선을 단순기울기(simple slope)라 한다. 이 기울기가 통계적으로 유의적인가를 검토하여 스트레스가 우울증에 미치는 사회적 지원의 조절효과를 해석한다. 즉 조절변수의 수준에 따라 독립변수가 종속변수에 미치는 효과가 어떻게 나타나는지를 확인할 수 있다. 이를 단순기울기 검정(simple slope test)이라 한다. [그래프 1-3]을 보면 조절변수인 'socsup'가 증가할 때(금색 → 회색 → 검정색) 'stress'가 'dep'에 미치는 효과는 줄어드는 것을 알 수 있고, 조절변수의 세 수준에 따라 조절효과가 유의적인 것으로 나타난다.

3 조절효과분석의 의의

스트레스를 많이 받을수록 우울증이 심해진다. 따라서 스트레스와 우울증 간의 관계를 완화(감소)시킬 수 있는 대책을 만드는 것이 중요하다. 이러한 대책 가운데 사회적 지원(social support)은 그 역할을 할 것으로 기대된다. 즉 사회적으로 여러 가지 프로그램을 만들어 지원해줌으로써 우울증을 완화(약화, 감소)시킬 수 있다. 이처럼 독립변수와 종속변수 간의 관계를 완화시키는 조절역할을 완화효과(buffering effect)

라 한다.

반면, 우울증을 더 악화시키는 변수가 있을 수 있다. 그러한 경우 우울증에 안 좋은 영향을 주는 요인이 무엇이 있는가를 확인하기 위해 연구할 수 있다(예: 사회적 고립감 또는 심리적 고립감). 이 경우 독립변수와 종속변수 간의 관계를 더 강하게(크게) 하는 효과를 강화효과(synergistic effect)라 한다.

우울증 연구에서, 우울증을 악화시키는 요인을 위험요인(risk factor)이라 하고, 완화시키는 요인을 보호요인(protective factor)이라 한다. [표 1-1]은 기존에 연구된 우울증과 관련된 위험요인과 보호요인을 저자가 정리한 것이다.

표 1-1 | 우울증의 위험요인 및 보호요인

위험요인	보호요인
나이가 듦, 여성, 미혼, 신체장애, 최근의 사별, 건강이 안 좋음, 수면장애, 혼자 삶, 새로운 질병 …	충분한 수면, 호의적인 가족관계, 감사의 마음, 절주, 운동, 친구와의 좋은 관계 …

우울증을 연구하는 연구자들이 스트레스와 우울증 간의 관계를 조절하는 변수를 위험요인과 보호요인으로 밝혀내는 것은 학술적(이론적)으로 또는 실무적으로도 의의가 있다. 이처럼 독립변수(스트레스)와 종속변수(우울증) 간의 관계를 강화시키거나 완화시키는 변수가 무엇인가를 확인하기 위해 조절효과분석을 한다.

4 조절효과의 이론적 가정

연구자는 조절효과의 이론적 가정을 고려해야 한다. 즉 조절변수가 독립변수와 종속변수 간의 관계에서 어떤 역할을 할 것인가를 이론적으로 가정하고 가설을 수립해야 한다. 조절효과의 이론적 가정에는 다음과 같은 유형이 있다.

4.1 조절효과의 유형: 연속형 조절변수인 경우

연속형 조절변수에는 다음과 같은 조절효과의 유형이 있다.

1) Cohen 등(2003)의 분류

(1) 강화효과(enhancing effect)

이는 시너지효과(synergistic effect) 또는 상승효과(amplifying effect) 등으로도 불린다. 강화효과는 독립변수와 조절변수가 종속변수에 같은 방향으로 영향을 미치고, 상호작용효과가 가법효과(additive effect)보다 더 큰 영향을 미친다. 강화효과는 조절변수의 크기가 증가할수록 독립변수가 종속변수에 미치는 효과가 더 커지는 것을 의미한다. 이는 $b_1 > 0$, $b_2 > 0$, $b_3 > 0$, 또는 $b_1 < 0$, $b_2 < 0$, $b_3 < 0$의 부호를 갖는다.

(2) 완화효과(buffering effect)

이는 조절변수가 독립변수와 종속변수 간의 관계를 약화(또는 감소)시키는 효과를 갖는다. 조절변수의 크기가 증가할수록 독립변수가 종속변수에 미치는 영향은 가법효과에 비해 감소한다. 즉 독립변수와 조절변수가 종속변수에 미치는 가법효과에 비해 독립변수와 조절변수의 상호작용항이 포함된 경우 독립변수가 종속변수에 미치는 효과가 줄어드는 것을 의미한다. 이는 $b_1 > 0$, $b_3 < 0$, 또는 $b_1 < 0$, $b_3 > 0$의 부호를 갖는다.

(3) 방해효과(interference effect)

이는 반대효과(antagonistic effect)로도 불린다. 이는 독립변수와 조절변수는 종속변수에 동일한 방향으로 영향을 미치나($b_1 > 0$, $b_2 > 0$), 상호작용효과는 반대방향($b_3 < 0$)으로 영향을 미친다. 조절변수의 크기가 증가할수록 독립변수가 종속변수에 미치는 효과는 반대로 나타난다. 지금까지 설명한 내용을 정리하면 [표 1-2]와 같다.

▌표 1-2 ▌조절효과의 이론적 가정

조절효과의 종류	$X \rightarrow Y$: b_1	$W \rightarrow Y$: b_2	$X \times W \rightarrow Y$: b_3
강화효과	정적(+) 부적(−)	정적(+) 부적(−)	정적(+) 부적(−)
완화효과	정적(+) 부적(−)	부적(−) 정적(+)	부적(−) 정적(+)
방해효과	정적(+) 부적(−)	정적(+) 부적(−)	부적(−) 정적(+)

출처: 저자가 정리함.

Cohen 등(2003)은 조절효과분석을 할 때 평균중심화(mean-centering)를 하고 분석할 것을 주장한다. 위의 부호도 평균중심화를 토대로 얻어진 부호를 기준으로 해석한 것이다. 평균중심화를 했느냐 안 했느냐에 따라 b_1과 b_3의 부호는 같지만 b_2의 부호는 달라진다.

2) Gardner 등(2017)의 분류

Gardner 등(2017)은 Cohen 등(2003)의 유형을 보다 세분화하여 ① 가속효과, ② 배반효과, ③ 감소효과, ④ 대체효과, ⑤ 역전효과 등으로 분류한다.

(1) 강화효과(strengthening effect)

강화효과는 Cohen 등의 강화효과(enhancing effect)에 해당한다. 이 효과는 조절변수 값이 커질수록 독립변수와 종속변수 간의 단순기울기는 더 가파르게(steeper) 된다. 이 효과는 b_1과 b_3이 같은 부호를 갖고 있고, b_2와 b_3의 부호의 방향에 따라 **가속효과(accentuating effect)**와 **배반효과(violating effect)**로 나뉜다. b_2와 b_3의 부호가 같으면 가속효과이고, 다르면 배반효과이다. 강화효과 가설은 다음과 같이 기술할 수 있다.

> 조절변수는 독립변수와 종속변수 간의 관계를 정적(부적)으로 조절할 것이다. 즉 조절변수가 증가(increase)할수록 그들의 관계는 강해질(stronger) 것이다.

① **가속효과**: 가속효과의 회귀식은 다음과 같다.

$$Y = b_0 + b_1X + b_2W + b_3XW \text{ 또는 } Y = b_0 - b_1X - b_2W - b_3XW$$

② **배반효과**: 배반효과의 회귀식은 다음과 같다.

$$Y = b_0 + b_1X - b_2W + b_3XW \text{ 또는 } Y = b_0 - b_1X + b_2W - b_3XW$$

강화효과에 해당하는 가속효과와 배반효과를 제시하면 [그래프 1-4]와 같다. 그래프에서 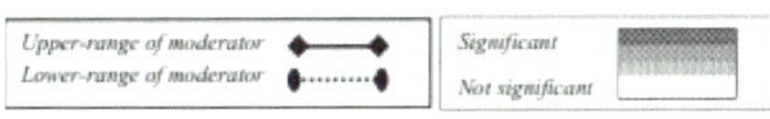

을 의미한다.

그래프 1-4 강화효과

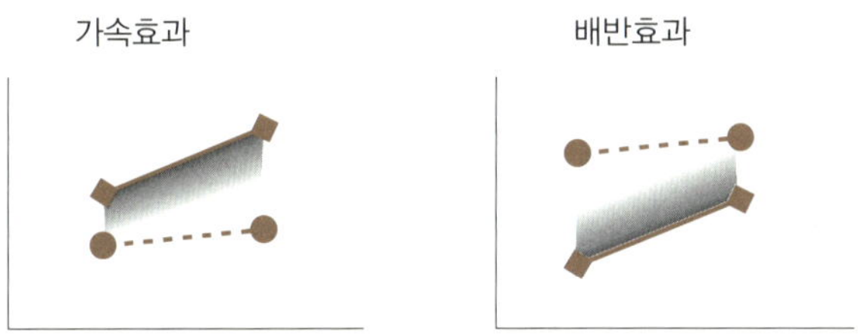

(2) 약화효과(weakening effect)

약화효과는 조절변수의 값이 증가할수록 독립변수와 종속변수 간의 조건적 관계는 약해진다. 약화효과는 **감소효과(mitigating effect)**와 **대체효과(substituting effect)**로 나뉜다. 약화효과와 관련된 가설은 다음과 같다.

> 조절변수는 독립변수와 종속변수 간의 관계를 정적(부적)으로 조절할 것이다. 즉 조절변수가 증가(increase)할수록 그들의 관계는 약해질(weaker) 것이다.

① **감소효과**: 감소효과의 회귀식은 다음과 같다.

$$Y = b_0 - b_1X + b_2W + b_3XW \text{ 또는 } Y = b_0 + b_1X - b_2W - b_3XW$$

② **대체효과**: 대체효과에 해당하는 회귀식은 다음과 같다. 회귀식에서 b_1과 b_2가 같은 부호를 갖고, b_3은 정적(+)일 수 있고 부적(−)일 수 있다. 대체효과는 Cohen 등의 방해효과(interference effect)에 해당한다.

$$Y = b_0 + b_1X + b_2W - b_3XW \text{ 또는 } Y = b_0 - b_1X - b_2W + b_3XW$$

감소효과와 대체효과를 제시하면 [그래프 1-5]와 같다.

그래프 1-5 약화효과

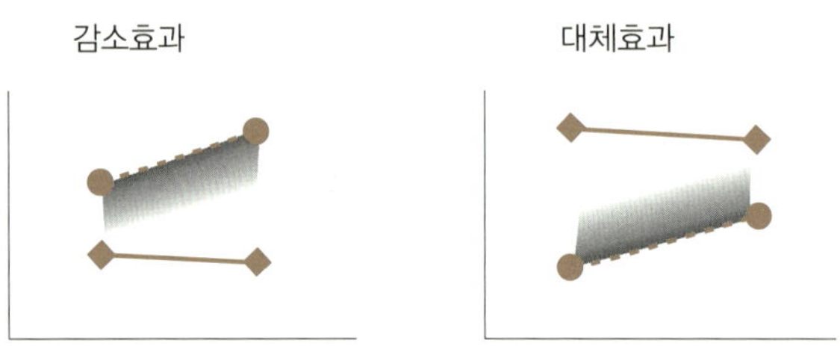

(3) 역전효과(reversing effect)

조절변수값에 따라 독립변수와 조절변수의 조건적 관계가 정적에서 부적으로 또는 반대로 부적에서 정적으로 변한다. 역전효과와 관련된 가설은 다음과 같이 설정할 수 있다.

> 조절변수는 독립변수와 종속변수 간의 관계를 정적(+)에서 부적(−)으로 또는 부적(−)에서 정적(+)으로 변화시킬 것이다.

역전효과를 제시하면 [그래프 1-6]과 같다.

그래프 1-6 역전효과

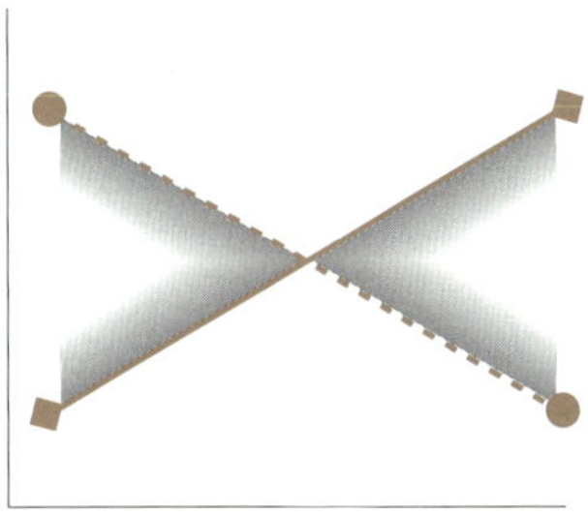

조절변수가 어떤 효과를 갖는가는 b_3의 부호만을 토대로 결정할 것은 아니고, b_1, b_2, b_3의 부호를 종합적으로 고려하여 결정한다.

4.2 조절효과의 유형: 범주형 조절변수인 경우

범주형 조절변수인 경우에는 다음과 같은 이론적 가정이 있다.

① 존재효과(existence effect): 독립변수가 종속변수에 미치는 효과가 조절변수인 어떤 범주에서는 효과가 있고, 어떤 범주에서는 효과가 없는 경우이다.

② 경쟁효과(competing effect): 독립변수가 종속변수에 어떤 집단에서는 정적(+)으로 영향을 미치는데, 어떤 집단에서는 부적(−)으로 영향을 미치는 경우이다.

5 조절효과분석 절차

저자는 Amos에 의한 조절효과분석 절차를 [표 1-3]과 같이 제시하고자 한다.

표 1-3 Amos에 의한 조절효과분석 절차

절차	세부적 내용
변수 선정 및 가설설정	• 이론적 배경을 토대로 조절변수 선정 • 문헌검토를 통한 조절변수 선정 • 방향성 가설설정
분석 및 검정 (analyzing & testing)	• SEM 프로그램(Amos, Mplus)에 의한 분석 • 평균중심화, 잔차중심화, 이중평균중심화, 다중집단분석 • Ping의 접근법, Marsh 등의 접근법, Lin 등의 접근법, Little 등의 접근법
심층탐구 (probing)	• 단순기울기 분석 • 특정값 선택법(pick-a-point): M+1SD, M, M−1SD • Johnson-Neyman 기법
시각화 (visualizing)	• 엑셀시트에 의한 그래프 그리기 • SPSS에 의한 그래프 그리기
해석 및 보고 (interpreting & reporting)	• 이론적 · 실무적인 면에서 해석 및 보고

5.1 조절변수의 선정

조절변수의 선정이 조절효과분석에서 가장 중요하다. 이는 조절변수가 이론적 · 실무적인 면에서 의미가 있어야 하기 때문이다. 이론적 · 실무적인 면에서 아무런 의미도 없는 조절효과분석은 안 하는 것이 낫다. 조절변수를 선정하기 위해 심층적인 문헌검토(literature review)가 필요하다. 문헌검토를 통해 연구자가 관심을 갖고 있는 두 변수 간에 어떤 변수를 조절변수로 설정하여 연구할 것인가를 결정한다. 올바른 연구 자세는 자료지향적(data-driven)이 아닌 이론지향적(theory-driven)이어야 한다.

조절효과분석은 독립변수와 종속변수 간에 관계의 크기와 방향을 변화시킬 수 있는 제3의 변수를 찾는 데 목적이 있다. 이러한 변수에 해당하는 것으로는 일반적으로 선천적 속성(예: 성별), 비교적 안정적인 특성(예: 퍼스낼러티 유형, 기질), 비교적 변하지 않는 배경변수(background variable), 환경변수(environmental variable) 또는 맥락

변수(contextual variable) 등이 있다. 전략경영 및 조직 분야에서 연구된 대표적인 조절변수를 [표 1-4]와 같이 정리한다.

| 표 1-4 | 전략경영 및 조직 분야에서 연구된 조절변수

조절변수	독립변수와 종속변수
시장변동성	시장지향성과 기업성과
기술변동성	시장지향성과 기업성과, 시장지향성과 조직의 이노베이션
경쟁강도	시장지향성과 기업성과
전략유형	시장지향성과 기업성과
기업가지향성	시장지향성과 기업성과, 가족관여와 기업실패위험
기업연령	학습지향성과 혁신성, 고객관리성과와 재무성과
기업규모	혁신성과 재무성과, 정보기술역량과 시장성과
산업유형	기업성과와 기능의 중요성, 수익성과 레버리지
기업가정신	지식경영과 창의성
직무자율성	선제적 개성과 직무성과, 감정적 역량과 직무성과
조직문화	조직몰입과 직무만족, 조직정의(justice)와 OCB
조직구조	혁신성과 기업성과, 지식경영능력과 직무성과
지각된 조직지원	조직의 스트레스요인과 OCB
환경의 역동성	거래적 리더십과 벤처성과

5.2 조절효과의 가설설정

조절효과 가설을 다음과 같이 설정하는 것은 좋은 것이 아니다.

> 가설: 조절변수는 독립변수와 종속변수 사이에 조절역할을 할 것이다.

위와 같이 가설을 설정하지 말고, **기존의 이론과 연구결과를 충분히 검토하여 조절변수가 독립변수와 종속변수 사이에 관계를 정적(+)으로 변화시키는지 또는 부적(−)으로 변화시키는지 등의 방향성을 포함하여 가설을 설정하는 것이 바람직하다.** 즉 다음과 같이 가설을 설정하는 것이 바람직하다.

> 가설 1: 독립변수와 종속변수 간의 관계는 조절변수가 줄어들수록 커질 것이다.
> 가설 2: 독립변수와 종속변수 간의 관계는 조절변수가 커질수록 줄어들 것이다.

조절변수에 따라 독립변수와 종속변수 간의 관계가 어떻게 변하는지를 기존의 이론을 충분히 검토하여 가설을 설정한다. 조절효과의 이론적 가정은 가설을 설정하는 데 고려해야 할 사항이다. 사회적 지원의 조절효과의 경우, 연구자는 다음과 같이 가설을 설정할 수 있다.

> 가설 3: 스트레스와 우울 간의 관계에서 사회적 지원은 조절효과를 할 것이다.
> 가설 4: 스트레스와 우울 간의 관계에서 사회적 지원은 완화효과를 할 것이다.

가설 3은 무방향성 가설(non-directional hypothesis)이므로 양측검정을 한다. 따라서 $\alpha = .05$ 수준에서 검정통계량의 절대값이 1.96보다 크면 유의적이라 결정한다. 이에 비해, 가설 4는 방향성 가설(directional hypothesis)이므로 단측검정을 한다. 따라서 $\alpha = .05$ 수준에서 검정통계량의 절대값이 1.65보다 크면 유의적이라 결정한다. 연구자는 조절변수의 효과에 관해 이론적 배경을 충분히 검토하여 방향성 가설의 관점에서 가설을 기술하는 것이 바람직하다. 결과를 보고 가설의 이론적 가정을 세우는 접근법(HARKing)은 바람직하지 않다는 것도 기억하기 바란다(Kerr, 1998).

5.3 조절효과 분석법의 선택

Amos에 의한 조절효과분석은 조절변수가 범주형 변수인 경우에는 다중집단분석으로 할 수 있고, 연속형 변수인 경우에는 ① Ping의 접근법, ② Marsh 등의 접근법, ③ Lin 등의 접근법, ④ Little 등의 접근법 등으로 할 수 있다. SPSS나 PROCESS에 의한 조절효과분석은 개념이 하나의 관측변수만으로 측정된 경우 또는 여러 개의 관측변수에 의해 측정되었더라도 이들을 하나의 합성변수로 만들어 분석할 수 있다. SPSS나 PROCESS에 의한 조절효과분석에 대해서는 배병렬(2021)을 참고하기 바란다.

SEM에 의한 조절효과분석은 개념이 여러 개의 관측변수로 측정된 경우에 할 수 있다. 회귀분석에 의해 분석하는 경우 측정오차를 반영할 수 없어 통계적 검정력(statistical power)이 떨어지는 문제가 있다. 따라서 여러 개의 문항으로 측정한 경우에 이를 하나의 변수로 만들어 회귀분석(예: SPSS 또는 PROCESS macro)을 하기보다는 SEM(예: Amos, Mplus 등)으로 분석하는 것이 바람직하다.

5.4 상호작용항 계수의 사후심층탐구

상호작용항의 계수가 유의적이면 이를 보다 자세히 살펴보기 위해 심층적으로 탐구할 수 있다. 이를 사후심층탐구(*post hoc* probing) 또는 상호작용탐구(probing an interaction)라 한다. 이를 위한 접근법에는 ① 특정값 선택법(pick-a-point approach)과 ② 유의영역 접근법(region of significance approach)이 있다. Amos에서는 특정값 선택법을 통해 사후심층탐구를 할 수 있다.

특정값 선택법은 조절변수의 특정값을 선택한 후 이 값을 기준으로 조절효과를 심층적으로 분석한다. 이 접근법을 스포트라이트 분석(spotlight analysis) 또는 단순기울기 분석(simple slope analysis)이라 한다. 일반적으로 많이 쓰이는 특정값으로는 ① 조절변수의 값 가운데 16번째, 50번째, 84번째에 해당하는 백분위(percentile)를 기준으로 보는 방법과, ② 평균보다 −1SD 작은 값(M−1SD), 평균값(M), 평균보다 +1SD 큰 값(M+1SD)을 기준으로 보는 방법이 있다. Amos에서는 이들 두 가지 방법 가운데 두 번째 방법을 사용하여 검정한다.

유의영역 접근법은 조절변수의 전체 영역에서 조절효과가 유의적인 영역이 어디인가를 살펴본다. 이 접근법을 조명등 분석(floodlight analysis) 또는 존슨-네이먼 기법(Johnson-Neyman technique)이라 한다.

5.5 시각화

조절효과를 심층적으로 살펴본 다음, 이를 그래프로 제시하면 조절효과를 이해하는 데 도움이 된다. 그래프를 그리는 것에 관해서는 해당 장에서 살펴보기로 한다.

5.6 결과보고 및 기술

조절효과분석의 결과를 보고하고 기술하는 것과 관련된 몇 가지 사항에 대해 살펴보기로 한다.

첫째, 단순히 조절효과가 있고 없고만 기술해서는 안 된다. 연구자들이 조절효과를 검정하고 결과를 '조절효과가 있는 것으로 나타났다' 또는 '조절효과가 없는 것으로 나타났다' 등으로 기술하는데 이는 바람직하지 않다. 가설검정을 하는 목적은 가설이 지지되는지(supported) 또는 지지되지 않는지(not supported)를 알고자 하는 것이 아니다. 가설검정을 통해 가설이 지지되는 경우 그 의미를 기술해야 한다. 예를 들어, 스트레스와 우울증 간의 관계에서 사회적 지원의 조절효과를 검정한 결과 상호작용항의 계수가 $b = -.017$로 유의적인 결과가 나왔다면 사회적 지원이 증가할수록 스트레스와 우울증 간의 관계는 감소한다고 기술해야 한다.

한편 가설이 채택(accept)되었다는 표현은 정확한 기술이 아니다. 채택되었다면 '지지되었다(supported)'고 기술하고, 채택되지 않으면 '지지되지 않았다(not supported)'고 기술하는 것이 올바르다.

둘째, 계수가 비표준화계수인지 또는 표준화계수인지를 명확히 기술한다. 일반적으로 비표준화계수는 B 또는 b로 표기하고, 표준화계수는 β(베타)로 표기한다. 비표준화계수인지 또는 표준화계수인지에 대한 명확한 기술 없이 그냥 $B(b)$ 또는 β로만 표기해서는 안 된다. 이러한 표기에 익숙하지 않은 독자들을 위해 비표준화계수인지 표준화계수인지를 명확히 기술해야 한다.

참고문헌

박현선, 이상균 (2008). 청소년기 비행친구의 영향에 대한 보호요인의 조절효과. *사회복지연구*, 37, 399-427.

배병렬 (2016). Mplus 7.0 구조방정식모델링. 도서출판 청람.

배병렬 (2021). SPSS/PROCESS에 의한 조절효과 및 매개효과분석: 이론과 실제. 도서출판 청람.

서영석 (2010). 상담심리 연구에서 매개효과와 조절효과 검증: 개념적 구분 및 자료 분석 시 고려 사항. *한국심리학회지: 상담 및 심리치료*, 22(4), 1147-1168.

이형권 (2016). 조절분석과 조절된 매개분석 및 매개된 조절분석의 오해와 진실. *관광연구*, 31(3), 213-248.

이형권 (2018). Mplus를 이용한 매개효과와 조절효과 및 조절된 매개효과 분석. 신영사.

Aguinis, H. (1995). Statistical power problems and moderated multiple regression in management research. *Journal of Management, 21*(6), 1141-1158.

Aguinis, H. (2002). Estimation of interaction effects in organization studies. *Organizational Research Methods, 5*(3), 207-211.

Aguinis, H., Beaty, J. C., Boik, R. J., & Pierce, C. A. (2005). Effect size and power in assessing moderating effects of categorical variables using multiple regression: A 30-year review. *Journal of Applied Psychology, 90*(1), 94-107.

Aguinis, H., & Gottfredson, R. (2010). Best-practice recommendations for estimating interaction effects using moderated multiple regression. *Journal of Organizational Behavior, 31*(6), 776-786.

Aguinis, H., Edwards, J. R., & Bradley, K. J. (2017). Improving our understanding of moderation and mediation in strategic management research. *Organizational Research Methods, 20*(4), 665-685.

Aiken, L. S., & West, S. G. (1991). *Multiple regression: Testing and interpreting interactions*. Sage Publications.

Andersson, U., Cuervo-Cazurra, A., & Nielsen, B. B. (2014). From the editors:

Explaining interaction effects within and across levels of analysis. *Journal of International Business Studies, 45*, 1063-1071.

Baker, W. E., & Sinkula, J. M. (1999). The synergistic effect of market orientation and learning orientation on organizational performance. *Journal of the Academy of Marketing Science, 27*(4), 411-427.

Baron, R. M., & Kenny, D. A. (1986). The moderator-mediator variable distinction in social psychological research: Conceptual, strategic, and statistical considerations. *Journal of Personality and Social Psychology, 51*(6), 1173-1182.

Breitborde, N. J. K., Srihari, V. H., Pollard, J. M., Addington, D. N., & Woods, S. W. (2010). Mediators and moderators in early intervention research. *Early Intervention Research, 4*(2), 143-152.

Cohen, J. (1992). A power primer. *Psychological Bulletin, 112*(1), 155-159.

Cohen, J., Cohen, P., West, S. G., & Aiken, L. S. (2003). *Applied multiple regression/correlation analysis for the behavioral sciences* (3rd ed.). Lawrence Erlbaum Associates.

Dawson, J. F. (2014). Moderation in management research: What, why, when, and how. *Journal of Business & Psychology, 29*(1), 1-19.

Dijkstra, M. T. M., van Dierendonck, D., Evers, A., & De Dreu, C. K. W. (2005). Conflict and well-being at work: The moderating role of personality. *Journal of Managerial Psychology, 20*(2), 87-104.

Frazier, P. A., Tix, A. P., & Barron, K. E. (2004). Testing moderator and mediator effects in counseling psychology research. *Journal of Counseling Psychology, 51*(1), 115-134.

Gardner, R. G., Harris, T. B., Li, N., Kirkman, B. L., & Mathieu, J. E. (2017). Understanding "it depends" in organizational research: A theory-based taxonomy, review, and future research agenda concerning interactive and quadratic relationships. *Organizational Research Methods, 20*(4), 610-638.

Holmbeck, G. N. (1997). Toward terminological, conceptual, and statistical clarity in the study of mediators and moderators: Examples from the child-clinical and pediatric psychology literatures. *Journal of Consulting and Clinical Psychology, 65*(4), 599-610.

Hayes, A. F. (2013). *Introduction to mediation, moderation, and conditional process analysis: A regression-based approach.* Guilford Press.

Hayes, A. F. (2018). *Introduction to mediation, moderation, and conditional process analysis: A regression-based approach* (2nd ed.). Guilford Press.

Hayes, A. F. (2022). *Introduction to mediation, moderation, and conditional process analysis: A regression-based approach* (3rd ed.). Guilford Press.

Hollenbeck, J. R., & Wright, P. M. (2017). Harking, sharking, and tharking: Making the case *for* post hoc analysis of scientific data. *Journal of Management, 43*(1), 5-18.

Jaccard, J., & Turrisi, R. (2003). *Interaction effects in multiple regression* (2nd ed.). Sage Publications.

Jose, P. E. (2013). *Doing statistical mediation and moderation.* Guilford Press.

Kerr, N. L. (1998). HARKing: Hypothesizing after the results are known. *Personality and Social Psychology Review, 3*(3), 196-217.

Rose, B. M., Holmbeck, G. N., Coakley, R. M., & Franks, E. A. (2004). Mediator and moderator effects in developmental and behavioral pediatric research. *Developmental and Behavioral Pediatrics, 25*(1), 58-67.

Shieh, G. (2009). Detecting interaction effects in moderated multiple regression with continuous variables: Power and sample size considerations. *Organizational Research Methods, 12*(3), 510-528.

Spiller, S. A., Fitzsimons, G. J., Lynch, J. G., & McClelland, G. H. (2013). Spotlights, floodlights, and the magic number zero: Simple effects tests in moderated regression. *Journal of Marketing Research, 50*(2), 277-288.

Van Leeuwen, K. G., Mervielde, I., Braet, C., & Bosmans, G. (2004). Child personality and parental behavior as moderators of problem behavior: Variable-and person-centered approaches. *Developmental Psychology, 40*(6), 1028-1046.

Whisman, M. A., & McClelland, G. H. (2005). Designing, testing, and interpreting interactions and moderator effects in family research. *Journal of Family Psychology*, *19*, 111-120.

Wu, A. D., & Zumbo, B. D. (2008). Understanding and using mediators and moderators. *Social Indicators Research*, *87*(3), 367-392.

Chapter 2

조절효과분석(Ⅰ): 범주형 조절변수

1. 범주형 조절변수의 조절효과분석: 예 1
2. 범주형 조절변수의 조절효과분석: 예 2

CHAPTER 02

조절효과분석(Ⅰ): 범주형 조절변수

1 범주형 조절변수의 조절효과분석: 예 1

1.1 한 개의 경로에 대한 조절효과분석

범주형 조절변수(categorical moderator)를 대상으로 조절효과분석에 대해 살펴보기로 한다. 예를 들어, 시민들이 대통령 후보의 토론을 시청하였다고 가정한다. 토론을 마친 다음에, 특정 후보가 상대 후보에 비해 토론에서 성공하였다고 생각하는 정도를 등급척도 상에 표시하도록 요구하였다. 이를 위해, 서로 다른 3개의 척도를 이용해 측정하였고, 이를 토론에서의 성공을 판단하는 척도로 삼았다. 첫 번째 지표는 0에서 20 사이의 범위를 갖고 있으며, 이를 s1이라 가정한다. 나머지 s2와 s3은 0에서 25 사이의 범위를 갖고 있다. 이 척도들은 모두 점수가 높을수록 성공적인 토론을 의미한다.

토론 성공은 후보의 외모와 토론의 질이 영향을 미치는 것으로 가정하였다. 후보의 외모를 측정하기 위해 2개의 척도(p1, p2)를 7점 어의차이척도(semantic differential scale)를 이용하여 측정하였다. 점수가 높을수록 외모에 대한 평가가 좋음을 의미한다. 토론의 질에 대한 평가도 2개의 척도(q1, q2)를 7점 어의차이척도를 이용하여 측정하였다. 이 척도도 점수가 높을수록 토론의 질에 대한 평가가 좋음을 의미한다.

연구자는 외모가 토론 성공에 미치는 영향은 성별에 따라 달라질 것으로 가정하였다. 즉, 외모가 토론 성공에 미치는 영향은 여자가 남자보다 영향력이 더 크게 나타날 것으로 가설화하였다. 연구자는 조절효과를 검정하기 위해 다음과 같은 가설을 세울 수 있다.

- 가설: 외모가 토론 성공에 미치는 영향은 여자가 남자에 비해 클 것이다(단측검정).
- 가설: 외모가 토론 성공에 미치는 영향은 성별에 따라 다를 것이다(양측검정).

이 경우 성별은 조절변수, 토론 성공은 종속변수, 외모와 토론의 질은 독립변수가 된다. 이들 변수 간의 관계를 경로도에 나타내면 [그림 2-1]과 같다.

그림 2-1 ▌범주형 조절변수의 조절효과모델

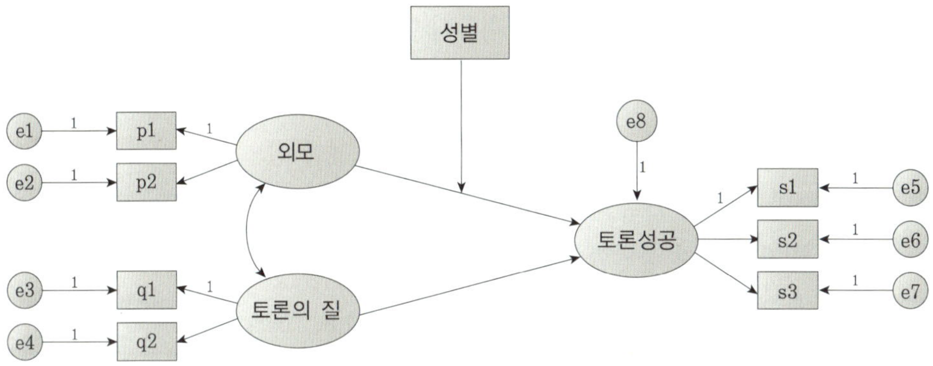

조절효과분석을 위해 Amos에서 성별을 제거하고 경로도를 그리며, 성별을 두 집단으로 나누어 **다중집단분석**(multiple group analysis)을 한다.

위 모델에서 조절변수인 성별은 명목척도이므로 비메트릭변수(nonmetric variable) 또는 **범주형 조절변수**(categorical moderator)이다. 조절변수가 등간척도 또는 비율척도로 측정된 변수이면 메트릭변수(metric variable) 또는 **연속형 조절변수**(continuous modcrator)이다.

조절효과분석은 조절변수가 비메트릭변수인지, 아니면 메트릭변수인지에 따라 접근법이 다르다. 비메트릭변수의 조절효과분석은 다중집단분석에 의한 χ^2 **차이검정**(chi-square difference test) 또는 **대응별 모수비교**(pairwise parameter comparison)에 의해 한다. 메트릭변수의 조절효과분석은 **상호작용효과분석**(interaction effect analysis)으로 한다.

[그림 2-1] 모델을 대상으로 조절효과분석을 χ^2차이검정으로 하기 위해 다음과 같은 두 모델의 적합도를 평가한다.

① 1단계분석: 비제약모델의 추정

독립변수(외모)와 종속변수(성공) 간의 관계가 성별에 따라 달라진다는 것에 대해 제약을 하지 않은 **비제약모델**(unconstrained model) 또는 **자유모델**(free model)을 추정한다. 1단계분석에서 각각의 집단에 대한 모수치 및 모델적합도를 다중집단분석(multiple group analysis)을 통해 얻는다. χ^2값이 통계적으로 비유의적($p > .05$)이면 모델이 집단에 걸쳐 잘 적합됨을 의미한다. 반대로, χ^2값이 통계적으로 유의적이면 집단 가운데 적어도 하나는 모델이 잘 적합되지 않음을 의미한다.

1단계분석만으로는 조절효과를 평가할 수 없다. 1단계분석은 각각의 집단을 개별적으로 추정한 계수와 집단에 따라 제약을 하지 않은 모델이 어느 정도나 자료에 잘 적합한지를 나타낸 것이다. 만약 조절효과가 없다면 외모가 토론 성공에 미치는 경로계수는 남자와 여자에 걸쳐 동일할 것이다. 이는 남자 대 여자집단의 경로계수의 차이는 표본오차에 의해 발생한 것임을 의미한다.

② 2단계분석: 등가제약모델의 추정

독립변수와 종속변수 간의 관계가 성별에 대해 동일하도록 제약을 한 **등가제약모델**(equality constrained model)을 추정한다. 이 모델은 독립변수와 성별 간에 상호작용이 없음을 의미한다. 2단계분석에서는 모델에 등가제약을 주고 모델을 추정한다. 즉, 외모가 토론 성공 여부의 판단에 주는 경로계수가 두 집단에 걸쳐 같다는 제약을 한다. 만약 조절효과가 없고, 두 집단의 경로계수가 같다면 등가제약은 1단계분석의 모델적합도에 영향을 미치지 않는다. 반대로, 유의적인 조절효과가 있다면 등가제약은 모델적합도에 영향을 미친다.

③ 3단계분석: χ^2차이검정 실시

1단계분석에서 얻은 χ^2값과 2단계분석에서 얻은 χ^2값의 차이를 구한다. χ^2값의 차이를 토대로 조절효과를 검정한다. χ^2차이가 유의적($\Delta\chi^2 = 3.84$ 이상, $\Delta df = 1$)이면 두 집단 간에 차이가 있음을 의미하며, 성별이 조절효과가 있다고 해석한다($\alpha = .05$ 수준).

1) χ^2차이검정에 의한 방법

[그림 2-1] 모델을 대상으로 χ^2차이검정에 의한 조절효과분석에 대해 살펴보기로 한다.

(1) 비제약모델의 추정

1 [그림 2-2]와 같은 경로도를 그린다.

그림 2-2 ▌조절효과분석모델

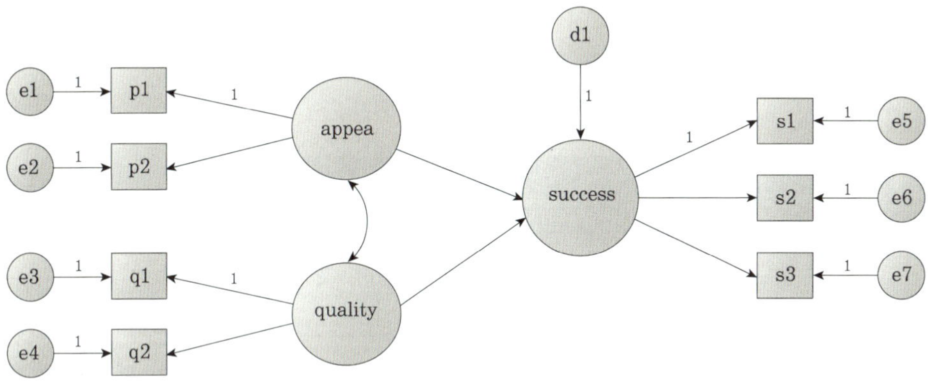

2 [그룹관리]에 있는 [Group number 1]을 더블클릭한다. 그러면 [Manage Groups] 대화상자가 나타난다. 현재는 집단이름이 [Group number 1]로 되어 있다. [Group name]을 [Male] 또는 [남자]로 입력한다.

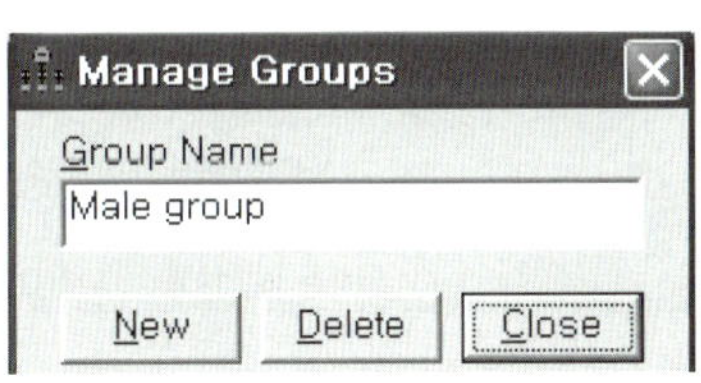

3 [New] 버튼을 클릭하여 [Group number 2]를 [Female] 또는 [여자]로 입력한 후 [Close] 버튼을 클릭한다. 이때 그룹의 이름을 반드시 이처럼 입력해야 하는 것은 아니고, 집단이름을 지정해 주는 역할을 하는 것이므로 [Group number 1] 또는 [Group number 2]로 해도 된다. **다중집단분석을 위해서는 반드시 이 작업을 먼저 해주고 자료를 연결해야 함을 기억하기 바란다.**

4 자료를 연결하기 위해 [File] 메뉴 → [Data Files]를 클릭하거나 또는 도구상자에 있는 자료파일선정 아이콘( )을 클릭한다. 이 예에서 [Male group]은 [male.sav],

[Female group]은 [female.sav]로 자료가 저장되어 있다.

5 [Male group]을 연결하기 위해 [File Name] 버튼을 클릭한 다음, [male.sav]를 클릭한 후, [OK] 버튼을 클릭한다. 그 다음, 커서를 [Female group]에 놓아 활성화시킨 다음, [File Name] 버튼을 클릭한다. [female.sav]를 연결한 다음, [OK] 버튼을 클릭한다. **자료를 연결할 때 집단의 이름과 일치하는 파일을 연결하는 것을 유념하기 바란다.** 자료가 연결된 화면은 다음과 같다.

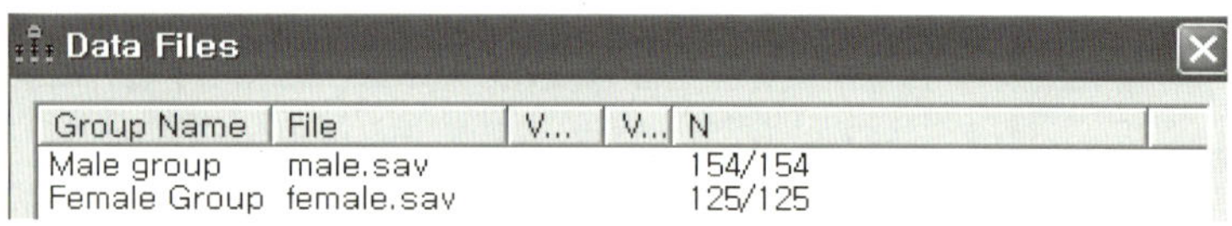

6 지금까지의 작업을 마친 입력파일을 [Input 2-1]로 저장하였다. 이 모델이 비제약모델이 된다. 즉 비제약모델은 [남자]와 [여자] 집단에 대해 appea로부터 success로 가는 경로에 대해 등가제약을 하지 않은 모델이다.

Input 2-1 **조절효과분석모델: 비제약모델**

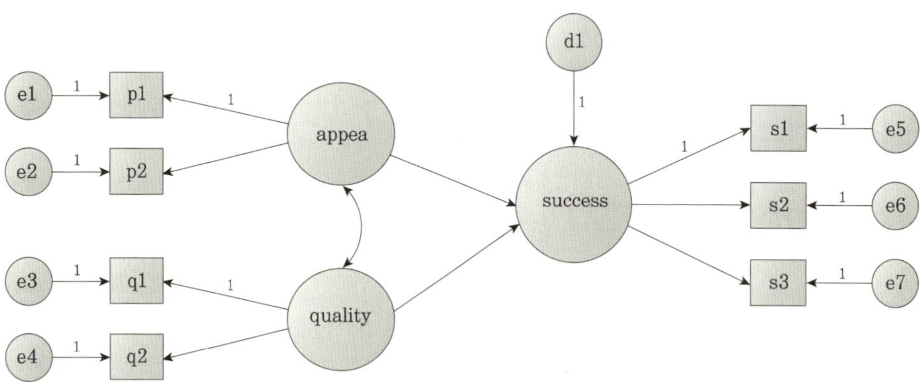

7 [Input 2-1]을 추정하면 다음과 같은 적합도 및 모수치를 얻는다.

Output 2-1 비제약모델의 분석 결과

CMIN

Model	NPAR	CMIN	DF	P	CMIN/DF
Default model	34	15.257	22	.851	.693

Regression Weights: (Male Group - Default model)

			Estimate	S.E.	C.R.	P
success	<---	appea	.955	.137	6.962	***
success	<---	quality	1.116	.154	7.226	***

Regression Weights: (Female Group - Default model)

			Estimate	S.E.	C.R.	P
success	<---	appea	1.879	.199	9.463	***
success	<---	quality	1.231	.229	5.374	***

8 비제약모델에서 얻은 회귀계수를 보면([Output 2-1]), 외모로부터 성공으로 가는 회귀계수는 남자는 b=.955, 여자는 b=1.879로 나타났다.

(2) 제약모델의 추정

제약모델을 만드는 방법에는 ① 다중집단분석 아이콘( )을 이용하는 방법, ② 경로에 명칭을 부여하는 방법이 있다.

① 다중집단분석 아이콘을 이용하는 방법

1 [Input 2-1]에서 도구상자에 있는 다중집단분석 아이콘( )을 클릭한다. 그러면 다음과 같은 창이 뜬다. 이 창은 '경로도의 왼쪽에 추가된 모델을 제거하거나 또는 모수제약을 수정할 수 있다'는 메시지이다. [확인] 버튼을 클릭한다.

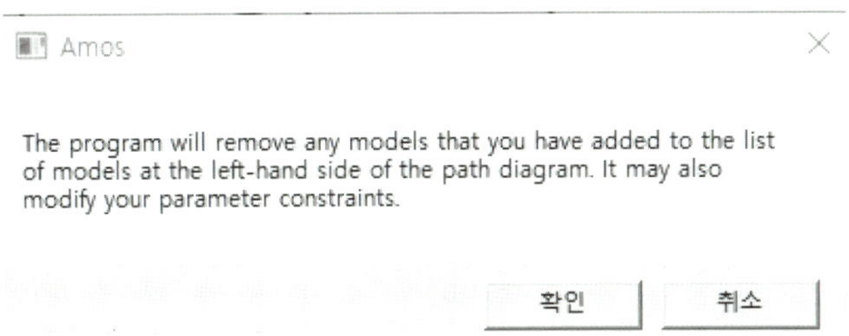

2 그러면 다음과 같은 [다중집단분석] 창이 나타난다. [OK] 버튼을 클릭한다.

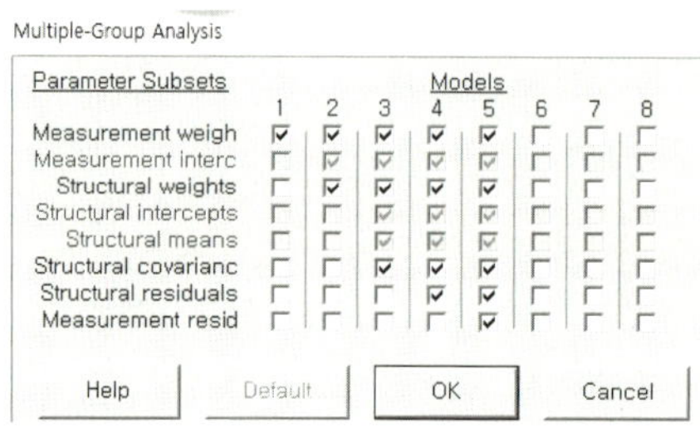

3 [그룹관리] 창에서 [Male group]과 [Female group]을 클릭하면 각각 다음과 같은 경로도를 볼 수 있다.

Input 2-1 조절효과분석모델: 제약모델[Male group]

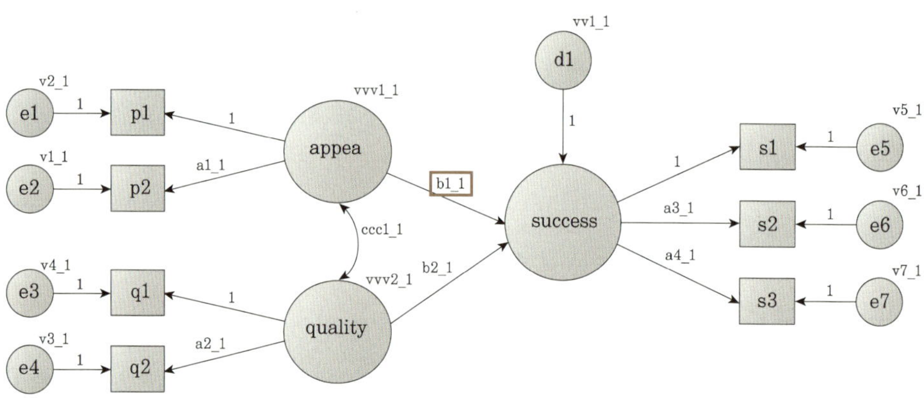

Input 2-1 조절효과분석모델: 제약모델[Female group]

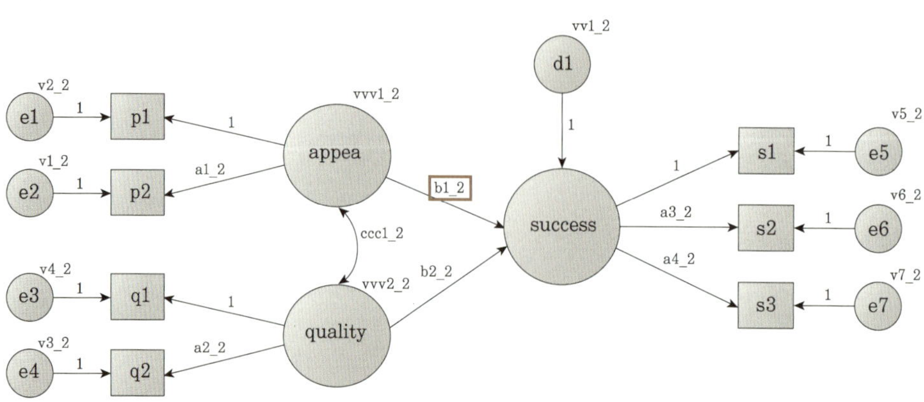

4 이 경로도에 생긴 문자는 두 집단의 모수를 지정하는 의미를 갖는다. 예를 들면, [b1_1]은 [Male group]의 appea로부터 success로 가는 경로계수를 의미하고, 그에 대응하는 [Female group]의 모수는 [b1_2]로 지정되었음을 의미한다.

5 [모델관리] 창에 있는 [xx: Structural weights]를 더블클릭한다. 그러면 다음과 같은 창이 나타난다. 이 모델은 [Male group]과 [Female group]에 대해 6개 모수를 모두 동일하도록 제약을 한 모델이다.

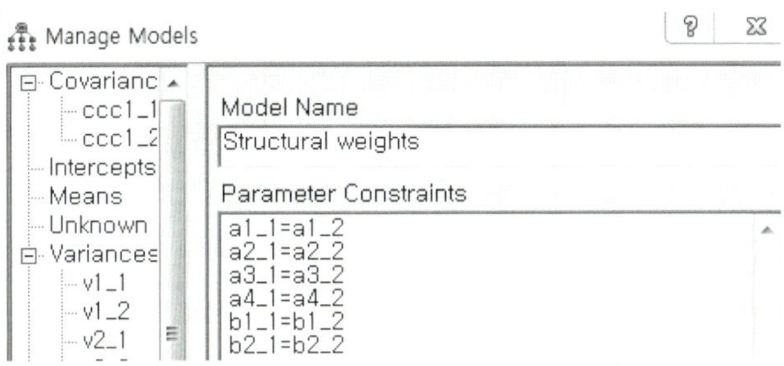

6 이 창에서 [b1_1=b1_2]만 제외하고 모두 지운 다음 [Close] 버튼을 클릭한다. 이는 이 두 모수만 동일하다는 제약모델을 만들기 위해서이다.

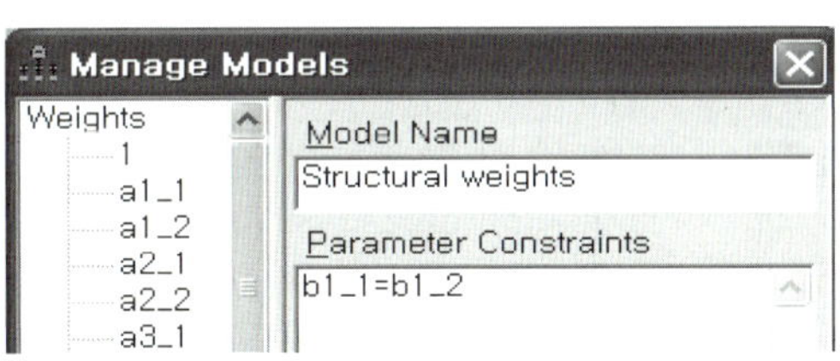

7 조절효과분석을 위한 모든 작업이 끝났다. 이를 [Input 2-2]로 저장하였다.

8 실행을 위해 추정치계산 아이콘( )을 클릭한다.

9 분석 결과를 보기 위해 텍스트보기 아이콘( )을 클릭한다. 다음은 결과 가운데 χ^2값(CMIN)을 제시한 것이다.

Output 2-2 조절효과분석 결과

Model	NPAR	CMIN	DF	P	CMIN/DF
Unconstrained	34	15.257	22	.851	.693
Measurement weights	30	16.029	26	.936	.616
Structural weights	33	29.807	23	.155	1.296
Structural covariances	25	36.987	31	.212	1.193
Structural residuals	24	42.814	32	.096	1.338
Measurement residuals	17	50.274	39	.107	1.289

10 비제약모델의 $\chi^2(22)=15.257$이 얻어지며, 구조계수 [b1_1=b1_2]에 등가제약을 가한 모델의 $\chi^2(23)=29.807$이 얻어진다. χ^2차이검정 결과, $\Delta\chi^2(1)=14.55$이므로 통계적으로 유의적이다. 자유도(df) 1의 차이에서 두 모델 간의 χ^2값의 차이가 3.84 이상이면 두 모델은 통계적으로 유의적이다. 이는 [Output 2-2]의 [Model Comparison]을 클릭해서도 확인할 수 있다. 따라서 성별은 조절효과가 있다고 해석한다.

Output 2-2 모델비교

Assuming model Unconstrained to be correct:

Model	DF	CMIN	P	IFI Delta-2	RFI rho-1	TLI rho2
Measurement weights	4	.772	.942	.000	-.002	-.002
Structural weights	1	14.550	.000	.008	.014	.015
Structural covariances	9	21.730	.010	.013	.012	.012
Structural residuals	10	27.557	.002	.016	.015	.016
Measurement residuals	17	35.017	.006	.020	.014	.015

Regression Weights: (Male group - Structural weights)

			Estimate	S.E.	C.R.	P	Label
success	<---	appea	1.359	.124	10.922	***	b1_1
success	<---	quality	1.137	.159	7.166	***	b2_1

Regression Weights: (Female group - Structural weights)

			Estimate	S.E.	C.R.	P	Label
success	<---	appea	1.359	.124	10.922	***	b1_1
success	<---	quality	1.226	.227	5.401	***	b2_2

11 [Output 2-2]에서 볼 수 있듯, 등가제약모델이므로 외모로부터 성공으로 가는 경로계수가 남자나 여자나 똑같다($b=1.359$).

12 결론적으로 경로계수의 차이는 χ^2차이검정에 의해 통계적으로 유의적이므로 외모가 성공에 미치는 효과는 남자(b = .955)보다는 여자(b = 1.879)가 더 크다고 해석할 수 있다. 여기에서 **다중집단분석에서의 경로계수는 표준화계수가 아닌 비표준화계수에 의해 비교해야 한다는 것도 기억하기 바란다.**

② 경로에 명칭을 부여하는 방법

1 [Input 2-1]에서 [그룹관리] 창에서 [Male group]을 클릭하고, appea에서 success로 가는 경로를 더블클릭하거나 오른쪽 버튼을 클릭하면 나타나는 [Object Properties] 창의 [Parameters] 탭에서 [Regression weight]에 [a]라 입력한다.

2 마찬가지로 [그룹관리] 창에서 [Female group]을 클릭하고 동일한 경로 위에 동일한 명칭 [a]를 입력한다. **이처럼 두 집단에 걸쳐 특정 경로에 대해 동일한 문자가 입력되면 Amos는 동일한 값을 갖는다고 가정한다.**

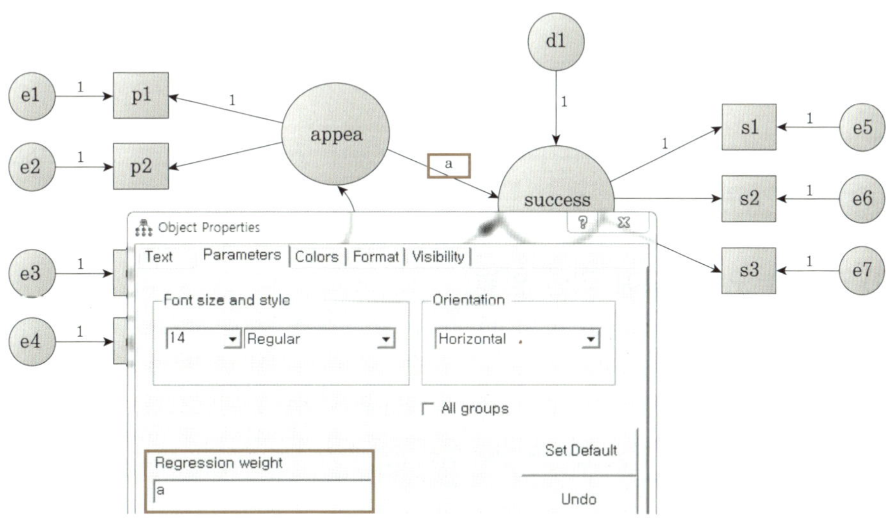

3 이 입력파일을 [Input 2-3]으로 저장하였다.

Input 2-3 등가제약모델

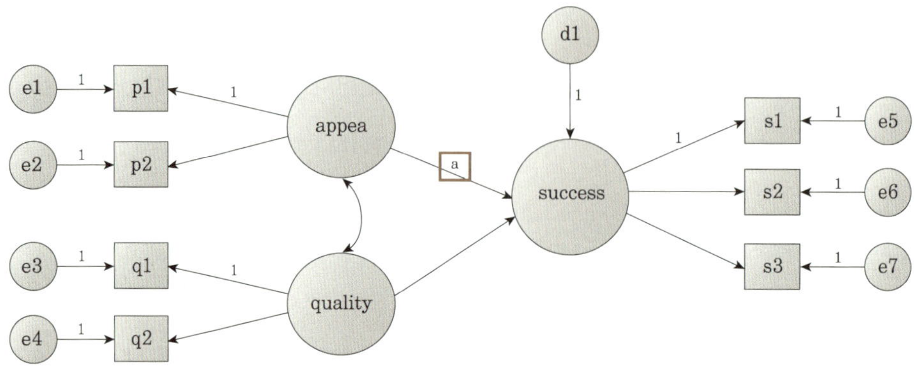

4 이를 실행하면 다음과 같은 적합도를 얻는다. 적합도는 [Output 2-2]에서 얻은 값과 같다. 비제약모델의 χ^2값과 제약모델의 χ^2값을 비교하면 앞서 분석한 결과와 같다. 두 가지 방법 가운데 이 방법이 더 쉽다는 것을 알 수 있다.

Output 2-3 등가제약모델의 분석 결과

CMIN

Model	NPAR	CMIN	DF	P	CMIN/DF
Default model	33	29.807	23	.155	1.296

2) 대응별 모수비교에 의한 방법

대응별 모수비교(pairwise parameter comparison)에 의한 방법은 비제약모델에서 개별 모수의 차이를 검정하는 방법이다. 두 모수의 차이는 z 통계량으로 볼 수 있으므로 두 모수의 차이가 ±1.96 이상 또는 ±2.58 이상이면 각각 $\alpha=.05$, $\alpha=.01$에서 유의적이라고 해석한다.

대응별 모수비교에 의한 방법은 비제약모델만 추정하면 되기 때문에 χ^2차이검정에 비해 간단하다는 장점이 있다. 그러나 이 방법은 단일변량을 토대로 한 결정이기 때문에 χ^2차이검정에 비해 정확하지 않은 단점이 있다.

(1) 대응별 모수비교에 의한 방법

1 대응별 모수비교(pairwise parameter comparison)에 의해 조절효과를 분석하기 위해 비제약모델([Input 2-1])을 만든 다음, [Analysis Properties]의 [Output] 탭에서 [Critical ratios for differences]를 체크한다.

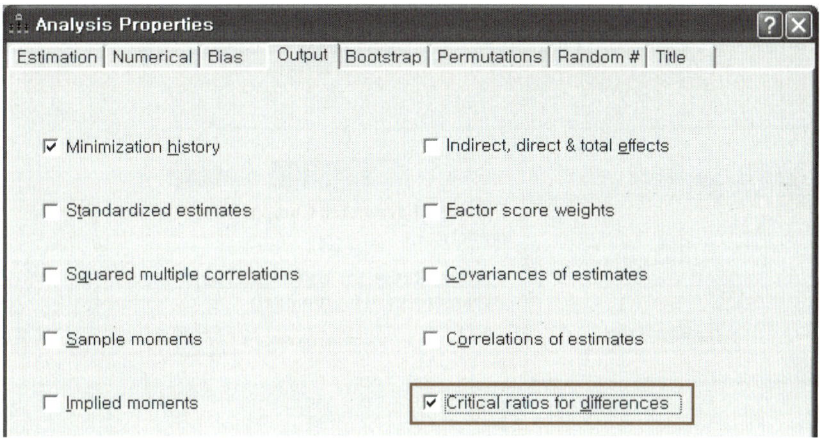

2 이를 [Input 2-4]로 저장하였다.

3 이를 실행하면 다음과 같은 회귀계수를 얻는다. 아래는 남자집단의 회귀계수를 제시한 것이다. 남자집단의 경우 appea에서 success로 가는 경로는 Label이 'par_5'로 명칭이 부여되었다.

Output 2-4 대응별 모수: 남자집단

Regression Weights: (Male Group - Default model)

			Estimate	S.E.	C.R.	P	Label
success	<---	appea	.955	.137	6.962	***	par_5
success	<---	quality	1.116	.154	7.226	***	par_6

4 아래는 여자집단의 회귀계수를 제시한 것이다. 이 값을 보기 위해서는 출력창에서 [Estimate] → [Scalars] → [Regression weights]를 클릭한 다음, 밑에 있는 [Female group]을 클릭한다. 여자집단의 경우 appea에서 success로 가는 경로는 Label이 'par_12'로 명칭이 부여되었다.

Output 2-4 대응별 모수: 여자집단

Regression Weights: (Female Group - Default model)

			Estimate	S.E.	C.R.	P	Label
success	<---	appea	1.879	.199	9.463	***	par_12
success	<---	quality	1.231	.229	5.374	***	par_13

5 아래는 두 모수의 차이를 보여주는 출력창이다. 이를 보기 위해 출력창에서 [Pairwise Parameter Comparisons]를 클릭한다.

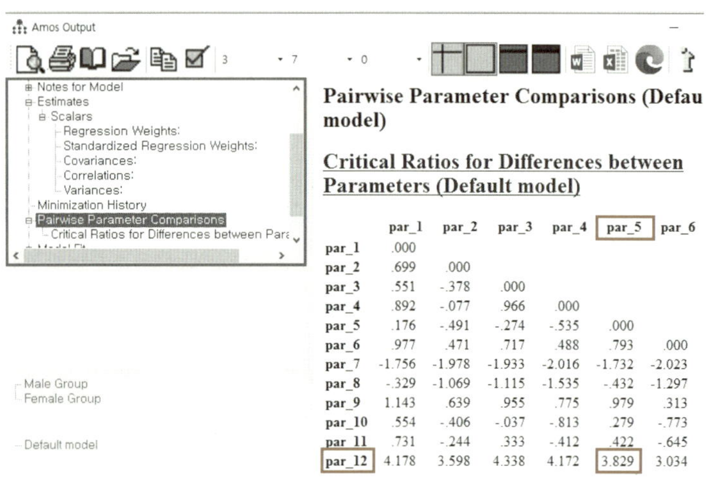

Pairwise Parameter Comparisons (Default model)

Critical Ratios for Differences between Parameters (Default model)

	par_1	par_2	par_3	par_4	par_5	par_6
par_1	.000					
par_2	.699	.000				
par_3	.551	-.378	.000			
par_4	.892	-.077	.966	.000		
par_5	.176	-.491	-.274	-.535	.000	
par_6	.977	.471	.717	.488	.793	.000
par_7	-1.756	-1.978	-1.933	-2.016	-1.732	-2.023
par_8	-.329	-1.069	-1.115	-1.535	-.432	-1.297
par_9	1.143	.639	.955	.775	.979	.313
par_10	.554	-.406	-.037	-.813	.279	-.773
par_11	.731	-.244	.333	-.412	.422	-.645
par_12	4.178	3.598	4.338	4.172	3.829	3.034

6 두 모수(par_5, par_12)의 차이는 3.829로 임계치 절대값 ±2.58보다 크므로 두 모수의 차이는 $\alpha = .01$ 수준에서 유의적이다. 따라서 성별은 조절효과가 있다고 해석한다.

(2) 경로에 명칭을 부여하는 방법

1 비제약모델인 [Input 2-1]에서 appea에서 success로 가는 경로에 대해 집단별로 서로 다른 명칭의 문자를 입력한다. 남자집단의 경로는 [a]로, 여자집단의 경로는 [b]로 입력하였다. 이처럼 각각의 집단에 다른 명칭을 부여하면 경로계수 값이 다르다는 것을 의미한다. 이를 [Input 2-5]로 저장하였다.

2 남자집단과 여자집단의 경로도를 보기 위해 [그룹관리] 창에서 [Male group]과 [Female group]을 클릭한다.

Input 2-5 경로에 명칭부여: 남자집단

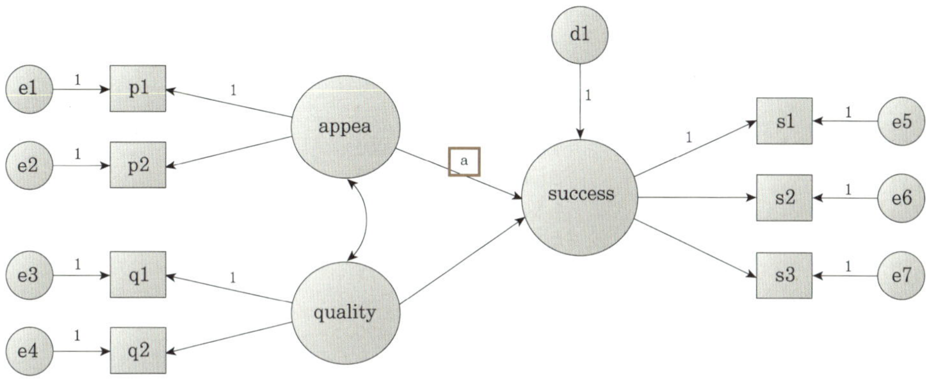

Input 2-5 경로에 명칭부여: 여자집단

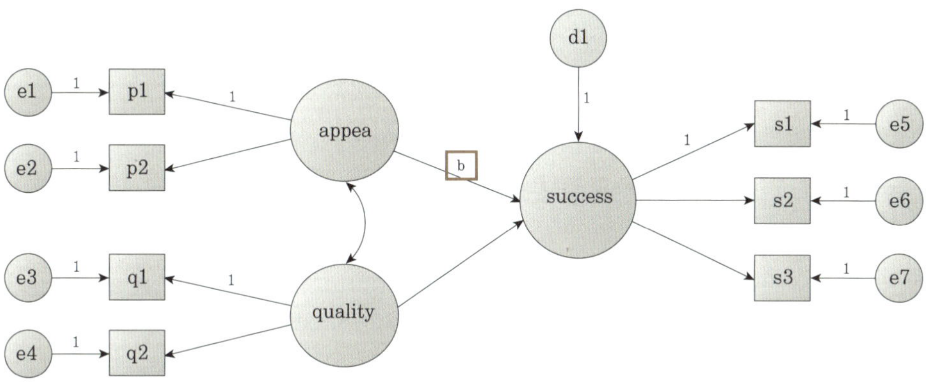

3 이를 실행하면 다음과 같은 적합도를 얻는다.

Output 2-5 비제약모델의 적합도

CMIN

Model	NPAR	CMIN	DF	P	CMIN/DF
Default model	34	15.257	22	.851	.693

4 출력창에서 [Pairwise Parameter Comparison]을 클릭하면 다음과 같은 모수차이를 볼 수 있다.

Output 2-5 비제약모델의 모수차이 검정

Critical Ratios for Differences between Parameters (Default model)

	a	b	par_3	par_4	par_5
a	.000				
b	3.829	.000			
par_3	-.176	-4.178	.000		
par_4	.491	-3.598	.699	.000	
par_5	.274	-4.338	.551	-.378	.000
par_6	.535	-4.172	.892	-.077	.966
par_7	.793	-3.034	.977	.471	.717
par_8	-1.732	-3.496	-1.756	-1.978	-1.933
par_9	-.432	-5.624	-.329	-1.069	-1.115

5 두 모수의 차이는 앞의 결과([Output 2-4])와 동일하다. 이 접근법은 두 집단의 모수치에 해당하는 라벨을 찾아서 매치(match)시킬 필요가 없으므로 출력을 읽기가 편하다는 장점이 있다.

1.2 두 개의 경로에 대한 조절효과분석

[그림 2-1]에서 성별이 '외모 → 토론성공' 간의 관계뿐 아니라 '토론의 질 → 토론 성공' 간의 관계도 조절효과가 있다고 가정한 [그림 2-3] 모델을 분석하기로 한다.

그림 2-3 | 범주형 조절변수의 조절효과모델

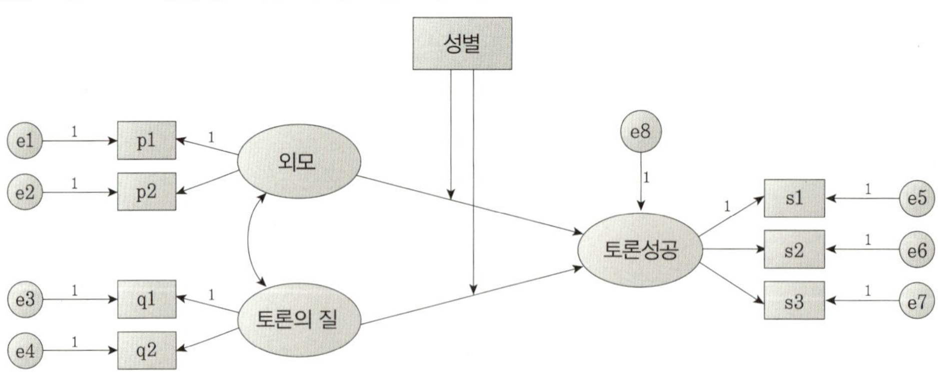

1 이를 분석하기 위해 각각의 집단별로 경로에 대해 서로 다른 명칭을 부여한 모델을 만든다. 이 입력파일을 [Input 2-5-1]로 저장하였다.

Input 2-5-1 남자집단

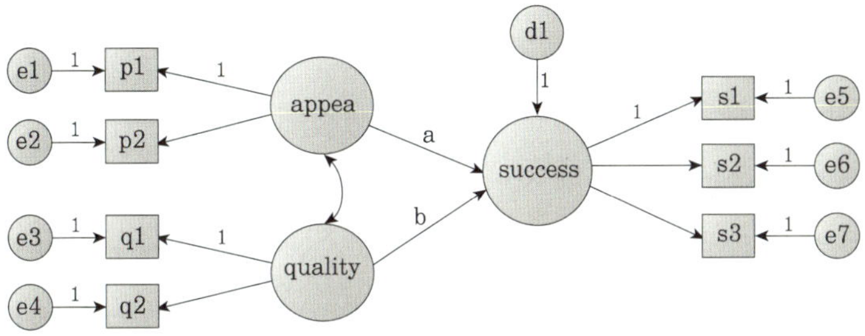

Input 2-5-1 여자집단

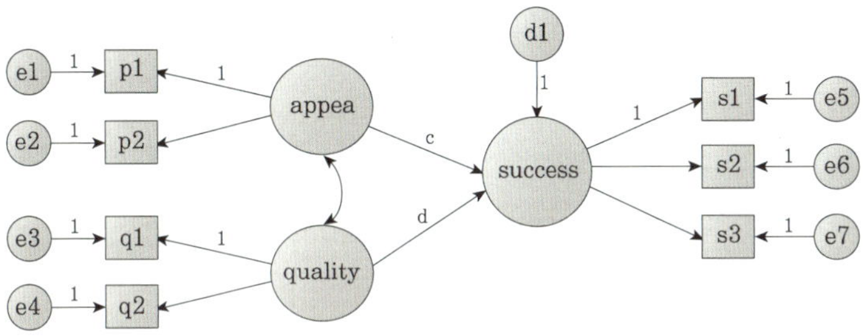

2 [Analysis Properties]의 [Estimation] 탭에서 [Critical ratios for differences]를 체크한다.

3 이를 실행하면 다음과 같은 결과를 얻는다.

Output 2-5-1 경로 2개의 조절효과분석 결과

Critical Ratios for Differences between Parameters (Default model)

	a	c	b	d
a	.000			
c	.793	.000		
b	3.829	3.034	.000	
d	1.034	.416	−2.136	.000

4 c와 d는 유의적인 차이가 없는 것으로 나타나, 성별은 토론의 질과 토론성공 간의 관계에서 조절효과가 없다고 해석한다.

5 위 예에서 살펴본 것처럼 2개 이상의 경로 간 조절효과를 동시에 분석하고자 할 때에는 각각의 집단별로 경로에 대해 서로 다른 명칭을 부여하고 분석하면 되는 것을 알 수 있다.

2 범주형 조절변수의 조절효과분석: 예 2

[예 2]에서는 평균구조(mean structure)가 포함된 자료를 이용하여 조절효과를 분석하는 것에 대해 살펴보도록 한다. MacKenzie & Spreng(1992)은 광고효과에 관한 조절효과를 검정하였다. 그들은 광고에 대한 태도(Aad)는 광고수용자의 광고를 처리하고자 하는 모티베이션과 상호작용하여 광고된 브랜드태도(Ab)에 영향을 미칠 것으로 가정하였다.

그들은 모티베이션이 높은 수용자는 광고를 보고 난 후 브랜드태도(Ab)의 수준이 높을 것으로 가정하였다. 즉 이 조건에 있는 수용자의 절편값이 높을 것으로 가정하였다. 그들은 광고태도(Aad)는 브랜드태도(Ab)에 정적(+)인 주효과가 있을 것으로 가정하였다. 그러나 광고태도와 모티베이션 간의 상호작용은 모티베이션이 높은 집단에서 Aad → Ab 간의 관계는 약할 것으로 가정하였다. 이러한 관계를 제시하면 [그림 2-4]와 같다.

그림 2-4 ▌광고태도와 브랜드태도 간 모티베이션의 조절효과

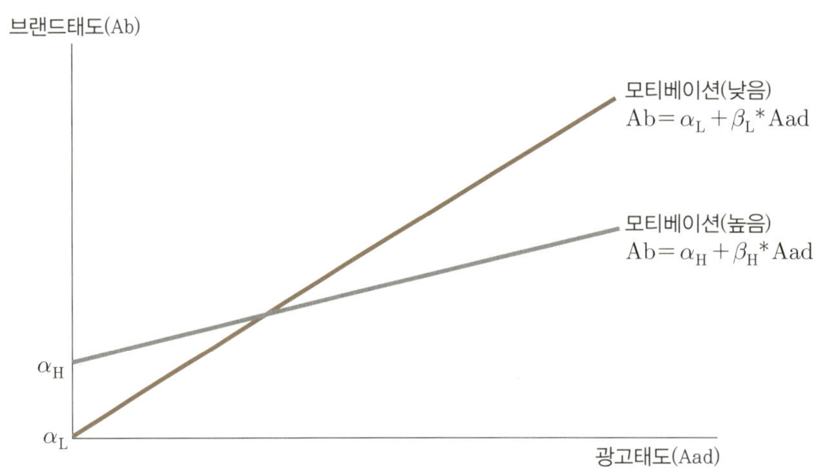

1 아래는 모티베이션이 낮은 수용자와 높은 수용자로부터 얻은 행렬요약 자료이다.

[Low-motivation group]

ROWTYPE_	VARNAME_	y1	y2	y3	y4	y5	y6
N		200.000	200.000	200.000	200.000	200.000	200.000
MEAN		4.270	5.020	4.480	4.690	4.530	4.660
STDDEV		1.230	1.140	1.260	1.190	1.290	1.280
CORR	y1	1.000	.640	.780	.680	.430	.650
CORR	y2	.640	1.000	.730	.630	.550	.630
CORR	y3	.780	.730	1.000	.690	.500	.670
CORR	y4	.680	.630	.690	1.000	.590	.810
CORR	y5	.430	.550	.500	.590	1.000	.600
CORR	y6	.650	.630	.670	.810	.600	1.000

[High-motivation group]

ROWTYPE_	VARNAME_	y1	y2	y3	y4	y5	y6
N		160.0000	160.0000	160.0000	160.0000	160.0000	160.0000
MEAN		4.3500	4.9300	4.5900	4.8600	4.7100	4.7400
STDDEV		1.2400	1.1800	1.2000	1.1000	1.0800	1.1500
CORR	y1	1.0000	.7200	.7600	.5100	.3200	.5400
CORR	y2	.7200	1.0000	.7400	.4600	.3300	.4500
CORR	y3	.7600	.7400	1.0000	.5700	.3900	.6000
CORR	y4	.5100	.4600	.5700	1.0000	.4000	.7300
CORR	y5	.3200	.3300	.3900	.4000	1.0000	.4500
CORR	y6	.5400	.4500	.6000	.7300	.4500	1.0000

2 다중집단분석을 위해 [그룹관리] 창에서 집단을 만든다.

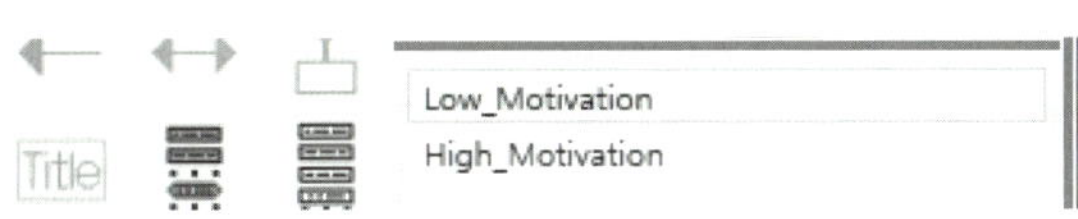

3 자료를 연결한다.

Data Files

Group Name	File	Variable	Value	N
Low_Motivation	low motivation group.sav			200/200
High_Motivation	high motivation group.sav			160/160

4 절편과 평균을 추정하기 위해 [Estimation] 탭에서 [Estimate means and intercepts]를 체크한다.

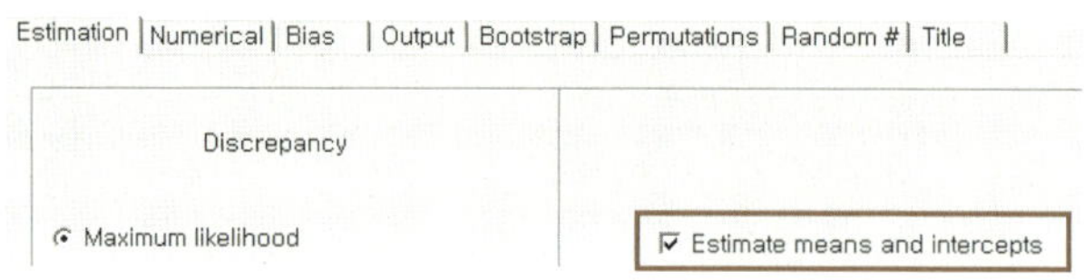

5 두 집단을 대상으로 다음과 같은 모델을 만든다. 이 모델은 두 집단에 걸쳐 광고에 대한 태도(Aad), 브랜드태도(Ab), Aad → Ab 계수가 다르다고 가정한 것이다.

6 두 집단에 걸쳐 Aad의 평균은 모티베이션이 낮은 집단에서는 [0]으로 고정하였고, 모티베이션이 높은 집단은 [H_Amean]으로 추정하도록 하였다. 마찬가지로, Ab의 평균은 모티베이션이 낮은 집단은 [0]으로 고정하였고, 모티베이션이 높은 집단은 [H-alpha]로 추정하도록 하였다. 마지막으로 Aad → Ab 계수는 모티베이션이 낮은 집단은 [L-gamma], 모티베이션이 높은 집단은 [H-gamma]로 추정하도록 하였다. 두 집단에 걸쳐 오차의 평균은 [0], 분산은 [var1], [var6] 등의 명칭을 부여하여 같도록 설정하였다. 관측변수의 절편은 두 집단에 걸쳐 [i1], [i6] 등으로 같도록 설정하였다.

[Low-Motivation Group]

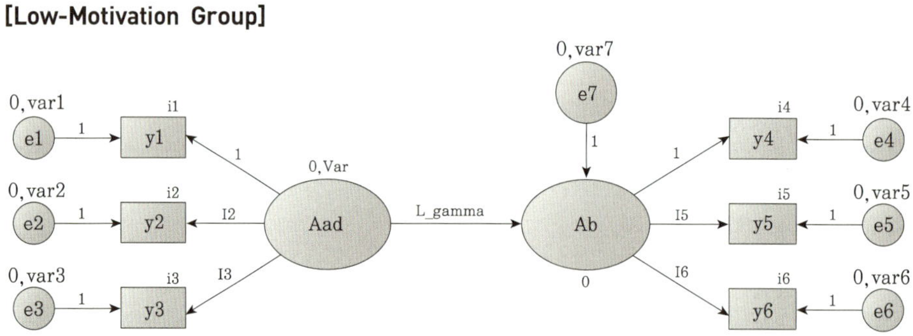

[High-Motivation Group]

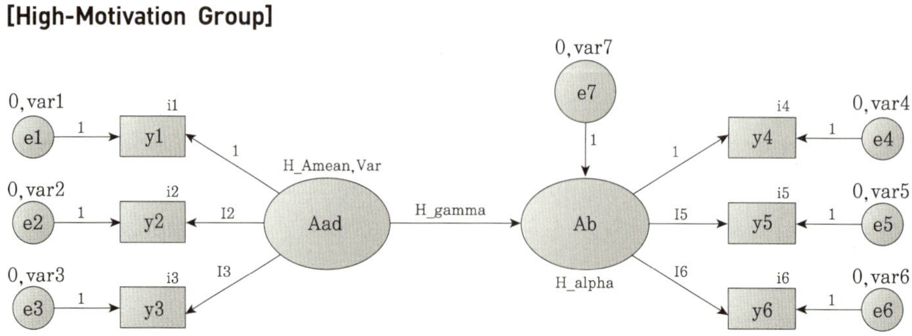

7 오차의 평균과 분산, 관측변수의 절편, 요인적재량 등은 두 집단에 대해 같다고 가정한다. 이를 위해 두 집단에 대해 같은 명칭을 부여한다. 이 파일을 [Input 2-6]으로 저장하였다. 이를 실행하면 다음과 같은 결과를 얻는다.

Output 2-6 자유모델 분석 결과

CMIN

Model	NPAR	CMIN	DF	P	CMIN/DF
Default model	22	41.315	32	.125	1.291

Regression Weights: (Low_Motivation - Default model)

			Estimate	S.E.	C.R.	P	Label
Ab	<---	Aad	.868	.064	13.469	***	L_gamma
y3	<---	Aad	1.072	.050	21.342	***	l3
y2	<---	Aad	.887	.049	18.033	***	l2
y1	<---	Aad	1.000				
y4	<---	Ab	1.000				
y5	<---	Ab	.727	.058	12.422	***	l5
y6	<---	Ab	1.070	.053	20.325	***	l6

Intercepts: (Low_Motivation - Default model)

	Estimate	S.E.	C.R.	P	Label
y3	4.502	.086	52.543	***	i3
y2	4.958	.077	64.796	***	i2
y1	4.281	.083	51.391	***	i1
y4	4.707	.084	56.033	***	i4
y5	4.568	.076	59.920	***	i5
y6	4.633	.090	51.766	***	i6

Variances: (Low_Motivation - Default model)

	Estimate	S.E.	C.R.	P	Label
Aad	1.090	.113	9.661	***	Var
e7	.351	.047	7.518	***	var7
e3	.262	.038	6.871	***	var3
e2	.478	.044	10.916	***	var2
e1	.426	.044	9.734	***	var1
e4	.306	.040	7.702	***	var4
e5	.906	.073	12.474	***	var5
e6	.325	.044	7.335	***	var6

Means: (High_Motivation - Default model)

	Estimate	S.E.	C.R.	P	Label
Aad	.056	.117	.480	.631	H_Amean

8 이제 두 집단 간에 광고에 대한 태도(Aad), 브랜드태도(Ab), Aad → Ab 계수가 같다는 모델을 추정하기로 한다. 이를 위한 모델설정은 [Input 2-6] 모델을 토대로 [모델관리] 창에서 다음과 같이 입력한다. 이 입력파일을 [Input 2-7]로 저장하였다.

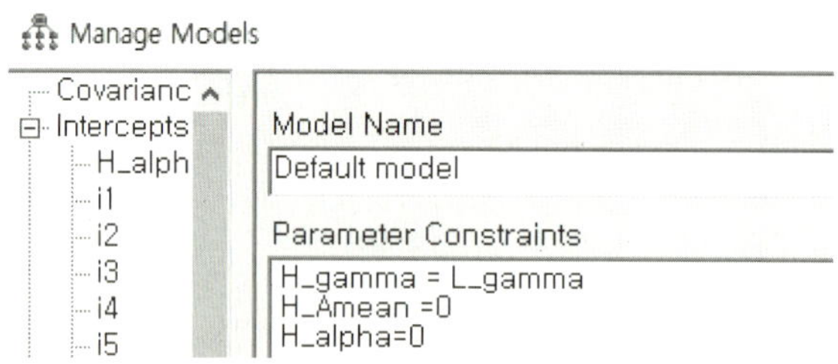

9 이 입력파일을 실행하면 다음과 같은 결과를 얻는다.

Output 2-7 등가제약모델 분석 결과

CMIN

Model	NPAR	CMIN	DF	P	CMIN/DF
Default model	19	50.405	35	.044	1.440

Regression Weights: (Group number 1 - Default model)

			Estimate	S.E.	C.R.	P	Label
Ab	<---	Aad	.774	.052	15.025	***	L_gamma
y3	<---	Aad	1.079	.051	21.340	***	l3
y2	<---	Aad	.885	.049	17.890	***	l2
y1	<---	Aad	1.000				
y4	<---	Ab	1.000				
y5	<---	Ab	.724	.059	12.356	***	l5
y6	<---	Ab	1.074	.053	20.274	***	l6

10 두 모델 간 χ^2차이는 $df = 3$에서 $\Delta\chi^2 = 9.09$로 유의적이다. 따라서 두 집단 간에 Aad, Ab, Aad → Ab 계수가 다르므로 조절효과가 있다고 해석할 수 있다.

11 이를 보다 세부적으로 분석하기로 한다. 먼저 두 집단 간 Aad와 Ab의 평균은 같고, Aad → Ab 계수가 차이가 있는가를 검정하기로 한다. 이를 위해 [H_gamma=L_gamma]를 제거한다. 이 입력파일을 [Input 2-8]로 저장하였다.

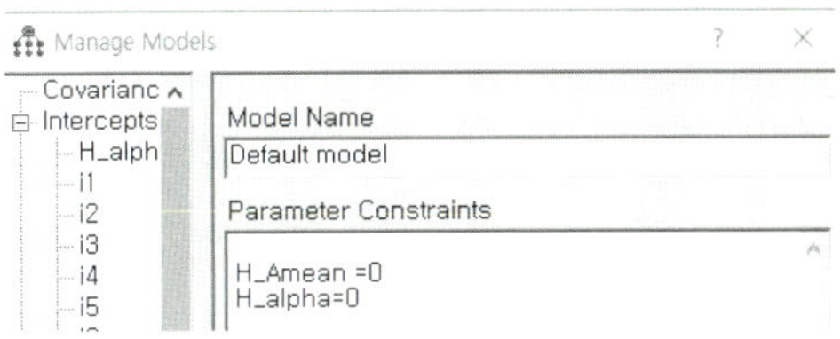

12 이를 실행하면 다음과 같은 적합도 및 모수치를 얻는다.

Output 2-8 Aad → Ab 계수 차이 검정

CMIN

Model	NPAR	CMIN	DF	P	CMIN/DF
Default model	20	42.897	34	.141	1.262

Regression Weights: (Group number 1 - Default model)

			Estimate	S.E.	C.R.	P	Label
Ab	<---	Aad	.868	.065	13.449	***	L_gamma
y3	<---	Aad	1.073	.050	21.352	***	l3
y2	<---	Aad	.886	.049	18.020	***	l2
y1	<---	Aad	1.000				
y4	<---	Ab	1.000				
y5	<---	Ab	.727	.059	12.403	***	l5
y6	<---	Ab	1.073	.053	20.314	***	l6

Regression Weights: (Group number 2 - Default model)

			Estimate	S.E.	C.R.	P	Label
Ab	<---	Aad	.649	.064	10.134	***	H_gamma
y3	<---	Aad	1.073	.050	21.352	***	l3
y2	<---	Aad	.886	.049	18.020	***	l2
y1	<---	Aad	1.000				
y4	<---	Ab	1.000				
y5	<---	Ab	.727	.059	12.403	***	l5
y6	<---	Ab	1.073	.053	20.314	***	l6

13 이제 평균은 다르고 기울기는 같다는 모델을 추정하기로 한다. 이를 위해 [모델 관리] 창에서 다음과 같이 입력한다.

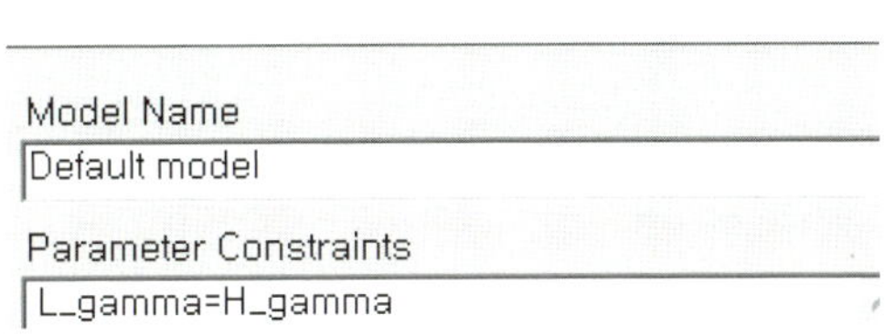

14 이를 [Input 2-9]로 저장하였다. 이를 실행하면 다음과 같은 적합도 및 모수치를 얻는다.

Output 2-9 평균은 다르고 기울기는 같다는 모델 검정

CMIN

Model	NPAR	CMIN	DF	P	CMIN/DF
Default model	21	48.894	33	.037	1.482

Means: (Group number 2 - Default model)

	Estimate	S.E.	C.R.	P	Label
Aad	.057	.117	.491	.623	H_Amean

15 지금까지 추정한 모델의 결과를 제시하면 [표 2-1]과 같다.

표 2-1 평균과 기울기 같음 검정 결과

	평균 같음	평균 같지 않음	평균 같음 검정 결과
기울기 같음	$\chi^2 = 50.405,\ df = 35$	$\chi^2 = 48.894,\ df = 33$	$\chi^2 = 1.511,\ df = 2$
기울기 다름	$\chi^2 = 42.897,\ df = 34$	$\chi^2 = 41.315,\ df = 32$	$\chi^2 = 1.582,\ df = 2$
기울기 같음 검정 결과	$\chi^2 = 7.508,\ df = 1$	$\chi^2 = 7.579,\ df = 1$	$\chi^2 = 9.09,\ df = 3$

16 이 결과는 두 집단 간에 기울기는 차이가 있고, 평균은 차이가 없음을 보여준다.

참고문헌

Jaccard, J., & Wan, C. K. (1996). *LISREL approaches to interaction effects in multiple regression.* Sage Publications.

MacKenzie, S. B., & Spreng, R. A. (1992). How does motivation moderate the impact of central and peripheral processing on brand attitudes and intentions?. *Journal of Consumer Research, 18*(4), 519-529.

Rigdon, E. E., Schumacker, R. E., & Wothke, W. (1998). A comparative review of interaction and nonlinear modeling. In R. E. Schumacker & G. A. Marcoulides (Eds.), *Interaction and nonlinear effects in structural equation modeling* (pp. 1-16). Lawrence Erlbaum Associates.

Chapter 3

조절효과분석(Ⅱ): 범주형 조절변수

1. 범주형 조절변수의 조절효과분석: 두 집단의 경우
2. 범주형 조절변수의 조절효과분석: 세 집단의 경우
3. 범주형 조절변수의 조절효과분석: 두 경로에 대한 동시 분석

CHAPTER 03

조절효과분석(Ⅱ): 범주형 조절변수

1 범주형 조절변수의 조절효과분석: 두 집단의 경우

[그림 3-1]의 합리적 행동모델을 통해 원자료인 경우의 비메트릭변수의 조절효과분석에 대해 살펴보기로 한다. 합리적 행동모델의 원자료는 691명을 대상으로 조사되었고, 자료에는 결측치([0])가 있다. 자료를 보면 353번 응답자는 [v2]에 대해 응답을 하지 않은 것을 알 수 있다. 마지막 변수인 [group]은 집단을 구분하기 위해 [1=male], [2=female]로 코딩되었다. 다음은 원자료 가운데 일부를 보인 것이다. 691명 가운데 [1]은 345명, [2]는 346명으로 코딩되었다. 자료는 [sample1.sav]로 저장되어 있다.

	v1	v2	v3	v4	v5	v6	v7	v8	v9	v10	v11	v12	group
349	5	4	5	5	6	5	5	5	6	5	5	4	2.00
350	5	4	6	5	5	5	6	5	6	5	4	4	2.00
351	5	4	5	5	5	5	6	6	6	5	0	4	2.00
352	6	6	6	5	6	5	2	3	2	4	4	4	2.00
353	1	0	2	5	5	5	5	6	5	4	4	4	2.00
354	6	6	6	3	3	3	4	4	5	4	4	4	2.00

조절효과와 관련된 가설은 다음과 같다고 가정한다.

- 가설 1: 행동의도가 행동에 미치는 영향은 남자가 여자보다 클 것이다(단측검정).
- 가설 2: 행동의도가 행동에 미치는 영향은 성별에 따라 다를 것이다(양측검정).

제1장에서 언급하였듯이, 가설은 방향성이 내포된 가설 1의 관점에서 기술하는 것이 바람직하다.

1.1 대응별 모수비교에 의한 방법

1) Amos에서 제공하는 라벨을 이용하는 방법

1 [그림 3-1]과 같은 경로도를 그린다.

그림 3-1 ▌ 합리적 행동모델

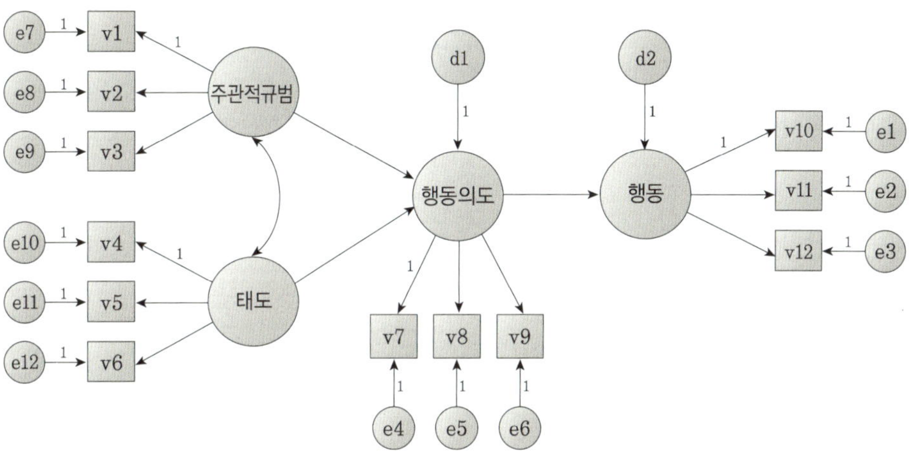

2 [그룹관리] 창에서 [Group number 1]을 더블클릭한다. 그러면 [Manage Groups] 창이 나타난다. 현재는 디폴트로 [Group number 1]로 지정되어 있다. [Group Name]을 [Male group] 또는 [남자]로 입력한다.

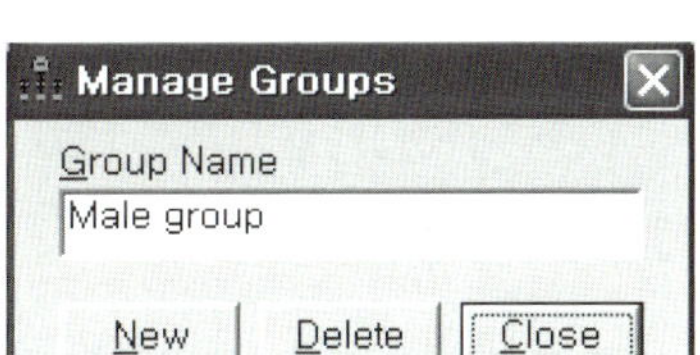

3 [New] 버튼을 클릭하여 [Group number 2]를 [Female group] 또는 [여자]로 입력한 후, [Close] 버튼을 클릭한다. 그러면 [그룹관리] 창에 [Female group]이 생긴다.

4 자료를 연결하기 위해, 자료파일선정 아이콘( )을 클릭한다. [Data Files] 창에서 [File Name] 버튼을 클릭하여 해당 파일이 저장되어 있는 경로와 파일을 지정해 준다. 이는 [Male group]과 [Female group]을 대상으로 각각 해주어야 한다. 자료는 하나의 원자료 파일에 저장되어 있으므로 파일은 [sample1.sav]로, 그리고 표본크기도 691로 동일하다.

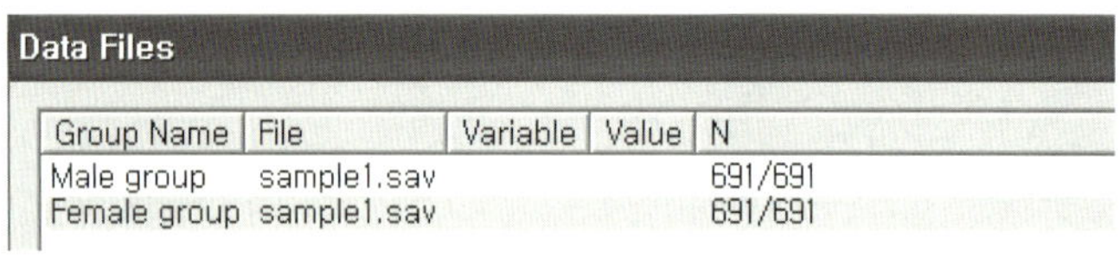
Data Files

Group Name	File	Variable	Value	N
Male group	sample1.sav			691/691
Female group	sample1.sav			691/691

5 두 집단의 자료가 연결되면 [Grouping Variable] 버튼이 활성화된다. [Grouping Variable]을 지정하기 위해 스크롤바를 밑으로 내려 [group]을 지정해 주고, [OK] 버튼을 클릭한다.

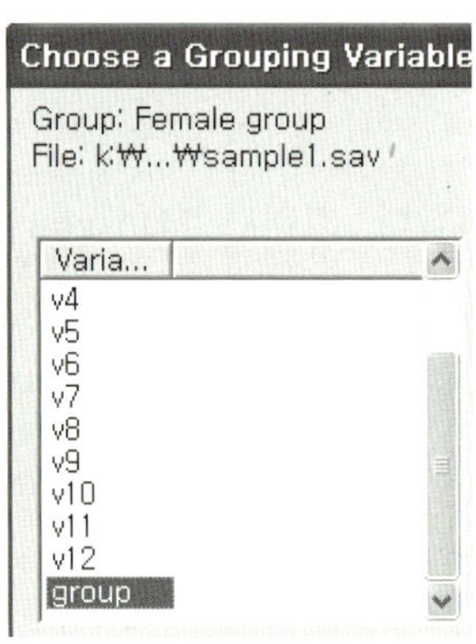

6 [Grouping Variable] 버튼을 이용하여 [Male group]과 [Female group]을 각각 연결한다. 다음에서 볼 수 있듯, [Variable]에 [group] 변수가 인식되었음을 알 수 있다.

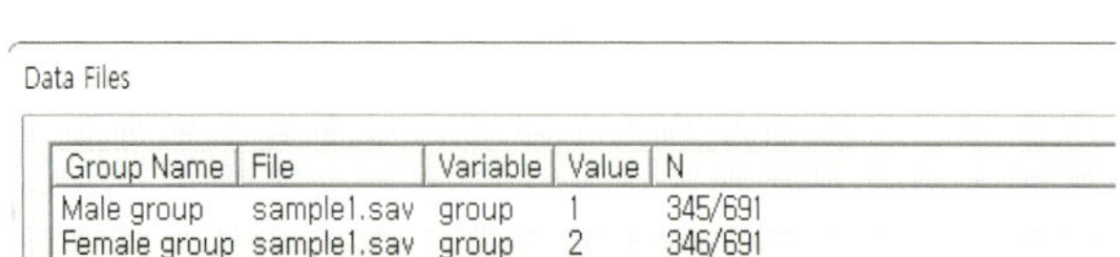
Data Files

Group Name	File	Variable	Value	N
Male group	sample1.sav	group	1	345/691
Female group	sample1.sav	group	2	346/691

7 이제 [Group Value] 버튼이 활성화된다.

8 [Group Value] 버튼을 클릭하면 다음과 같이 value 1, 2에 대해 각각 345, 346명의 빈도가 있다고 알려준다. [1=male], [2=female]로 코딩되었으므로, [1]은 [Male group], [2]는 [Female group]에 자료를 연결해야 한다.

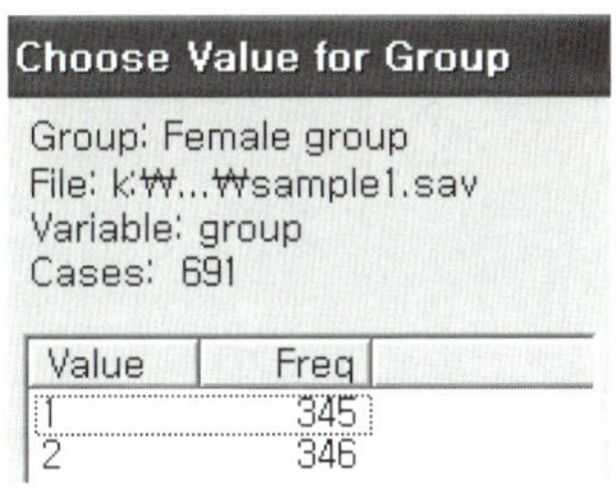

9 [Data Files] 창에서 [Male group]을 클릭하고 [Group Value] 버튼을 클릭한 다음 [Choose Value for Group]에서 [Value 1, Freq 345]를 클릭하고 [OK] 버튼을 클릭한다.

10 다음, [Female group]을 클릭하고 [Group Value] 버튼을 클릭한 다음 [Choose Value for Group]에서 [Value 2, Freq 346]을 클릭하고 [OK] 버튼을 클릭한다. 이제 자료가 연결되었다.

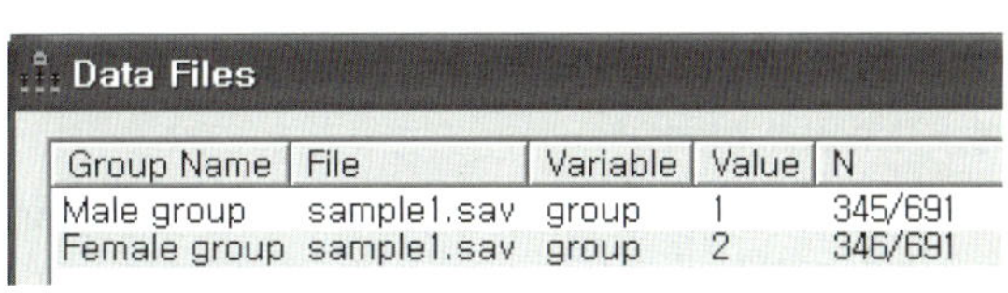

11 자료에 결측치가 있으므로 [Analysis Properties] → [Estimation] 탭에서 [Estimate means and intercepts]를 체크한다. 자료에 결측치가 없으면 이를 체크하지 않아도 된다.

12 대응별 모수비교를 위해 [Output] 탭에서 [Critical ratios for differences]를 체크한다.

13 지금까지 한 작업의 경로도를 [Input 3-1]로 저장하였다.

Input 3-1 합리적 행동모델: 비제약모델

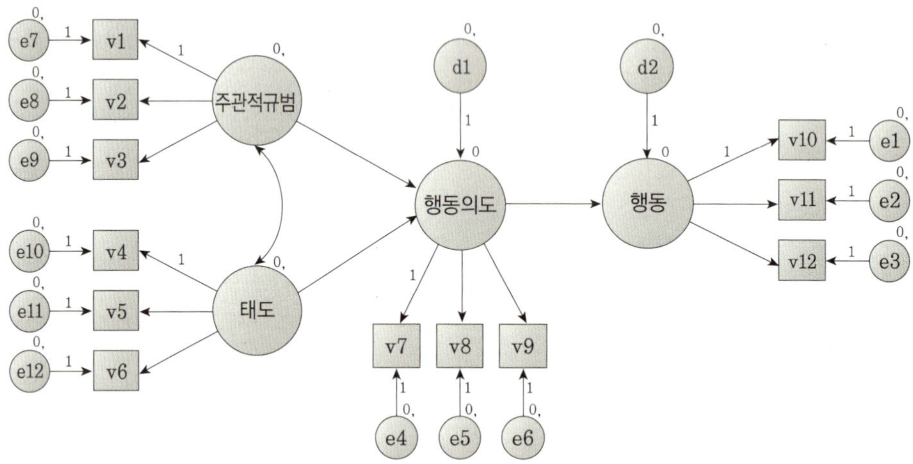

14 [Input 3-1]을 실행하면 다음과 같은 적합도 및 모수치를 얻는다.

Output 3-1 비제약모델의 분석 결과

CMIN

Model	NPAR	CMIN	DF	P	CMIN/DF
Default model	80	234.781	100	.000	2.348

Regression Weights: (Male group - Default model)

			Estimate	S.E.	C.R.	P	Label
행동의도	<---	주관적규범	.280	.047	6.000	***	par_09
행동의도	<---	태도	.225	.048	4.665	***	par_10
행동	<---	행동의도	.623	.079	7.908	***	par_11

Regression Weights: (Female group - Default model)

			Estimate	S.E.	C.R.	P	Label
행동의도	<---	주관적규범	.306	.059	5.209	***	par_33
행동의도	<---	태도	.078	.056	1.402	***	par_34
행동	<---	행동의도	.428	.066	6.490	***	par_35

15 남자집단에서 행동의도가 행동에 미치는 회귀계수 $b=.623$으로 유의적이고, 이 계수는 [par_11]로 라벨이 붙었다. 여자집단에서 행동의도가 행동에 미치는 회귀계수 $b=.428$로 유의적이고, 이 계수는 [par_35]로 라벨이 붙었다.

16 두 모수의 비교를 위해 출력창에서 [Pairwise Parameter Comparisons]를 클릭한 다음, 각각의 모수에 해당되는 곳([par_11]과 [par_35]가 만나는 곳)을 찾아보면,

z =−1.901이다. 두 모수는 유의적인 차이가 없으므로 성별은 조절효과가 없다고 해석한다(α =.05 수준에서 1.96보다 커야 유의적임).

	par_1	par_2	par_3	par_4	par_5	par_6	par_7	par_8	par_9	par_10	par_11
par_1	.000										
par_2	-4.970	.000									
par_3	1.030	4.745	.000								
par_4	1.379	5.115	.518	.000							
par_5	1.209	4.500	.279	-.018	.000						
par_6	2.450	5.748	1.480	1.187	1.680	.000					
par_7	-5.265	-.996	-6.078	-6.488	-5.591	-6.915	.000				
par_8	-6.628	-2.538	-7.344	-7.748	-6.720	-8.012	-2.274	.000			
par_9	-11.470	-7.236	-11.039	-11.444	-9.229	-10.185	-6.683	-4.861	.000		
par_10	-11.144	-7.514	-12.540	-13.006	-9.874	-10.856	-7.427	-5.624	-.737	.000	
par_11	-4.247	-1.305	-4.936	-5.223	-5.594	-6.928	-.645	.450	3.597	4.165	.000
par_12	-10.255	-7.023	-10.554	-10.850	-10.296	-11.472	-7.084	-5.397	-.827	-.068	-4.244
par_13	40.367	45.375	37.501	37.247	33.500	32.072	50.519	50.789	52.550	52.547	36.686
par_14	40.605	46.011	37.473	37.211	33.135	31.642	51.913	52.079	53.727	53.657	36.380
par_15	39.000	44.126	36.094	35.833	32.092	30.645	49.432	49.700	51.494	51.486	35.381
par_16	31.742	36.338	29.355	29.089	26.262	24.906	40.439	40.944	43.133	43.268	29.854
par_17	31.998	36.645	29.574	29.307	26.426	25.061	40.839	41.332	43.507	43.634	30.017
par_18	32.756	37.516	30.244	29.976	26.961	25.577	41.927	42.389	44.522	44.627	30.539
par_19	38.936	44.060	36.032	35.771	32.036	30.589	49.361	49.631	51.428	51.421	35.329
par_20	40.228	45.461	37.219	36.959	33.045	31.580	51.016	51.235	52.949	52.912	36.281
par_21	40.518	46.083	37.285	37.019	32.829	31.312	52.299	52.420	54.021	53.924	36.107
par_22	38.617	43.617	35.801	35.543	31.926	30.500	48.680	48.983	50.821	50.835	35.213
par_23	43.581	49.787	39.839	39.570	34.655	33.046	57.504	57.336	58.520	58.265	37.835
par_24	44.956	51.079	41.226	40.962	35.995	34.395	58.659	58.498	59.660	59.408	39.075
par_25	1.958	5.664	.895	.569	.530	-.669	7.061	8.292	11.908	12.456	5.664
par_26	-2.014	1.961	-2.967	-3.333	-2.926	-4.186	3.191	4.671	8.868	9.509	2.775
par_27	-.456	3.216	-1.418	-1.752	-1.556	-2.750	4.408	5.715	9.488	10.074	3.742
par_28	1.595	5.147	.586	.270	.262	-.903	6.416	7.613	11.127	11.670	5.288
par_29	-1.263	2.115	-2.131	-2.445	-2.206	-3.334	3.093	4.323	7.877	8.447	2.873
par_30	-1.430	2.036	-2.310	-2.632	-2.366	-3.515	3.046	4.313	7.966	8.549	2.815
par_31	-2.900	.845	-3.773	-4.125	-3.659	-4.873	1.868	3.299	7.353	7.992	1.914
par_32	-8.030	-4.181	-8.653	-9.044	-7.921	-9.167	-3.679	-1.931	2.798	3.566	-1.758
par_33	-9.095	-5.715	-9.649	-10.000	-8.965	-10.108	-5.371	-3.845	.351	1.062	-3.226
par_34	-12.282	-8.928	-12.682	-13.047	-11.649	-12.793	-8.914	-7.250	-2.763	-1.986	-5.635
par_35	-7.073	-3.847	-7.704	-8.029	-7.277	-8.378	-3.342	-1.982	1.834	2.478	-1.901

2) 경로에 명칭을 부여하는 방법

앞서 Amos에서 제공하는 모수의 라벨을 이용하여 분석하는 방법에 대해 살펴보았는데, 이를 보다 쉽게 할 수 있는 방법에 대해 살펴보기로 한다.

1 [Input 3−1]에서 [Male group]에서 행동의도에서 행동으로 가는 경로에 대해 [a]라고 입력하고 [Female group]은 [b]라고 입력한다. 이처럼 **각각의 집단에 대해 경로의 명칭을 다르게 부여하면 이들 경로계수가 다르다는 비제약모델을 설정하는 것이다.**

2 경로 위에 문자를 입력할 때 [All groups]에 체크되어 있는 것을 해제하고, 각각의 집단별로 입력한다.

3 [Analysis Properties]의 [Output] 탭에서 [Critical ratios for differences]를 체크한다.

4 이를 [Input 3-2]로 저장하였다.

Input 3-2 남자집단

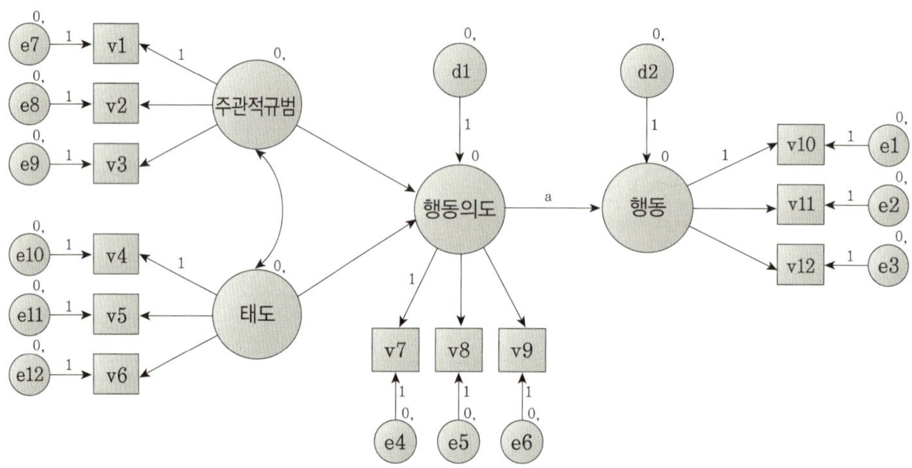

Input 3-2 여자집단

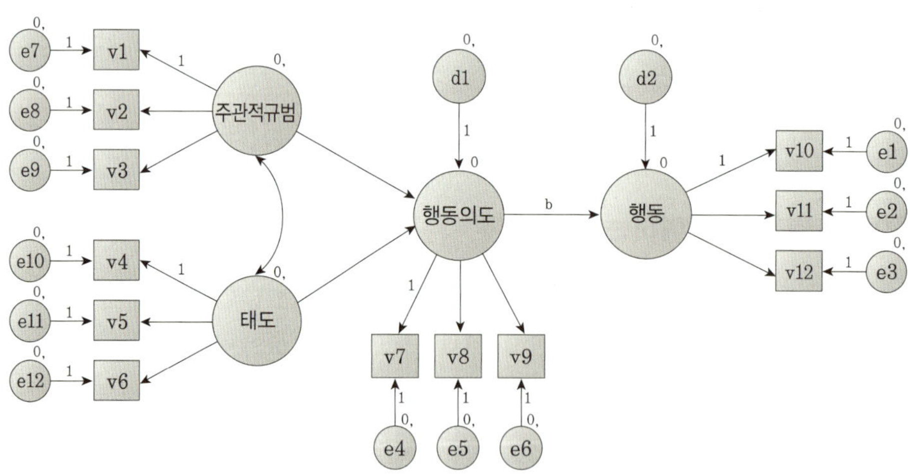

5 이를 실행하면 다음과 같은 적합도 및 모수치를 얻는다. 앞서 살펴본 출력([Output 3-1])과 동일한 결과를 얻는다.

Output 3-2 경로계수에 명칭을 부여한 방법에 의한 분석 결과

CMIN

Model	NPAR	CMIN	DF	P	CMIN/DF
Default model	80	234.781	100	.000	2.348

Critical Ratios for Differences between Parameters (Default model)

	a	b	par_3	par_4	par_5
a	.000				
b	−1.901	.000			
par_3	4.247	7.073	.000		
par_4	1.305	3.847	−4.970	.000	
par_5	4.936	7.704	1.030	4.745	.000

6 모수차이 검정을 통해 남자집단의 회귀계수 $b=.623$과 여자집단의 회귀계수 $b=.428$의 차이(.195)는 유의적이지 않은 것으로 나타났다.

1.2 χ^2차이검정에 의한 방법

1 [Input 3−1]을 연다. [그룹관리] 창에서 [Male group]을 클릭한 다음, 행동의도에서 행동으로 가는 경로를 더블클릭하면 나타나는 [Object Properties] 창의 [Parameters] 탭에서 [Regression weight]에 [a]라 입력한다.

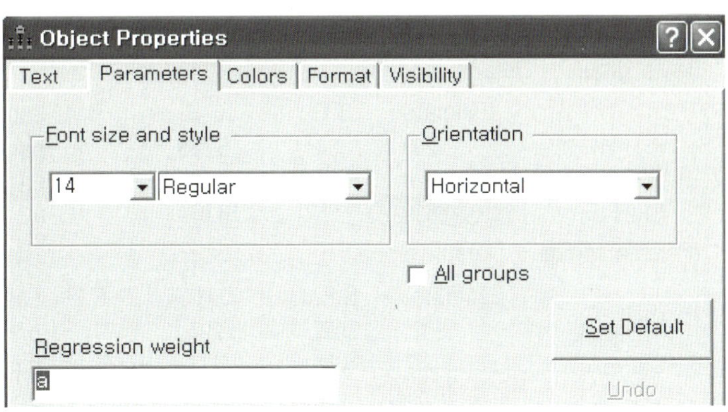

2 마찬가지로, [그룹관리] 창에서 [Female group]을 클릭한 다음, 동일하게 [a]로 입력한다. **행동의도에서 행동으로 가는 경로에 대해 남자집단과 여자집단에 대해 동**

일한 문자를 부여했기 때문에 경로계수에 대해 등가제약을 한 제약모델이 된다.

3 이를 [Input 3-3]으로 저장하였다.

Input 3-3 합리적 행동모델: 등가제약모델

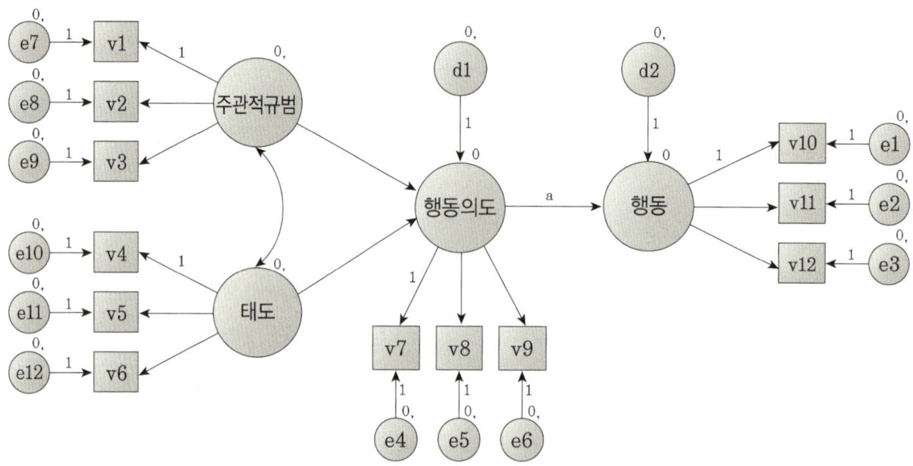

4 [Input 3-3]을 실행하면 다음과 같은 적합도 및 모수치를 얻는다.

Output 3-3 등가제약모델의 분석 결과

CMIN

Model	NPAR	CMIN	DF	P	CMIN/DF
Default model	79	238.182	101	.000	2.358

Regression Weights: (Male group - Default model)

			Estimate	S.E.	C.R.	P	Label
행동의도	<---	주관적규범	.283	.047	5.985	***	par_10
행동의도	<---	태도	.228	.049	4.645	***	par_11
행동	<---	행동의도	.519	.052	10.074	***	a

Regression Weights: (Female group - Default model)

			Estimate	S.E.	C.R.	P	Label
행동의도	<---	주관적규범	.302	.057	5.297	***	par_33
행동의도	<---	태도	.077	.054	1.413	.158	par_34
행동	<---	행동의도	.519	.052	10.074	***	a

5 [Output 3-3]의 추정치를 보면, 남자집단이나 여자집단 모두 $b = .519$의 동일한 값을 갖는 것을 알 수 있다.

6 비제약모델인 [Input 3-1]을 실행하여 얻은 χ^2값(234.781)과 등가제약모델인 [Input 3-3]을 실행하여 얻은 χ^2값(238.182)을 비교하면, $\Delta\chi^2 = 3.401$, $\Delta df = 1$로 유의적인 차이가 없으므로 행동의도가 행동에 미치는 데 있어 성별은 조절효과가 없다고 해석한다.

2 범주형 조절변수의 조절효과분석: 세 집단의 경우

합리적 행동모델에서 행동의도에서 행동으로 가는 경로가 세 집단인 경우를 가정한다. 편의상, 이들 경로가 '고등학생', '중학생', '초등학생'에 따라 차이가 있는가를 검정한다고 가정한다. 연구자가 이론을 토대로 다음과 같은 가설을 세웠다고 가정한다.

- 가설: 행동의도가 행동에 미치는 효과는 고등학생, 중학생, 초등학생에 따라 다를 것이다.

이를 위해 [sample1.sav]의 자료를 편의상 1집단, 2집단, 3집단으로 각각 230, 230, 231명으로 나누었다고 가정한다. 이 자료를 [sample2.sav]로 저장하였다.

2.1 대응별 모수비교에 의한 방법

1 먼저, [Input 3-1]을 연다. [그룹관리] 창에서 [고등], [중등], [초등] 등의 집단이름을 만든다. 이 예에서는 각각 [high], [middle], [elemen]으로 입력하였다.

2 자료파일선정 아이콘( )을 이용하여 세 집단별로 자료를 연결한다.

3 [Grouping Variable] 버튼을 이용하여 [group2]를 지정한다. 이 작업은 세 집단을 대상으로 각각 한다.

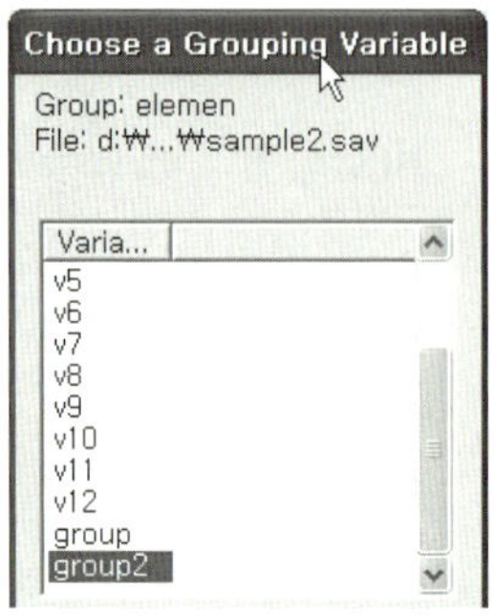

4 [Group Value] 버튼을 이용하여 다음과 같이 지정한다.

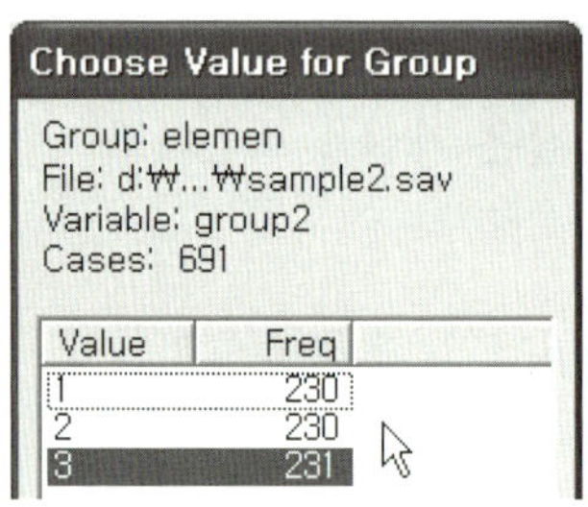

5 이제까지 한 작업을 나타내면 다음과 같다.

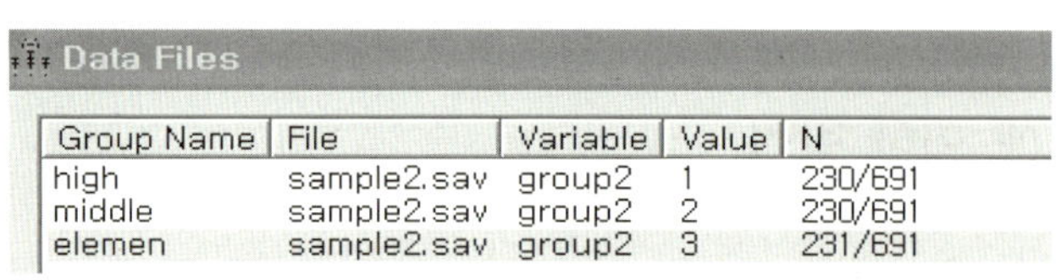

6 자료에 결측치가 있으므로 [Analysis Properties]의 [Estimation] 탭에서 [Estimate means and intercepts]를 체크하고(자료에 결측치가 없으면 이는 하지 않아도 됨), [Output] 탭에서 [Critical ratios for differences]를 체크한다.

7 행동의도에서 행동으로 가는 경로에 대해 각각 고등학생은 [a], 중학생은 [b], 초등학생은 [c]로 입력한다. 이는 집단 간에 경로에 해당하는 명칭이 각각 다르므로 세 집단 간에 모수를 제약하지 않은 비제약모델의 설정에 해당한다.

8 이제까지의 작업을 [Input 3-4]로 저장하였다. [Input 3-4]는 세 집단 가운데 초등학생에 해당하는 경로도를 제시한 것이다. 경로도에서 볼 수 있듯, 행동의도에서 행동으로 가는 경로가 [c]로 표시되었다.

Input 3-4 세 집단의 조절효과모델: 초등학생

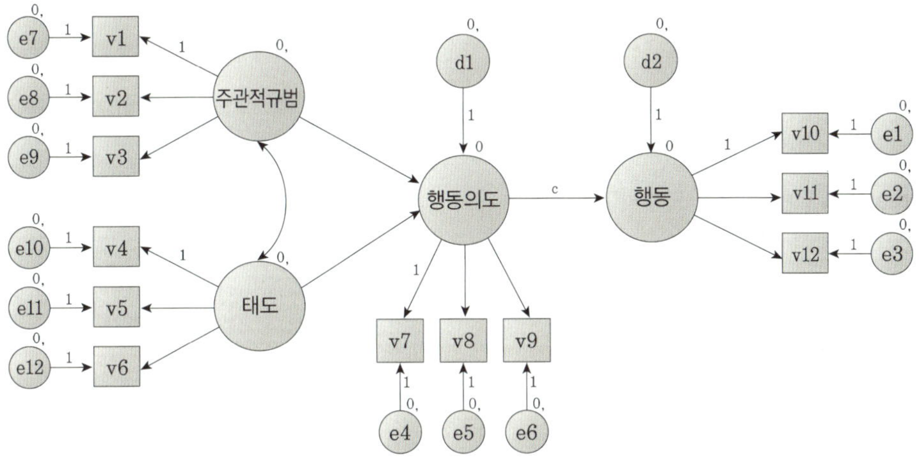

9 이를 실행하면 다음과 같은 적합도 및 모수치를 얻는다.

Output 3-4 세 집단의 조절효과분석 결과

CMIN

Model	NPAR	CMIN	DF	P	CMIN/DF
Default model	120	284.569	150	.000	1.897

Regression Weights: (high - Default model)

			Estimate	S.E.	C.R.	P	Label
행동의도	<---	주관적규범	.273	.065	4.161	***	par_12
행동의도	<---	태도	.234	.059	3.977	***	par_13
행동	<---	행동의도	.652	.106	6.169	***	a

Regression Weights: (middle - Default model)

			Estimate	S.E.	C.R.	P	Label
행동의도	<---	주관적규범	.255	.054	4.734	***	par_35
행동의도	<---	태도	.210	.062	3.397	***	par_36
행동	<---	행동의도	.569	.087	6.533	***	b

Regression Weights: (elemen - Default model)

			Estimate	S.E.	C.R.	P	Label
행동의도	<---	주관적규범	.342	.080	4.289	***	par_58
행동의도	<---	태도	-.027	.072	-.376	.707	par_59
행동	<---	행동의도	.389	.077	5.024	***	c

10 행동의도에서 행동으로 가는 경로계수는 고등, 중등 및 초등에서 각각 $b=.652$, $b=.569$, $b=.389$로 나타났다. 이들 계수가 유의적인 차이가 있는가를 보기 위해 [Pairwise Parameter Comparisons]를 클릭하면 다음과 같은 값을 얻는다.

Output 3-4 세 집단의 모수차이 검정

Critical Ratios for Differences between Parameters (Default model)

	a	b	c	par_4	par_5	par_6
a	.000					
b	-.603	.000				
c	-2.008	-1.547	.000			
par_4	2.933	3.994	5.879	.000		
par_5	1.508	2.403	4.203	-2.218	.000	
par_6	3.629	4.829	6.858	.733	2.517	.000

11 [a]와 [c]만 $z=\pm1.96$보다 크므로 $\alpha=.05$ 수준에서 유의적인 차이가 있고, 나머지는 유의적인 차이가 없다. 즉 고등학생(a)과 초등학생(c) 간에는 차이가 있고, 나머지는 차이가 없어 부분적으로 가설이 지지된다.

2.2 χ^2차이검정에 의한 방법

1 이를 χ^2차이검정을 통해 살펴보기로 한다. 이를 위해 세 집단에 대해 동일한 명칭([a])을 부여한 등가제약모델을 만든다.

Input 3-5 등가제약모델

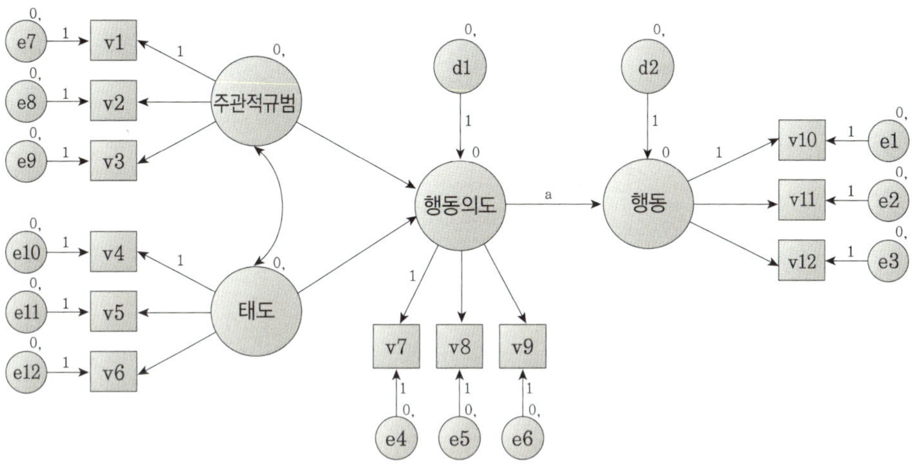

2 이를 [Input 3-5]로 저장하였다.

3 이를 실행하면 다음과 같은 적합도를 얻는다.

Output 3-5 세 집단 조절효과분석 결과

CMIN

Model	NPAR	CMIN	DF	P	CMIN/DF
Default model	118	288.922	152	.000	1.901

4 비세약모델(χ^2 = 284.569)과 제약모델(χ^2 = 288.922)의 χ^2차이는 4.353이고 Δdf =2로 두 모델 간에는 유의적인 차이가 없는 것으로 나타나 어떤 모수와 어떤 모수가 차이가 없는가를 알 수 없다. 그러므로 **세 집단 이상인 경우에는 χ^2 차이검정보다는 대응별 모수비교에 의한 접근법이 바람직하다는 것을 알 수 있다.**

3 범주형 조절변수의 조절효과분석: 두 경로에 대한 동시 분석

주관적규범에서 행동의도로 가는 경로와 태도에서 행동의도로 가는 경로가 성별에 따라 조절효과를 한다는 가설이 있다고 가정한다. 즉, 두 경로에 대한 조절효과를 동시에 분석한다고 가정한다. **이 경우, 두 경로 간의 관계에 대해 제약을 하지 않은 비제약모델과 두 경로에 대해 제약을 한 등가제약모델을 실행한 다음, χ^2차이검정을 하면 안 된다.**

1 먼저, 두 경로에 대해 제약을 하지 않은 비제약모델([Input 3-6])을 추정하기로 한다.

Input 3-6 두 경로의 조절효과분석모델: 비제약모델

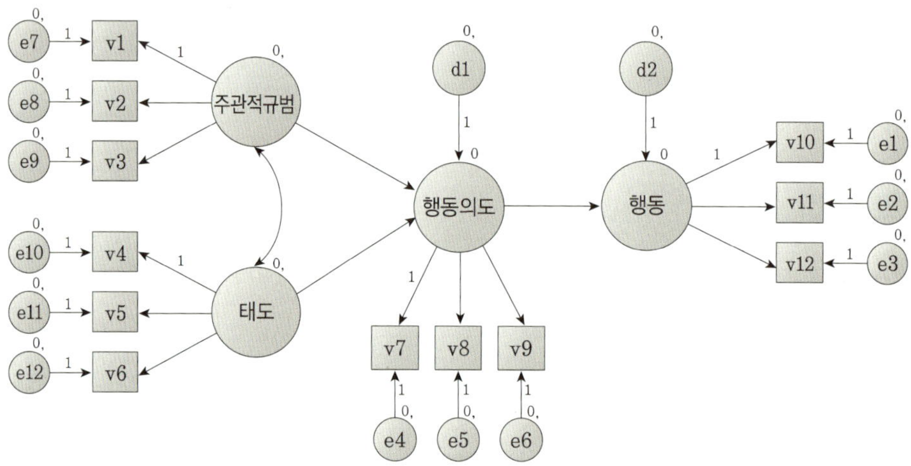

2 이를 실행하면 다음과 같은 적합도 및 모수치를 얻는다.

Output 3-6 두 경로의 조절효과분석 결과

CMIN

Model	NPAR	CMIN	DF	P	CMIN/DF
Default model	80	234.781	100	.000	2.348

Regression Weights: (Male group - Default model)

			Estimate	S.E.	C.R.	P	Label
행동의도	<---	주관적규범	.280	.047	6.000	***	par_9
행동의도	<---	태도	.225	.048	4.665	***	par_10

Regression Weights: (Female group - Default model)

			Estimate	S.E.	C.R.	P	Label
행동의도	<---	주관적규범	.306	.059	5.209	***	par_33
행동의도	<---	태도	.078	.056	1.402	.161	par_34

3 주관적규범에서 행동의도로 가는 경로에 대해 남자, 여자 각각 $b=.280$, $b=.306$의 경로계수를 얻는다. 태도에서 행동의도로 가는 경로는 남자, 여자 각각 $b=.225$, $b=.078$의 경로계수를 얻는다.

4 주관적규범에서 행동의도로 가는 경로의 Label [par_9]와 [par_33]이 만나는 곳의 모수비교를 보면, z =.351로 유의적이지 않고, 태도에서 행동의도로 가는 경로의 Label [par_10]과 [par_34]가 만나는 곳의 모수비교를 보면 z =-1.986으로 유의적이다(Output 창에서 [Pairwise Parameter Comparisons]를 보면 됨). 따라서 태도에서 행동의도로 가는 경로만 남자와 여자집단 간에 차이가 있다.

Output 3-6 대응별 모수비교

Critical Ratios for Differences between Parameters (Default model)

	par_9	par_10
par_33	.351	1.062
par_34	-2.763	-1.986

5 이제 두 경로에 대해 남자집단과 여자집단에 대해 각각 등가제약을 하기로 한다. 등가제약을 한 모델은 [Input 3-7]이다.

Input 3-7 등가제약모델: 남자집단

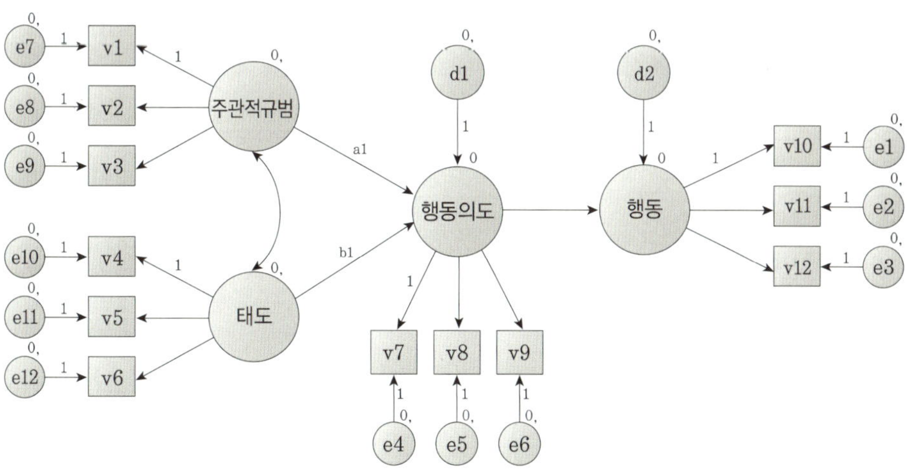

Input 3-7 등가제약모델: 여자집단

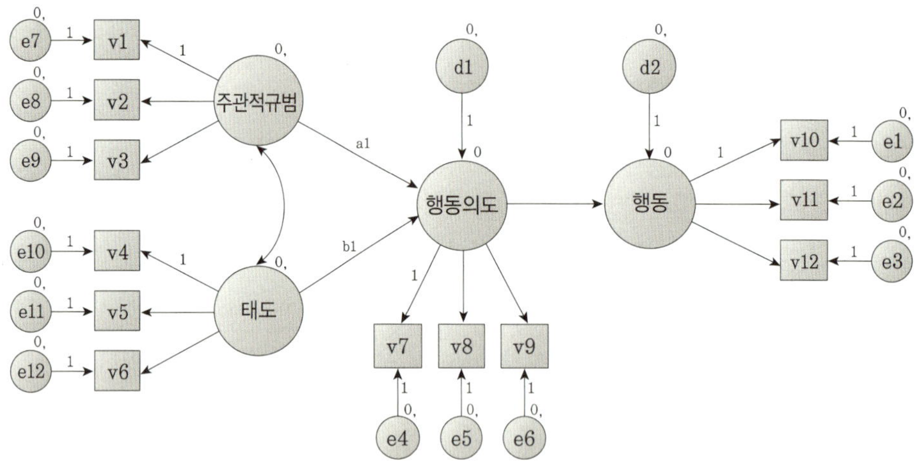

6 이를 실행하면 다음과 같은 적합도 및 모수치를 얻는다.

Output 3-7 등가제약모델의 분석 결과

CMIN

Model	NPAR	CMIN	DF	P	CMIN/DF
equal model	78	238.724	102	.000	2.340

Regression Weights: (Male group - equal model)

			Estimate	S.E.	C.R.	P	Label
행동의도	<---	주관적규범	.293	.037	7.994	***	a1
행동의도	<---	태도	.166	.036	4.551	***	b1

Regression Weights: (Female group - equal model)

			Estimate	S.E.	C.R.	P	Label
행동의도	<---	주관적규범	.293	.037	7.994	***	a1
행동의도	<---	태도	.166	.036	4.551	***	b1

7 각각의 집단에 대해 주관적규범으로부터 행동의도로 가는 경로계수 $b=.293$, 태도로부터 행동의도로 가는 경로계수 $b=.166$과 같다.

8 두 모델을 비교하면 등가제약모델의 적합도가 더 좋다. 왜냐하면 자유도(df) 2 차이에서 두 모델 간에 유의적인 차이가 있기 위해서는 χ^2차이가 5.99 ($\alpha=0.05$ 수준) 이상이어야 한다([부록 2] 참조). $\Delta df=2$에서 χ^2값의 차이가 3.943(238.724−234.781)이므로 두 모델 간에는 유의적인 χ^2차이가 없다. 따라

서 *df*가 큰 모델(즉 등가제약모델)이 선호된다. 그러므로 두 경로는 집단에 따라 차이가 없다고 할 수 있다.

9 주관적규범에서 행동의도로 가는 경로만 두 집단 간에 동일하다는 제약을 가한 모델을 추정하기로 한다. 이를 [Input 3-8]로 저장하였다.

Input 3-8 주관적규범 → 행동의도 등가제약모델

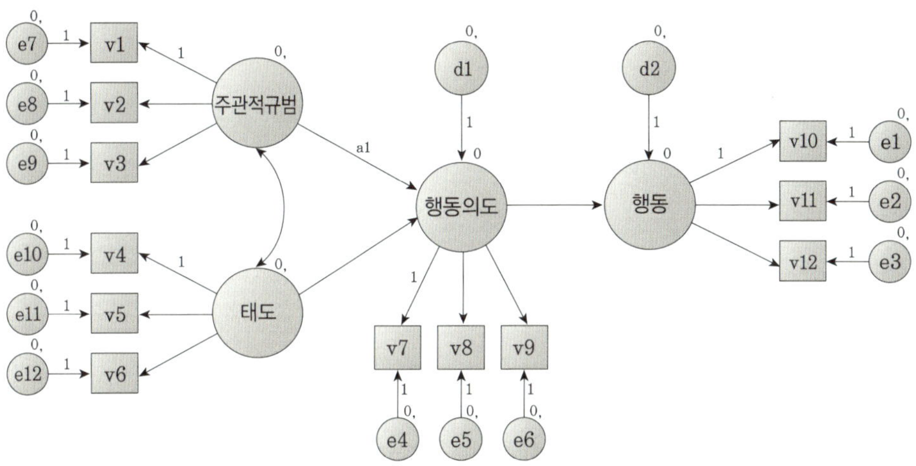

10 이를 실행하면 $\chi^2 = 234.903$, $df = 101$의 적합도를 얻는다. χ^2차이는 자유도 1에서 0.122의 차이가 있어 등가제약모델이 선호된다. 따라서 이 경로에서는 두 집단 간 경로계수가 차이가 없다고 할 수 있다.

Output 3-8 주관적규범 → 행동의도 경로 등가제약모델 결과

CMIN

Model	NPAR	CMIN	DF	P	CMIN/DF
Default model	79	234.903	101	.000	2.326

Regression Weights: (Male group - Default model)

			Estimate	S.E.	C.R.	P	Label
행동의도	<---	주관적규범	.290	.037	7.931	***	a1
행동의도	<---	태도	.223	.048	4.655	***	par_10

Regression Weights: (Female group - Default model)

			Estimate	S.E.	C.R.	P	Label
행동의도	<---	주관적규범	.290	.037	7.931	***	a1
행동의도	<---	태도	.081	.055	1.466	.143	par_33

11 이제 태도에서 행동의도로 가는 경로만 두 집단 간에 동일하다는 제약을 가한 모델을 추정하기로 한다. 이를 [Input 3-9]로 저장하였다.

Input 3-9 태도 → 행동의도 등가제약모델

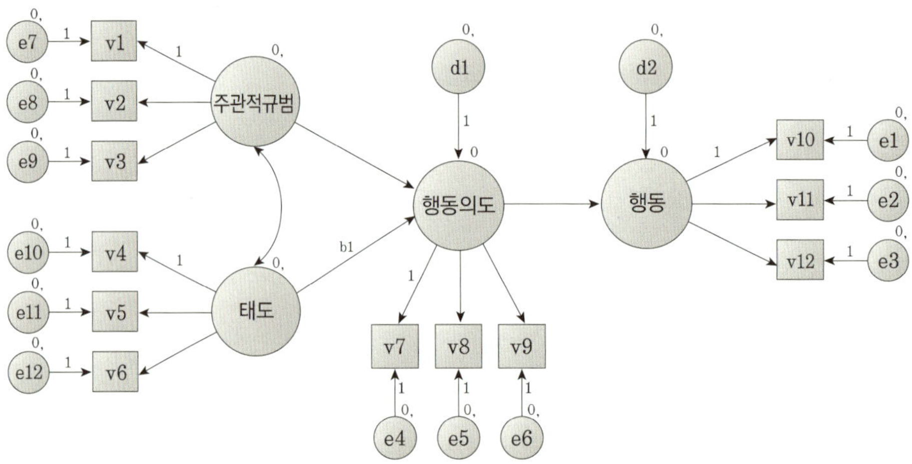

12 이를 실행하면 $\chi^2=238.724$, $df=101$의 적합도를 얻는다. χ^2차이는 자유도 1에서 3.943의 차이가 있어 비제약모델이 선호된다. 따라서 이 경로에서는 두 집단 간 경로계수가 차이가 있다고 할 수 있다.

Output 3-9 태도 → 행동의도 경로의 등가제약모델 분석 결과

CMIN

Model	NPAR	CMIN	DF	P	CMIN/DF
Default model	79	238.724	101	.000	2.364

Regression Weights: (Male group - Default model)

			Estimate	S.E.	C.R.	P	Label
행동의도	<---	주관적규범	.293	.046	6.336	***	par_10
행동의도	<---	태도	.166	.036	4.548	***	b1

Regression Weights: (Female group - Default model)

			Estimate	S.E.	C.R.	P	Label
행동의도	<---	주관적규범	.292	.059	4.981	***	par_33
행동의도	<---	태도	.166	.036	4.548	***	b1

13 결론적으로, 두 개 이상의 경로에 대한 조절효과를 분석할 때에는 비제약모델을 설정해서 얻는 대응별 모수비교를 통해 살펴보거나 또는 각각의 경로에 대한 χ^2 차이검정을 개별적으로 살펴보는 것이 바람직한 접근법이다.

참고문헌

Jaccard, J., & Wan, C. K. (1996). *LISREL approaches to interaction effects in multiple regression*. Sage Publications.

MacKenzie, S. B., & Spreng, R. A. (1992). How does motivation moderate the impact of central and peripheral processing on brand attitudes and intentions?. *Journal of Consumer Research, 18*(4), 519-529.

Rigdon, E. E., Schumacker, R. E., & Wothke, W. (1998). A comparative review of interaction and nonlinear modeling. In R. E. Schumacker & G. A. Marcoulides (Eds.), *Interaction and nonlinear effects in structural equation modeling* (pp. 1-16). Lawrence Erlbaum Associates.

Chapter 4

조절효과분석(I): Ping의 접근법

1. 연속형 조절변수의 조절효과분석 접근법
2. Ping의 접근법
3. Ping의 접근법: 예 1
4. Ping의 접근법: 예 2
5. Ping의 접근법: 예 3
6. Ping의 접근법: 예 4

CHAPTER 04

조절효과분석(Ⅰ): Ping의 접근법

1 연속형 조절변수의 조절효과분석 접근법

잠재변수로 이루어진 연속형 조절변수(continuous moderator)는 상호작용효과분석(interaction effect analysis)을 통해 조절효과를 분석한다. 연속형 조절변수를 평균(mean)이나 중위수(median)를 중심으로 두 집단으로 나눈 다음, 다중집단분석으로 접근하는 것은 올바르지 않다. [그림 4-1] 모델을 통해 이에 대해 살펴보기로 한다.

그림 4-1 | 조절효과의 개념적 모델

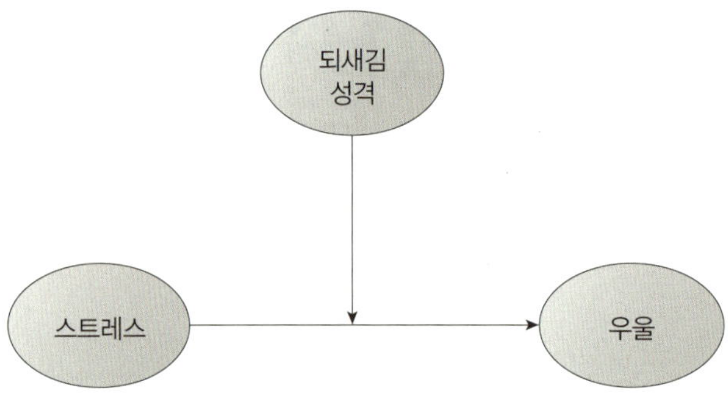

[그림 4-1]에서 '스트레스'를 많이 받을수록 '우울'이 커진다고 가정한다. 이 경우, '되새김 성격(반추)'이 강할수록 스트레스와 우울 간의 관계는 더 커질 것으로 가정할 수 있다. [그림 4-1]에 포함된 잠재변수들이 모두 연속형 변수로 측정되었을 경우 [그림 4-2]의 통계적 모델에 의해 조절효과를 분석한다.

그림 4-2 ▌ 조절효과분석의 통계적 모델

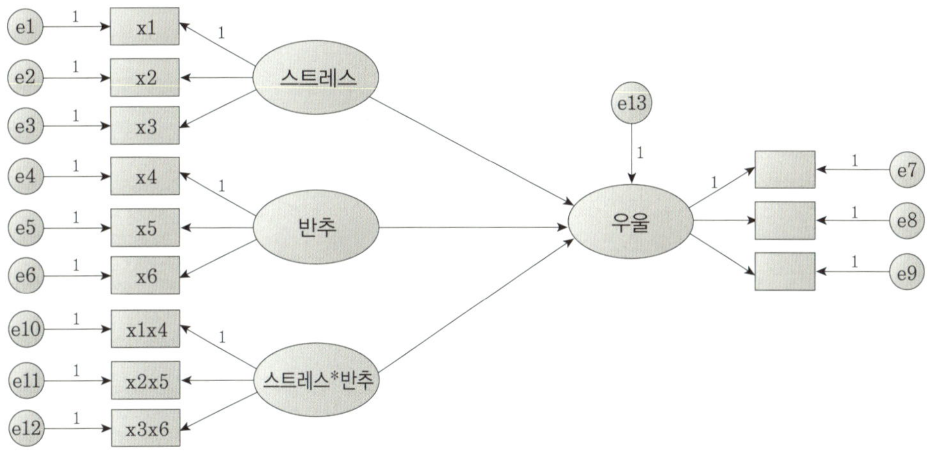

[그림 4-2] 모델에서 모든 잠재변수가 각각 3개의 지표로 측정되었다면, 이 모델을 분석하기 위해 Amos에서 [그림 4-3(a)] 또는 [그림 4-3(b)]처럼 경로도에 나타낼 수 있다. [그림 4-3(a)]를 **대응된 쌍 전략(matched pair strategy)**이라고 하며, 이 전략은 독립변수와 조절변수에 해당하는 지표 가운데 그에 대응하는 3개의 지표를 만들어 분석하는 접근법이다. [그림 4-3(b)]는 **모든 적지표 전략(all product indicator strategy)**이라고 하며, 이 전략은 독립변수(3개)와 조절변수(3개)에 해당하는 모든 지표(9개)를 이용하는 접근법이다.

[그림 4-3]의 조절효과 검정을 위한 통계적 모델에서 '스트레스'와 '반추'의 상호작용항(interaction term)인 '스트레스 * 반추'를 만들고, 상호작용항이 종속변수(우울)에 미치는 효과(계수c)가 유의적인가가 연구자의 관심 사항이다. 계수c가 유의적이면 조절효과가 있고, 유의적이지 않으면 조절효과가 없다고 해석한다.

이를 좀 더 구체적으로 살펴보기로 한다. 예를 들어 위의 분석을 한 결과 상호작용항의 계수 c = .150으로 유의적($p < .05$)으로 나왔다면 이는 조절변수인 반추가 증가할수록 스트레스가 우울에 미치는 효과는 그 계수만큼(.150) 증가한다는 것을 의미한다. 즉 되새김 성격이 강한 사람일수록 스트레스를 받게 되면 더 우울해진다고 해석할 수 있다.

그림 4-3 ▌ 잠재변수의 조절효과분석을 위한 통계적 모델

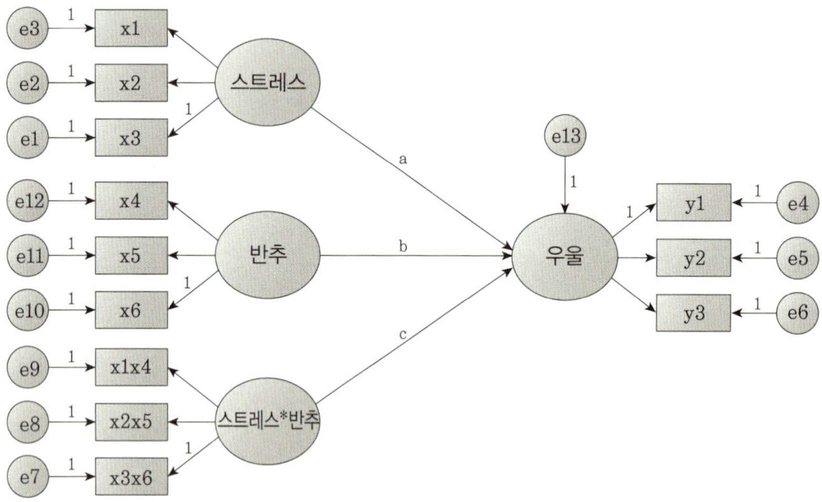

(a) 대응된 쌍 전략

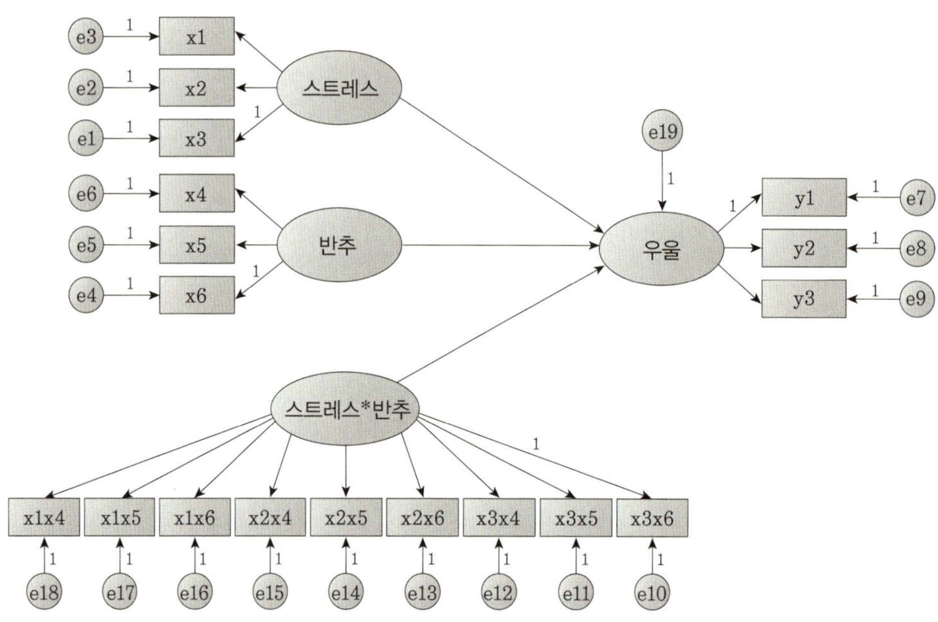

(b) 모든 적지표 전략

SEM에 의한 잠재변수의 조절효과분석에 관해 여러 가지 접근법이 논의되고 있다. 잠재변수를 이용한 조절효과분석을 위한 방법론을 Kenny & Judd(1984)가 처음으로 제안하였다. 이 방법은 비선형제약을 하도록 되어 있어서 비선형제약이 가능한 프로그램만 이 방법을 이용할 수 있었다. Amos는 비선형제약(nonlinear constraint)을 할 수 없으므로 ① Ping의 접근법, ② Marsh 등의 접근법, ③ Lin 등의 접근법, ④ Little 등의 접근법을 이용하여 검정한다. 이들 4개의 접근법 가운데 Marsh 등의 접근법, Lin 등의 접근법, Little 등의 접근법을 **비제약 접근법(unconstrained approach)**이라 한다. Ping의 접근법은 요즈음에는 많이 쓰이지 않는다.

2 Ping의 접근법

Ping의 접근법(1995, 1996)에 의해 잠재변수의 조절효과를 분석하기 위해서는 2단계 접근법(two-step approach)이 요구된다. 즉 측정모델을 먼저 추정한 다음(1단계), 거기에서 얻어진 모수치를 이용하여 구조모델에서 그에 해당하는 값을 고정한 후(2단계) 추정한다. Ping의 접근법으로 분석하기 위해서는 원자료의 평균중심화(mean-centering) 또는 표준화(standardize)가 요구된다. Ping의 접근법에 의한 조절효과분석 절차를 나타내면 [표 4-1]과 같다.

표 4-1 Ping의 접근법에 의한 조절효과분석 절차

절차	내용	비고
자료처리	• 원자료의 평균중심화 또는 표준화	종속변수는 안 해도 됨
1단계	• 측정모델 추정(독립변수, 조절변수 포함)	종속변수도 포함 가능
2단계	• 구조모델 추정(측정모델에서 얻은 모수치를 토대로 요인적재량, 오차분산 고정) • 단일지표 접근법, 적항 접근법	

2.1 단일지표 접근법

단일지표 접근법(single indicator approach)은 상호작용항에 하나의 지표를 이용하는 것이다. Ping(1995, 1996a)은 x에 2개(예: x1, x2)의 변수가 있고, z도 2개(예: z1, z2)의 변수가 있는 경우 각각의 2개 변수를 합한 값을 곱해 하나의 지표, 즉 xz=(x1+x2)(z1+z2)로 이용하는 단일지표 접근법을 제안하였다([(x1+x2)/2(z1+z2)/2]도 가능

함). 이때, 해당 지표에 해당하는 요인적재량과 오차분산은 각각 다음과 같이 설정한다.

- 지표: $xz = (x1 + x2)(z1 + z2)$
- 요인적재량: $\lambda_{xz} = (\lambda_{x1} + \lambda_{x2})(\lambda_{z1} + \lambda_{z2})$
- 오차분산: $\theta_{\epsilon xz} = (\lambda_{x1} + \lambda_{x2})^2 Var(X)(\theta_{\epsilon z1} + \theta_{\epsilon z2}) + (\lambda_{z1} + \lambda_{z2})^2 Var(Z)(\theta_{\epsilon x1} + \theta_{\epsilon x2})$
  $+ (\theta_{\epsilon x1} + \theta_{\epsilon x2})(\theta_{\epsilon z1} + \theta_{\epsilon z2})$

2.2 적항 접근법

적항 접근법(product term approach)은 상호작용항에 모든 지표를 곱한 지표를 이용하는 것이다. 예를 들어 x에 2개의 변수(x1, x2)가 있고, z도 2개의 변수(z1, z2)가 있는 경우 x1z1, x1z2, x2z1, x2z2의 적항을 만들어 추정한다. 적항 접근법을 위한 요인적재량과 오차분산을 계산하기 위한 식은 다음과 같다.

- 요인적재량: $\lambda_x \lambda_z$
- 오차분산:

$$Var(e_{x1z1}) = \lambda_{x1}^2 Var(X)Var(e_{z1}) + \lambda_{z1}^2 Var(Z)Var(e_{x1}) + Var(e_{x1})Var(e_{z1})$$

3 Ping의 접근법: 예 1

3.1 Ping(1996b)의 예

Ping(1996b)의 논문 p. 168에 있는 [Table 2]의 행렬자료를 이용하여 분석하기로 한다. Ping(1996b)은 적항 접근법을 이용하여 LISREL로 분석하였다(Ping(1996b)의 [Table 3], [Table 4] 참조). Ping의 접근법을 위한 경로도는 [그림 4-4]와 같다.

1) 적항 접근법

그림 4-4 Ping의 접근법

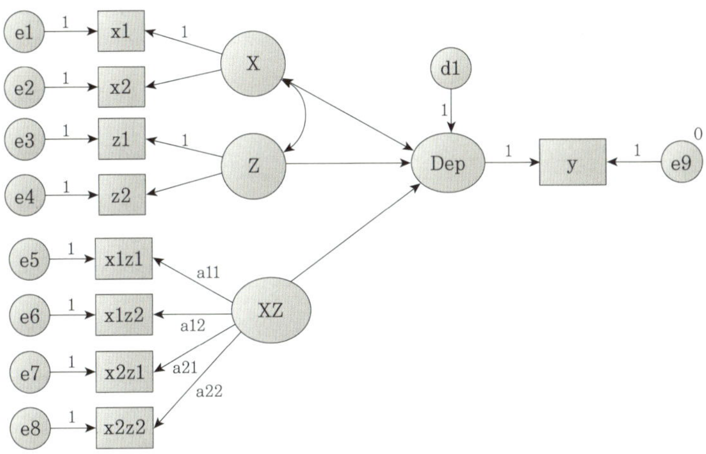

1 x, z, Dep를 포함한 측정모델을 추정한다. 즉 상호작용항이 없는 측정모델을 추정한다. 이를 위한 입력파일이 [Input 4-1]이다.

Input 4-1 Ping의 접근법을 위한 측정모델

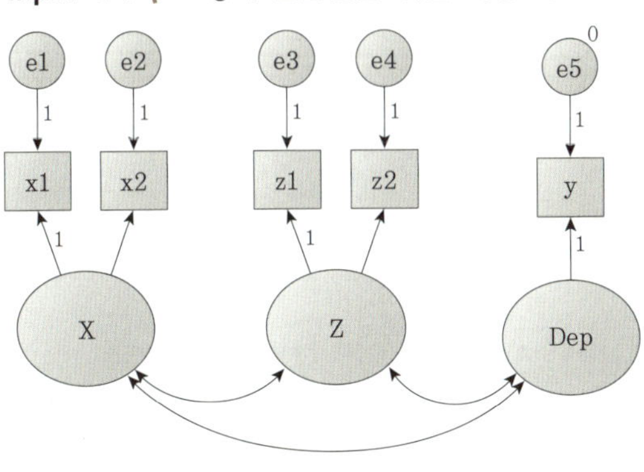

2 [Input 4-1]을 실행하면 다음과 같은 적합도 및 추정치를 얻는다(Ping(1996b)의 논문 p.169의 [Table 3]과 비교해보기 바람).

Output 4-1 측정모델의 분석 결과

CMIN

Model	NPAR	CMIN	DF	P	CMIN/DF
Default model	12	1.638	3	.651	.546

Regression Weights: (Group number 1 - Default model)

			Estimate	S.E.	C.R.	P
x1	<---	X	1.000			
x2	<---	X	.554	.132	4.188	***
z1	<---	Z	1.000			
z2	<---	Z	.733	.093	7.874	***
y	<---	Dep	1.000			

Covariances: (Group number 1 - Default model)

			Estimate	S.E.	C.R.	P
X	<-->	Z	.302	.098	3.080	.002
Dep	<-->	Z	.601	.102	5.893	***
Dep	<-->	X	-.237	.105	-2.252	.024

Variances: (Group number 1 - Default model)

	Estimate	S.E.	C.R.	P
X	2.222	.541	4.109	***
Z	1.598	.232	6.880	***
e1	.149	.520	.288	.774
e2	.806	.168	4.812	***
e3	.527	.195	2.699	.007
e4	.635	.111	5.726	***

3 이들 추정치를 이용하여 다음 식에 의해 구조모델에 해당하는 각각의 값을 고정한 후 추정한다.

- 요인적재량: $a_{11} = \lambda_{x1}\lambda_{z1}$, $a_{12} = \lambda_{x1}\lambda_{z2}$, $a_{21} = \lambda_{x2}\lambda_{z1}$, $a_{22} = \lambda_{x2}\lambda_{z2}$
- 오차분산:

$$e5 = \lambda_{x1}^2 \times Var(X) \times e_{z1} + \lambda_{z1}^2 \times Var(Z) \times e_{x1} + (e_{x1} \times e_{z1})$$

$$e6 = \lambda_{x1}^2 \times Var(X) \times e_{z2} + \lambda_{z2}^2 \times Var(Z) \times e_{x1} + (e_{x1} \times e_{z2})$$

$$e7 = \lambda_{x2}^2 \times Var(X) \times e_{z1} + \lambda_{z1}^2 \times Var(Z) \times e_{x2} + (e_{x2} \times e_{z1})$$

$$e8 = \lambda_{x2}^2 \times Var(X) \times e_{z2} + \lambda_{z2}^2 \times Var(Z) \times e_{x2} + (e_{x2} \times e_{z2})$$

4 측정모델에서 얻어진 추정치를 위 식에 대입하여 구한 값은 다음과 같다.

- 요인적재량:

$a_{11} = 1 \times 1 = 1$, $a_{12} = 1 \times .733 = .733$, $a_{21} = 1 \times .554 = .554$,

$a_{22} = .554 \times .733 = .406$

- 오차분산:

$e5 = (1.00)^2(2.222)(.527) + (1.00)^2(1.598)(.149) + (.149)(.527) = 1.488$

$e6 = (1.00)^2(2.222)(.635) + (.733)^2(1.598)(.149) + (.149)(.635) = 1.634$

$e7 = (.554)^2(2.222)(.527) + (1.00)^2(1.598)(.806) + (.806)(.527) = 2.072$

$e8 = (.554)^2(2.222)(.635) + (.733)^2(1.598)(.806) + (.806)(.635) = 1.637$

5 이들 값을 구조모델의 해당 경로에 고정시킨다. 예를 들어, e5 의 분산을 고정하기 위해, e5 위에 마우스 포인터를 놓고 더블클릭하면 나타나는 [Object Properties]의 [Parameters] 탭에서 [Variance]에 1.488을 입력한다. 나머지 분산도 동일한 작업을 한다.

6 회귀계수도 해당 경로 위에 마우스 포인터를 놓고 더블클릭하면 나타나는 [Object Properties] 창의 [Parameters] 탭의 [Regression Weights]에 값을 입력한다. 나머지 경로도 동일한 작업을 한다.

7 이들 작업을 모두 마친 경로도는 다음과 같다. 여기에서 X와 Z 간의 공분산만 연결한다는 점에 주의한다. 또한 e9 의 분산이 음오차분산이므로 0으로 고정해야 한다. 음오차분산이 없으면 하지 않아도 된다.

8 지금까지 한 작업을 [Input 4-2]로 저장하였다.

Input 4-2 Ping의 접근법에 의한 조절효과분석

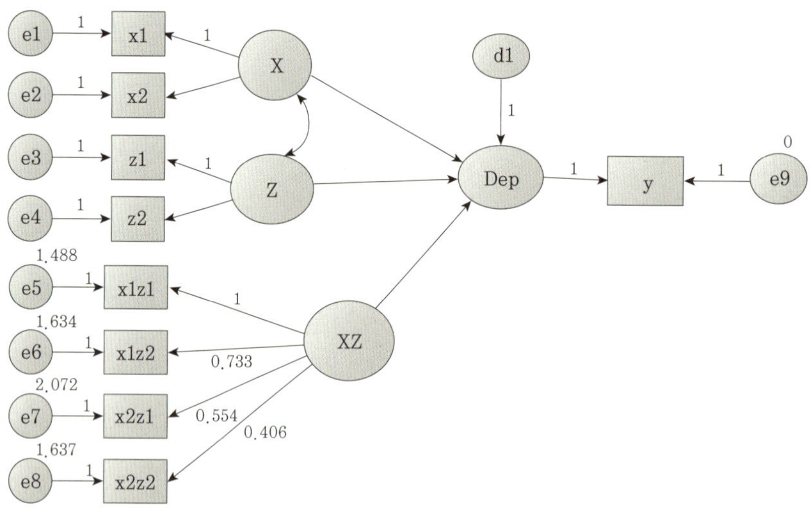

9 추정치계산 아이콘(▥)을 누르면 나타나는 경고메시지에서 [Proceed with the analysis] 버튼을 누른다.

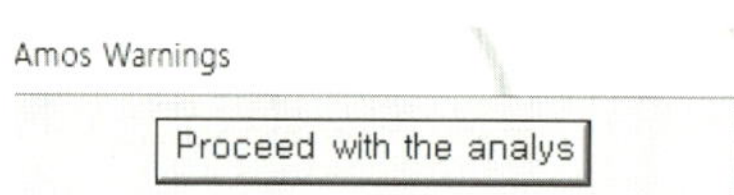

10 이를 실행하면 다음의 적합도 및 모수치를 얻는다.

Output 4-2 Ping의 분석 결과

CMIN

Model	NPAR	CMIN	DF	P	CMIN/DF
Default model	13	518.577	31	.000	16.728

Regression Weights: (Group number 1 - Default model)

			Estimate	S.E.	C.R.	P
Dep	<---	X	-.146	.036	-4.074	***
Dep	<---	Z	.309	.039	7.854	***
Dep	<---	XZ	.654	.022	29.888	***

11 XZ가 Dep에 미치는 영향이 유의적이므로 조절효과가 있다고 해석한다.

2) 단일지표 접근법

1 단일지표 접근법을 위한 요인적재량과 오차분산은 다음과 같다.

- 요인적재량: $(1+.554)(1+.733)=2.693$
- 오차분산:

$$(1.554)^2(2.222)(.527+.635)+(1.733)^2(1.598)(.149+.806)$$
$$+(.149+.806)(.527+.635)=11.929$$

그림 4-5 | 단일지표 접근법

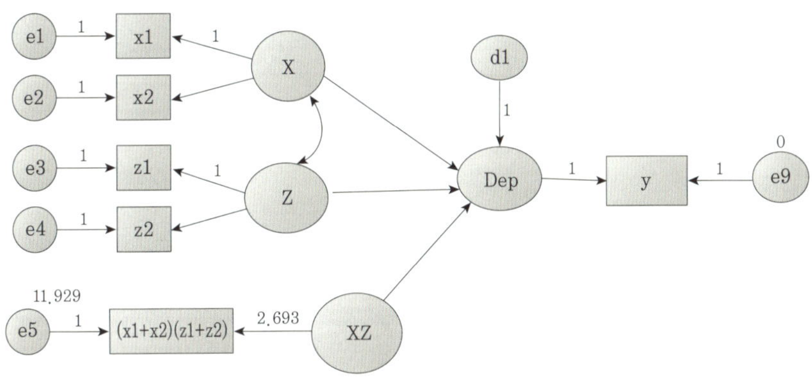

2 위 그림에서 지표([(x1 + x2)(z1 + z2)]의 값은 행렬요약 자료이므로 값을 알 수 없다. 따라서 분석은 할 수 없어 그림으로만 제시한다.

4 Ping의 접근법: 예 2

4.1 Ping(1994, 1996a)의 예

Ping(1994)은 경로구성원에 대한 만족(sat)의 조절역할을 연구하였다. 경로구성원의 대안 매력도(alt)가 철수의도(exit)에 미치는 효과는 만족이 높을수록 낮을 것으로 가정하였다. 즉 대안 매력도는 독립변수, 만족은 조절변수, 철수의도는 종속변수라 가정한다. 분석 결과는 Ping(1994), Ping(1996a)에 제시되어 있다. 그런데 Ping(1994)의 결과([Table 1], p.367)와 Ping(1996a)의 결과([Table 3], p.176)가 다르다. 두 개의 Table을 비교하면 모수치는 같으나 계산한 값은 다르다. 이 가운데 Ping(1996a)가 정확하게 계산된 것이다.

그림 4-6 | 대안 매력도의 조절효과모델

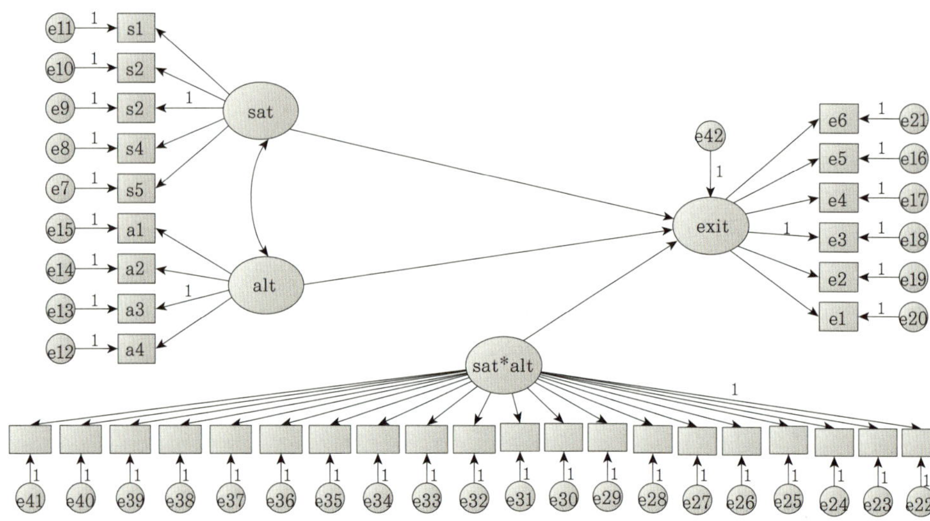

1) 1단계: 측정모델의 추정

1 측정모델을 추정하기 위한 모델은 [Input 4-3]과 같다. 종속변수도 포함하여 추정하였다.

Input 4-3 Ping의 측정모델

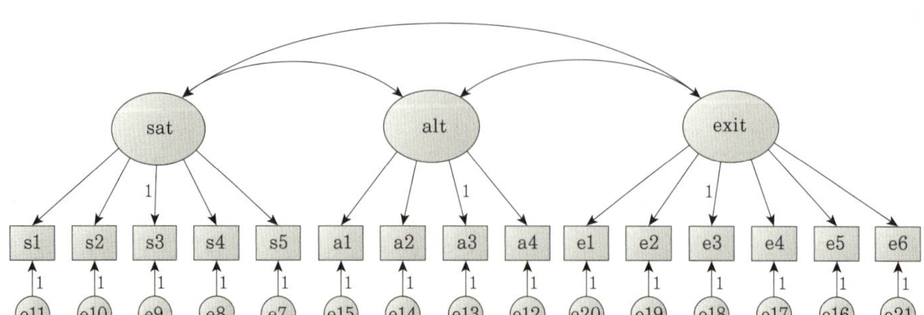

2 이를 실행하면 다음과 같은 모수치를 얻는다.

Output 4-3 측정모델 분석 결과

Regression Weights: (Group number 1 - Default model)

			Estimate	S.E.	C.R.	P
s5	<---	sat	.943	.039	23.900	***
s4	<---	sat	.879	.040	22.112	***
s3	<---	sat	1.000			
s2	<---	sat	.899	.039	22.800	***
s1	<---	sat	.792	.042	18.823	***
a4	<---	alt	.781	.037	21.279	***
a3	<---	alt	1.000			
a2	<---	alt	.901	.039	23.323	***
a1	<---	alt	.928	.040	23.276	***
e5	<---	exit	.970	.032	30.736	***
e4	<---	exit	.945	.045	20.835	***
e3	<---	exit	1.000			
e2	<---	exit	.835	.036	23.050	***
e1	<---	exit	.848	.053	15.849	***
e6	<---	exit	.930	.033	28.229	***

Variances: (Group number 1 - Default model)

	Estimate	S.E.	C.R.	P
sat	.508	.051	9.870	***
alt	.843	.078	10.862	***
exit	.778	.075	10.415	***
e7	.107	.012	9.125	***
e8	.125	.013	9.873	***
e9	.110	.012	8.857	***
e10	.117	.012	9.618	***
e11	.170	.016	10.728	***
e12	.243	.023	10.536	***
e13	.073	.016	4.673	***
e14	.253	.025	10.067	***
e15	.270	.027	10.079	***
e16	.095	.011	8.386	***
e17	.331	.030	11.029	***
e18	.118	.013	8.929	***
e19	.195	.018	10.715	***
e20	.527	.046	11.501	***
e21	.125	.013	9.484	***

3 이 값들을 이용하여 요인적재량과 오차분산을 계산하면 다음과 같다.

| 표 4-2 | 적항 접근법에 의한 요인적재량과 오차분산

요인적재량	오차분산
$\lambda_{s1a1}=(.792)(.928)=.735$	$e_{s1a1}=(.792)^2(.508)(.270)+(.928)^2(.843)(.170)+(.170)(.270)=.255$
$\lambda_{s1a2}=(.792)(.901)=.714$	$e_{s1a2}=(.792)^2(.508)(.253)+(.901)^2(.843)(.170)+(.170)(.253)=.240$
$\lambda_{s1a3}=(.792)(1.00)=.792$	$e_{s1a3}=(.792)^2(.508)(.073)+(1.00)^2(.843)(.170)+(.170)(.073)=.179$
$\lambda_{s1a4}=(.792)(.781)=.619$	$e_{s1a4}=(.792)^2(.508)(.243)+(.781)^2(.843)(.170)+(.170)(.243)=.206$
$\lambda_{s2a1}=(.899)(.928)=.834$	$e_{s2a1}=(.899)^2(.508)(.270)+(.928)^2(.843)(.117)+(.117)(.270)=.227$
$\lambda_{s2a2}=(.899)(.901)=.810$	$e_{s2a2}=(.899)^2(.508)(.253)+(.901)^2(.843)(.117)+(.117)(.253)=.214$
$\lambda_{s2a3}=(.899)(1.00)=.899$	$e_{s2a3}=(.899)^2(.508)(.073)+(1.00)^2(.843)(.117)+(.117)(.073)=.137$
$\lambda_{s2a4}=(.899)(.781)=.702$	$e_{s2a4}=(.899)^2(.508)(.243)+(.781)^2(.843)(.117)+(.117)(.243)=.188$
$\lambda_{s3a1}=(1.00)(.928)=.928$	$e_{s3a1}=(1.00)^2(.508)(.270)+(.928)^2(.843)(.110)+(.110)(.270)=.247$
$\lambda_{s3a2}=(1.00)(.901)=.901$	$e_{s3a2}=(1.00)^2(.508)(.253)+(.901)^2(.843)(.110)+(.110)(.253)=.232$
$\lambda_{s3a3}=(1.00)(1.00)=1.00$	$e_{s3a3}=(1.00)^2(.508)(.073)+(1.00)^2(.843)(.110)+(.110)(.073)=.138$
$\lambda_{s3a4}=(1.00)(.781)=.781$	$e_{s3a4}=(1.00)^2(.508)(.243)+(.781)^2(.843)(.110)+(.110)(.243)=.207$
$\lambda_{s4a1}=(.879)(.928)=.816$	$e_{s4a1}=(.879)^2(.508)(.270)+(.928)^2(.843)(.125)+(.125)(.270)=.230$
$\lambda_{s4a2}=(.879)(.901)=.792$	$e_{s4a2}=(.879)^2(.508)(.253)+(.901)^2(.843)(.125)+(.125)(.253)=.216$
$\lambda_{s4a3}=(.879)(1.00)=.879$	$e_{s4a3}=(.879)^2(.508)(.073)+(1.00)^2(.843)(.125)+(.125)(.073)=.143$
$\lambda_{s4a4}=(.879)(.781)=.686$	$e_{s4a4}=(.879)^2(.508)(.243)+(.781)^2(.843)(.125)+(.125)(.243)=.190$
$\lambda_{s5a1}=(.943)(.928)=.875$	$e_{s5a1}=(.943)^2(.508)(.270)+(.928)^2(.843)(.107)+(.107)(.270)=.229$

$\lambda_{s5a2} = (.943)(.901) = .850$	$e_{s5a2} = (.943)^2(.508)(.253) + (.901)^2(.843)(.107) + (.107)(.253) = .215$
$\lambda_{s5a3} = (.943)(1.00) = .943$	$e_{s5a3} = (.943)^2(.508)(.073) + (1.00)^2(.843)(.107) + (.107)(.073) = .131$
$\lambda_{s5a4} = (.943)(.781) = .736$	$e_{s5a4} = (.943)^2(.508)(.243) + (.781)^2(.843)(.107) + (.107)(.243) = .191$

2) 2단계: 구조모델 추정

(1) 적항 접근법

1 [표 4-2]에서 구한 값을 구조모델에서 각각에 해당하는 곳에 고정한 후 모델을 추정한다.

그림 4-7 ▌ 적항 접근법을 위한 구조모델

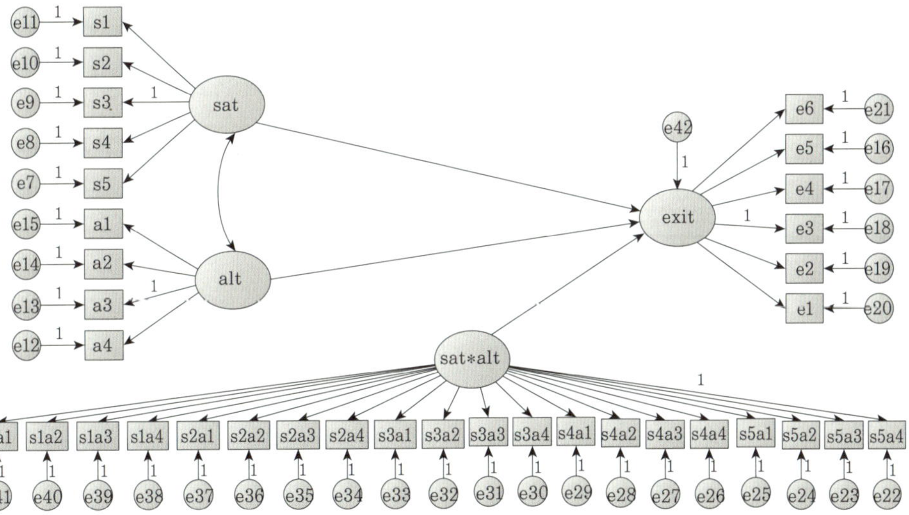

(2) 단일지표 접근법

1 단일지표 설정을 위한 요인적재량과 오차분산을 위한 계산식은 다음과 같다 (Ping, 1995; Ping, 1996a).

- 요인적재량: $\Gamma_{sat}\Gamma_{alt}$
- 'sat' 요인적재량을 전부 합치고, 'alt' 요인적재량을 전부 합친 다음 곱한다.
- $(.792+.899+1.000+.879+.943)(.928+.901+1.000+.781)=16.292$
- 오차분산: $\Gamma^2_{sat}Var(sat)\theta_{alt}+\Gamma^2_{alt}Var(alt)\theta_{sat}+\theta_{sat}\theta_{alt}$
- sat 요인적재량 합 제곱×sat 분산×alt 오차합+alt 요인적재량 합 제곱×alt 분산×sat 오차합+(sat 오차합)(alt 오차합)

  * 참고: Ping(1996a)의 p.176의 [Notes b]의 오차분산 식과 계산에 이용된 값은 다름. 식이 잘못 기술됨.
- $(.792+.899+1.000+.879+.943)^2(.508)(.270+.253+.073+.243)$
  $+(.928+.901+1.000+.781)^2(.843)(.170+.117+.110+.125+.107)$
  $+(.270+.253+.073+.243)(.170+.117+.110+.125+.107)=16.119$

2 단일지표 접근법은 [그림 4-8]과 같다. 단일지표에 해당하는 값은 (x1+x2)(z1+z2)의 값을 이용한다. 이 예에서 이들 값은 행렬요약 자료를 이용한 것이어서 알 수 없으므로 그림으로만 나타냈다.

그림 4-8 | 단일지표 접근법을 위한 구조모델

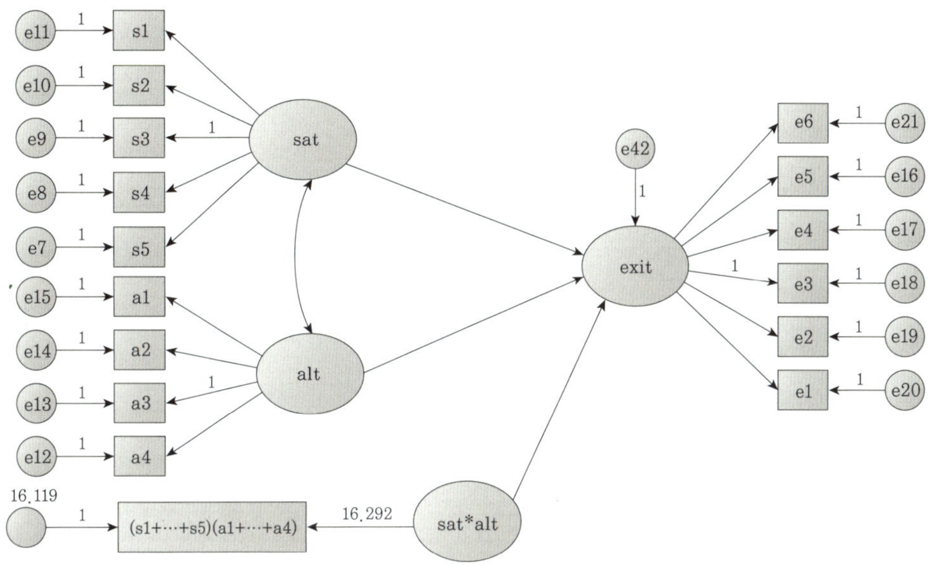

5 Ping의 접근법: 예 3

합리적 행동모델을 Ping의 접근법으로 분석하기로 한다. 합리적 행동모델에서 '주관적규범(ksi1)'이 '행동의도(eta)'에 미치는 영향이 '태도(ksi2)'에 따라 달라진다고 가정한다. 즉 주관적규범은 독립변수, 행동의도는 종속변수, 태도는 조절변수라고 가정한다. 이들 잠재변수는 각각 3개의 지표에 의해 측정된 것으로 가정한다.

그림 4-9 | 합리적 행동모델의 조절효과모델

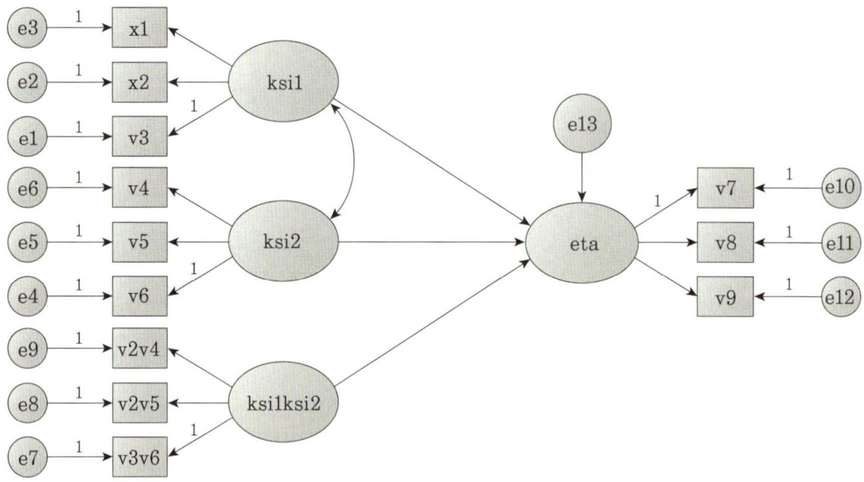

1 조절효과를 검정하기 위해 합리적 행동모델의 자료([nomiss.sav])를 불러들인다. 독립변수(v1, v2, v3)와 조절변수(v4, v5, v6)를 평균중심화한다. 종속변수는 평균중심화를 하나 안 하나 동일한 모수치 및 적합도를 얻는다. 이하에서는 안 한 것으로 접근하기로 한다. 평균중심화를 위해 평균에 관한 정보가 필요하다. v1에서 v6을 빈도분석하면 다음과 같은 평균을 얻는다.

표 4-3 | 평균중심화를 위한 평균 정보

		v1	v2	v3	v4	v5	v6
N	유효	691	691	691	691	691	691
	결측	0	0	0	0	0	0
평균		4.04	4.02	4.19	3.48	3.39	3.41

2 위의 평균을 이용하여 각 변수의 평균중심화를 한다. 이를 위해 SPSS 메뉴의 [변환] → [변수계산]을 클릭하여 [변수계산] 창에서 [대상변수]에 [mc_v1]이라 입력하고, [숫자표현식]에 [v1−4.04]라 입력한다. v2는 [대상변수]에 [mc_v2], [숫자표현식]에 [v2−4.02]로 입력한다. 이런 식으로 각각의 변수에 대해 평균중심화를 한다. 이런 식으로 평균중심화한 자료를 [nomiss-3.sav]로 저장하였다.

3 주관적규범과 태도가 포함된 측정모델을 만들고 이를 추정한다. **이때, 잠재변수에 해당하는 관측변수는 평균중심화한 변수를 이용한다.** 이에 해당하는 입력파일을 [Input 4-4]로 저장하였다.

Input 4-4 Ping 접근법을 위한 측정모델

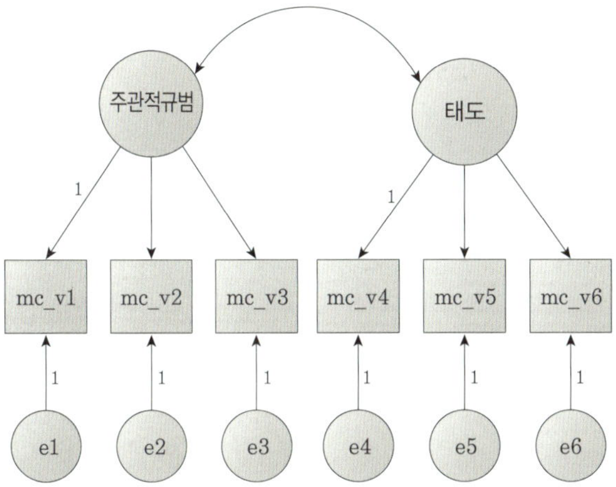

4 이를 실행하면 다음과 같은 모수치 및 적합도를 얻는다.

Output 4-4 측정모델의 분석 결과

CMIN

Model	NPAR	CMIN	DF	P	CMIN/DF
Default model	13	22.452	8	.004	2.806

Regression Weights: (Group number 1 - Default model)

			Estimate	S.E.	C.R.	P	비고
mc_v1	<---	주관적규범	1.000				s1
mc_v2	<---	주관적규범	.827	.035	23.777	***	s2
mc_v3	<---	주관적규범	1.115	.041	27.305	***	s3
mc_v4	<---	태도	1.000				a1
mc_v5	<---	태도	1.158	.043	27.093	***	a2
mc_v6	<---	태도	1.055	.041	25.815	***	a3

Covariances: (Group number 1 - Default model)

			Estimate	S.E.	C.R.	P
주관적규범	<--->	태도	.198	.039	5.074	***

Variances: (Group number 1 - Default model)

	Estimate	S.E.	C.R.	P
주관적규범	.896	.067	13.430	***
태도	.891	.070	12.799	***
e1	.311	.028	11.087	***
e2	.402	.027	15.101	***
e3	.243	.031	7.871	***
e4	.412	.030	13.685	***
e5	.260	.031	8.507	***
e6	.385	.031	12.553	***

5 분석 결과를 경로도에 제시하면 [Output 4-4]와 같다. 경로도를 보면서 값을 계산하면 쉽게 할 수 있다.

Output 4-4 분석 결과의 경로도 제시

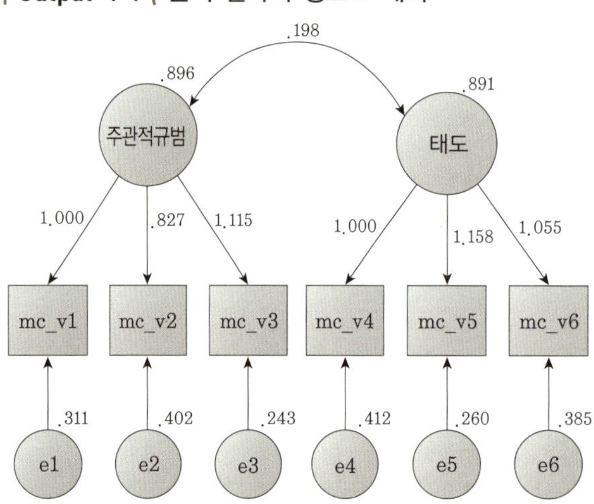

6 종속변수도 포함한 측정모델을 추정하기로 한다. 이를 [Input 4-5]로 저장하였다.

Input 4-5 Ping 접근법을 위한 측정모델

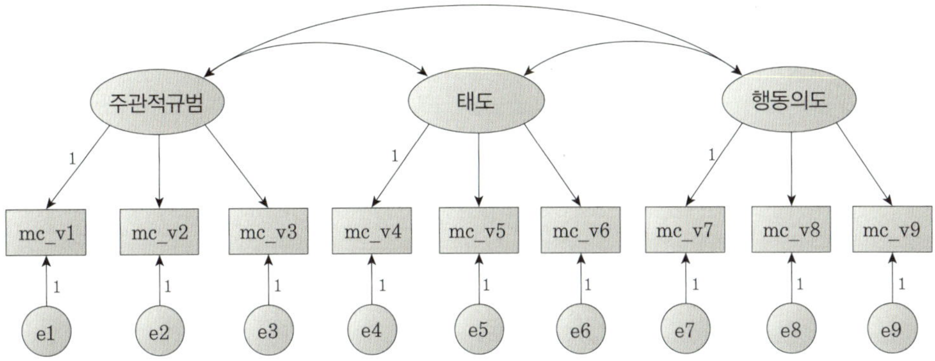

7 이를 추정하면 다음과 같은 모수치를 얻는다.

Output 4-5 측정모델의 분석 결과

Regression Weights: (Group number 1 - Default model)

			Estimate	S.E.	C.R.	P
mc_v3	<---	주관적규범	1.119	.040	27.663	***
mc_v2	<---	주관적규범	.824	.035	23.713	***
mc_v1	<---	주관적규범	1.000			
mc_v4	<---	태도	1.000			
mc_v5	<---	태도	1.157	.043	27.174	***
mc_v6	<---	태도	1.052	.041	25.820	***
mc_v7	<---	행동의도	1.000			
mc_v8	<---	행동의도	1.082	.049	21.867	***
mc_v9	<---	행동의도	.994	.048	20.686	***

Variances: (Group number 1 - Default model)

	Estimate	S.E.	C.R.	P
주관적규범	.895	.067	13.454	***
태도	.892	.070	12.820	***
행동의도	.689	.061	11.342	***
e3	.237	.030	7.837	***
e2	.407	.027	15.250	***
e1	.312	.028	11.283	***
e4	.410	.030	13.666	***
e5	.259	.030	8.510	***
e6	.388	.031	12.651	***
e7	.459	.033	13.885	***
e8	.206	.028	7.499	***
e9	.427	.032	13.529	***

8 종속변수를 포함하지 않은 모수치와 포함한 모수치가 크게 차이가 나지 않는 것을 알 수 있다. 이제 종속변수에 원점수를 이용한 모델을 추정하기로 한다.

이를 [Input 4-6]으로 저장하였다.

Input 4-6 Ping 접근법을 위한 측정모델

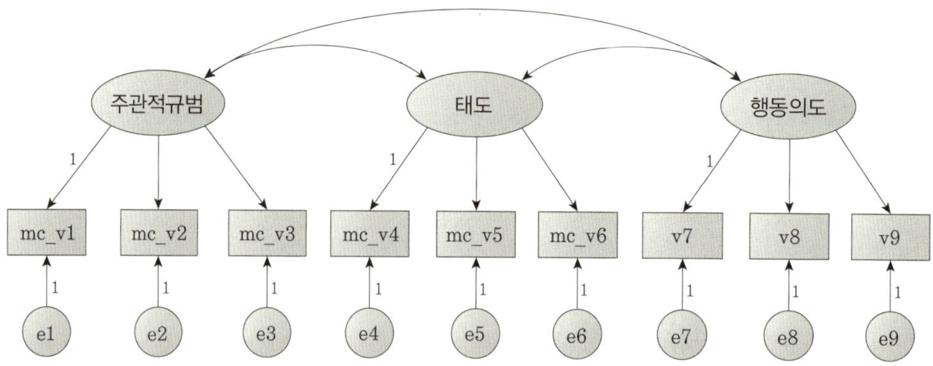

9 이를 추정하면 다음과 같은 모수치를 얻는다.

Output 4-6 측정모델의 분석 결과

Regression Weights: (Group number 1 - Default model)

			Estimate	S.E.	C.R.	P
mc_v3	<---	주관적규범	1.119	.040	27.663	***
mc_v2	<---	주관적규범	.824	.035	23.713	***
mc_v1	<---	주관적규범	1.000			
mc_v4	<---	태도	1.000			
mc_v5	<---	태도	1.157	.043	27.174	***
mc_v6	<---	태도	1.052	.041	25.820	***
v7	<---	행동의도	1.000			
v8	<---	행동의도	1.082	.049	21.867	***
v9	<---	행동의도	.994	.048	20.686	***

Variances: (Group number 1 - Default model)

	Estimate	S.E.	C.R.	P
주관적규범	.895	.067	13.454	***
태도	.892	.070	12.820	***
행동의도	.689	.061	11.342	***
e3	.237	.030	7.837	***
e2	.407	.027	15.250	***
e1	.312	.028	11.283	***
e4	.410	.030	13.666	***
e5	.259	.030	8.510	***
e6	.388	.031	12.651	***
e7	.459	.033	13.885	***
e8	.206	.028	7.499	***
e9	.427	.032	13.529	***

10 종속변수에 평균중심화한 변수를 이용하나 원점수를 이용하나 같은 값을 얻는 것을 알 수 있다. 그러므로 종속변수는 평균중심화를 안 해도 되는 것을 알 수 있다.

1) 단일지표 접근법

1 종속변수를 포함하지 않은 모수치를 토대로 다음 식에 의해 값을 구한 다음, 구조모델의 해당 경로에 이 값들을 넣어 준다. 이 예에서 [Output 4-4]를 토대로 계산하기로 한다. 상호작용항(주관적규범 * 태도)에 해당하는 지표를 단일지표로 이용한다고 가정하고 값을 계산하기로 한다. 관측변수의 수가 잠재변수별로 각각 3개씩 있으므로 다음과 같은 식이 필요하다.

- 요인적재량: $\lambda_{XZ} = (\lambda_{x1} + \lambda_{x2} + \lambda_{x3})(\lambda_{z1} + \lambda_{z2} + \lambda_{x3})$
- 오차분산:

$$\theta_{\epsilon xz} = (\lambda_{x1} + \lambda_{x2} + \lambda_{x3})^2 \mathrm{Var}(X)(\theta_{\epsilon z1} + \theta_{\epsilon z2} + \theta_{\epsilon z3}) + (\lambda_{z1} + \lambda_{z2} + \lambda_{z3})^2$$
$$Var(Z)(\theta_{\epsilon x1} + \theta_{\epsilon x2} + \theta_{\epsilon x3}) + (\theta_{\epsilon x1} + \theta_{\epsilon x2} + \theta_{\epsilon x3})(\theta_{\epsilon z1} + \theta_{\epsilon z2} + \theta_{\epsilon z3})$$

2 이 식에 맞게 측정모델에서 얻은 값을 대입하여 구하면 다음과 같다. 상호작용항이 포함된 구조모델에 이들 값을 고정한다.

- 요인적재량: $(1.000 + .827 + 1.115)(1.000 + 1.158 + 1.055) = 9.453$
- 오차분산:

$$(1.000 + .827 + 1.115)^2(.896)(.412 + .260 + .385) + (1.000 + 1.158 + 1.055)^2$$
$$(.891)(.311 + .402 + .243) + (.311 + .402 + .243)(.412 + .260 + .385)$$
$$= (2.942)^2(.896)(1.057) + (3.213)^2(.891)(.956) + (1.057)(.956)$$
$$= 8.197 + 8.793 + 1.010 = 18.000$$

3 상호작용항에 해당하는 단일지표는 [(mc_v1+mc_v2+mc_v3)(mc_v4+mc_v5+mc_v6)]에 의해 계산된다. 이를 위해 SPSS 메뉴의 [변환] → [변수계산]을 클릭하여 [변

수계산] 창에서 [대상변수]에 [mcv1v6]라 입력하고, [숫자표현식]에 [(mc_v1+mc_v2+mc_v3)*(mc_v4+mc_v5+mc_v6)]라 입력한다. 입력파일에서 이를 [mcv1v6]으로 입력자료([nomiss-4.sav])에 저장하였다. 이를 [Input 4-7]로 저장하였다.

Input 4-7 Ping의 조절효과모델을 위한 경로도

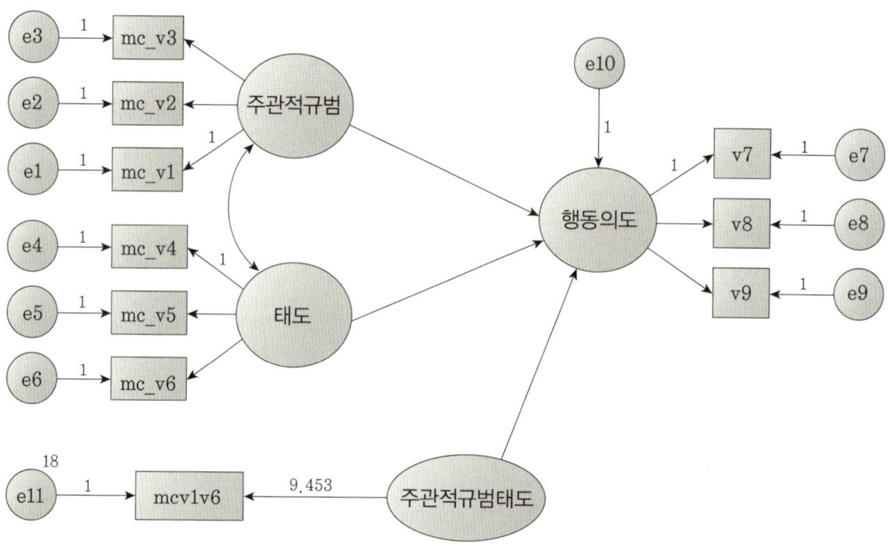

4 [Input 4-7]을 실행하면 다음과 같은 모수치 및 적합도를 얻는다(실행 버튼을 누르면 나타나는 경고메시지에서 [Proceed with the analysis]를 누름).

Output 4-7 Ping의 조절효과분석 결과

CMIN

Model	NPAR	CMIN	DF	P	CMIN/DF
Default model	22	75.472	32	.000	2.359

Regression Weights: (Group number 1 - Default model)

			Estimate	S.E.	C.R.	P
행동의도	<---	주관적규범	.270	.038	7.080	***
행동의도	<---	태도	.132	.037	3.574	***
행동의도	<---	주관적규범태도	-.007	.037	-.195	.845

5 상호작용항이 유의적이지 않으므로 조절효과가 없다고 해석한다.

2) 적항 접근법

1 9개의 적지표를 만든다. ① [mc_v1*mc_4], ② [mc_v1*mc_5], ③ [mc_v1*mc_6], ④ [mc_v2*mc_4], ⑤ [mc_v2*mc_5], ⑥ [mc_v2*mc_6], ⑦ [mc_v3*mc_4], ⑧ [mc_v3*mc_5], ⑨ [mc_v3*mc_6]

2 요인적재량과 오차분산을 계산하면 [표 4-4]와 같다.

▌표 4-4 ▌요인적재량과 오차분산

요인적재량	오차분산
$\lambda_{11} = (1.00)(1.00) = 1.00$	$e19 = (1.000)^2(.896)(.412) + (1.000)^2(.891)(.311) + (.311)(.412) = .774$
$\lambda_{12} = (1.00)(1.158) = 1.158$	$e18 = (1.000)^2(.896)(.260) + (1.158)^2(.891)(.311) + (.311)(.260) = .685$
$\lambda_{13} = (1.00)(1.055) = 1.055$	$e17 = (1.000)^2(.896)(.385) + (1.055)^2(.891)(.311) + (.311)(.385) = .773$
$\lambda_{21} = (.827)(1.00) = .827$	$e16 = (.827)^2(.896)(.412) + (1.000)^2(.891)(.402) + (.402)(.412) = .776$
$\lambda_{22} = (.827)(1.158) = .958$	$e15 = (.827)^2(.896)(.260) + (1.158)^2(.891)(.402) + (.402)(.260) = .744$
$\lambda_{23} = (.827)(1.055) = .872$	$e14 = (.827)^2(.896)(.385) + (1.055)^2(.891)(.402) + (.402)(.385) = .789$
$\lambda_{31} = (1.115)(1.00) = 1.115$	$e13 = (1.115)^2(.896)(.412) + (1.00)^2(.891)(.243) + (.243)(.412) = .776$
$\lambda_{32} = (1.115)(1.158) = 1.291$	$e12 - (1.115)^2(.896)(.260) + (1.158)^2(.891)(.243) + (.243)(.260) = .643$
$\lambda_{33} = (1.115)(1.055) = 1.176$	$e11 = (1.115)^2(.896)(.385) + (1.055)^2(.891)(.243) + (.243)(.385) = .763$

3 이들 값을 구조모델에 고정한다. 이 입력파일을 [Input 4-8]로 저장하였다.

Input 4-8 Ping의 접근법

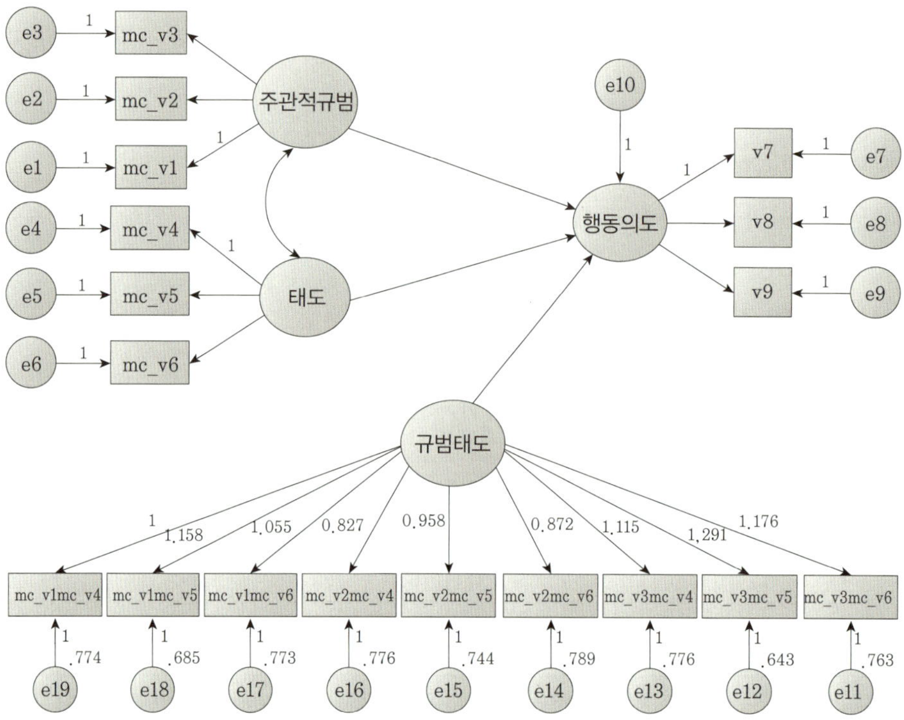

4 이를 실행하면 다음과 같은 모수치 및 적합도를 얻는다.

Output 4-8 구조모델의 추정 결과

CMIN

Model	NPAR	CMIN	DF	P	CMIN/DF
Default model	23	3284.614	148	.000	22.193

Regression Weights: (Group number 1 - Default model)

			Estimate	S.E.	C.R.	P
행동의도	<---	주관적규범	.270	.038	7.087	***
행동의도	<---	태도	.133	.037	3.586	***
행동의도	<---	규범태도	-.008	.032	-.258	.797

3) 대응된 쌍 접근법

1 이 접근법은 Marsh 등이 제안한 것으로서 Ping은 제안하지는 않았으나, 저자가 시도해본 것이다. 대응된 쌍 접근법은 독립변수와 조절변수 변수에 대응하는 쌍을 만드는 접근법이다. Marsh 등의 방법에 대해서는 다음 장에서 자세히 살

펴보기로 한다. 이 입력파일을 [Input 4-9]로 저장하였다.

Input 4-9 Ping의 접근법

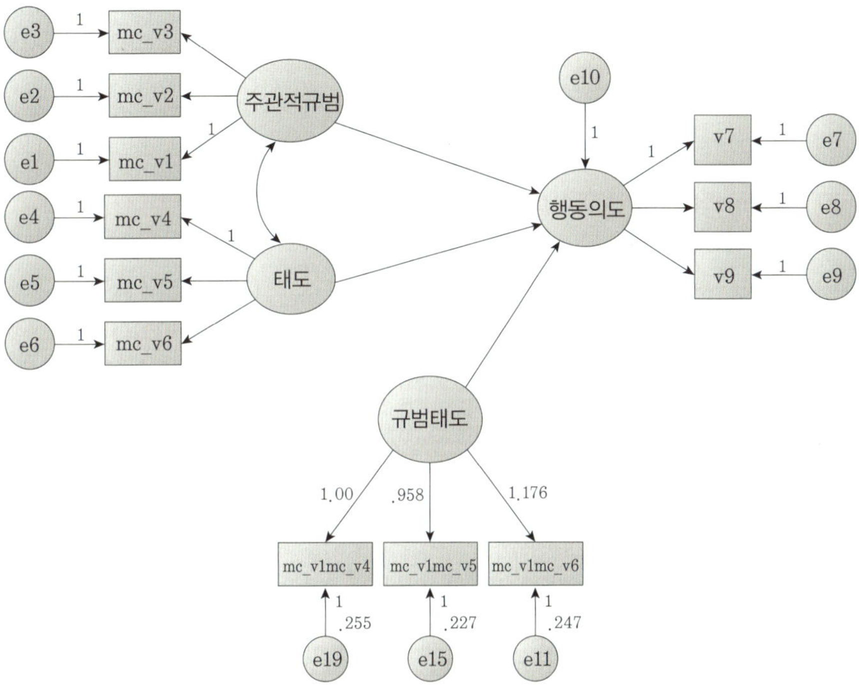

2 이를 실행하면 다음과 같은 모수치 및 적합도를 얻는다.

Output 4-9 Ping의 접근법 분석 결과

CMIN

Model	NPAR	CMIN	DF	P	CMIN/DF
Default model	23	98.701	55	.000	1.795

Regression Weights: (Group number 1 - Default model)

			Estimate	S.E.	C.R.	P
행동의도	<---	주관적규범	.269	.038	7.065	***
행동의도	<---	태도	.133	.037	3.592	***
행동의도	<---	규범태도	-.012	.037	-.317	.751

3 접근법에 따라 모수치가 약간의 차이가 있는 것을 알 수 있다.

6 Ping의 접근법: 예 4

[그림 4-10] 모델을 대상으로 Ping의 접근법으로 조절효과를 분석하기로 한다. 그림에서 'dogmatism'은 독립변수, 'agreeableness'는 조절변수이다. 원자료는 [dogintol 2016.dmc]로 저장되어 있다.

그림 4-10 | aggreableness의 조절효과모델

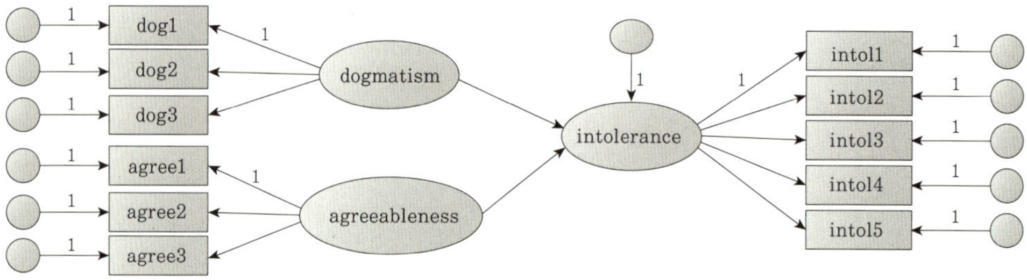

1. 독립변수와 조절변수를 평균중심화하거나 또는 표준화한다.
2. 평균중심화한 변수를 이용하여 측정모델을 추정한다. 이 입력파일을 [Input 4-10]으로 저장하였다.

Input 4-10 측정모델

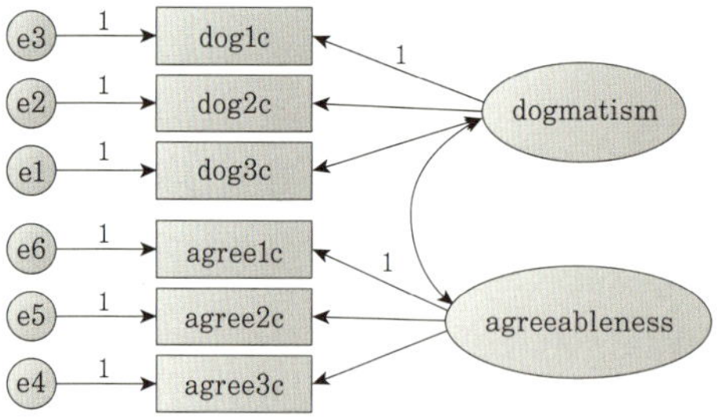

3. 이를 추정하면 다음과 같은 모수치를 얻는다.

Output 4-10 측정모델 추정 결과

Regression Weights: (Group number 1 - Default model)

			Estimate	S.E.	C.R.	P
dog3c	<---	dogmatism	.822	.068	12.139	***
dog2c	<---	dogmatism	.956	.078	12.201	***
dog1c	<---	dogmatism	1.000			
agree3c	<---	agreeableness	1.378	.225	6.117	***
agree2c	<---	agreeableness	1.090	.176	6.198	***
agree1c	<---	agreeableness	1.000			

Variances: (Group number 1 - Default model)

	Estimate	S.E.	C.R.	P
dogmatism	1.375	.181	7.582	***
agreeableness	.134	.034	3.898	***
e1	1.299	.089	10.672	***
e2	.694	.097	7.187	***
e3	.953	.127	10.237	***
e4	.532	.046	6.798	***
e5	.212	.029	7.270	***
e6	.310	.042	12.812	***

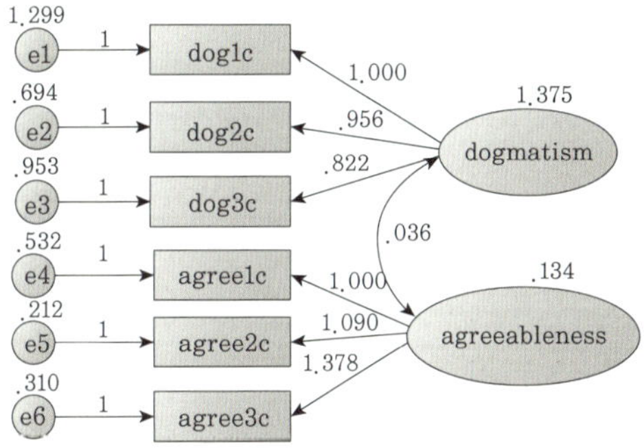

4 위 값을 이용하여 요인적재량과 오차분산을 계산한다.

1) 단일지표 설정법

- 요인적재량: $(.822+.956+1.000)(1.378+1.090+1.000)=(2.778)(3.468)$ $=9.634$
- 오차분산:

$$(2.778)^2(1.375)(.310+.212+.532)+(3.468)^2(.134)(.953+.694+1.299)+(.953+.694+1.299)(.310+.212+.532)$$

$$=(7.717)(1.375)(1.054)+(12.027)(.134)(2.946)+(1.054)(2.946)=11.184+4.748+3.105=19.037$$

1 단일지표를 위한 변수를 만든다. 즉 독립변수 3개의 지표를 합치고, 조절변수 3개의 지표를 합해서 곱한다(dog1c + dog2c + dog3c)(agree1c + agree2c + agree3c).

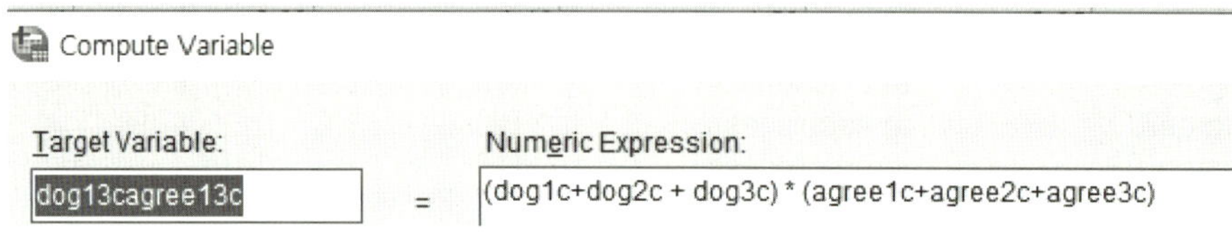

2 단일지표를 갖다 놓고, 요인적재량, 오차분산 등을 고정한다. 이 입력파일을 [Input 4-11]로 저장하였다.

Input 4-11 Ping의 접근법: 단일지표 접근법

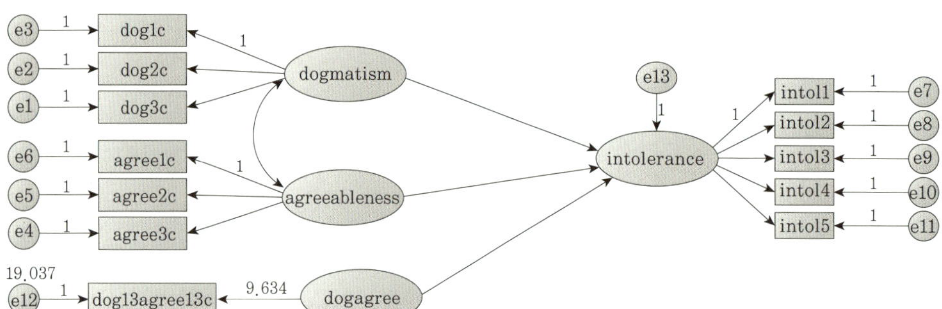

3 이를 실행하면 다음과 같은 모수치 및 적합도를 얻는다.

Output 4-11 Ping의 접근법 분석 결과

CMIN

Model	NPAR	CMIN	DF	P	CMIN/DF
Default model	27	91.262	51	.000	1.789

Regression Weights: (Group number 1 - Default model)

			Estimate	S.E.	C.R.	P
intolerance	<---	dogmatism	.060	.026	2.338	.019
intolerance	<---	agreeableness	-.739	.152	-4.873	***
intolerance	<---	dogagree	-.238	.103	-2.308	.021

2) 적지표 설정법

1 9개의 적지표를 만든다. 예를 들어, [dog1agr1]은 [dog1c*agree1c]에 의해 만들었다.

2 적지표를 모델에 갖다 놓는다. 오차분산에 이름을 부여한다.

그림 4-11 | Ping의 접근법

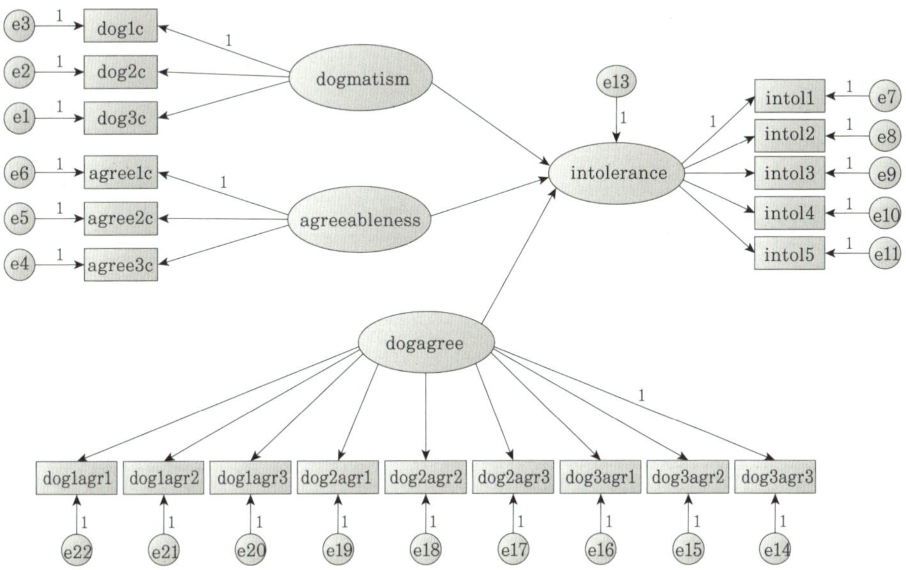

3 요인적재량과 오차분산을 계산하면 [표 4-5]와 같다.

표 4-5 | 요인적재량과 오차분산

요인적재량	오차분산
① $\lambda_{11}=(1.00)(1.00)=1.00$	$e22=(1.00)^2(1.375)(.532)+(1.00)^2(.134)(1.299)+(.532)(1.299)=1.60$
② $\lambda_{12}=(1.00)(1.090)=1.090$	$e21=(1.00)^2(1.375)(.212)+(1.09)^2(.134)(1.299)+(.212)(1.299)=0.77$
③ $\lambda_{13}=(1.00)(1.378)=1.378$	$e20=(1.00)^2(1.375)(.310)+(1.378)^2(.134)(1.299)+(.310)(1.299)=1.16$
④ $\lambda_{21}=(.956)(1.00)=.956$	$e19=(.956)^2(1.375)(.532)+(1.00)^2(.134)(.694)+(.532)(.694)=1.13$

⑤ $\lambda_{22} = (.956)(1.090) = 1.042$	$e18 = (.956)^2(1.375)(.212) + (1.09)^2(.134)(.694) + (.212)(.694) = .52$
⑥ $\lambda_{23} = (.956)(1.378) = 1.317$	$e17 = (.956)^2(1.375)(.310) + (1.378)^2(.134)(.694) + (.310)(.694) = 0.78$
⑦ $\lambda_{31} = (.822)(1.00) = .822$	$e16 = (.822)^2(1.375)(.532) + (1.00)^2(.134)(.953) + (.532)(.953) = 1.13$
⑧ $\lambda_{32} = (.822)(1.090) = .896$	$e15 = (.822)^2(1.375)(.212) + (1.09)^2(.134)(.953) + (.212)(.953) = 0.55$
⑨ $\lambda_{33} = (.822)(1.378) = 1.133$	$e14 = (.822)^2(1.375)(.310) + (1.378)^2(.134)(.953) + (.310)(.953) = 0.83$

4 이들 값을 해당되는 곳에 고정한다. 이 입력파일을 [Input 4-12]로 저장하였다.

Input 4-12 Ping의 접근법: 모든 적지표 접근법

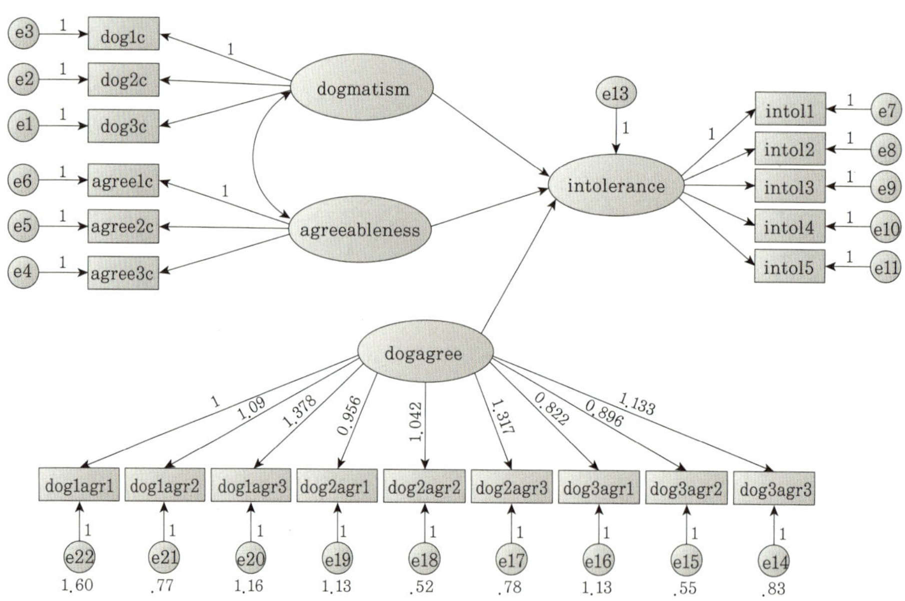

5 이를 실행하면 다음과 같은 결과를 얻는다.

Output 4-12 Ping의 접근법 분석 결과

CMIN

Model	NPAR	CMIN	DF	P	CMIN/DF
Default model	27	82591.012	183	.000	451.317

Regression Weights: (Group number 1 - Default model)

			Estimate	S.E.	C.R.	P
intolerance	<---	dogmatism	.513	.045	11.500	***
intolerance	<---	agreeableness	−.038	.088	−.436	.663
intolerance	<---	dogagree	−.101	.007	−13.843	***

6 상호작용항(dogagree)의 계수 $b=-.101$가 유의적이므로 조절효과가 있다고 해석한다. 구체적으로 조절변수가 증가할수록 독립변수가 종속변수에 미치는 효과는 감소한다고 해석한다.

7 이 결과는 단일지표 설정법으로 분석한 계수($b=-.238$)와 차이가 있다([Output 4-11] 참조).

참고문헌

Cheah, J.-H., Memon, M. A., Richard, J. E., Ting, H., & Cham, T-H. (2020). CB-SEM latent interaction: Unconstrained and orthogonalized approaches. *Australasian Marketing Journal, 28,* 218-234.

Cortina, J. M., Chen, G., & Dunlap, W. P. (2001). Testing interaction effects in LISREL: Examination and illustration of available procedures. *Organizational Research Methods, 4*(4), 324-360.

Crowson, M. (2020, December 1). *Latent variable interactions in AMOS using double-mean centered product indicators* [Video]. YouTube. https://www.youtube.com/watch?v=Rwsowi5VVVc

Foldnes, N., & Hagtvet, K. A. (2014). The choice of product indicators in latent variable interaction models: Post hoc analyses. *Psychological Methods, 19*(3), 444-457.

Geldhof, G. J., Pornprasertmanit, S., Schoemann, A. M., & Little, T. D. (2013). Orthogonalizing through residual centering: Extended applications and caveats. *Educational and Psychological Measurement, 73*(1), 27-46.

Jackman, M. G-A., Leite, W. L., & Cochrane, D. J. (2011). Estimating latent variable interactions with the unconstrained approach: A comparison of methods to form product indicators for large, unequal numbers of items. *Structural Equation Modeling, 18*(2), 274-288.

Kenny, D. A., & Judd, C. M. (1984). Estimating the nonlinear and interactive effects of latent variables. *Psychological Bulletin, 96*(1), 201-210.

Ping, R. A. (1994). Does satisfaction moderate the association between alternative attractiveness and exit intention in a marketing channel?. *Journal of the Academy of Marketing Science, 22*(4), 364-371.

Ping, R. A. (1995). A parsimonious estimating technique for interaction and quadratic latent variables. *Journal of Marketing Research, 32*(3), 336-347.

Ping, R. A. (1996a). Estimating latent variable interactions and quadratics: The state of this art. *Journal of Management, 22*(1), 163-183.

Ping, R. A. (1996b). Latent variable interaction and quadratic effect estimation: A two-step technique using structural equation analysis. *Psychological Bulletin, 119*(1), 166-175.

Ping, R. A. (2009). Latent variable interactions and quadratics. https://corescholar.libraries.wright.edu/marketing/42

Pornprasertmanit, S., Schoemann, A. M., Geldhof, G. J., & Little, T. D. (2021). Probing latent interactions estimated with a residual centering approach. https://doi.org/10.31234/osf.io/eba93

Steinmetz, H., Davidov, E., & Schmidt, P. (2011). Three approaches to estimate latent interaction effects: Intention and perceived behavioral control in the theory of planned behavior. *Methodological Innovations Online, 6,* 95-110.

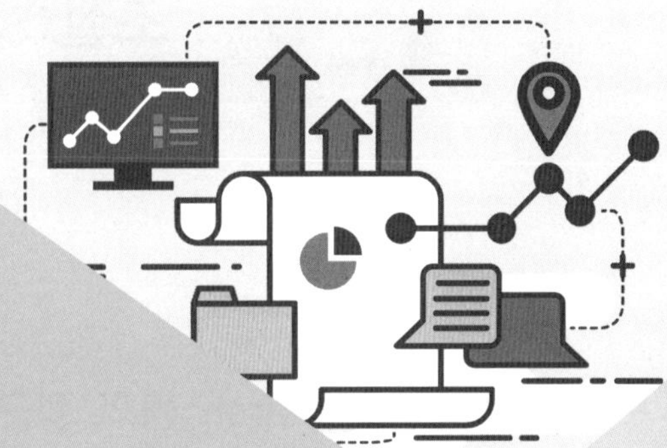

Chapter 5

조절효과분석(Ⅱ): Marsh 등의 접근법

1. Marsh 등의 접근법: 개요
2. Marsh 등(2006)의 접근법: 예 1
3. Marsh 등(2013)의 접근법: 예 2
4. Marsh 등(2006)의 접근법: 예 3

CHAPTER 05

조절효과분석(Ⅱ): Marsh 등의 접근법

1 Marsh 등의 접근법: 개요

[그림 5-1] 모델을 통해 Marsh 등의 접근법에 의한 조절효과분석에 대해 살펴보기로 한다. 이 모델에서 [ksi1]은 독립변수, [ksi2]는 조절변수, [ksi1ksi2]는 상호작용항을 의미한다.

그림 5-1 Marsh 등의 접근법을 위한 모델

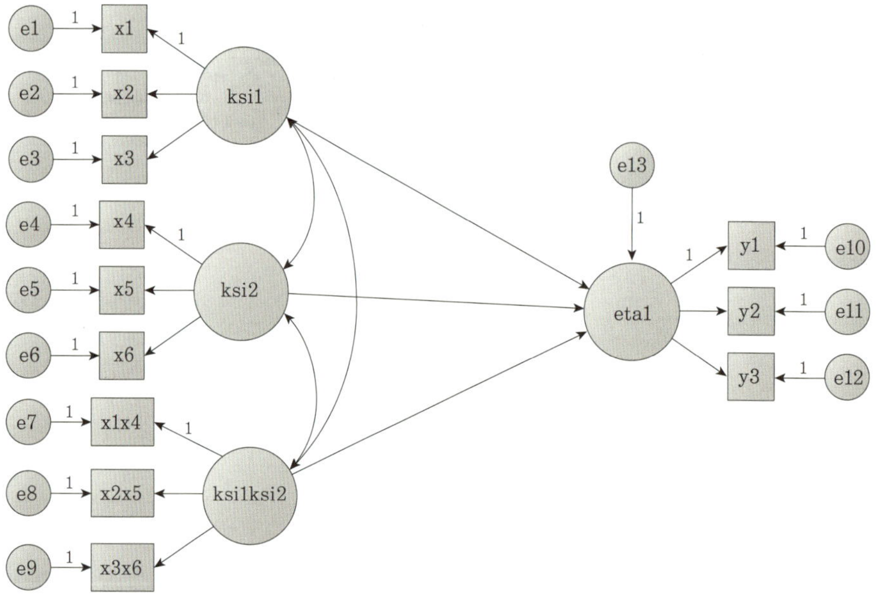

Marsh 등의 접근법은 **적지표 접근법(product indicator approach)**을 따르고 있으며, 이 접근법과 관련된 주된 이슈는 다음과 같다.

① [ksi1ksi2]의 적지표를 만들기 위해 [ksi1]과 [ksi2]의 지표를 어떻게 결합하느냐? 몇

개의 지표를 이용해야 하는가?, 최상의 적지표를 만들기 위해서는 어떤 방법이 이용되어야 하는가?

② [ksi1]과 [ksi2]의 평균은 [0]이지만, [ksi1ksi2]의 평균은 [0]은 아니다. 따라서 평균구조(mean structure)가 모델에 포함되어야 하지만, 평균구조가 꼭 필요한 것인가?

③ 적지표 접근법에 의해 추정을 하면 표준화계수 및 이의 표준오차가 정확하지 않다는 문제가 있다. 이를 해결하기 위해 방법은 무엇인가?

2 Marsh 등(2006)의 접근법: 예 1

Marsh 등(2006)에 소개된 행렬요약을 이용하여 조절효과를 분석하기로 한다. 이를 위해 500명을 대상으로 얻은 행렬자료가 다음과 같다고 가정한다([marsh2006.sav]). 자료의 평균을 보면, x1에서 x6까지는 평균중심화를 하여 [0]임을 알 수 있다.

rowtype_	varname_	y1	y2	y3	x1	x2	x3	x4	x5	x6	x1x4	x2x5	x3x6
n		500.000	500.000	500.000	500.000	500.000	500.000	500.000	500.000	500.000	500.000	500.000	500.000
cov	y1	1.221	.	.	.	.	.	.	.	.	.	.	.
cov	y2	.891	.968	.	.	.	.	.	.	.	.	.	.
cov	y3	.907	.800	1.007	.	.	.	.	.	.	.	.	.
cov	x1	.493	.401	.449	1.285	.	.	.	.	.	.	.	.
cov	x2	.458	.385	.413	.885	.955	.	.	.	.	.	.	.
cov	x3	.834	.697	.733	1.838	1.581	3.999	.	.	.	.	.	.
cov	x4	.470	.411	.444	.200	.174	.436	1.217	.	.	.	.	.
cov	x5	1.277	1.122	1.247	.366	.339	.777	2.691	8.963	.	.	.	.
cov	x6	.416	.379	.390	.177	.143	.331	.874	2.381	.989	.	.	.
cov	x1x4	.157	.107	.062	-.183	-.174	-.332	-.027	-.154	-.048	1.407	.	.
cov	x2x5	.406	.266	.266	-.348	-.220	-.487	-.052	-.106	-.057	2.021	8.104	.
cov	x3x6	.348	.220	.204	-.193	-.092	-.182	-.003	-.111	-.110	1.392	3.522	3.711
mean		1.057	2.075	3.057	.000	.000	.000	.000	.000	.000	.199	.338	.330

Marsh 등의 방법에 의해 잠재변수의 조절효과를 검정하는 방법에는 두 가지가 있다. 첫째, 외생잠재변수의 평균에 대해 제약을 하는 방법이 있고(Marsh et al., 2006), 둘째, 외생잠재변수의 평균에 대해 제약을 하지 않고 추정하는 방법이 있다(溫忠麟 等, 2012).

2.1 Marsh 등의 첫 번째 방법: 평균구조가 있는(with mean structure) 모델

1 먼저 독립변수(ksi1)와 조절변수(ksi2)를 평균중심화한다. 원자료인 경우에는 이들 변수를 평균중심화한 다음, 이 평균중심화된 변수를 이용해야 한다는 점에 유의한다.

2 [ksi1]과 [ksi2]의 상호작용항([ksi1ksi2])을 만든다. 이 잠재변수에 필요한 적지표(product indicator)를 만드는 방법에는 ① 모든 가능한 쌍 전략(all-possible pairs strategy), ② 대응된 쌍 전략(matched-pair strategy), ③ 한 쌍 전략(one-pair strategy) 등이 있다. Marsh 등(2004)은 이 가운데 대응된 쌍 전략을 추천한다.

예를 들어, [ksi1]에 x1, x2, x3 등의 3개 지표가 있고, [ksi2]에 x4, x5, x6 등의 3개 지표가 있다고 가정한다. 이들 전략이 의미하는 바를 살펴보면 다음과 같다.

(1) 모든 가능한 쌍 전략: 이 전략은 ① (x1x4, x1x5, x1x6, x2x4, x2x5, x2x6, x3x4, x3x5, x3x6) 9개의 지표를 모두 이용한다.

(2) 대응된 쌍 전략: 이 전략은 ① (x1x4, x2x5, x3x6), ② (x1x4, x2x6, x3x5), ③(x1x5, x2x4, x3x6), ④ (x1x5, x2x6, x3x4), ⑤ (x1x6, x2x4, x3x5), ⑥ (x1x6, x2x5, x3x4) 가운데 하나의 지표를 이용한다. 이를 3-대응된 전략(3-matched strategy)이라 한다.

(3) 한 쌍 전략: 이 전략은 ① x1x4, ② x1x5, ③ x1x6, ④ x2x4, ⑤ x2x5, ⑥ x2x6, ⑦ x3x4, ⑧ x3x5, ⑨ x3x6 가운데 하나를 이용한다.

3 외생변수의 평균을 설정한다. Marsh 등의 첫 번째 방법은 [ksi1]과 [ksi2]의 평균은 0, [ksi1ksi2]의 평균은 추정하는 것으로 설정한다.

4 이를 위해 [Analysis Properties]의 [Estimation] 탭에서 [Estimate means and intercepts]를 체크한다. (ξ_1, ξ_2, $\xi_1\xi_2$)의 평균벡터 $k=(0,\ 0,\ \phi_{33})$이다. [ksi1]과 [ksi1ksi2] 간의 상관, [ksi2]와 [ksi1ksi2] 간의 상관은 0으로 고정한다. 이를 실행하기 위한 프로그램을 [Input 5-1]로 저장하였다.

Input 5-1 Marsh 등의 첫 번째 방법

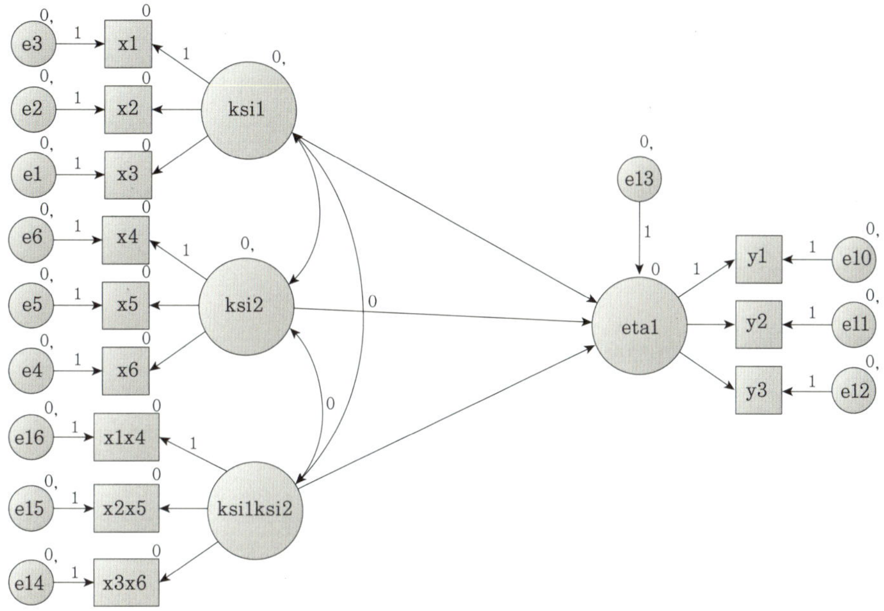

5 이를 실행하면 다음과 같은 적합도 및 모수치를 얻는다.

Output 5-1 Marsh 등의 첫 번째 방법에 의한 분석 결과

CMIN

Model	NPAR	CMIN	DF	P	CMIN/DF
Default model	32	68.622	58	.160	1.183

Regression Weights: (Group number 1 - Default model)

			Estimate	S.E.	C.R.	P
eta1	<---	ksi1	.425	.040	10.531	***
eta1	<---	ksi2	.414	.041	10.088	***
eta1	<---	ksi1ksi2	.248	.046	5.355	***

Standardized Regression Weights: (Group number 1 - Default model)

			Estimate
eta1	<---	ksi1	.423
eta1	<---	ksi2	.403
eta1	<---	ksi1ksi2	.219

Means: (Group number 1 - Default model)

	Estimate	S.E.	C.R.	P
ksi1ksi2	.175	.045	3.908	***

6 [ksi1ksi2]가 [eta1]에 미치는 효과 $b=.248$가 유의적이므로 조절효과가 있다고 해석한다. 구체적으로 상호작용항의 계수가 정적(+)이므로 조절변수가 증가할수록 독립변수가 종속변수에 미치는 효과는 커진다고 해석한다.

7 [Input 5-1]은 [Input 5-2]처럼 입력파일을 만들어도 동일한 값을 얻는다. 즉, [ksi1]과 [ksi1ksi2] 간의 상관, [ksi2]와 [ksi1ksi2] 간의 상관은 0으로 고정되도록 한 것이므로 이들 경로를 제거한 모델이다.

Input 5-2 Marsh 등의 첫 번째 방법

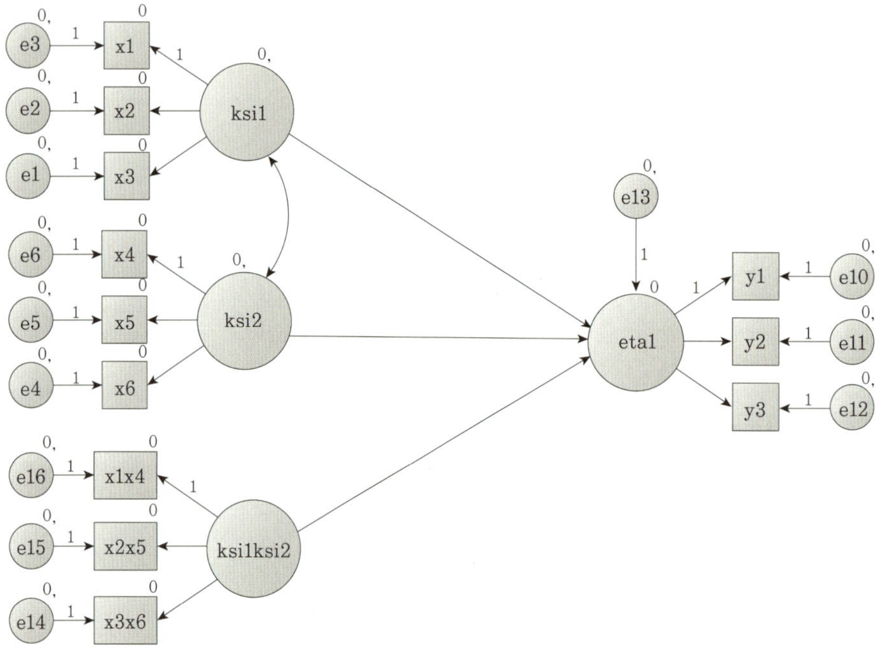

2.2 Marsh 등의 두 번째 방법: 평균구조가 없는(without mean structure) 모델

1 Marsh 등의 두 번째 방법은 독립변수 및 조절변수의 평균에 대해 제약을 하지 않는다. 이를 위해 [Analysis Properties]의 [Estimation] 탭에서 [Estimate means and intercepts]를 체크하지 않는다.

2 외생변수 간에 대한 제약도 필요하지 않으므로 0을 모두 없앤다.

3 이 입력파일을 [Input 5-3]으로 저장하였다.

Input 5-3 Marsh 등의 두 번째 방법

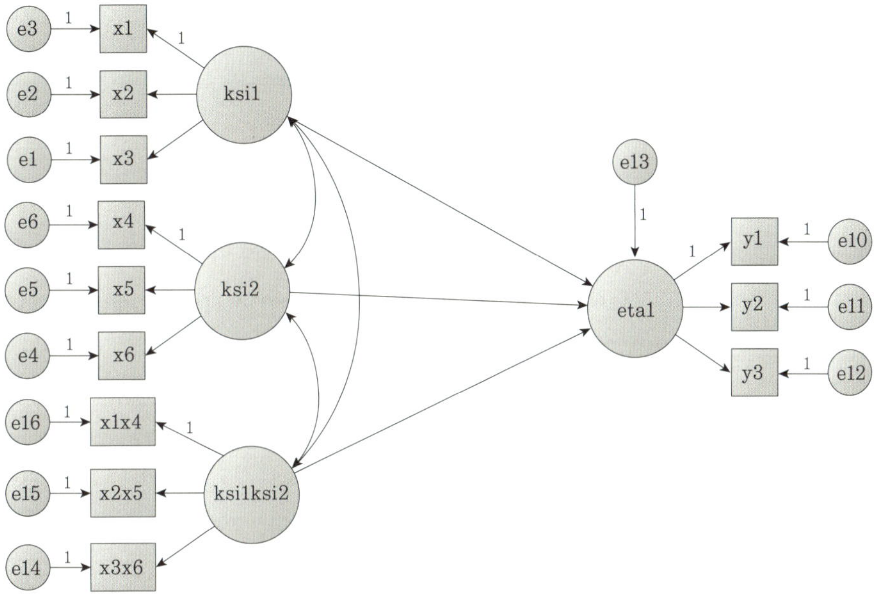

4 이를 실행하면 다음과 같은 적합도 및 모수치를 얻는다.

Output 5-3 Marsh 등의 두 번째 방법에 의한 분석 결과

CMIN

Model	NPAR	CMIN	DF	P	CMIN/DF
Default model	30	59.405	48	.125	1.238

Regression Weights: (Group number 1 - Default model)

			Estimate	S.E.	C.R.	P
eta1	<---	ksi1	.430	.041	10.535	***
eta1	<---	ksi2	.415	.041	10.077	***
eta1	<---	ksi1ksi2	.254	.047	5.398	***

Standardized Regression Weights: (Group number 1 - Default model)

			Estimate
eta1	<---	ksi1	.434
eta1	<---	ksi2	.408
eta1	<---	ksi1ksi2	.227

Variances: (Group number 1 - Default model)

	Estimate	S.E.	C.R.	P
ksi1	1.028	.082	12.585	***
ksi2	.983	.078	12.665	***
ksi1ksi2	.808	.089	9.074	***

5 조절효과를 분석한 결과, 상호작용항의 계수 $b = .254$가 정적(+)으로 유의적인 것으로 나타났다. 따라서 조절변수(ksi2)의 값이 커질수록 독립변수(ksi1)가 종속변수(eta1)에 미치는 효과가 커진다고 해석한다.

6 조절효과가 있는 것으로 나타났으므로 이를 시각화하기 위해 단순기울기 검정(simple slope test)을 하기로 한다. 이를 위해 다음과 같은 절차에 따라 한다.

7 먼저 [ksi1] → [eta1] 경로에 [a]라 입력하고, [ksi1ksi2] → [eta1] 경로에 [c]라 입력한다. 경로 명칭은 임의적이므로 다르게 입력해도 된다.

8 Amos 화면의 왼쪽 아래에 있는 [Not estimating any user-defined estimand]를 클릭하여 나타나는 창에서 [Define new estimands]를 클릭한다. 그 창에서 다음과 같이 입력하고, 체크 신택스 아이콘( )을 클릭한다. 밑에 [Syntax is OK] 메시지가 뜨면 문제가 없다는 뜻이다.

9 위 명령문은 평균을 중심으로 평균보다 1표준편차(SD) 낮은 수준, 평균수준, 평균보다 1표준편차(SD) 높은 수준에서 검정한다는 의미이다. 조절변수(ksi2)의 분산값(.983)에 루트($\sqrt{\ }$)를 하면 표준편차(.991)를 얻는다.

10 [File] 메뉴에서 파일이름을 지정하고 저장한 다음, 빠져나간다.

11 붓스트래핑을 위해 다음과 같이 입력하고 체크한다. 이 자료는 원자료가 아니

고 행렬자료이므로 [Monte Carlo]를 체크하였다. 원자료인 경우에는 이를 체크 안 해도 된다.

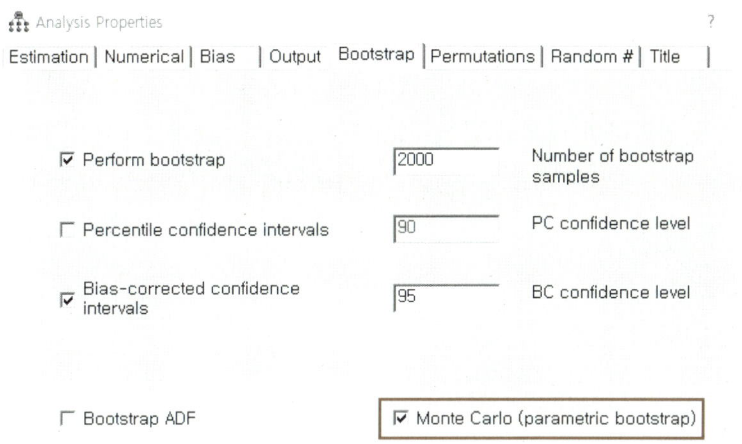

12 이 입력파일을 [Input 5-3-1]로 저장하였다.

13 이를 실행하면 다음과 같은 결과를 얻는다. 결과를 보기 위해 출력창에서 [Estimates] → [User-defined estimands]를 클릭하면 된다.

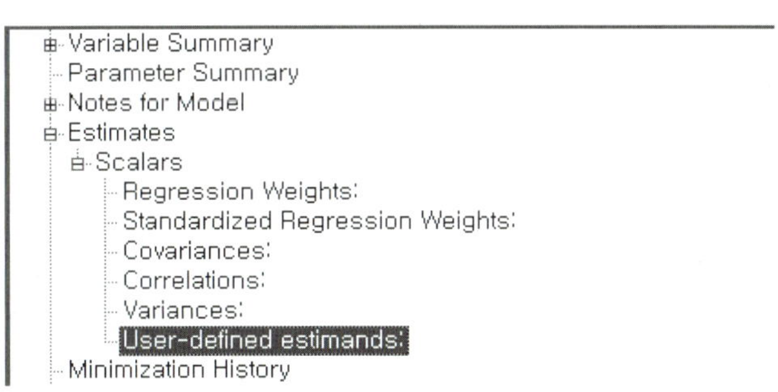

Output 5-3-1 단순기울기 검정 결과

User-defined estimands: (Group number 1 - Default model)

Parameter	Estimate	Lower	Upper	P
ss_low	.178	.061	.289	.002
ss_medium	.430	.345	.512	.001
ss_high	.683	.550	.815	.001

14 조절변수의 세 수준에서 모두 유의적인 조절효과가 있는 것으로 나타났다. 조절변수의 값이 커질수록 독립변수가 종속변수에 미치는 효과는 커지는 것을 알 수 있다.

15 이 결과를 그래프로 그려보기로 한다. 이를 위해 Jeremy Dawson의 홈페이지에 가서 [2-way_linear_interactions] 엑셀시트를 다운로드 받는다. 그 시트에서 필요한 정보를 입력하면 다음과 같은 그래프를 그린다. 그래프에서 볼 수 있듯이, 독립변수가 종속변수에 미치는 효과는 조절변수의 값이 클수록 기울기 값이 큰 것을 알 수 있다.

그래프 5-1 단순기울기 검정

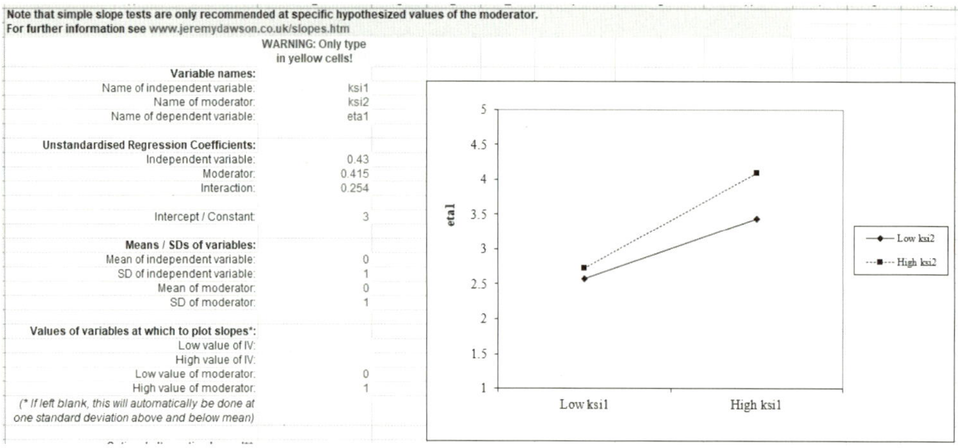

2.3 표준화계수의 교정

1 Wen 등(2010), Marsh 등(2012)은 위의 표준화계수 가운데 [ksi1ksi2]의 값이 정확하지 않다고 주장한다. 즉 표준화계수의 상호작용항은 [ksi1]과 [ksi2]를 각각 표준화시킨 다음, [ksi1ksi2]를 만들어 표준화계수를 구해야 되는데, [ksi1ksi2]를 표준화시킨 후 표준화계수를 구한다는 문제점을 제기했다. 따라서 위의 표준화계수 $\beta=0.227$은 정확한 계수값이 아니라는 것이다. 표준화계수의 정확한 값을 추정하기 위해서는 다음 공식에 의해 교정해야 한다고 주장한다.

$$(\gamma')^c = \gamma \frac{\sqrt{\phi_{11}\phi_{22}}}{\sqrt{\phi_{33}}}$$

단, $\phi_{11} = Var(ksi1)$, $\phi_{22} = Var(ksi2)$, $\phi_{33} = Var(ksi1ksi2)$

2 위의 공식에 의해 상호작용항의 계수를 교정하면 다음과 같다.

$$(\gamma')^c = .227 \times \frac{\sqrt{1.028 \times 0.983}}{\sqrt{0.808}} = .254$$

3 상호작용항의 표준화계수 $\beta = 0.227$이 아니라 $\beta = .254$가 정확한 계수값이다. 이 값은 비표준화계수 $b = .254$와 동일하다. 그리고 이 표준화계수의 표준오차(S.E.)는 붓스트래핑을 통해 얻은 값으로 대체되어야 한다.

4 붓스트래핑을 위해 [Bootstrap] 탭에서 다음과 같이 체크한다. 행렬요약자료이므로 [Monte Carlo]를 체크한다. 원자료인 경우에는 이를 체크하지 않아도 된다.

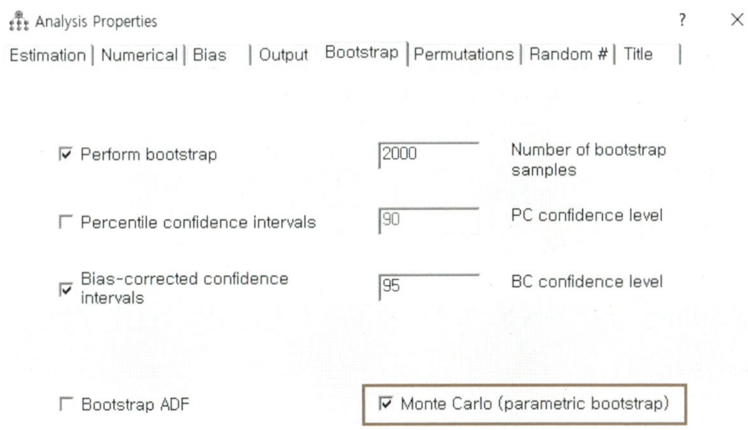

5 이를 실행하면 다음과 같은 결과를 얻는다.

Output 5-3 붓스트래핑 결과

Standardized Regression Weights: (Group number 1 - Default model)

Parameter			SE	SE-SE	Mean	Bias	SE-Bias
eta1	<---	ksi1	.037	.001	.435	.001	.001
eta1	<---	ksi2	.037	.001	.407	-.001	.001
eta1	<---	ksi1ksi2	.041	.001	.228	.001	.001

Standardized Regression Weights: (Group number 1 - Default model)

Parameter			Estimate	Lower	Upper	P
eta1	<---	ksi1	.434	.349	.502	.002
eta1	<---	ksi2	.408	.339	.481	.001
eta1	<---	ksi1ksi2	.227	.145	.303	.001

6 표준화계수 교정은 평균구조가 없는 모델이든 평균구조가 있는 모델이든 동일하게 적용된다.

3 Marsh 등(2013)의 접근법: 예 2

Marsh 등(2013)과 Wen 등(2010)은 동일한 행렬요약 자료를 이용하여 상호작용효과 분석에 대해 설명하고 있다. Wen 등(2010)의 자료에는 평균에 관한 정보가 있으나, Marsh 등(2013)의 자료에는 평균에 관한 정보가 없다.

3.1 평균구조가 있는 모델

1 Wen 등(2010)에 있는 자료를 이용하여 분석하기로 한다. 이를 위한 입력파일은 [Input 5-4]이다.

Input 5-4 Marsh 등의 접근법

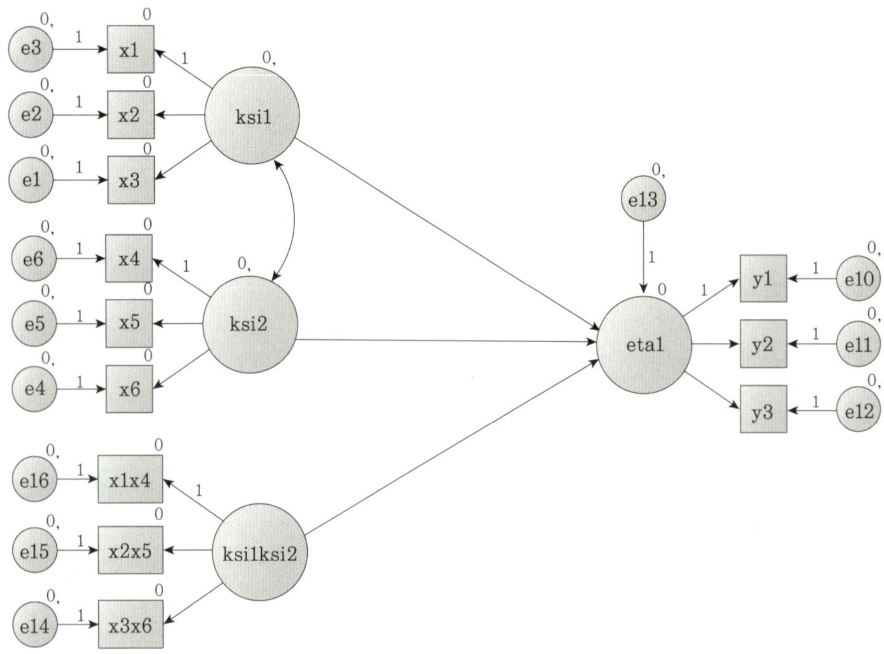

2 이를 실행하면 다음과 같은 결과를 얻는다.

Output 5-4 Marsh 등의 접근법 분석 결과

CMIN

Model	NPAR	CMIN	DF	P	CMIN/DF
Default model	32	42.067	58	.943	.725

Regression Weights: (Group number 1 - Default model)

			Estimate	S.E.	C.R.	P
eta1	<---	ksi1	.433	.069	6.276	***
eta1	<---	ksi2	.313	.060	5.200	***
eta1	<---	ksi1ksi2	.140	.059	2.384	.017

Standardized Regression Weights: (Group number 1 - Default model)

			Estimate
eta1	<---	ksi1	.426
eta1	<---	ksi2	.332
eta1	<---	ksi1ksi2	.152

3.2 평균구조가 없는 모델

1 Marsh 등(2013)에 있는 자료를 이용하여 분석한다. 앞서 설명한 내용과 동일하게 한다. 이를 위한 입력파일은 [Input 5-5]이다.

Input 5-5 Marsh 등의 접근법

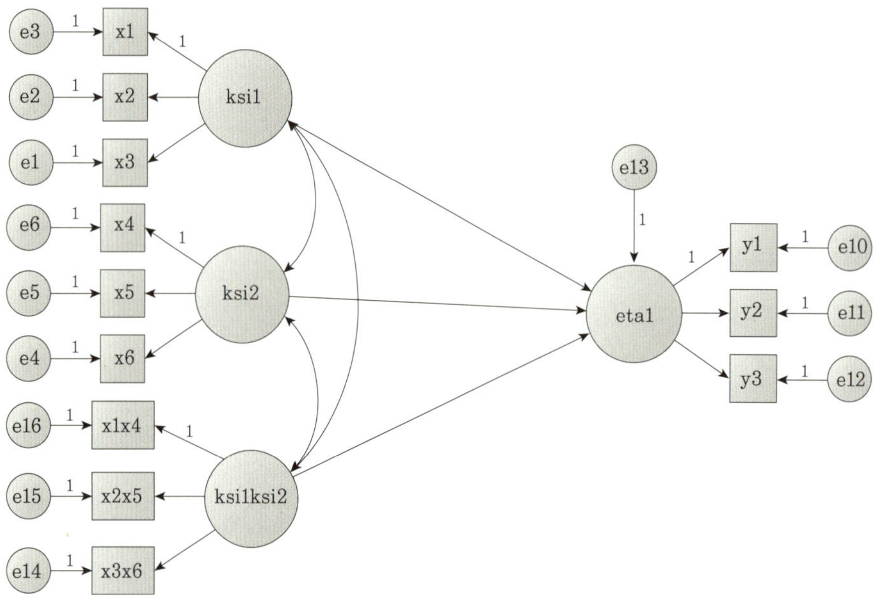

2 이를 실행하면 다음과 같은 결과를 얻는다.

Output 5-5 Marsh 등의 접근법 분석 결과

CMIN

Model	NPAR	CMIN	DF	P	CMIN/DF
Default model	30	37.367	48	.866	.778

Regression Weights: (Group number 1 - Default model)

			Estimate	S.E.	C.R.	P
eta1	<---	ksi1	.429	.069	6.197	***
eta1	<---	ksi2	.319	.061	5.230	***
eta1	<---	ksi1ksi2	.137	.058	2.358	.018

Standardized Regression Weights: (Group number 1 - Default model)

			Estimate
eta1	<---	ksi1	.423
eta1	<---	ksi2	.338
eta1	<---	ksi1ksi2	.153

4 Marsh 등(2006)의 접근법: 예 3

합리적 행동모델의 원자료를 이용하여 Marsh 등의 접근법에 의해 조절효과를 검정하기로 한다.

4.1 Marsh 등의 첫 번째 방법: 평균구조가 있는 모델

1. 조절효과를 검정하기 위해 먼저 합리적 행동모델의 자료([nomiss.sav])를 불러들인다. 앞서 설명한 대로 평균중심화를 한다. 평균중심화한 자료를 [nomiss-3.sav]로 저장하였다.

2. 평균중심화한 변수를 각각의 지표에 이용한다. 이를 위한 경로도는 [그림 5-2]와 같다.

그림 5-2 | 평균중심화 경로도

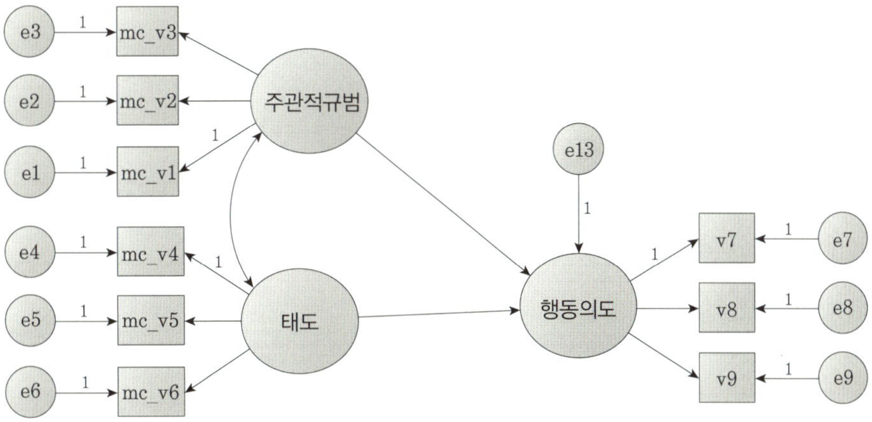

3 상호작용항을 만든다. 상호작용항에 필요한 적지표는 **대응된 쌍 전략**에 따라 만들기로 한다. 즉 [mc_v1*mc_v4], [mc_v2*mc_v5], [mc_v3*mc_v6]을 적지표로 이용하기로 한다.

4 이에 필요한 적지표를 SPSS에서 만든다. 이를 위해 [nomiss-3.sav]를 불러들인다. 다음, SPSS 메뉴의 [변환] → [변수계산]을 클릭하여 [변수계산] 창에서 [대상변수]에 [mc_v1mc_v4]라 입력하고, [숫자표현식]에 [mc_v1*mc_v4]라 입력한다. 이 식으로 나머지 2개 변수도 처리한다. 이를 [nomiss-4.sav]로 저장하였다.

5 외생잠재변수의 평균을 설정하기로 한다. [주관적규범] 및 [태도]는 0으로 설정하고, [주관적규범태도]는 자유스럽게 추정하도록 설정한다. 이를 위해 [Analysis Properties]의 [Estimation] 탭에서 [Estimate means and intercepts]를 체크한다.

6 [주관적규범태도]에 마우스를 포인터를 놓고 왼쪽 버튼을 더블클릭하면 나타나는 [Object properties] 창의 [Parameters]의 [mean]에 있는 0을 지운다. 지금까지 작업한 모델을 [Input 5-6]으로 저장하였다.

Input 5-6 Marsh 등의 첫 번째 방법에 의한 조절효과분석

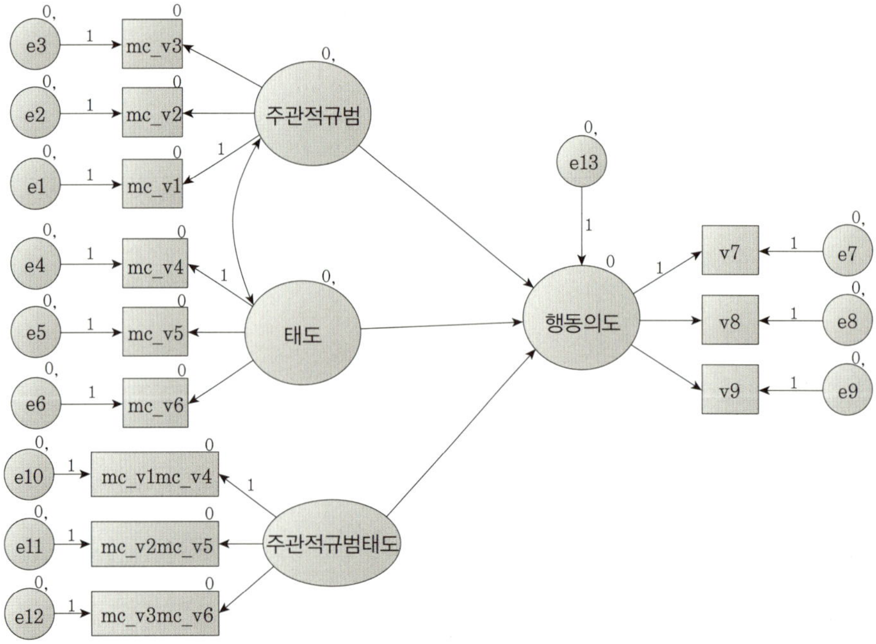

7 이를 실행하면 다음과 같은 적합도 및 모수치를 얻는다.

Output 5-6 Marsh 등의 첫 번째 방법에 의한 분석 결과

CMIN

Model	NPAR	CMIN	DF	P	CMIN/DF
Default model	32	103.191	58	.000	1.779

Regression Weights: (Group number 1 - Default model)

			Estimate	S.E.	C.R.	P
행동의도	<---	주관적규범	.269	.038	7.071	***
행동의도	<---	태도	.133	.037	3.587	***
행동의도	<---	주관적규범태도	-.011	.037	-.284	.776

8 주관적규범태도 → 행동의도 경로계수 $b = -.011$로 비유의적이어 조절효과가 없다고 해석한다.

4.2 Marsh 등의 두 번째 방법: 평균구조가 없는 모델

1 평균중심화한 변수를 독립변수, 조절변수 및 상호작용항의 지표로 이용한다.

2 Marsh 등의 두 번째 방법은 독립변수 및 조절변수의 평균에 대해 제약을 하지 않는다. 이를 위해 [Analysis Properties]의 [Estimation] 탭에서 [Estimate means and intercepts]를 체크하지 않는다. 또한 외생변수 간에 대한 제약도 필요하지 않으므로 0을 모두 없앤다.

3 이를 위한 입력파일은 [Input 5-7]로 저장하였다.

Input 5-7 Marsh 등의 두 번째 방법에 의한 조절효과분석

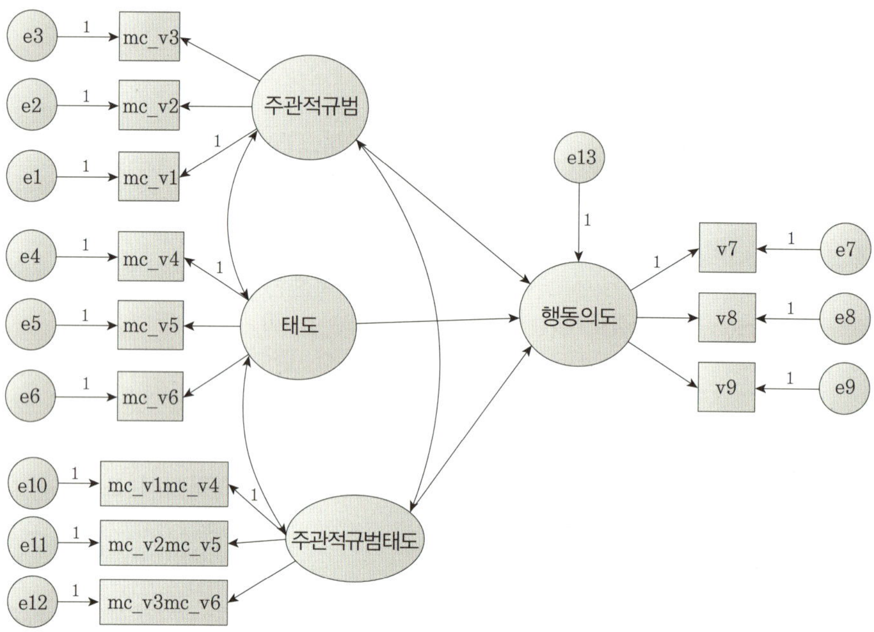

4 이를 실행하면 다음과 같은 적합도 및 모수치를 얻는다.

Output 5-7 Marsh 등의 두 번째 방법에 의한 분석 결과

CMIN

Model	NPAR	CMIN	DF	P	CMIN/DF
Default model	30	70.457	48	.019	1.468

Regression Weights: (Group number 1 - Default model)

			Estimate	S.E.	C.R.	P
행동의도	<---	주관적규범	.269	.039	6.940	***
행동의도	<---	태도	.133	.038	3.506	***
행동의도	<---	주관적규범태도	-.009	.039	-.231	.817

5 Marsh 등의 첫 번째 방법과 마찬가지로 조절효과가 없다. 계수값이 조금 차이가 있다.

6 이를 모든 가능한 쌍 전략(all-possible pairs strategy)으로 만든 입력파일을 [Input 5-7-1]로 저장하였다.

Input 5-7-1 Marsh 등의 접근법

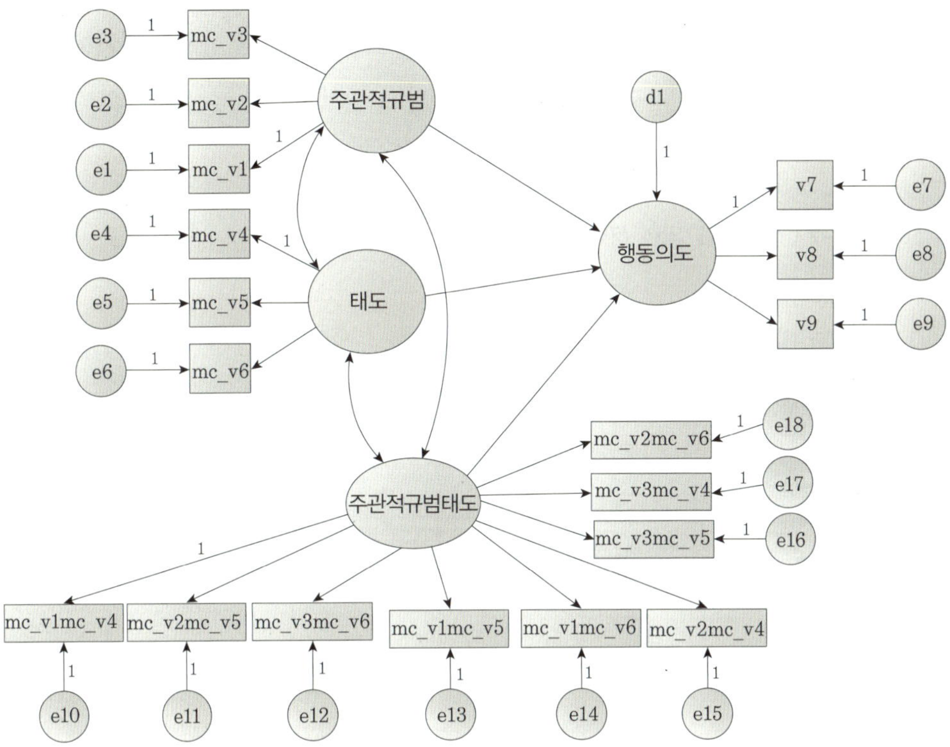

7 이를 실행하면 다음과 같은 결과를 얻는다.

Output 5-7-1 모든 가능한 쌍 전략 분석 결과

CMIN

Model	NPAR	CMIN	DF	P	CMIN/DF
Default model	42	3066.596	129	.000	23.772

Regression Weights: (Group number 1 - Default model)

			Estimate	S.E.	C.R.	P
행동의도	<---	주관적규범	.270	.039	6.982	***
행동의도	<---	태도	.132	.038	3.514	***
행동의도	<---	주관적규범태도	-.006	.032	-.181	.856

8 한편 위의 접근법을 통해 얻은 상호작용항 계수의 부호를 보면 각각의 단순효과(simple effect)의 부호는 정적(+)인데 상호작용효과(interaction effect)의 부호는 부적(−)인 것을 알 수 있다. **각각의 단순효과가 정적이더라도 상호작용효과는 부적으로 나올 수 있다.** 만약 상호작용효과가 유의적이라면 주관적규범이 행

동의도에 미치는 효과는 태도가 커질수록 줄어든다고 해석하면 된다.

9 평균구조가 없는 모델은 Lin 등의 이중평균중심화 접근법과 동일한 결과를 얻는다

10 지금까지 한 분석을 평균중심화를 하지 않고 원척도(raw metric)에 의해 분석하기로 한다. 이를 위한 입력파일이 [Input 5-7-2]이다.

Input 5-7-2 원척도에 의한 분석

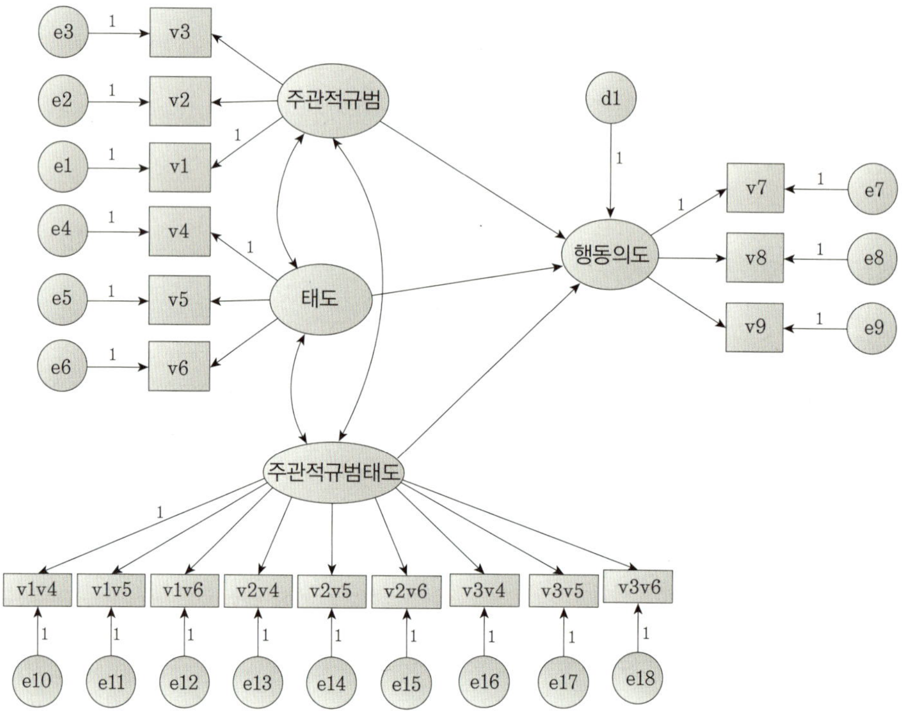

11 이를 실행하면 다음과 같은 결과를 얻는다.

Output 5-7-2 원척도에 의한 분석 결과

Regression Weights: (Group number 1 - Default model)

			Estimate	S.E.	C.R.	P
행동의도	<---	주관적규범	.080	.051	1.575	.115
행동의도	<---	태도	-.138	.060	-2.319	.020
행동의도	<---	주관적규범태도	.056	.013	4.261	***

12 계수가 평균중심화를 한 것과 부호도 다르고 값도 다르다. 따라서 평균중심화가 반드시 필요함을 알 수 있다.

참고문헌

溫忠麟, 劉紅云, 侯杰泰 (2012). 調節效応和中介效応分析. 教育科學出版社.

Cheah, J.-H., Memon, M. A., Richard, J. E., Ting, H., & Cham, T-H. (2020). CB-SEM latent interaction: Unconstrained and orthogonalized approaches. *Australasian Marketing Journal, 28,* 218-234.

Cortina, J. M., Chen, G., & Dunlap, W. P. (2001). Testing interaction effects in LISREL: Examination and illustration of available procedures. *Organizational Research Methods, 4*(4), 324-360.

Crowson, M. (2020, December 1). *Latent variable interactions in AMOS using double-mean centered product indicators* [Video]. YouTube. https://www.youtube.com/watch?v=Rwsowi5VVVc

Foldnes, N., & Hagtvet, K. A. (2014). The choice of product indicators in latent variable interaction models: Post hoc analyses. *Psychological Methods, 19*(3), 444-457.

Geldhof, G. J., Pornprasertmanit, S., Schoemann, A. M., & Little, T. D. (2013). Orthogonalizing through residual centering: Extended applications and caveats. *Educational and Psychological Measurement, 73*(1), 27-46.

Jackman, M. G-A., Leite, W. L., & Cochrane, D. J. (2011). Estimating latent variable interactions with the unconstrained approach: A comparison of methods to form product indicators for large, unequal numbers of items. *Structural Equation Modeling, 18*(2), 274-288.

Marsh, H. W., Wen, Z., & Hau, K. T. (2004). Structural equation models of latent interactions: Evaluation of alternative estimation strategies and indicator construction. *Psychological Methods, 9*(3), 275-300.

Marsh, H. W., Wen, Z., & Hau, K. T. (2006). Structural equation models of latent interaction and quadratic effects. In G. R. Hancock & R. O. Mueller (Eds.), *Structural equation modeling: A second course* (pp. 225-265). Information Age Publishing.

Marsh, H. W., Wen, Z., Hau, K. T., Little, T. D., Bovaird, J. A., & Widaman, K. F. (2007). Unconstrained structural equation models of latent interactions: Contrasting residual-and mean-centered approaches. *Structural Equation Modeling, 14*(4), 570-580.

Marsh, H. W., Wen, Z., Nagengast, B., & Hau, K. T. (2012). Structural equation models of latent interaction. In R. H. Hoyle (Ed.), *Handbook of structural equation modeling* (pp. 436-458). Guilford Press.

Marsh, H. W., Wen, Z., Hau, K. T., & Nagengast, B. (2013). Structural equation models of latent interaction and quadratic effects. In G. R. Hancock & R. O. Mueller (Eds.), *Structural equation modeling: A second course* (2nd ed., pp. 267-308). Information Age Publishing.

Pornprasertmanit, S., Schoemann, A. M., Geldhof, G. J., & Little, T. D. (2021). Probing latent interactions estimated with a residual centering approach. https://doi.org/10.31234/osf.io/eba93

Steinmetz, H., Davidov, E., & Schmidt, P. (2011). Three approaches to estimate latent interaction effects: Intention and perceived behavioral control in the theory of planned behavior. *Methodological Innovations Online, 6,* 95-110.

Wen, Z., Marsh, H. W., & Hau, K. T. (2011). Structural equation models of latent interactions: An appropriate standardized solution and its scale-free properties. *Structural Equation Modeling, 17(1),* 1-22

Wu, Y., Wen, Z., Marsh, H. W., & Hau, K. T. (2013). A comparison of strategies for forming product indicators for unequal numbers of items in structural equation models of latent interactions. *Structural Equation Modeling, 20*(4), 551-567.

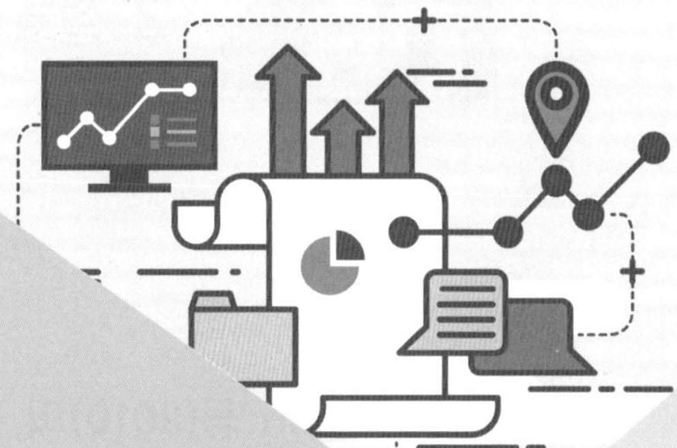

Chapter 6

조절효과분석(Ⅲ): Lin 등의 접근법

1. Lin 등(2010)의 접근법: 예 1
2. Lin 등(2010)의 접근법: 예 2
3. 대응된 쌍 전략을 위한 고려사항
4. 조절효과의 사후심층탐구

CHAPTER 06 조절효과분석(Ⅲ): Lin 등의 접근법

1 Lin 등(2010)의 접근법: 예 1

Lin 등(2010)은 Marsh 등(2004, 2006)의 접근법에 따라 평균중심화한 상호작용항의 지표를 한 번 더 평균중심화하여 이들 지표의 평균을 0으로 해서 추정하는 접근법을 제안하였다. 이를 이중평균중심화 접근법(double-mean-centering approach)이라 한다. Lin 등의 접근법은 평균구조를 포함하지 않는다.

합리적 행동모델의 원자료([nomiss.sav])를 이용하여 Lin 등(2010)의 접근법에 의해 조절효과를 분석하기로 한다.

1.1 모든 적지표 접근법

1 적지표(product indicator)를 한 번 더 평균중심화하기 위해 이들의 평균을 구한다.

표 6-1 적지표의 평균

	통계량								
	mc_v1 mc_v4	mc_v1 mc_v5	mc_v1 mc_v6	mc_v2 mc_v4	mc_v2 mc_v5	mc_v2 mc_v6	mc_v3 mc_v4	mc_v3 mc_v5	mc_v3 mc_v6
평균	.2169	.2274	.1472	.2599	.2827	.2495	.2244	.2281	.1694

2 이 평균을 이용하여 각 변수의 평균중심화를 한다. 이를 위해 SPSS 메뉴의 [변환] → [변수계산]을 클릭하여 [변수계산] 창에서 [대상변수]에 [dmcv1v4]라 입력하고, [숫자표현식]에 [mc_v1mc_v4-.2169]라 입력한다. 이런 식으로 각각의 변수에 대해 평균중심화를 한다. 이 자료를 [nomiss-5.sav]로 저장하였다.

3 상호작용항에 이중평균중심화한 변수를 갖다 놓는다. 이를 위한 입력파일을 [Input 6-1-1]로 저장하였다.

Input 6-1-1 Lin 등의 접근법: 모든 적지표 접근법

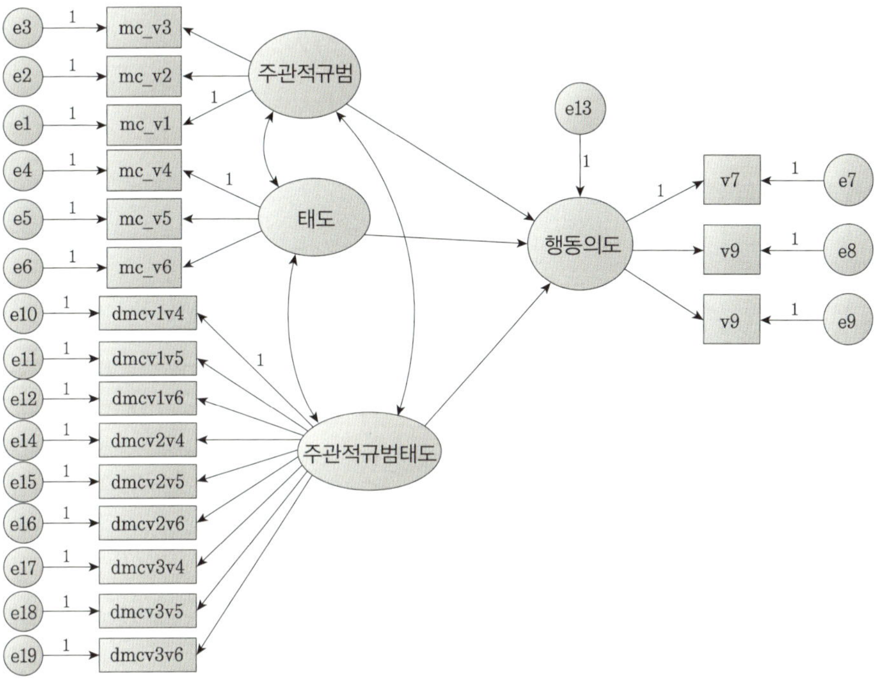

4 이를 실행하면 다음과 같은 결과를 얻는다.

Output 6-1-1 Lin 등의 접근법 분석 결과: 모든 적지표 접근법

Regression Weights: (Group number 1 - Default model)

			Estimate	S.E.	C.R.	P
행동의도	<---	주관적규범	.270	.039	6.982	***
행동의도	<---	태도	.132	.038	3.514	***
행동의도	<---	주관적규범태도	-.006	.032	-.181	.856

5 위 분석은 상호작용항의 지표에 해당하는 오차 간에 공분산을 허용하지 않았다. 이들 간에 공분산을 허용한 모델을 추정해보기로 한다. 이를 위한 입력파일이 [Input 6-3]이다.

Input 6-3 Lin 등의 분석법: 모든 적지표 접근법

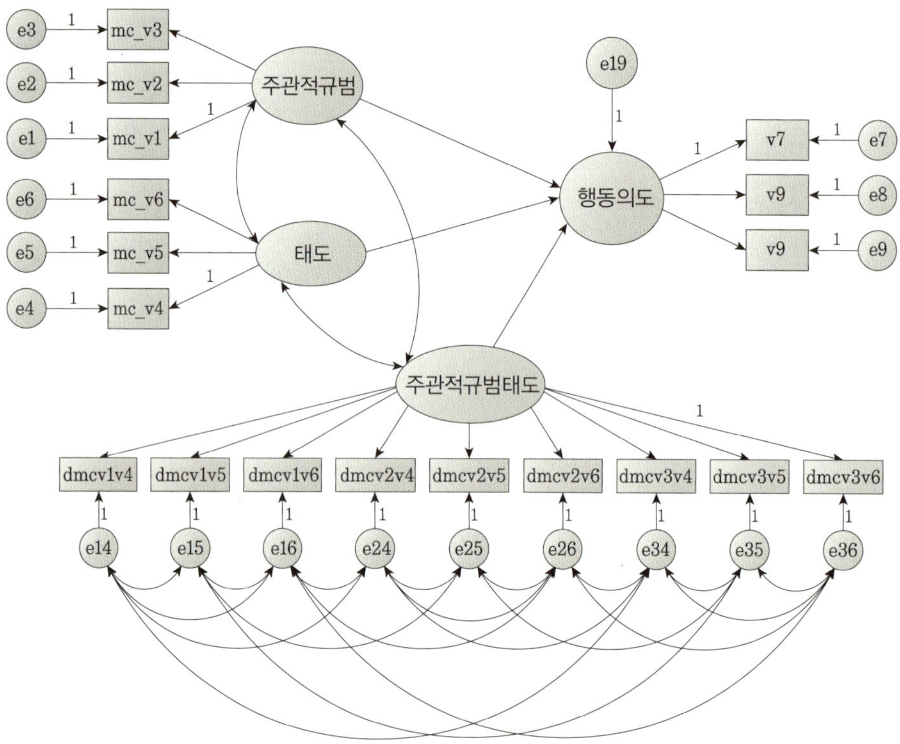

6 이를 실행하면 다음과 같은 결과를 얻는다.

Output 6-3 모든 적지표 접근법 분석 결과

CMIN

Model	NPAR	CMIN	DF	P	CMIN/DF
Default model	60	156.929	111	.003	1.414

Regression Weights: (Group number 1 - Default model)

			Estimate	S.E.	C.R.	P
행동의도	<---	주관적규범	.269	.039	6.956	***
행동의도	<---	태도	.133	.038	3.523	***
행동의도	<---	주관적규범태도	-.009	.033	-.262	.793

7 오차 간에 상관을 설정하지 않은 분석과 모수치가 약간의 차이가 있다.

1.2 대응된 쌍 접근법

1 대응된 쌍 접근법을 위한 입력파일이 [Input 6-2]이다.

Input 6-2 Lin 등의 접근법: 대응된 쌍 접근법

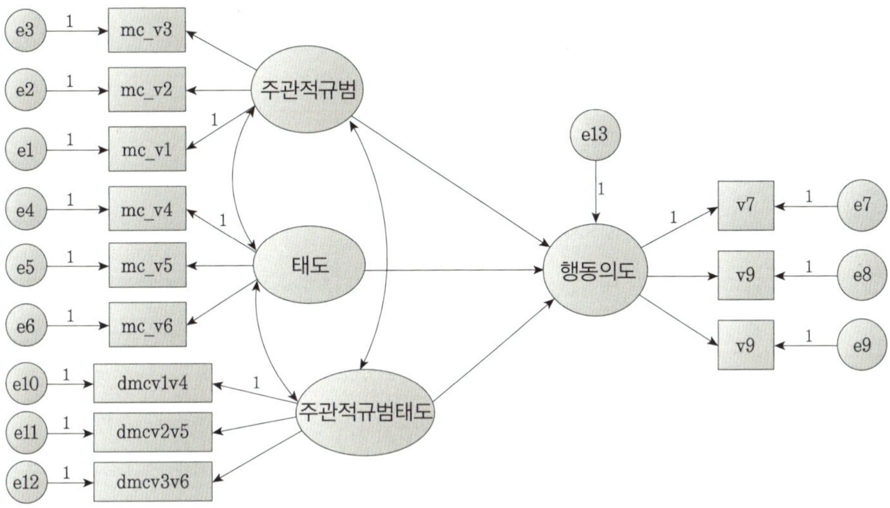

2 이를 실행하면 다음과 같은 적합도 및 모수치를 얻는다.

Output 6-2 Lin 등의 접근법에 의한 분석 결과

CMIN

Model	NPAR	CMIN	DF	P	CMIN/DF
Default model	30	70.457	48	.019	1.468

Regression Weights: (Group number 1 - Default model)

			Estimate	S.E.	C.R.	P
행동의도	<---	주관적규범	.269	.039	6.940	***
행동의도	<---	태도	.133	.038	3.506	***
행동의도	<---	주관적규범태도	-.009	.039	-.231	.817

3 대응된 쌍 접근법을 이용하는 경우에는 오차공분산을 허용하지 않는다.

4 모든 적지표 접근법과 모수가 크게 차이가 나지 않는다.

2 Lin 등(2010)의 접근법: 예 2

[그림 6-1] 모델을 대상으로 Lin 등의 접근법으로 조절효과분석을 하기로 한다.

그림 6-1 | Lin 등의 조절효과분석을 위한 모델

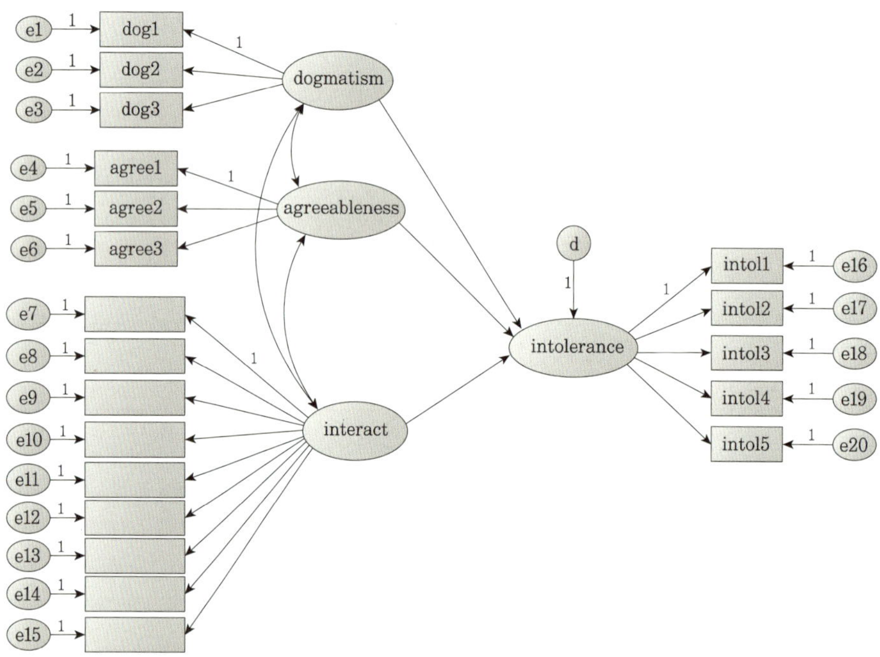

1 이 모델을 보면, 독립변수(dogmatism)에는 3개의 지표가, 조절변수(agreeableness)에도 3개의 지표가, 종속변수(intolerance)에는 5개의 지표가 있음을 알 수 있다.

2 독립변수와 조절변수에 해당하는 6개 지표를 평균중심화한다. 종속변수는 평균중심화해도 되고 안 해도 된다. 평균중심화를 위해 6개 지표의 평균을 구한다. 아래는 [dog1] 변수의 평균중심화를 보인 것이다.

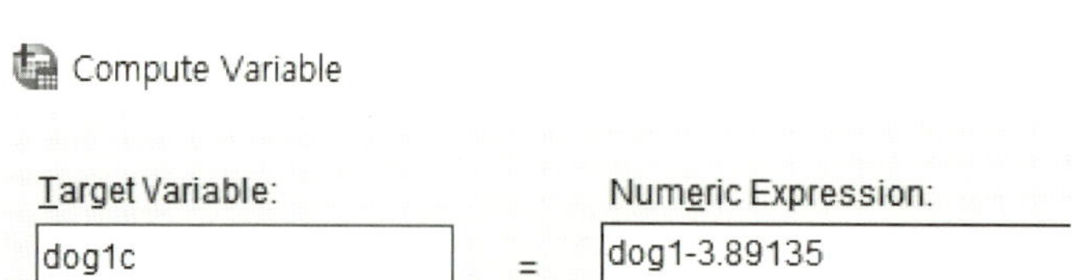

3 독립변수와 조절변수에 대해 평균중심화한 변수를 곱한다. 이와 같은 방식으로 9개 변수의 적지표를 만든다.

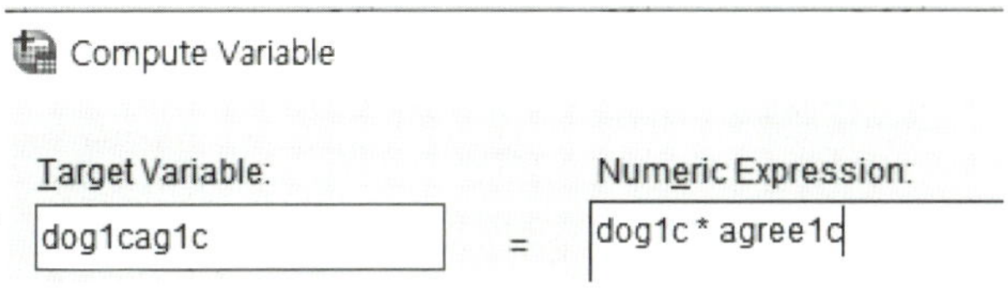

4 평균중심화한 적지표 변수를 한 번 더 평균중심화하기 위해 평균을 구한다.

5 이중평균중심화(double mean centering) 변수를 만든다.

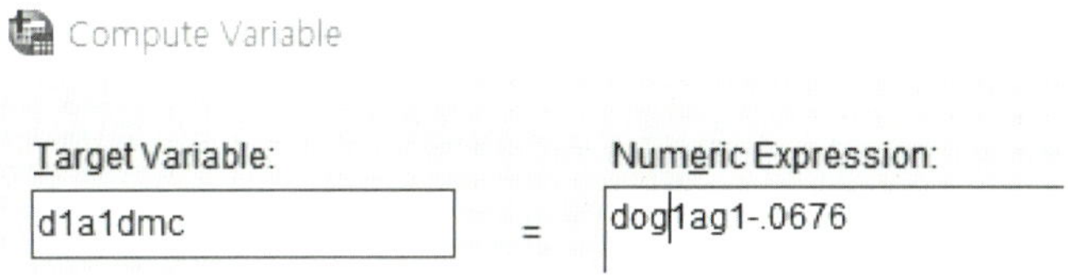

6 지금까지 변수 처리를 마친 파일을 저장한다.

7 각각의 잠재변수에 해당하는 지표를 갖다 놓는다. 이하에서 여러 가지 접근법으로 Lin 등의 접근법에 의한 조절효과를 분석하기로 한다.

2.1 모든 적지표 접근법

1) 접근법 1

1 상호작용항에 9개의 모든 지표를 이용하고, 오차분산에 대해 관련이 있는 것끼리 공분산을 연결하였다. 이 입력파일을 [Input 6-5]로 저장하였다.

Input 6-5 접근법 1 입력파일

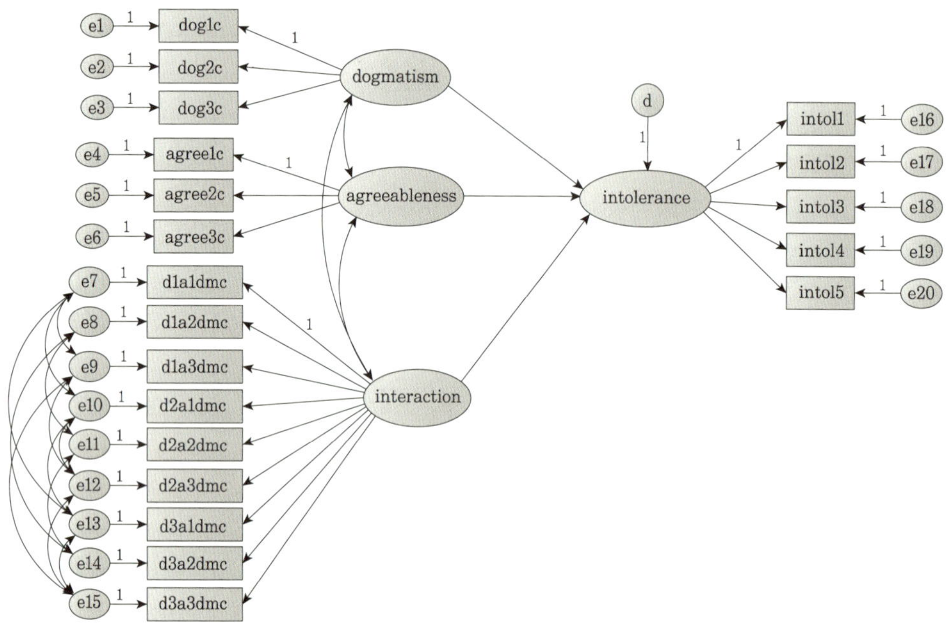

2 위 모델을 보면, 독립변수 및 조절변수에는 평균중심화한 변수가 지표로 이용되었고, 상호작용항에는 이중평균중심화한 변수가 이용되었다. 또한 상호작용항의 오차는 관련되는 것끼리 상관이 설정되었다.

3 이를 실행하면 다음과 같은 결과를 얻는다.

Output 6-5 접근법 1 분석 결과

CMIN

Model	NPAR	CMIN	DF	P	CMIN/DF
Default model	64	258.134	146	.000	1.768

Regression Weights: (Group number 1 - Default model)

			Estimate	S.E.	C.R.	P
intolerance	<---	dogmatism	.063	.026	2.433	.015
intolerance	<---	agreeableness	-.739	.153	-4.846	***
intolerance	<---	interaction	-.166	.086	-1.922	.055

2) 접근법 2

1 접근법 2는 상호작용항에 9개의 모든 지표를 이용하고, 오차분산은 공분산을 연결하지 않았고, 잠재변수의 척도화는 준거변수 설정법으로 하였다. 이 입력 파일을 [Input 6-7]로 저장하였다.

Input 6-7 접근법 2 입력파일

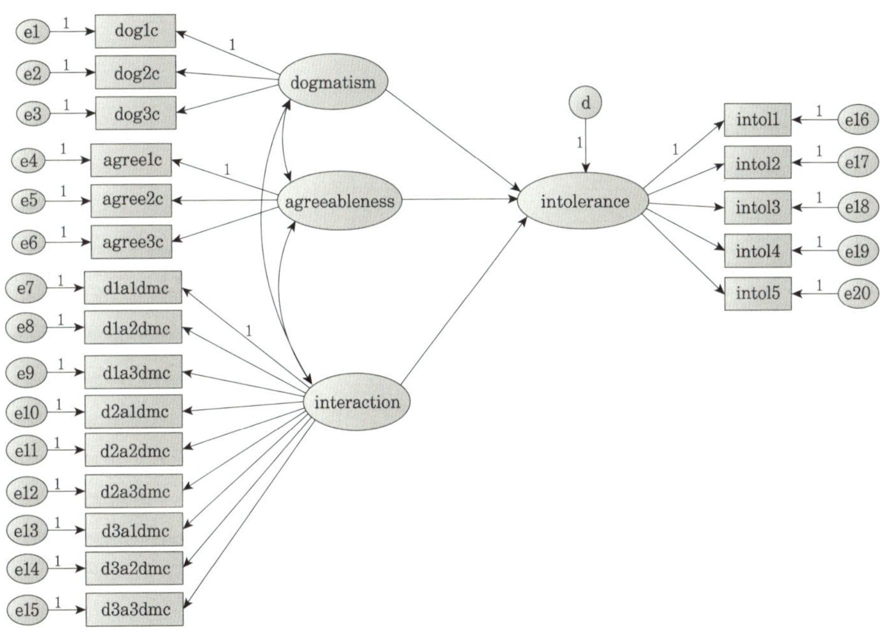

2 이를 실행하면 다음과 같은 결과를 얻는다.

Output 6-7 접근법 2 분석 결과

CMIN

Model	NPAR	CMIN	DF	P	CMIN/DF
Default model	46	1157.188	164	.000	7.056

Regression Weights: (Group number 1 - Default model)

			Estimate	S.E.	C.R.	P
intolerance	<---	dogmatism	.059	.026	2.323	.020
intolerance	<---	agreeableness	-.734	.151	-4.858	***
intolerance	<---	interaction	-.057	.028	-2.011	.044

2.2 대응된 쌍 접근법

1 접근법 3은 3개의 대응된 쌍 적지표(matched pair indicator)를 이용하고, 오차 분산은 공분산을 연결하지 않았고, 잠재변수의 척도화는 준거변수 설정법으로 하였다. 이 입력파일을 [Input 6-9]로 저장하였다.

2 Lin 등(2010)은 이 방법으로 추정할 것을 추천하였다.

Input 6-9 접근법 3 입력파일

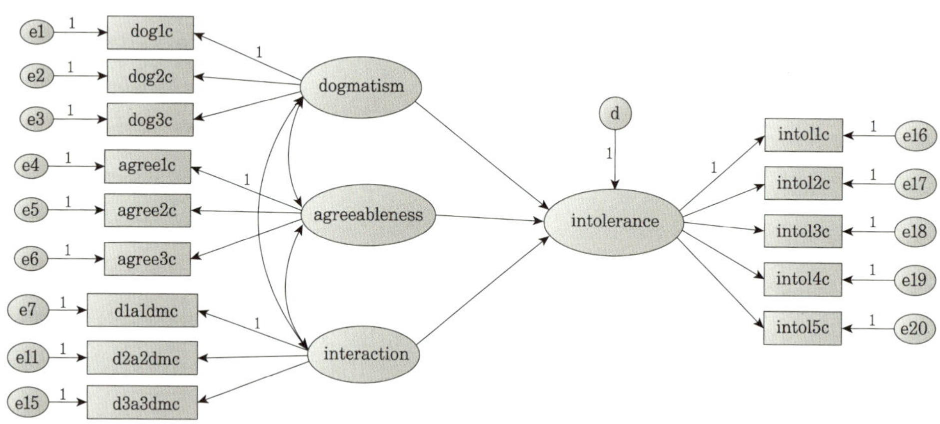

3 이를 실행하면 다음과 같은 결과를 얻는다.

Output 6-9 접근법 3 분석 결과

CMIN

Model	NPAR	CMIN	DF	P	CMIN/DF
Default model	34	119.096	71	.000	1.677

Regression Weights: (Group number 1 - Default model)

			Estimate	S.E.	C.R.	P
intolerance	<---	dogmatism	.063	.026	2.428	.015
intolerance	<---	agreeableness	-.726	.151	-4.814	***
intolerance	<---	interaction	-.212	.108	-1.960	.050

3 대응된 쌍 전략을 위한 고려사항

Marsh 등의 접근법 또는 Lin 등의 접근법에서 독립변수와 조절변수의 지표 수가 다른 경우(예: 독립변수에 5개 지표, 조절변수에 10개 지표가 있는 경우), 적지표를 어떻게 만들 것인가?

앞서 살펴본 것처럼 잠재변수별로 지표의 수가 같은 경우에는 대응된 쌍(matched-pairs)을 쉽게 만들 수 있다. 그러나 잠재변수별로 지표의 수가 다른 경우에는 어떻게 해야 하나? 예를 들어, 독립변수(F4)에는 5개의 지표가 있고, 조절변수(F2)에는 10개의 지표가 있다고 가정한다. 이 경우, 대응된 쌍을 만들기 위한 기준으로 ① **모든 정보 이용**(Use all of the information), ② **정보의 재사용 금지**(Do not reuse any of the information) 등이 있다.

1) 전략 1

조절변수(F2)에 있는 10개의 지표를 **항목묶기**(item parceling)를 이용하여 5개의 지표로 묶는다. 첫 번째 꾸러미(parcel)를 만들기 위해 처음 두 문항을 합해서 평균을 구한다((x6+x7/2)=v1). 두 번째 꾸러미를 만들기 위해 그 다음 두 문항을 합해서 평균을 구한다((x8+x9)/2=v2). 이런 식으로 5개의 꾸러미를 만든다. 그 다음, 첫 번째 요인(F4)과 두 번째 요인(F2)에서 만들어진 5개의 꾸러미를 이용하여 5개의 상호작용항(F3)에 해당하는 대응된 쌍을 만든다. 즉 F4에는 5개 지표, F2에는 10개 지표, F3에는 5개 지표를 이용하는 접근법이다. 이렇게 하면 두 가지 기준을 모두 충족시킨다. 이를 그림으로 나타내면 [그림 6-2]와 같다.

그림 6-2 | 대응된 쌍 전략

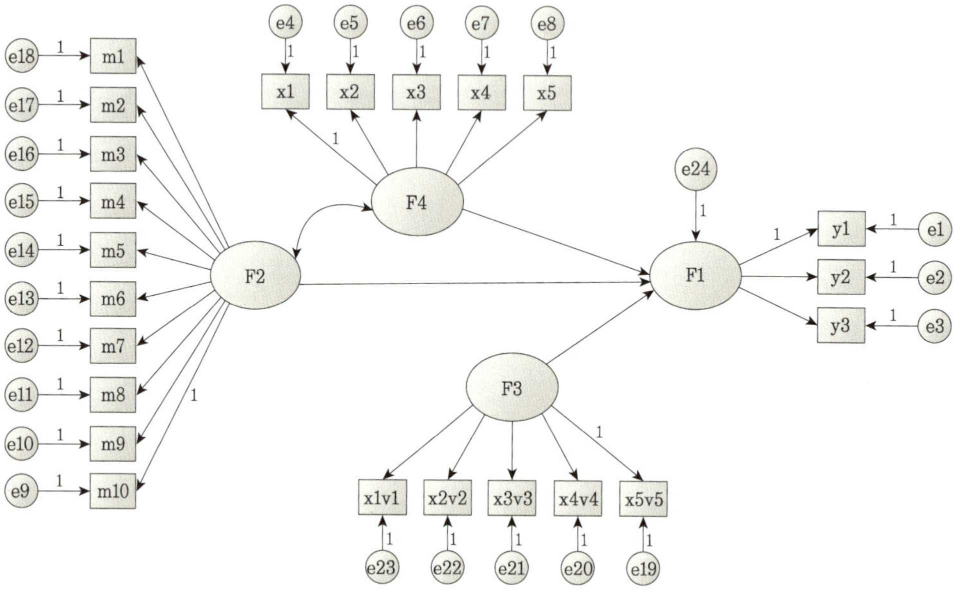

2) 전략 2

F2에 있는 10개 지표를 요인분석을 요인의 수를 1개로 하여 요인적재량이 큰 5개를 선정하든가 또는 10개 지표를 1개 요인으로 측정모델을 만들어 추정한 다음, 다중상관자승(squared multiple correlation: SMC)이 큰 5개를 선정한다. 이 방법은 첫 번째 기준인 Use all of the information을 충족시키지 못한다는 단점이 있다.

3) 전략 3

F4에 10개 지표가 있고 F2에 5개 지표가 있는 경우에는 전략 1과 전략 2 가운데 한 방법으로 처리한다. 결론적으로 F2 또는 F4 가운데 지표의 수가 적은 것을 기준으로 지표를 정리한 다음, 대응된 쌍 전략을 따른다.

4) 전략 4

ksi에 x1, x2, x3 등의 3개 지표가 있고, ksi2에도 x4, x5, x6 등의 3개 지표가 있을 때 3-대응된 쌍 전략(3-matched pair strategy)에는 ① (x1x4, x2x5, x3x6), ② (x1x4, x2x6, x3x5), ③ (x1x5, x2x4, x3x6), ④ (x1x5, x2x6, x3x4), ⑤ (x1x6, x2x4, x3x5),

⑥ (x1x6, x2x5, x3x4) 등이 있다. 이 가운데 어떤 대응(match)이 가장 좋은 것인가의 의문이 생긴다.
이에 대한 답은 ksi1과 ksi2가 포함된 측정모델을 추정하여 다중상관자승(squared multiple correlation: SMC)을 보고 ksi1에서 SMC가 제일 큰 지표와 ksi2에서 SMC가 제일 큰 지표를 대응시키고, 그 다음으로 ksi1에서 SMC가 큰 것과 ksi2에서 SMC가 큰 것을 대응시키면 된다.

4 조절효과의 사후심층탐구

제1장에서 기술하였듯, 조절효과가 유의적인 것으로 나타나면 조절효과를 보다 심층적으로 탐구할 수 있다. 이를 조절효과의 **사후심층탐구(post hoc probing)**라 한다. 이를 위한 접근법에는 ① **특정값 선택법(pick-a-point approach)**과 ② **유의영역 접근법(region of significance approach)**이 있다. Amos에서는 특정값 선택법을 통해 사후심층탐구를 할 수 있고, 유의영역 접근법은 PROCESS macro를 통해 할 수 있다.

4.1 특정값 선택법에 의한 사후심층탐구

특정값 선택법은 조절변수의 특정값을 선택한 후 이 값을 기준으로 조절효과를 심층적으로 분석한다. 이 접근법을 **스포트라이트 분석(spotlight analysis)** 또는 **단순기울기 분석(simple slope analysis)**이라 한다. 일반적으로 많이 쓰이는 특정값으로는 ① 조절변수의 값 가운데 16번째, 50번째, 84번째에 해당하는 백분위(percentile)를 기준으로 보는 방법과, ② 평균(M)보다 −1SD 작은 값(M−1SD), 평균값(M), 평균보다 +1SD 큰 값(M+1SD)을 기준으로 보는 방법이 있다. Amos에서는 이들 두 가지 방법 가운데 두 번째 방법을 사용하여 검정한다.

1 [Input 6-7]을 이용하여 단순기울기 검정을 하기로 한다. 먼저 이를 실행하여 출력 창에서 분산값을 확인한다.

Output 6-7 분산

Variances: (Group number 1 - Default model)

	Estimate	S.E.	C.R.	P	Label
dogmatism	1.380	.181	7.612	***	
agreeableness	.130	.033	3.984	***	
interaction	1.062	.122	8.721	***	

2 조절변수인 [agreeableness]의 분산에 $\sqrt{\ }$를 취한 값을 구한다. $\sqrt{.130}=.361$.

3 [Input 6-7] 입력파일에서 독립변수에서 종속변수로 가는 경로에 $b1$, 상호작용항에서 종속변수로 가는 경로에 $b3$이라고 경로명칭을 부여한다. 이 입력파일을 [Input 6-9]로 저장하였다.

Input 6-9 모든 적지표 접근법

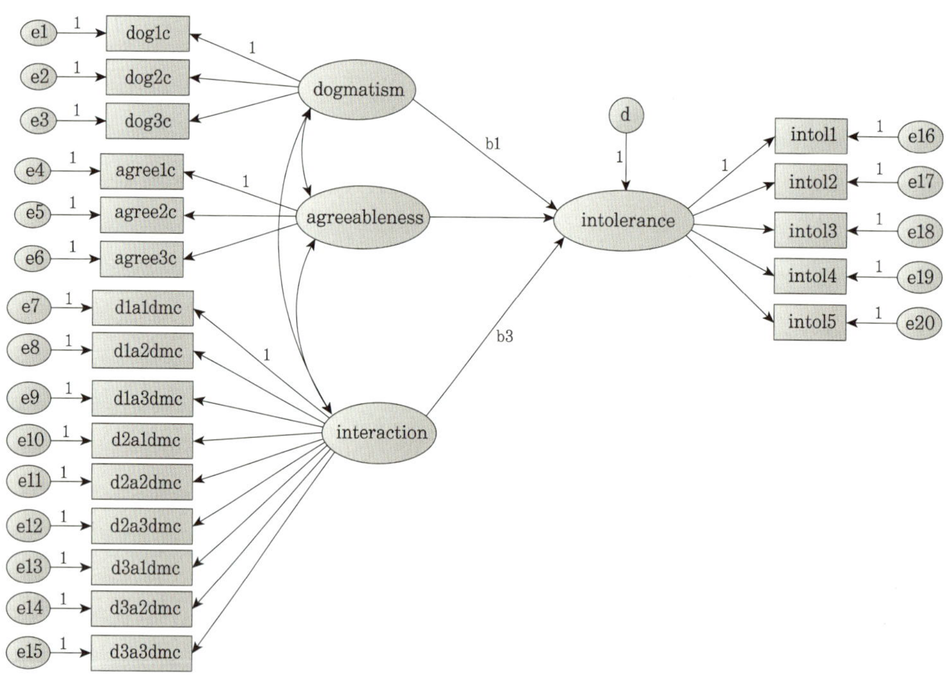

4 Amos 아래 왼쪽 화면에 있는 [Not estimating any user-defined estimand]을 클릭하면 나타나는 창에서 [Define new estimands]를 클릭하면 나타나는 창에서 다음과 같은 명령문을 작성하고 [Check syntax] 아이콘( )을 눌러 밑에 있는

[Description] 창에 [Syntax is OK]라는 메시지가 뜨면 저장하고 창을 닫는다. 만약 신택스가 에러가 있다는 메시지가 뜨면 이를 수정하고 다시 한번 체크하고 저장한다.

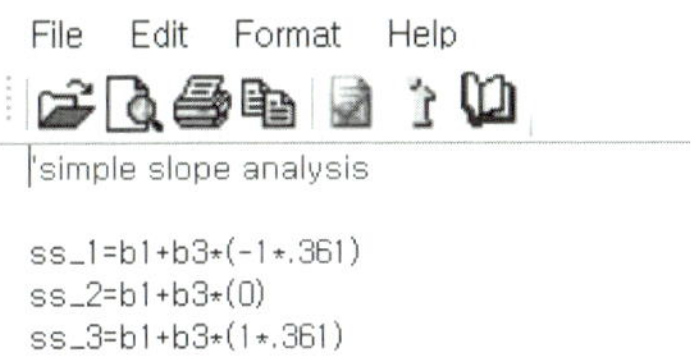

5 이를 실행하면 다음과 같은 결과를 얻는다. 조절변수의 수준이 표준편차(SD)보다 1 이상인 경우에는 조절효과가 유의적이지 않는 것으로 나타났다.

Output 6-9 사용자 정의 추정 결과

User-defined estimands: (Group number 1 - Default model)

Parameter	Estimate	Lower	Upper	P
ss_1	.080	.012	.166	.021
ss_2	.059	.005	.125	.031
ss_3	.039	-.022	.114	.156

6 이 값을 보기 위해서는 출력 창에서 [Estimates] → [Scalars] → [User-defined estimands]를 클릭하고 밑에 있는 [Bootstrap Confidence]를 클릭하고 [Bias-corrected percentile method]를 클릭하면 된다.

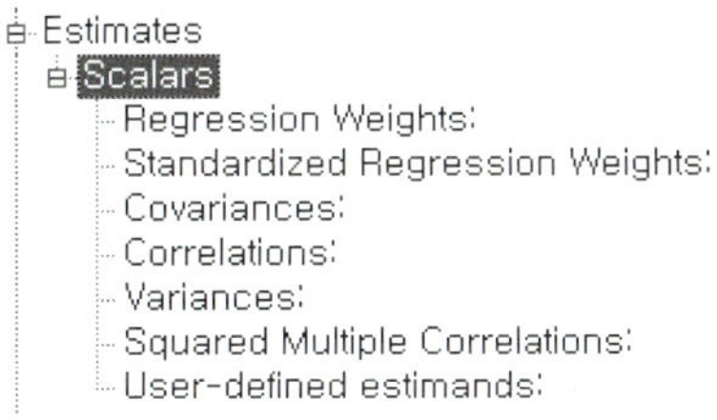

7 조절변수의 수준이 평균보다 1+SD인 경우에는(1+.361= 1.361) 조절효과가 유의적이지 않다.

4.2 Johnson-Neyman 기법에 의한 유의영역 확인

유의영역(region of significance) 확인 접근법은 조절변수의 전체 영역에서 조절효과가 유의적인 영역이 어디인가를 살펴본다. 이 접근법을 조명등 분석(floodlight analysis) 또는 존슨-네이먼 기법(Johnson-Neyman technique)이라 한다.

1. Amos에서는 존슨-네이먼 기법을 이용할 수 없으므로 PROCESS macro를 이용하여 분석한다.
2. 이를 위해 잠재변수를 하나의 합성변수로 만든다.
3. PROCESS macro에서 분석하면 다음과 같은 결과를 얻는다.

Output PROCESS Output

```
OUTCOME VARIABLE:
 intol_s

Model Summary
          R       R-sq        MSE          F        df1        df2          p
      .3752      .1408     8.2360    24.4149     3.0000   447.0000      .0000

Model
              coeff         se          t          p       LLCI       ULCI
constant     8.5233      .1356    62.8683      .0000     8.2569     8.7897
dog_s         .0977      .0369     2.6502      .0083      .0253      .1702
agree_s      -.6661      .0832    -8.0048      .0000     -.8296     -.5025
Int_1        -.0672      .0236    -2.8512      .0046     -.1136     -.0209

Product terms key:
 Int_1    :        dog_s     x        agree_s

Test(s) of highest order unconditional interaction(s):
       R2-chng          F        df1        df2          p
X*W      .0156     8.1291     1.0000   447.0000      .0046
----------
    Focal predict: dog_s     (X)
          Mod var: agree_s   (W)
```

Conditional effects of the focal predictor at values of the moderator(s):

agree_s	Effect	se	t	p	LLCI	ULCI
−1.6336	.2076	.0550	3.7773	.0002	.0996	.3156
.0000	.0977	.0369	2.6502	.0083	.0253	.1702
1.6336	−.0121	.0517	−.2338	.8152	−.1136	.0894

Moderator value(s) defining Johnson−Neyman significance region(s):

Value	% below	% above
.3623	66.7406	33.2594

Conditional effect of focal predictor at values of the moderator:

agree_s	Effect	se	t	p	LLCI	ULCI
−7.6475	.6119	.1863	3.2848	.0011	.2458	.9779
−7.1475	.5782	.1747	3.3094	.0010	.2348	.9216
−6.6475	.5446	.1632	3.3367	.0009	.2238	.8654
−6.1475	.5110	.1518	3.3672	.0008	.2128	.8093
−5.6475	.4774	.1404	3.4014	.0007	.2016	.7532
−5.1475	.4438	.1290	3.4399	.0006	.1902	.6973
−4.6475	.4102	.1178	3.4831	.0005	.1787	.6416
−4.1475	.3766	.1066	3.5316	.0005	.1670	.5861
−3.6475	.3429	.0956	3.5855	.0004	.1550	.5309
−3.1475	.3093	.0849	3.6440	.0003	.1425	.4762
−2.6475	.2757	.0744	3.7038	.0002	.1294	.4220
−2.1475	.2421	.0645	3.7560	.0002	.1154	.3688
−1.6475	.2085	.0552	3.7775	.0002	.1000	.3170
−1.1475	.1749	.0471	3.7153	.0002	.0824	.2674
−.6475	.1413	.0408	3.4642	.0006	.0611	.2214
−.1475	.1077	.0373	2.8894	.0040	.0344	.1809
.3525	.0740	.0373	1.9850	.0478	.0007	.1474
.3623	.0734	.0373	1.9653	.0500	.0000	.1468
.8525	.0404	.0409	.9886	.3234	−.0399	.1208
1.3525	.0068	.0472	.1443	.8853	−.0860	.0997
1.8525	−.0268	.0554	−.4837	.6289	−.1357	.0821
2.3525	−.0604	.0647	−.9339	.3509	−.1875	.0667

4 조절변수의 수준이 .3623보다 작은 경우에 조절효과의 유의영역이고 이는 응답자의 66.74%인 것으로 나타났다.

5 이 유의영역을 그래프로 그리면 [그래프 6−1]과 같다. 이 그래프를 그리는 것에 대해서는 배병렬(2021)을 참고하기 바란다.

그래프 6-1 유의영역

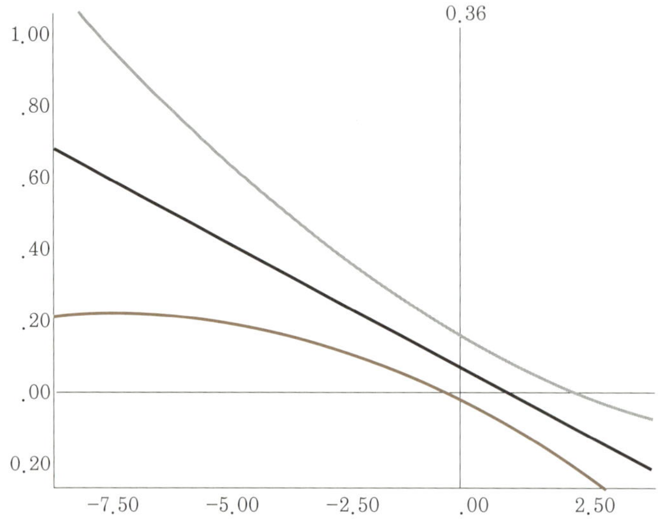

6 이 그래프를 엑셀에서 그리는 것에 대해 살펴보기로 한다. 먼저 [Conditional effect of focal predictor...]에 있는 모든 값을 블록 지정하여 복사한다. 그 다음 이 값을 혼글 문서에 갖다 붙인다.

7 F4키를 이용하여 [se], [t], [p]를 블록지정하여 지운다. 나머지 값인 [agree_s], [Effect], [LLCI], [ULCI]를 하나씩 블록지정하여 복사한 다음, 엑셀시트에 갖다 붙인다.

agree_s	Effect	se	t	p	LLCI	ULCI
-7.6475	.6119	.1863	3.2848	.0011	.2458	.9779
-7.1475	.5782	.1747	3.3094	.0010	.2348	.9216
-6.6475	.5446	.1632	3.3367	.0009	.2238	.8654
-6.1475	.5110	.1518	3.3672	.0008	.2128	.8093
-5.6475	.4774	.1404	3.4014	.0007	.2016	.7532
-5.1475	.4438	.1290	3.4399	.0006	.1902	.6973
-4.6475	.4102	.1178	3.4831	.0005	.1787	.6416
-4.1475	.3766	.1066	3.5316	.0005	.1670	.5861
-3.6475	.3429	.0956	3.5855	.0004	.1550	.5309
-3.1475	.3093	.0849	3.6440	.0003	.1425	.4762
-2.6475	.2757	.0744	3.7038	.0002	.1294	.4220
-2.1475	.2421	.0645	3.7560	.0002	.1154	.3688
-1.6475	.2085	.0552	3.7775	.0002	.1000	.3170
-1.1475	.1749	.0471	3.7153	.0002	.0824	.2674
-.6475	.1413	.0408	3.4642	.0006	.0611	.2214
-.1475	.1077	.0373	2.8894	.0040	.0344	.1809
.3525	.0740	.0373	1.9850	.0478	.0007	.1474
.3623	.0734	.0373	1.9653	.0500	.0000	.1468
.8525	.0404	.0409	.9886	.3234	-.0399	.1208
1.3525	.0068	.0472	.1443	.8853	-.0860	.0997
1.8525	-.0268	.0554	-.4837	.6289	-.1357	.0821
2.3525	-.0604	.0647	-.9339	.3509	-.1875	.0667

8 엑셀에 자료를 붙인 화면은 다음과 같다.

	A	B	C	D
1	agree_s	Effect	LLCI	ULCI
2	-7.6475	0.6119	0.2458	0.9779
3	-7.1475	0.5782	0.2348	0.9216
4	-6.6475	0.5446	0.2238	0.8654
5	-6.1475	0.511	0.2128	0.8093
6	-5.6475	0.4774	0.2016	0.7532
7	-5.1475	0.4438	0.1902	0.6973
8	-4.6475	0.4102	0.1787	0.6416
9	-4.1475	0.3766	0.167	0.5861
10	-3.6475	0.3429	0.155	0.5309
11	-3.1475	0.3093	0.1425	0.4762
12	-2.6475	0.2757	0.1294	0.422
13	-2.1475	0.2421	0.1154	0.3688
14	-1.6475	0.2085	0.1	0.317
15	-1.1475	0.1749	0.0824	0.2674
16	-0.6475	0.1413	0.0611	0.2214
17	-0.1475	0.1077	0.0344	0.1809
18	0.3525	0.074	0.0007	0.1474
19	0.3623	0.0734	0	0.1468
20	0.8525	0.0404	-0.0399	0.1208
21	1.3525	0.0068	-0.086	0.0997
22	1.8525	-0.0268	-0.1357	0.0821
23	2.3525	-0.0604	-0.1875	0.0667

9 엑셀에서 네 변수를 블록지정한 다음 [삽입] 메뉴에서 [차트] → [분산형] → [곡선이 있는 분산형]을 클릭한다.

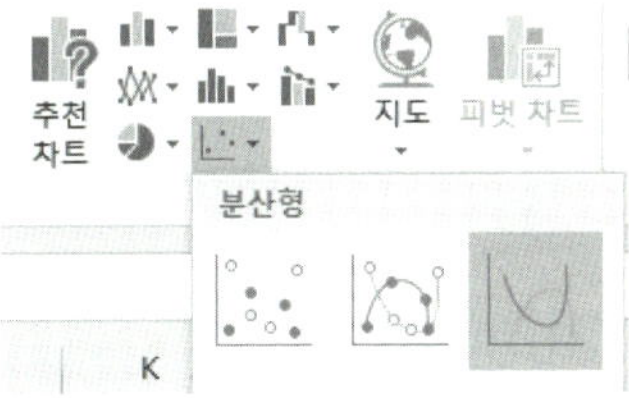

10 그러면 다음과 같은 그래프를 그린다.

그래프 6-2 엑셀에 의한 그래프

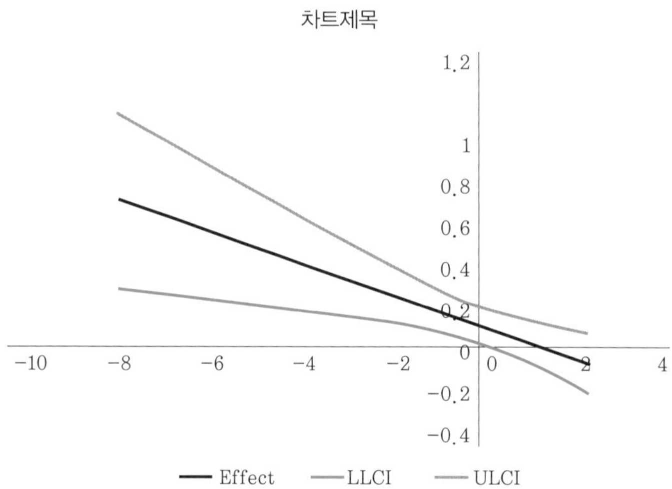

참고문헌

배병렬 (2021). SPSS/PROCESS에 의한 조절효과 및 매개효과분석: 이론과 실제. 도서출판 청람.

Cheah, J.-H., Memon, M. A., Richard, J. E., Ting, H., & Cham, T-H. (2020). CB-SEM latent interaction: Unconstrained and orthogonalized approaches. *Australasian Marketing Journal. 28,* 218-234.

Cortina, J. M., Chen, G., & Dunlap, W. P. (2001). Testing interaction effects in LISREL: Examination and illustration of available procedures. *Organizational Research Methods, 4*(4), 324-360.

Crowson, M. (2020, December 1). *Latent variable interactions in AMOS using double-mean centered product indicators* [Video]. YouTube. https://www.youtube.com/watch?v=Rwsowi5VVVc

Foldnes, N., & Hagtvet, K. A. (2014). The choice of product indicators in latent variable interaction models: Post hoc analyses. *Psychological Methods, 19*(3), 444-457.

Geldhof, G. J., Pornprasertmanit, S., Schoemann, A. M., & Little, T. D. (2013). Orthogonalizing through residual centering: Extended applications and caveats. *Educational and Psychological Measurement, 73*(1), 27-46.

Jackman, M. G-A., Leite, W. L., & Cochrane, D. J. (2011). Estimating latent variable interactions with the unconstrained approach: A comparison of methods to form product indicators for large, unequal numbers of items. *Structural Equation Modeling, 18*(2), 274-288.

Lin, G.-C., Wen, Z., Marsh, H. W., & Lin, H.-S. (2010). Structural equation models of latent interactions: Clarification of orthogonalizing and double-mean-centering strategies. *Structural Equation Modeling, 17*(3), 374-391.

Lin, H. (2020). Probing two-way moderation effects: A review of software to easily plot Johnson-Neyman figures. *Structural Equation Modeling, 27*(3), 494-502.

Little, T. D., Bovaird, J. A., & Widaman, K. F. (2006). On the merits of orthogonalizing powered and product terms: Implications for modeling interactions among latent variables. *Structural Equation Modeling, 13*(4), 497-519.

Little, T. D., Card, N. A., Bovaird, J. A., Preacher, K. J., & Crandall, C. S. (2007). Structural equation modeling of mediation and moderation with contextual factors. In T. D. Little, J. A. Bovaird, & N. A. Card (Eds.), *Modeling contextual effects in longitudinal studies* (pp. 207-230). Lawrence Erlbaum Associates.

Mao, X., Harring, J. R., & Hancock, G. R. (2015). A note on the specification of error structures in latent interaction. *Educational and Psychological Measurement, 75*(1), 5-21.

Marsh, H. W., Wen, Z., & Hau, K.-T. (2004). Structural equation models of latent interactions: Evaluation of alternative estimation strategies and indicator construction. *Psychological Methods, 9*(3), 275-300.

Marsh, H. W., Wen, Z., & Hau, K. T. (2006). Structural equation models of latent interaction and quadratic effects. In G. R. Hancock & R. O. Mueller (Eds.), *Structural equation modeling: A second course* (pp. 225-265). Information Age Publishing.

Marsh, H. W., Wen, Z., Hau, K. T., Little, T. D., Bovaird, J. A., & Widaman, K. F. (2007). Unconstrained structural equation models of latent interactions: Contrasting residual-and mean-centered approaches. *Structural Equation Modeling, 14*(4), 570-580.

Marsh, H. W., Wen, Z., Nagengast, B., & Hau, K.-T. (2012). Structural equation models of latent interaction. In R. H. Hoyle (Ed.), *Handbook of structural equation modeling* (pp. 436-458). Guilford Press.

Marsh, H. W., Wen, Z., Hau, K. T., & Nagengast, B. (2013). Structural equation models of latent interaction and quadratic effects. In G. R. Hancock & R. O. Mueller (Eds.), *Structural equation modeling: A second course* (2nd ed., pp. 267-308). Information Age Publishing.

Pornprasertmanit, S., Schoemann, A. M., Geldhof, G. J., & Little, T. D. (2021). Probing latent interactions estimated with a residual centering approach.

https://doi.org/10.31234/osf.io/eba93

Steinmetz, H., Davidov, E., & Schmidt, P. (2011). Three approaches to estimate latent interaction effects: Intention and perceived behavioral control in the theory of planned behavior. *Methodological Innovations Online, 6,* 95-110.

Wu, Y., Wen, Z., Marsh, H. W., & Hau, K. T. (2013). A comparison of strategies for forming product indicators for unequal numbers of items in structural equation models of latent interactions. *Structural Equation Modeling, 20*(4), 551-567.

Chapter 7

조절효과분석(Ⅳ): Little 등의 접근법

1. Little 등(2006)의 접근법: 예 1
2. Little 등(2006)의 접근법: 예 2
3. 세 가지 접근법의 비교

CHAPTER 07

조절효과분석(Ⅳ): Little 등의 접근법

1 Little 등(2006)의 접근법: 예 1

Little 등(2006)은 Marsh 등의 평균중심화에 의한 비제약접근법의 대안으로 **직교화 접근법(orthogonalizing approach)**을 제안하였다. 직교화 접근법은 **잔차중심화 접근법(residual centering approach)**이라고도 한다. [그림 7-1] 모델처럼, 독립변수에 [v1, v2, v3]의 변수가 있고, 조절변수에 [v4, v5, v6] 등의 변수가 있다고 가정한다. **Little 등의 접근법으로 조절효과를 분석하기 위해서는 상호작용항에 9개(3×3)의 잔차지표가 필요하고, v1부터 v6까지를 평균중심화할 필요가 없다.**

그림 7-1 ▌Little 등의 접근법

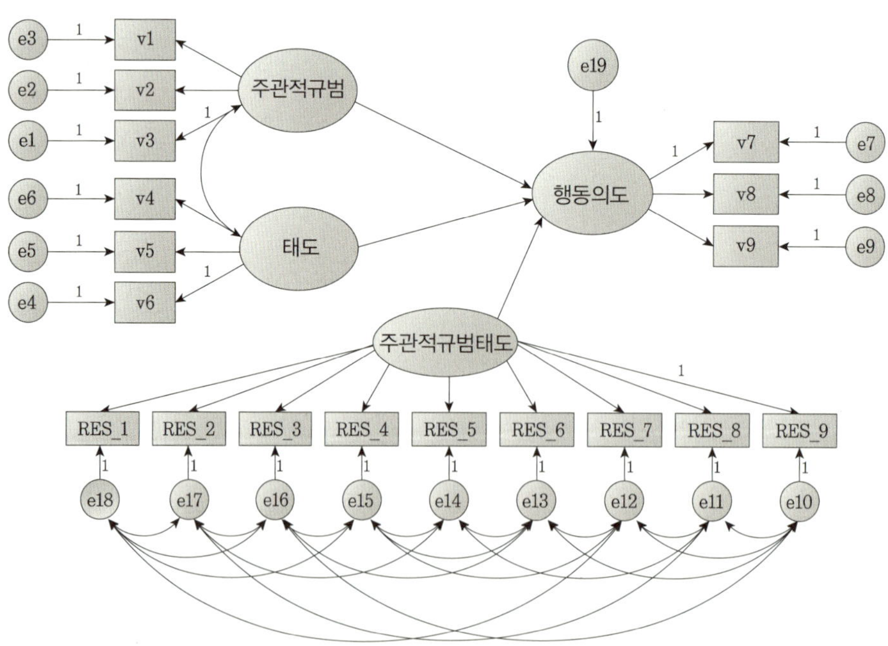

1.1 Little 등의 접근법의 개요

1 먼저 [nomiss.sav]를 SPSS에서 불러들인다. 잠재독립변수인 [주관적규범]에 해당하는 지표([v1, v2, v3])와 잠재조절변수인 [태도]에 해당하는 지표([v4, v5, v6])의 적지표(product indicator)를 만든다.

2 이를 위해 SPSS 메뉴의 [변환] → [변수계산]을 클릭하여 [변수계산] 창에서 [대상변수]에 [v1v4]라 입력하고, [숫자표현식]에 [v1*v4]라 입력한다. 이런 식으로 나머지 8개 변수([v1v5, v1v6, v2v4, v2v5, v2v6, v3v4, v3v5, v3v6])도 동일한 작업을 해서 적지표를 만든다. 다음은 이 작업을 마친 변수들을 보인 것이다.

v1v4	v1v5	v1v6	v2v4	v2v5	v2v6	v3v4	v3v5	v3v6
12.00	15.00	12.00	16.00	20.00	16.00	16.00	20.00	16.00
20.00	20.00	20.00	25.00	25.00	25.00	20.00	20.00	20.00
9.00	12.00	12.00	9.00	12.00	12.00	9.00	12.00	12.00
20.00	20.00	20.00	25.00	25.00	25.00	20.00	20.00	20.00

3 각각의 적지표([v1v4, v1v5, v1v6, v2v4, v2v5, v2v6, v3v4, v3v5, v3v6])를 종속변수로 ([v1, v2, v3, v4, v5, v6])을 독립변수로 해서 회귀분석을 한다. 이를 위해 [분석] → [회귀분석] → [선형]으로 간다. [v1v4]를 종속변수 박스로, [v1]부터 [v6]까지를 독립변수 박스로 보낸다.

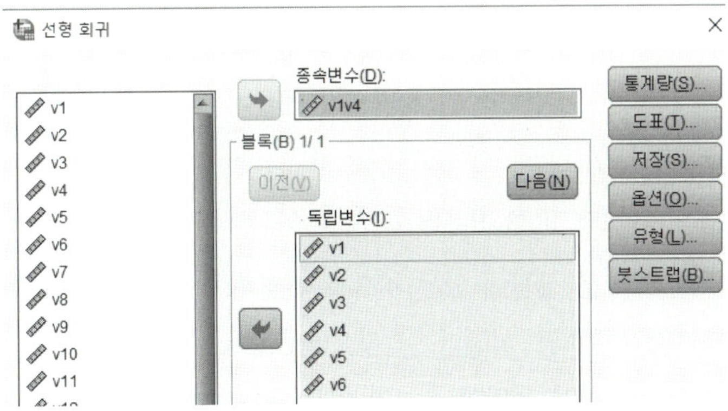

4 [저장] 버튼을 누른다. [잔차]에 있는 [비표준화]를 체크하고 [계속] 버튼을 누르

고, [확인] 버튼을 누른다. 이런 식으로 나머지 8개의 적지표도 동일한 작업을 한다. 그러면 잔차값이 만들어진다.

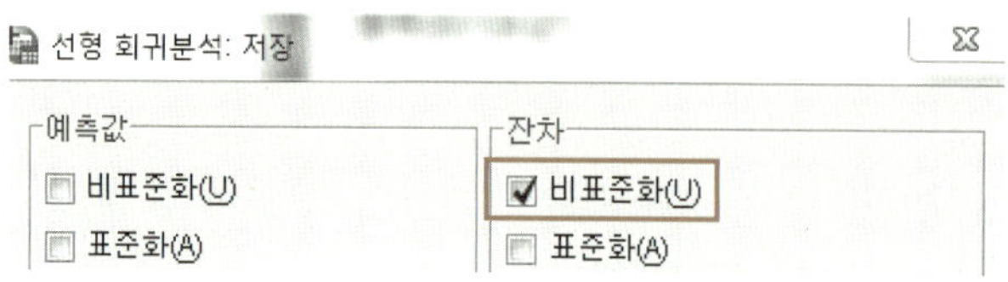

5 다음은 모든 작업을 한 후 얻게 되는 잔차값을 제시한 것이다.

RES_1	RES_2	RES_3	RES_4	RES_5	RES_6	RES_7	RES_8	RES_9
-.73933	-1.92802	-.92506	-.47651	-.57249	-.47279	-.50249	-.74664	-.49230
-.44395	-.41983	-.39560	.85632	.99124	.99840	-.79183	-.73535	-.71760
.13948	-1.02628	-.93215	.11416	-.97221	-.88325	.17831	-1.05040	-1.00415

6 SPSS에서 밑에 있는 [데이터보기][변수보기]에서 [변수보기]를 클릭한다. [레이블] 란에 있는 [Unstandardized…]를 모두 지운다. 이는 Amos에서 변수를 갖다 놓을 때 이를 지우지 않으면 [Unstandardized Residual]이 관측변수 이름으로 따라오기 때문이다. 이를 [little.sav]로 저장하였다.

RES_1	숫자	11	5	Unstandardized...	없음
RES_2	숫자	11	5	Unstandardized...	없음
RES_3	숫자	11	5	Unstandardized...	없음

7 [주관적규범태도]의 지표에 [RES_1]부터 [RES_9]까지를 갖다 놓는다.

8 오차분산 [e10]부터 [e18]을 상관이 있는 것으로 연결해야 한다. 이 부분이 잔차 중심화법에 의해 할 때 조금 힘들다. 적지표([v1v4, v1v5, v1v6, v2v4, v2v5, v2v6, v3v4, v3v5, v3v6])에서 동일한 숫자가 있는 변수끼리 상관을 연결하면 된다. 적지표에 해당하는 각각의 잔차는 다음과 같다.

v1v4 → RES_1; v1v5 → RES_2; v1v6 → RES_3; v2v4 → RES_4; v2v5 → RES_5; v2v6 → RES_6; v3v4 → RES_7; v3v5 → RES_8; v3v6→ RES_9

9 예를 들어, v1v4(RES_1), v2v4(RES_4)는 v4가 공통으로 있으므로 잔차상관을 연결해야 하나, v1v4(RES_1), v2v6(RES_6)은 공통으로 들어가 있는 숫자가 없으므로 연결해서는 안 된다. 오차분산을 연결하는 순서를 제시하면 [그림 7-2]와 같다.

그림 7-2 ▌오차분산의 연결

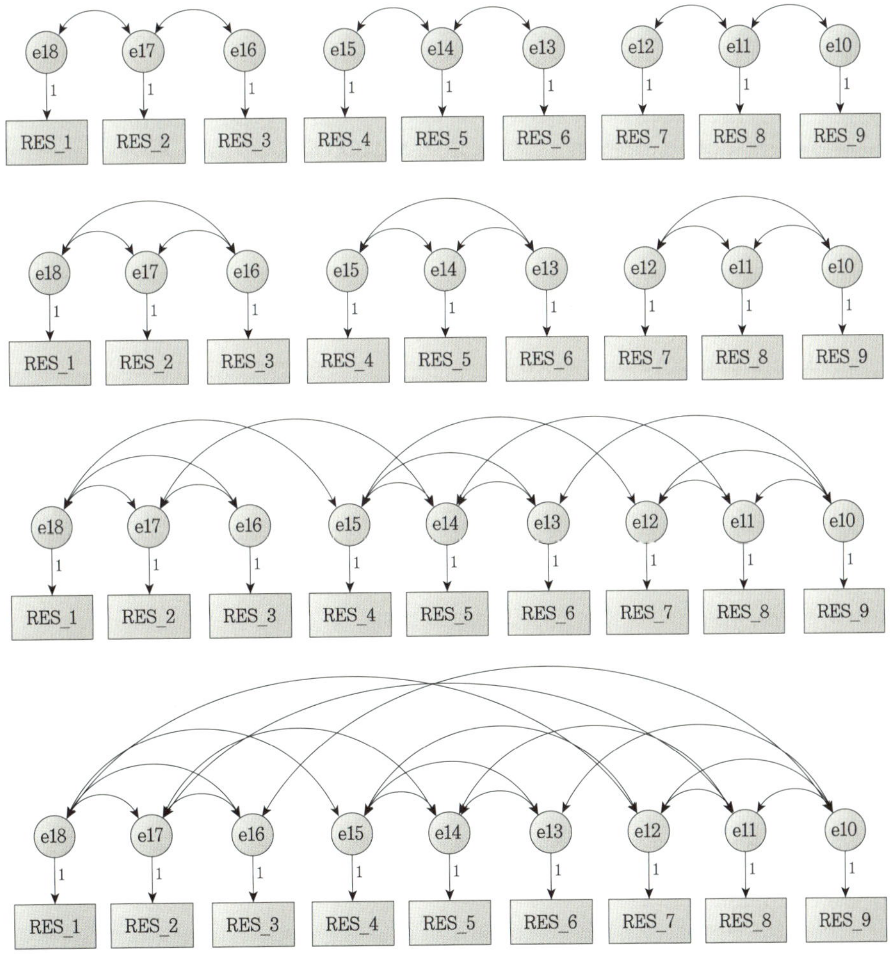

10 지금까지 한 작업을 [Input 7-1]로 저장하였다.

Input 7-1 Little 등의 방법에 의한 조절효과분석

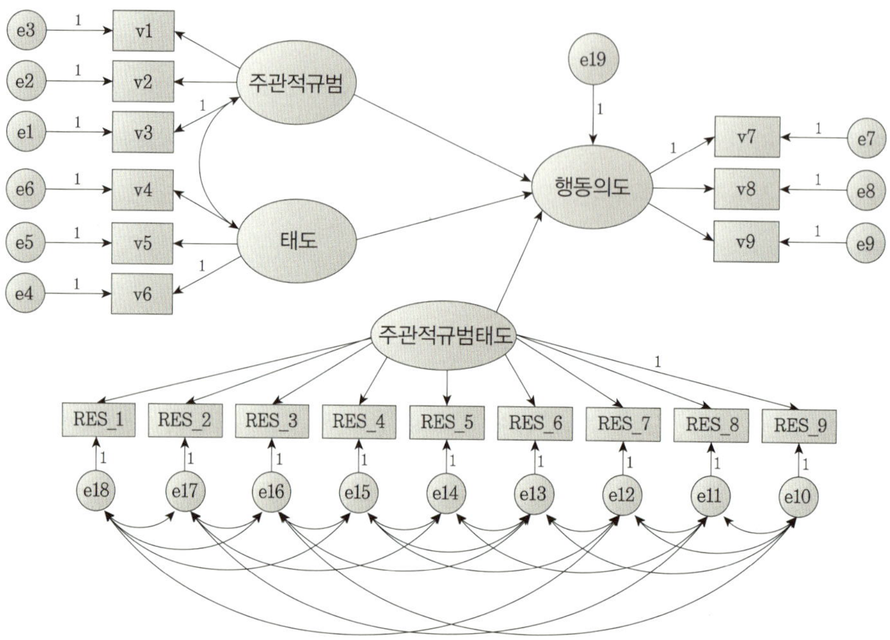

11 이를 실행하면 다음과 같은 적합도 및 모수치를 얻는다.

Output 7-1 Little 등의 방법에 의한 분석 결과

CMIN

Model	NPAR	CMIN	DF	P	CMIN/DF
Default model	58	77.953	113	.995	.690

Regression Weights: (Group number 1 - Default model)

			Estimate	S.E.	C.R.	P
행동의도	<---	주관적규범	.242	.034	7.127	***
행동의도	<---	태도	.125	.035	3.547	***
행동의도	<---	주관적규범태도	-.016	.033	-.489	.625

12 상호작용항의 계수($b = -.016$)가 유의적이지 않으므로 조절효과가 없다고 해석한다.

13 오차공분산을 설정하지 않고 분석해본다. 오차공분산을 모두 제거한 모델을 [Input 7-2]로 저장하였다.

Input 7-2 Little 등의 방법에 의한 조절효과분석: 오차분산을 연결하지 않음

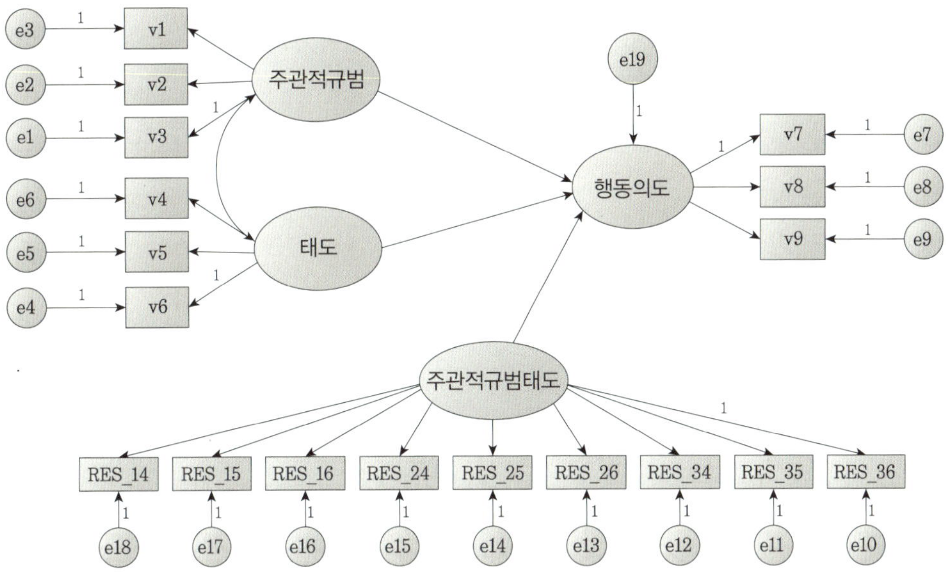

14 이를 추정하면 [Output 7-2]의 결과를 얻는다. 상호작용항의 회귀계수 $b = -.010$가 앞서 분석한 것과 차이가 있다.

Output 7-2 오차공분산을 설정하지 않은 분석 결과

CMIN

Model	NPAR	CMIN	DF	P	CMIN/DF
Default model	40	2978.662	131	.000	22.738

Regression Weights: (Group number 1 - Default model)

			Estimate	S.E.	C.R.	P
행동의도	<---	주관적규범	.242	.034	7.126	***
행동의도	<---	태도	.125	.035	3.547	***
행동의도	<---	주관적규범태도	-.010	.029	-.359	.719

15 이를 대응된 쌍 접근법으로 분석하기로 한다. 이를 위한 입력파일이 [Input 7-2-1]이다.

Input 7-2-1 대응된 쌍 접근법

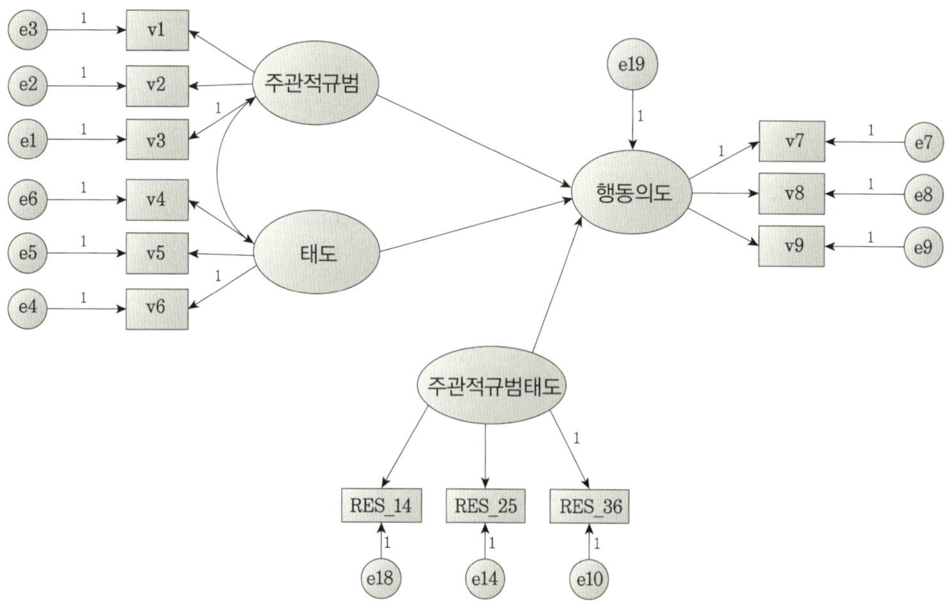

16 이를 실행하면 다음과 같은 결과를 얻는다.

Output 7-2-1 대응된 쌍 접근법 분석 결과

Regression Weights: (Group number 1 - Default model)

			Estimate	S.E.	C.R.	P
행동의도	<---	주관적규범	.242	.034	7.126	***
행동의도	<---	태도	.125	.035	3.547	***
행동의도	<---	주관적규범태도	-.013	.034	-.386	.699

17 위에서 설명한 세 가지 접근법 가운데 [Input 7-1]이 가장 정확한 모수를 추정한다.

1.2 Little 등의 접근법에서 오차분산 연결 방법

1) 방법 1

1 [Input 7-1] 모델을 통해 오차공분산을 설정하는 방법에 대해 좀 더 자세히 살펴보기로 한다.

2 잔차 이름을 두 변수를 반영한 것으로 바꾼 다음 저장한다. 예를 들어 [RES_1]은 [v1]과 [v4]를 곱한 변수이므로 잔차중심화 변수이름을 [RES_14]로 바꾼다. 이런 식으로 나머지 잔차중심화 변수의 이름을 모두 바꾼다.

22	RES_14	숫자	11	5
23	RES_15	숫자	11	5
24	RES_16	숫자	11	5
25	RES_24	숫자	11	5
26	RES_25	숫자	11	5
27	RES_26	숫자	11	5
28	RES_34	숫자	11	5
29	RES_35	숫자	11	5
30	RES_36	숫자	11	5

3 잔차공분산을 연결할 때 두 숫자 가운데 하나라도 같은 숫자가 있는 변수끼리 연결한다. 예를 들어, [RES_24]와 [RES_34]는 [4]라는 변수가 공통으로 포함되어 있으므로 연결하고, [RES_26]과 [RES_35]는 공통으로 포함된 숫자가 없으므로 연결하지 않는다.

2) 방법 2

1 오차공분산을 연결하는 다른 방법을 소개한다. 이 방법으로 접근하기 위해 먼저 오차분산의 이름을 바꾼다. 즉 현재 [e18]로 되어 있는 오차는 [e14]로 이름을 바꾼다. 이 변수의 이름은 [v1v4]의 오차라는 뜻을 담고 있다. 이런 식으로 나머지 오차의 이름을 모두 그에 맞도록 바꾼다.

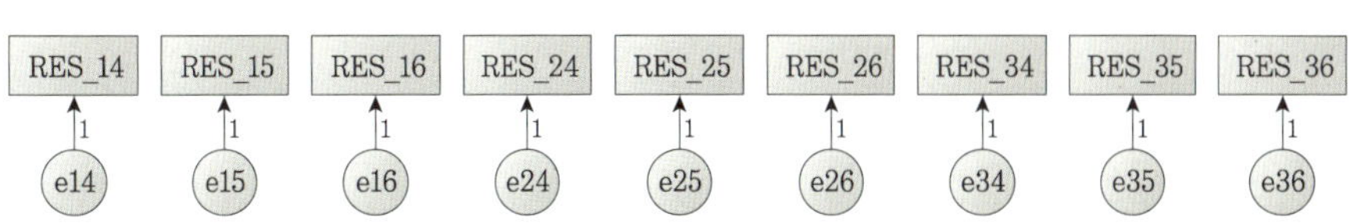

2 이를 [Input 7-1-2]로 저장하였다.

3 객체 하나씩 지정 아이콘( )을 클릭한다. 잔차를 모두 지정한다.

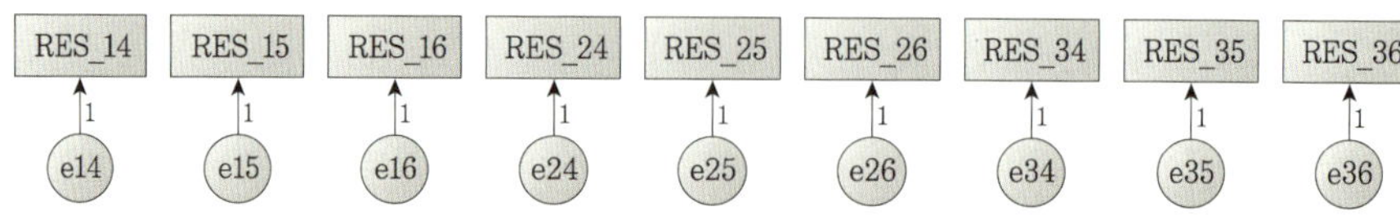

4 [Plugins]에서 [Draw Covariances]를 클릭한다. 그러면 자동으로 잔차들이 모두 공분산으로 연결된다.

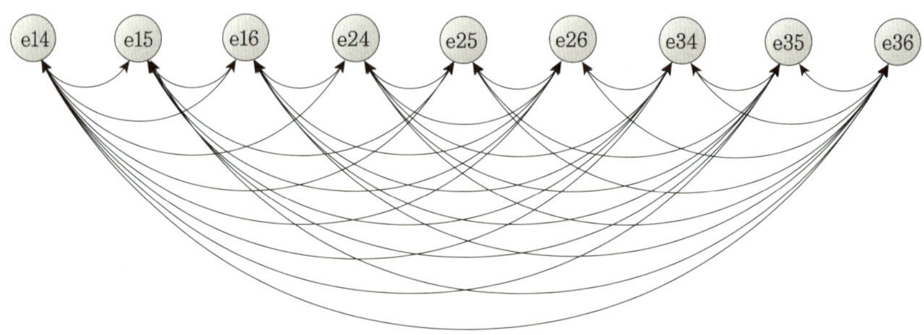

5 이를 실행한다.

6 밑에 있는 [Syntax]를 클릭한다. 이 기능은 Amos 26 이상에서 가능하다. Amos 25 이전 버전은 [Syntax]가 아니고 [Tables]로 되어 있다.

7 그러면 36개의 오차공분산이 신택스로 연결된 것을 볼 수 있다.

```
태도 <> 주관적규범
e36 <> e35
e36 <> e34
e36 <> e26
e36 <> e25
e36 <> e24
e36 <> e16
e36 <> e15
e36 <> e14
e35 <> e34
e35 <> e26
e35 <> e25
e35 <> e24
e35 <> e16
e35 <> e15
e35 <> e14
e34 <> e26
e34 <> e25
e34 <> e24
e34 <> e16
e34 <> e15
e34 <> e14
e26 <> e25
e26 <> e24
e26 <> e16
e26 <> e15
e26 <> e14
e25 <> e24
e25 <> e16
e25 <> e15
e25 <> e14
e24 <> e16
e24 <> e15
e24 <> e14
e16 <> e15
e16 <> e14
e15 <> e14
```

8 여기에서 앞서 설명한 대로 공통의 숫자가 없는 공분산을 하나씩 지운다.

```
태도 <> 주관적규범
e36 <> e35
e36 <> e34
e36 <> e26

e36 <> e16

e35 <> e34

e35 <> e25

e35 <> e15

e34 <> e24

e34 <> e14
e26 <> e25
e26 <> e24
e26 <> e16

e25 <> e24

e25 <> e15

e24 <> e14
e16 <> e15
e16 <> e14
e15 <> e14
```

9 Amos 25 이전 버전을 사용하는 경우에는 지우고자 하는 오차공분산에 마우스 포인터를 놓고 [Delete] 키를 이용하여 지우면 된다.

e35	e36	
e26	e36	
e16	e36	
e34	e35	

10 해당 오차분산을 지우면 총 18개가 남는다. 밑에 있는 [Path diagram]을 클릭한다.

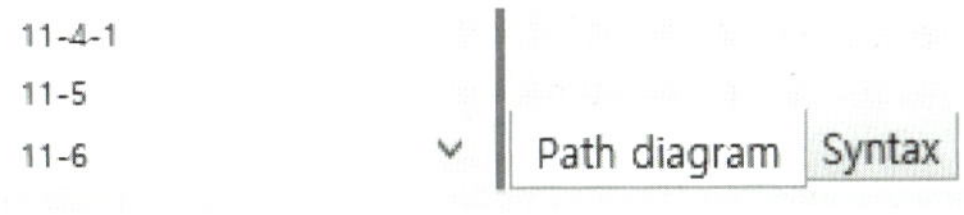

11 실행하면 된다.

3) 방법 3

1 이 작업을 경로도 상에서 하는 것에 대해 살펴보기로 한다. 먼저 모든 공분산을 연결한다.

2 객체지우기 아이콘(X)을 클릭한 후, 특정 공분산 위에 마우스 포인터를 갖다 놓으면 공분산 색상이 빨간색으로 변한다. 그러면 어떤 변수와 어떤 변수 간에 연결된 공분산인가를 확실히 알 수 있다. 이 상태에서 두 변수들의 숫자를 보고 공통의 숫자가 없으면 지운다.

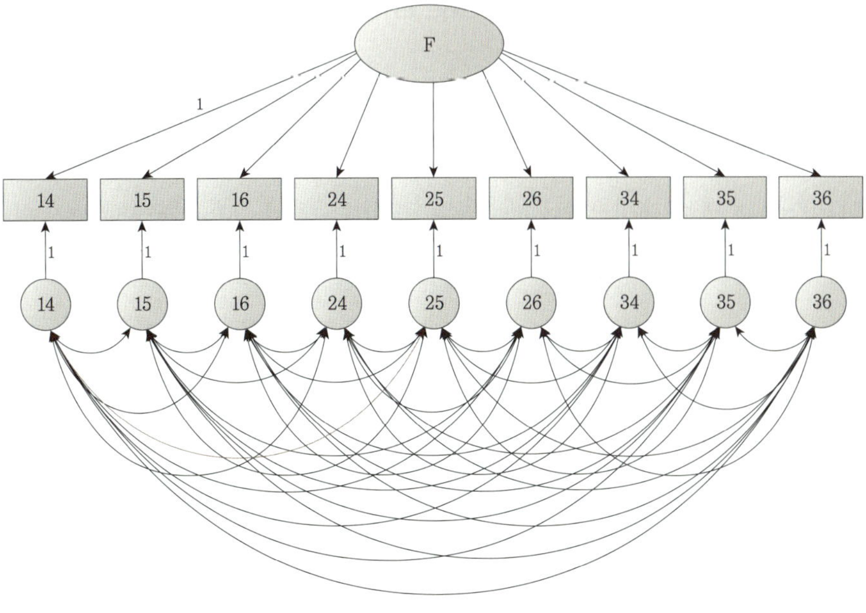

3 이런 식으로 제거한 다음 최종적으로 남게 되는 공분산(18개)을 보인 것이 [그림 7-3]이다.

그림 7-3 | 최종 공분산 연결

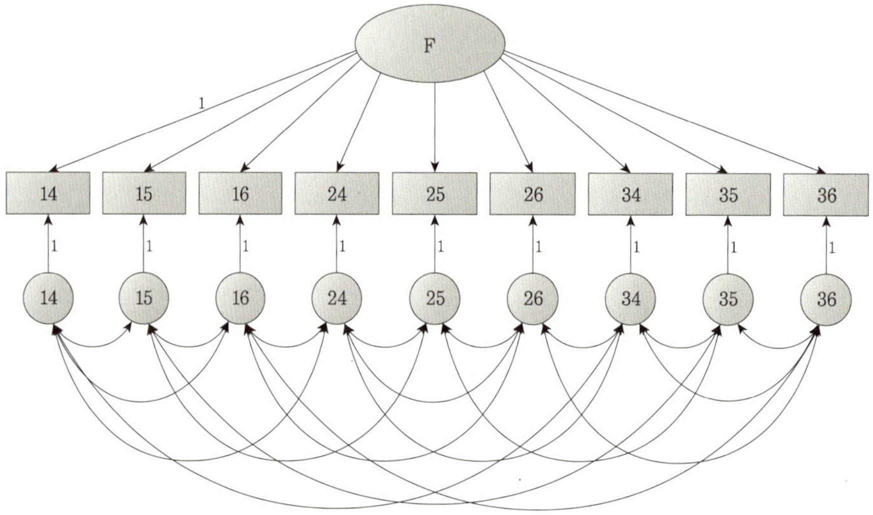

2 Little 등(2006)의 접근법: 예 2

2.1 접근법 1: 모든 적지표와 공분산 연결

[그림 7-4] 모델을 대상으로 Little 등의 접근법으로 조절효과를 분석하기로 한다.

그림 7-4 ▌Little 등의 접근법을 위한 모델

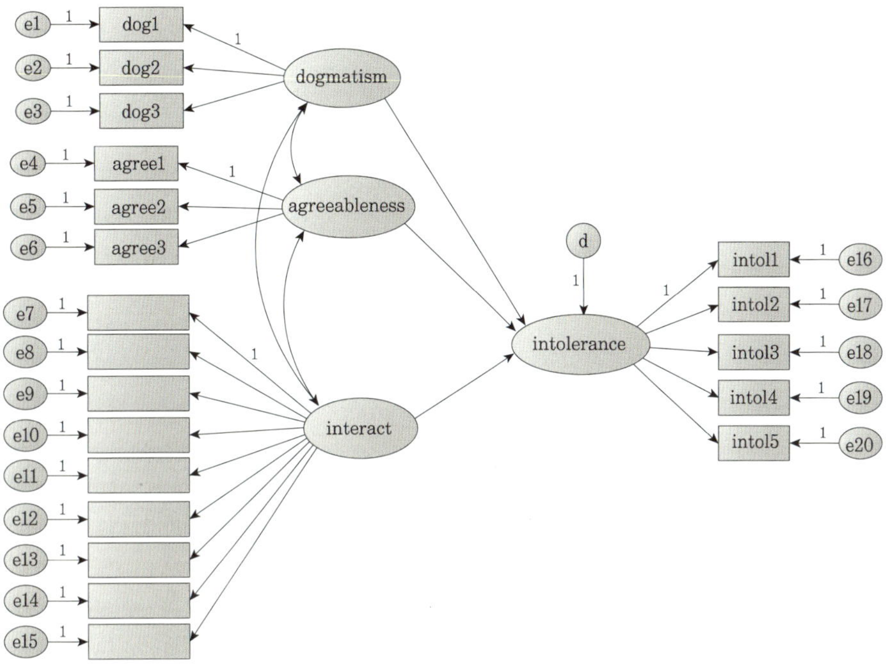

1 분석을 위한 원자료는 다음과 같다.

	dog1	dog2	dog3	agree1	agree2	agree3	intol1	intol2	intol3	intol4	intol5
1	3	4	4	2	4	5	2	1	1	1	1
2	5	5	5	4	5	5	2	1	1	1	1
3	3	5	4	2	4	3	1	1	1	1	1

2 독립변수 3개와 조절변수 3개의 적지표 9개를 만든다.

	dog1agr1	dog1agr2	dog1agr3	dog2agr1	dog2agr2	dog2agr3	dog3agr1	dog3agr2	dog3agr3
1	6.00	12.00	15.00	8.00	16.00	20.00	8.00	16.00	20.00
2	20.00	25.00	25.00	20.00	25.00	25.00	20.00	25.00	25.00
3	6.00	12.00	9.00	10.00	20.00	15.00	8.00	16.00	12.00

3 적지표를 종속변수로 6개의 변수를 독립변수로 해서 회귀분석을 한다.

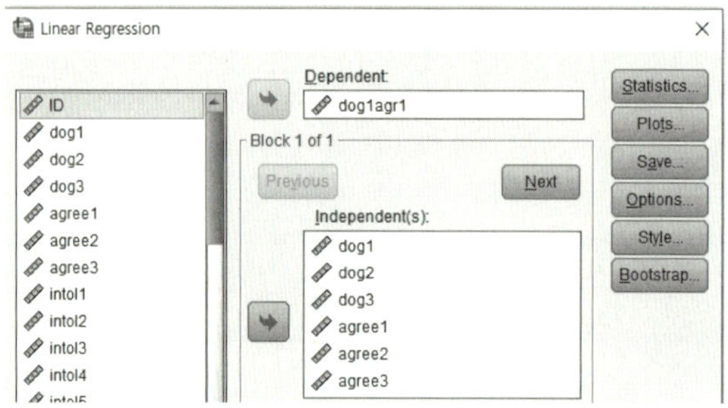

4 잔차의 이름을 바꾼다.

	RES_11	RES_12	RES_13	RES_21	RES_22	RES_23	RES_31	RES_32	RES_33
1	1.69636	.19872	-.40154	-.06153	-.13736	-.21586	.68478	.26298	-.61134
2	.06651	.35469	.89621	.03326	.33397	.65370	-.12982	.12763	.22083
3	1.64287	.46081	.89453	-2.10348	-.64768	-1.20276	.63303	.38622	.91123

5 잔차를 상호작용항의 지표로 갖다 놓고, 오차공분산을 연결한다. 이 입력파일을 [Input 7-4]로 저장하였다.

Input 7-4 Little 등의 접근법

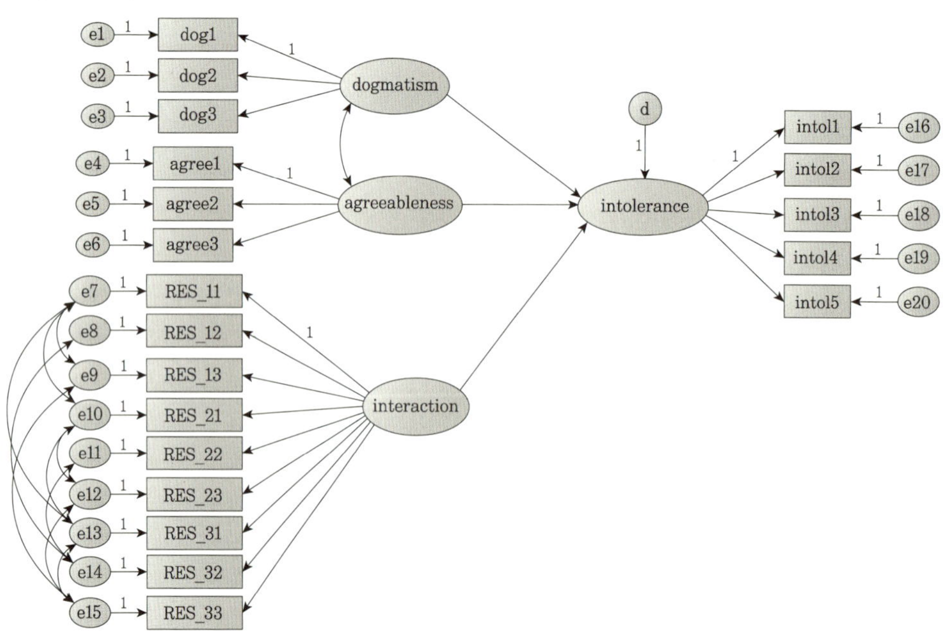

6 이를 실행하면 다음과 같은 결과를 얻는다.

Output 7-4 Little 등의 접근법 분석 결과

CMIN

Model	NPAR	CMIN	DF	P	CMIN/DF
Default model	62	150.322	148	.431	1.016

Regression Weights: (Group number 1 - Default model)

			Estimate	S.E.	C.R.	P
intolerance	<---	dogmatism	.056	.025	2.222	.026
intolerance	<---	agreeableness	-.731	.151	-4.828	***
intolerance	<---	interaction	-.157	.088	-1.794	.073

2.2 접근법 2: 모든 적지표와 공분산 연결 않음

1 모든 적지표를 이용하고 잔차들 간에 공분산을 연결하지 않은 모델을 추정하기로 한다.

Input 7-4-1 Little 등의 접근법

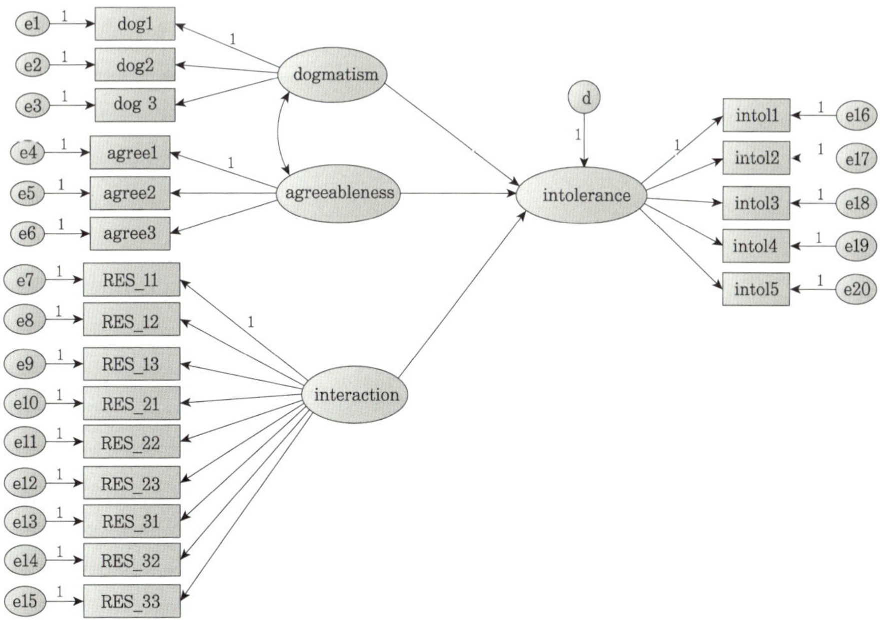

2 이를 실행하면 다음과 같은 결과를 얻는다.

Output 7-4-1 Little 등의 접근법 분석 결과

Regression Weights: (Group number 1 - Default model)

			Estimate	S.E.	C.R.	P
intolerance	<---	dogmatism	.056	.025	2.192	.028
intolerance	<---	agreeableness	-.728	.151	-4.825	***
intolerance	<---	interaction	-.047	.027	-1.746	.081

2.3 접근법 3: 대응된 쌍 지표와 공분산 연결 않음

1 대응된 쌍 지표를 이용하고 공분산을 연결하지 않은 모델을 추정하기로 한다.

Input 7-4-2 Little 등의 접근법

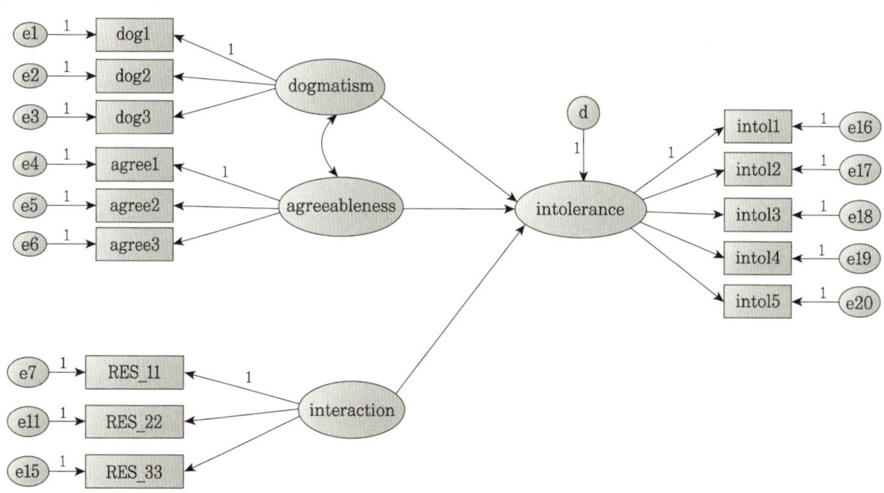

2 이를 실행하면 다음과 같은 결과를 얻는다.

Output 7-4-2 Little 등의 접근법 분석 결과

Regression Weights: (Group number 1 - Default model)

			Estimate	S.E.	C.R.	P
intolerance	<---	dogmatism	.057	.025	2.233	.026
intolerance	<---	agreeableness	-.733	.152	-4.837	***
intolerance	<---	interaction	-.218	.110	-1.988	.047

3 위의 세 가지 접근법 가운데 Little 등은 첫 번째 접근법을 추천한다.

3 세 가지 접근법의 비교

[그림 7-5] 모델은 Mplus 매뉴얼에 소개된 [example 5.13]의 예이다. 이 모델을 대상으로 Marsh 등의 접근법, Lin 등의 접근법, Little 등의 세 가지 접근법으로 추정하기로 한다. 이 분석을 통해 세 가지 가운데 Amos로 분석할 때 어떤 접근법이 가장 우수한가를 알고자 한다. 이 모델에서 f1은 독립변수, f2는 조절변수, f1과 f2 사이에 있는 점(•)은 f1과 f2의 상호작용항(f1f2)을 의미한다.

그림 7-5 | Mplus 5.13의 예

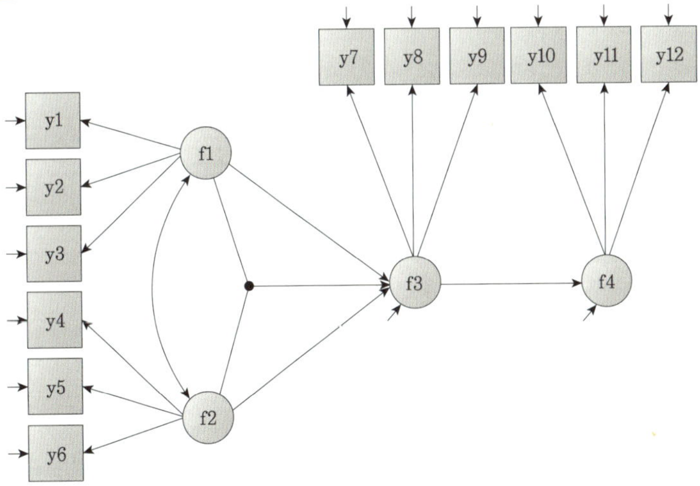

1 이 모델을 Mplus로 분석하면 다음과 같은 결과를 얻는다.

Output Mplus 분석 결과

		Estimate	S.E.	Est./S.E.	Two-Tailed P-Value
F1	BY				
Y1		1.000	0.000	999.000	999.000
Y2		1.031	0.076	13.659	0.000

```
    Y3              1.071      0.081      13.212      0.000
F2         BY
    Y4              1.000      0.000     999.000    999.000
    Y5              0.856      0.072      11.807      0.000
    Y6              0.762      0.080       9.500      0.000

F3         BY
    Y7              1.000      0.000     999.000    999.000
    Y8              0.910      0.049      18.423      0.000
    Y9              0.918      0.058      15.832      0.000

F4         BY
    Y10             1.000      0.000     999.000    999.000
    Y11             0.671      0.070       9.608      0.000
    Y12             0.542      0.059       9.246      0.000

F4         ON
    F3              0.585      0.050      11.679      0.000

F3         ON
    F1              0.439      0.066       6.676      0.000
    F2              0.812      0.085       9.587      0.000
    F1XF2           0.397      0.062       6.385      0.000

F2         WITH
    F1              0.054      0.069       0.780      0.435
```

2 조절효과는 $b=.397$로 유의적인 것으로 나타났다($t=6.385$, $p=.000$).

3.1 Marsh 등의 접근법

1) 모든 적지표 접근법

1 모든 적지표 접근법으로 분석하기 위한 입력파일은 [Input Mplus 5-13-2]이다.

Input Mplus 5-13-2 모든 적지표 접근법

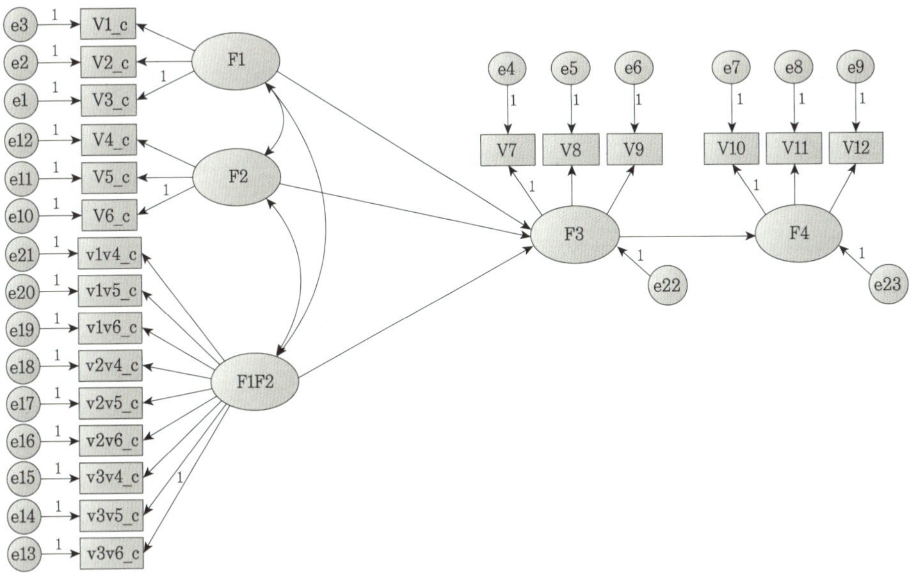

2 이를 분석하면 다음과 같은 결과를 얻는다.

Output Mplus 5-13-2 모든 적지표 접근법 분석 결과

Regression Weights: (Group number 1 - Default model)

			Estimate	S.E.	C.R.	P
F3	<---	F1	.424	.056	7.628	***
F3	<---	F2	1.042	.112	9.333	***
F3	<---	F1F2	.380	.063	6.070	***
F4	<---	F3	.583	.055	10.511	***

2) 대응된 쌍 접근법

1 대응된 쌍 접근법으로 분석하기 위한 입력파일은 [Input Mplus 5-13-3]이다.

Input Mplus 5-13-3 대응된 쌍 접근법

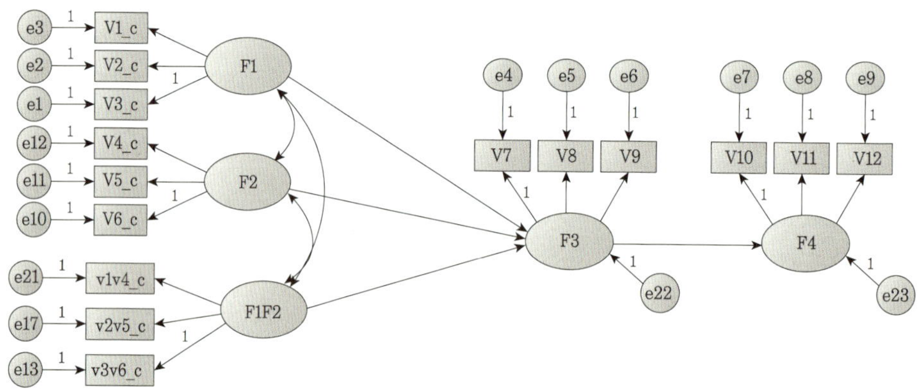

2 이를 분석하면 다음과 같은 결과를 얻는다.

Output Mplus 5-13-3 대응된 쌍 접근법 분석 결과

Regression Weights: (Group number 1 - Default model)

			Estimate	S.E.	C.R.	P
F3	<---	F1	.420	.057	7.359	***
F3	<---	F2	1.052	.116	9.097	***
F3	<---	F1F2	.575	.121	4.745	***
F4	<---	F3	.584	.056	10.504	***

3.2 Lin 등의 접근법

1) 모든 적지표 접근법

1 모든 적지표 접근법으로 분석하기 위한 입력파일은 [Input Mplus 5-13-4]이다.

Input Mplus 5-13-4 모든 적지표 접근법

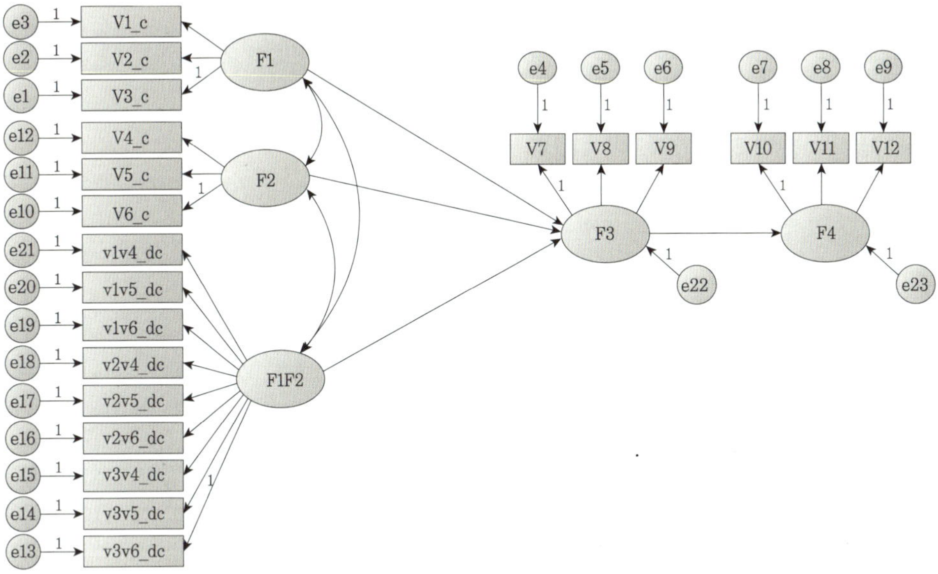

2 이를 분석하면 다음과 같은 결과를 얻는다.

Output Mplus 5-13-4 모든 적지표 접근법 분석 결과

Regression Weights: (Group number 1 - Default model)

			Estimate	S.E.	C.R.	P
F3	<---	F1	.424	.056	7.628	***
F3	<---	F2	1.042	.112	9.333	***
F3	<---	F1F2	.380	.063	6.070	***
F4	<---	F3	.583	.055	10.511	***

2) 대응된 쌍 접근법

1 대응된 쌍 접근법으로 분석하기 위한 입력파일은 [Input Mplus 5-13-5]이다.

Input Mplus 5-13-5 대응된 쌍 접근법

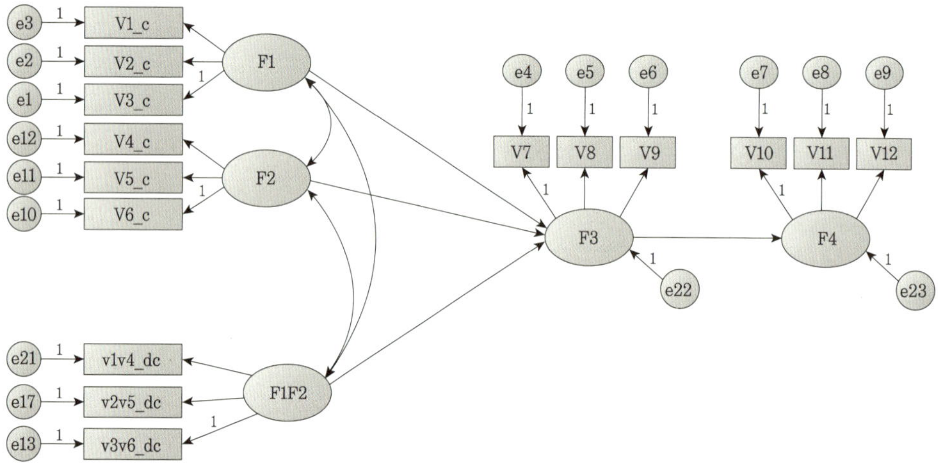

2 이를 분석하면 다음과 같은 결과를 얻는다.

Output Mplus 5-13-5 대응된 쌍 접근법 분석 결과

Regression Weights: (Group number 1 - Default model)

			Estimate	S.E.	C.R.	P
F3	<---	F1	.420	.057	7.359	***
F3	<---	F2	1.052	.116	9.097	***
F3	<---	F1F2	.575	.121	4.745	***
F4	<---	F3	.584	.056	10.504	***

3.3 Little 등의 접근법

1) 모든 적지표 접근법

1 모든 적지표 접근법으로 분석하기 위한 입력파일은 [Input Mplus 5-13-7]이다.

Input Mplus 5-13-7 모든 적지표 접근법

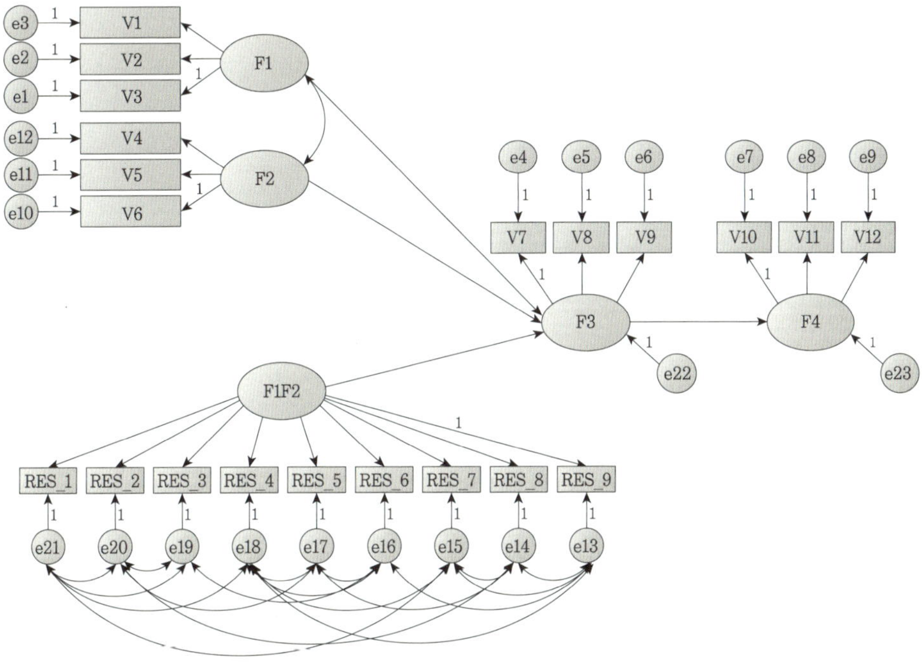

2 이를 분석하면 다음과 같은 결과를 얻는다.

Output Mplus 5-13-7 모든 적지표 접근법 분석 결과

Regression Weights: (Group number 1 - Default model)

			Estimate	S.E.	C.R.	P
F3	<---	F1	.446	.057	7.859	***
F3	<---	F2	1.045	.116	9.040	***
F3	<---	F1F2	.389	.073	5.358	***
F4	<---	F3	.584	.056	10.524	***

3 모든 적지표 접근법으로 오차 간에 상관을 설정하지 않은 분석을 위한 입력파일은 [Input Mplus 5-13-8]이다.

Input Mplus 5-13-8 모든 적지표 접근법

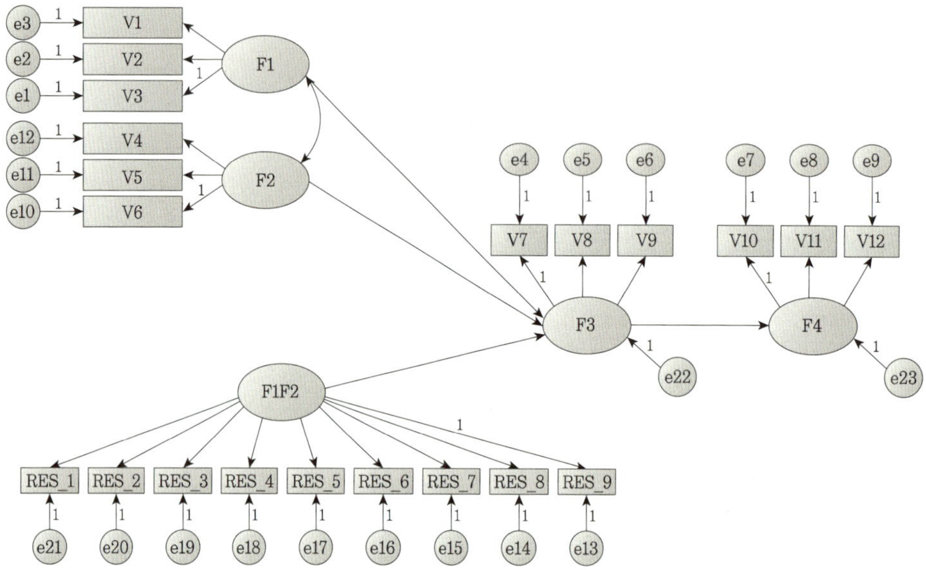

4 이를 분석하면 다음과 같은 결과를 얻는다.

Output Mplus 5-13-8 모든 적지표 접근법 분석 결과

Regression Weights: (Group number 1 - Default model)

			Estimate	S.E.	C.R.	P
F3	<---	F1	.446	.056	7.989	***
F3	<---	F2	1.044	.114	9.144	***
F3	<---	F1F2	.382	.060	6.324	***
F4	<---	F3	.583	.055	10.511	***

2) 대응된 쌍 접근법

1 대응된 쌍 접근법으로 분석하기 위한 입력파일은 [Input Mplus 5-13-9]이다.

Input Mplus 5-13-9 대응된 쌍 접근법

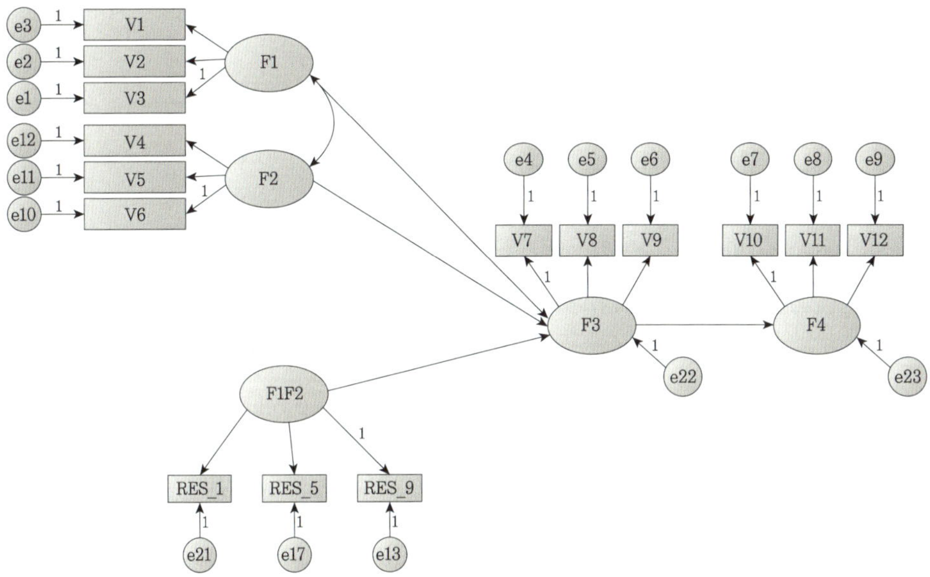

2 이를 분석하면 다음과 같은 결과를 얻는다.

Output Mplus 5-13-9 대응된 쌍 접근법 분석 결과

Regression Weights: (Group number 1 - Default model)

			Estimate	S.E.	C.R.	P
F3	<---	F1	.445	.056	7.942	***
F3	<---	F2	1.043	.115	9.100	***
F3	<---	F1F2	.584	.120	4.855	***
F4	<---	F3	.584	.056	10.505	***

3 저자는 위의 세 가지 접근법 가운데 Mplus에서 채택한 LMS(latent moderated structural equation) 방법으로 추정한 것과 가장 근사한 값을 갖는 Little 등의 모든 적지표 접근법([Mplus 5-13-7]을 이용할 것을 추천한다.

참고문헌

Cheah, J.-H., Memon, M. A., Richard, J. E., Ting, H., & Cham, T-H. (2020). CB-SEM latent interaction: Unconstrained and orthogonalized approaches. *Australasian Marketing Journal, 28,* 218-234.

Cortina, J. M., Chen, G., & Dunlap, W. P. (2001). Testing interaction effects in LISREL: Examination and illustration of available procedures. *Organizational Research Methods, 4*(4), 324-360.

Crowson, M. (2020, December 1). *Latent variable interactions in AMOS using double-mean centered product indicators* [Video]. YouTube. https://www.youtube.com/watch?v=Rwsowi5VVVc

Foldnes, N., & Hagtvet, K. A. (2014). The choice of product indicators in latent variable interaction models: Post hoc analyses. *Psychological Methods, 19*(3), 444-457.

Geldhof, G. J., Pornprasertmanit, S., Schoemann, A. M., & Little, T. D. (2013). Orthogonalizing through residual centering: Extended applications and caveats. *Educational and Psychological Measurement, 73*(1), 27-46.

Jackman, M. G-A., Leite, W. L., & Cochrane, D. J. (2011). Estimating latent variable interactions with the unconstrained approach: A comparison of methods to form product indicators for large, unequal numbers of items. *Structural Equation Modeling, 18*(2), 274-288.

Lin, G.-C., Wen, Z., Marsh, H. W., & Lin, H.-S. (2010). Structural equation models of latent interactions: Clarification of orthogonalizing and double-mean-centering strategies. *Structural Equation Modeling, 17*(3), 374-391.

Little, T. D., Bovaird, J. A., & Widaman, K. F. (2006). On the merits of orthogonalizing powered and product terms: Implications for modeling interactions among latent variables. *Structural Equation Modeling, 13*(4), 497-519.

Little, T. D., Card, N. A., Bovaird, J. A., Preacher, K. J., & Crandall, C. S. (2007).

Structural equation modeling of mediation and moderation with contextual factors. In T. D. Little, J. A. Bovaird, & N. A. Card (Eds.), *Modeling contextual effects in longitudinal studies* (pp. 207–230). Lawrence Erlbaum Associates.

Mao, X., Harring, J. R., & Hancock, G. R. (2015). A note on the specification of error structures in latent interaction. *Educational and Psychological Measurement, 75*(1), 5-21.

Muthén, L. K., & Muthén, B. O. (1998-2017). *Mplus user's guide.* Eighth Ed.. Muthén & Muthén.

Pornprasertmanit, S., Schoemann, A. M., Geldhof, G. J., & Little, T. D. (2021). Probing latent interactions estimated with a residual centering approach. https://doi.org/10.31234/osf.io/eba93

Steinmetz, H., Davidov, E., & Schmidt, P. (2011). Three approaches to estimate latent interaction effects: Intention and perceived behavioral control in the theory of planned behavior. *Methodological Innovations Online, 6,* 95-110.

Chapter 8

다중조절효과분석

1. 가법다중조절모델: PROCESS 모델 2
2. 조절된 조절모델: PROCESS 모델 3

CHAPTER 08

다중조절효과분석

지금까지는 조절변수가 1개인 단일조절모델(single moderation model) 또는 단순조절모델(simple moderation model)에 대해 살펴보았다. 이 장에서는 조절변수가 2개인 다중조절모델(multiple moderation model)에 대해 살펴본다. 다중조절모델에는 가법다중조절모델(additive multiple moderation model)과 조절된 조절모델(moderated moderation model)이 있다. 가법다중조절모델은 Hayes의 PROCESS 모델 가운데 'PROCESS 모델 2'에 해당하고, 조절된 조절모델은 'PROCESS 모델 3'에 해당한다.

1 가법다중조절모델: PROCESS 모델 2

1.1 가법다중조절모델의 의의

가법다중조절모델(additive multiple moderation model)을 개념적으로 나타내면 [그림 8-1]과 같다. 그림에서 볼 수 있듯, X가 Y에 미치는 효과가 조절변수인 W와 Z에 의해 조절되는가를 알아보고자 한다. 이때, W와 Z가 개별적으로 어떤 조절역할을 하는지가 관심이 있는 것이 아니라, 이 둘이 동시에(simultaneously) 어떤 조절역할을 하는지에 관심이 있다.

그림 8-1 가법다중조절모델의 개념적 모델

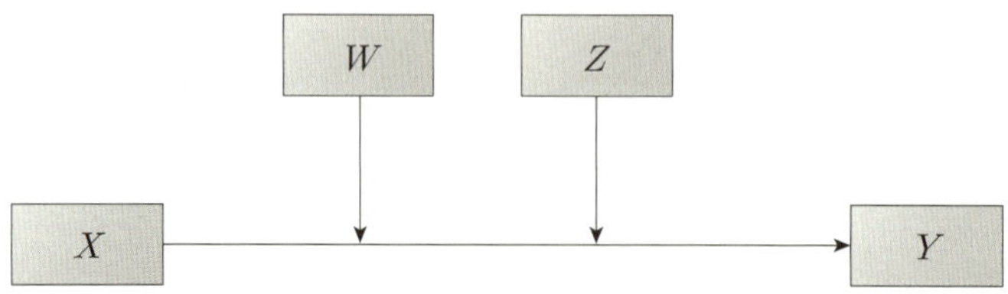

이를 통계적 모델로 나타내면 [그림 8-2]와 같다.

그림 8-2 | 가법다중조절모델의 통계적 모델

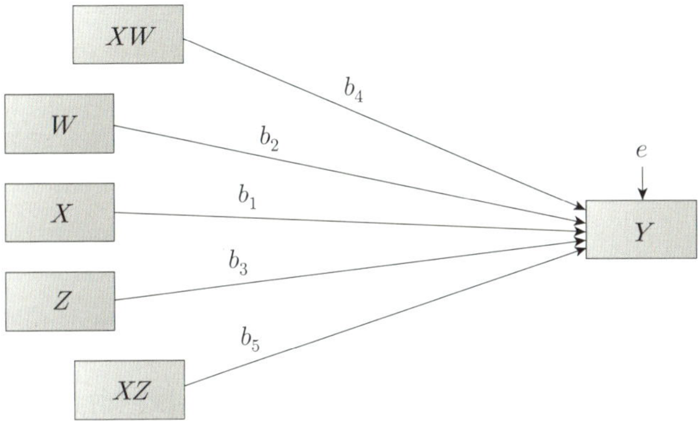

위 통계적 모델을 회귀식으로 나타내면 식(1)과 같다.

$$Y = b_0 + b_1 X + b_2 W + b_3 Z + b_4 XW + b_5 XZ + e \tag{1}$$

식(1)에서 X가 Y에 미치는 조건부 효과는 식(2)와 같다.

$$\theta_{X \rightarrow Y} = b_1 + b_4 W + b_5 Z \tag{2}$$

b_1은 W와 Z가 0일 때 X가 Y에 미치는 효과이다. b_4와 b_5는 W와 Z에 따른 X가 Y에 미치는 효과이다. 구체적으로 b_4는 W가 1단위 변화할 때 X가 Y에 미치는 조건부 효과이고, b_5는 Z가 1단위 변화할 때 X가 Y에 미치는 조건부 효과이다.

1.2 가법다중조절모델: 예 1

기후변화에 대한 정부정책지지(Y: govact)에 대해 기후변화에 대해 부정적인 감정을 갖고 있는 정도(X: negemot), 성별(W: sex), 연령(Z: age) 등을 조사하였다고 가정한다. 이들 변수 간의 관계를 가법다중조절모델로 제시하면 [그림 8-3]과 같다. 이 모델을 통해 연구자는 성별(W)과 연령(Z)이 동시에 어떤 조절효과를 하는지 연구하고자 한다.

그림 8-3 | 기후변화에 대한 정부정책지지의 성별 및 연령의 조절효과

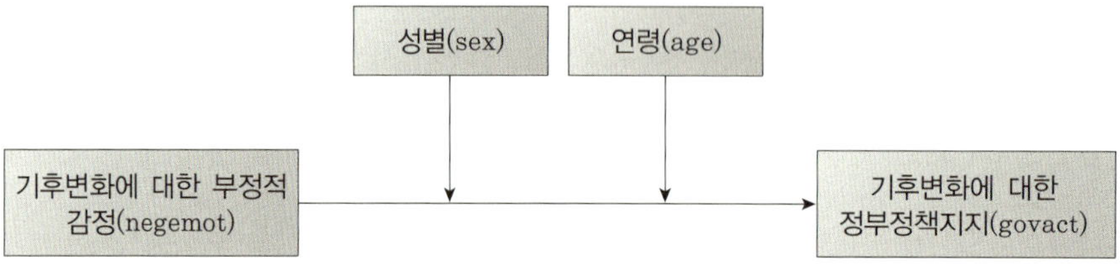

1) PROCESS에 의한 분석

1 PROCESS에서 다음과 같이 지정한다. 이때 [sex]와 [age]는 [*W*]와 [*Z*] 어디에 넣든 동일한 결과를 산출하기 때문에 상관이 없다. 이 예에서는 [sex]를 [*W*]에 [age]를 [*Z*]로 지정하였다. 가법다중모델을 분석하기 위한 모델넘버는 [2]이다.

PROCESS 대화상자-1 변수지정 및 모델넘버

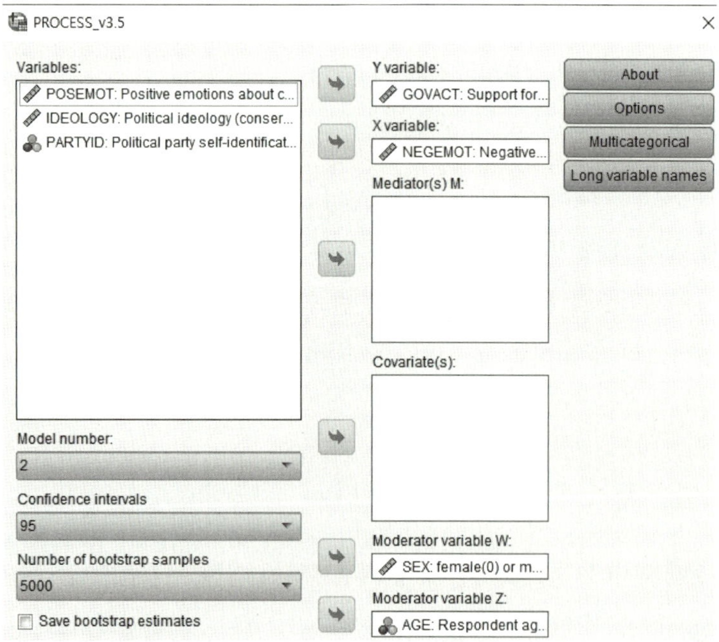

2 이를 실행하면 [PROCESS Output-1]을 얻는다.

PROCESS Output-1 가법다중조절모델의 분석 결과

```
**************************************************************************
Model  : 2
    Y  : govact
    X  : negemot
    W  : sex
    Z  : age

Sample
Size:  815

**************************************************************************
OUTCOME VARIABLE:
 govact

Model Summary
          R       R-sq       MSE         F        df1        df2          p
      .6070      .3685    1.1760   94.4092     5.0000   809.0000      .0000

Model
              coeff        se          t          p       LLCI       ULCI
constant     4.4748     .3286    13.6193      .0000     3.8299     5.1198
negemot(b1)   .1154     .0846     1.3651      .1726     -.0506      .2814
sex(b2)      -.8449     .2006    -4.2124      .0000    -1.2386     -.4512
Int_1(b4)     .2208     .0518     4.2611      .0000      .1191      .3225
age(b3)      -.0241     .0062    -3.8655      .0001     -.0364     -.0119
Int_2(b5)     .0054     .0016     3.3221      .0009      .0022      .0086

Product terms key:
 Int_1    :        negemot   x        sex
 Int_2    :        negemot   x        age

Test(s) of highest order unconditional interaction(s):
       R2-chng         F        df1        df2          p
X*W      .0142   18.1569     1.0000   809.0000      .0000
X*Z      .0086   11.0365     1.0000   809.0000      .0009
BOTH     .0301   19.2863     2.0000   809.0000      .0000
----------
    Focal predict: negemot     (X)
          Mod var: sex         (W)
          Mod var: age         (Z)
```

Conditional effects of the focal predictor at values of the moderator(s):

sex	age	Effect	se	t	p	LLCI	ULCI
.0000	33.2054	.2951	.0428	6.8945	.0000	.2111	.3791
.0000	49.5362	.3835	.0369	10.3869	.0000	.3110	.4560
.0000	65.8670	.4719	.0481	9.8193	.0000	.3775	.5662
1.0000	33.2054	.5159	.0490	10.5310	.0000	.4197	.6120
1.0000	49.5362	.6043	.0353	17.1053	.0000	.5349	.6736
1.0000	65.8670	.6926	.0389	17.8168	.0000	.6163	.7689

3 결과를 해석하기로 한다. $b_4 = .2208$, $t(807) = 4.2621$, $p < .001$이고, $b_5 = .0054$, $t(807) = 3.3221$, $p < .0022$로 통계적으로 모두 유의적이므로 부정적 감정이 정부정책지지에 미치는 효과가 성별 및 연령에 의해 조절된다고 해석한다.

4 b_4계수(.2208)는 성별과 부정적 감정의 상호작용항의 계수로서 성별이 [0=female], [1=male]로 코딩되었으므로 부정적 감정이 정부정책지지에 미치는 효과는 여자에 비해 남자가 크다고 해석한다.

5 b_5계수(.0054)는 연령과 부정적 감정의 상호작용항의 계수로서 부정적 감정이 정부정책지지에 미치는 효과는 연령이 증가할수록 커진다고 해석한다.

6 성별과 연령을 동시에 고려한 상호작용효과는 R^2 변화에서 유의적인 것으로 나타났다($F(2, 809) = 19.286$, $p < .001$).

7 조건부 효과는 [Conditional effects of the focal predictor at values of the moderator(s):]에 나타난다. 여자(0)는 나이가 많으면 효과값이 커지고, 남자(1)도 나이가 많으면 효과값이 커진다.

8 결론적으로 기후변화에 대한 부정적 감정이 정부정책지지에 미치는 효과는 남자이면서 나이가 많은 사람일수록 커진다고 해석한다. 또한 동일한 나이대라 하더라도 여자에 비해 남자가 효과가 큰 것을 알 수 있다.

2) Amos에 의한 분석

1 위 모델을 Amos로 분석하기 위해 다음과 같은 경로도를 작성하고 경로 명칭을 부여한다.

Input 8-1 PROCESS 모델 2

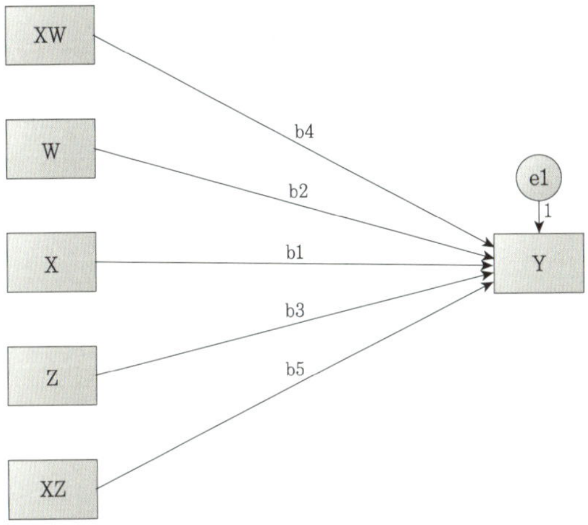

2 이를 실행하면 다음과 같은 결과를 얻는다.

Output 8-1 PROCESS 모델 2 분석 결과

Regression Weights: (Group number 1 - Default model)

			Estimate	S.E.	C.R.	P	Label
Y	<---	XW	.2208	.0188	11.7634	***	b4
Y	<---	W	-.8449	.0758	-11.1522	***	b2
Y	<---	X	.1154	.0248	4.6560	***	b1
Y	<---	Z	-.0241	.0023	-10.4037	***	b3
Y	<---	XZ	.0054	.0004	13.9112	***	b5

Variances: (Group number 1 - Default model)

	Estimate	S.E.	C.R.	P
XW	4.0716	.2018	20.1742	***
W	.2499	.0124	20.1742	***
X	2.3332	.1157	20.1742	***
Z	266.3665	13.2033	20.1742	***
XZ	9477.5774	469.7861	20.1742	***
e1	1.1674	.0579	20.1742	***

3 [user-defined estimand]에서 다음과 같은 명령문을 작성한다.

File Edit Format Help

```
'Conditional Effect x to y
conditional_effect11=b1+b4*(0)+b5*(33.205)
conditional_effect12=b1+b4*(0)+b5*(49.536)
conditional_effect13=b1+b4*(0)+b5*(65.867)
conditional_effect14=b1+b4*(1)+b5*(33.205)
conditional_effect15=b1+b4*(1)+b5*(49.536)
conditional_effect16=b1+b4*(1)+b5*(65.867)
```

Description
Syntax is OK.

4 이를 실행하면 다음과 같은 결과를 얻는다.

Output 8-1 사용자 정의 추정 결과

User-defined estimands: (Group number 1 - Default model)

Parameter	Estimate	Lower	Upper	P
conditional_effect11	.2951	.2012	.3854	.0012
conditional_effect12	.3835	.2976	.4571	.0016
conditional_effect13	.4719	.3670	.5638	.0016
conditional_effect14	.5159	.4207	.6199	.0008
conditional_effect15	.6043	.5339	.6809	.0009
conditional_effect16	.6926	.6086	.7737	.0010

5 PROCESS와 동일한 결과를 얻는 것을 알 수 있다.

1.3 가법다중조절모델: 예 2

잠재변수들이 각각 4개의 지표로 측정된 [그림 8-4] 모델을 분석하기로 한다.

그림 8-4 | 가법다중조절모델

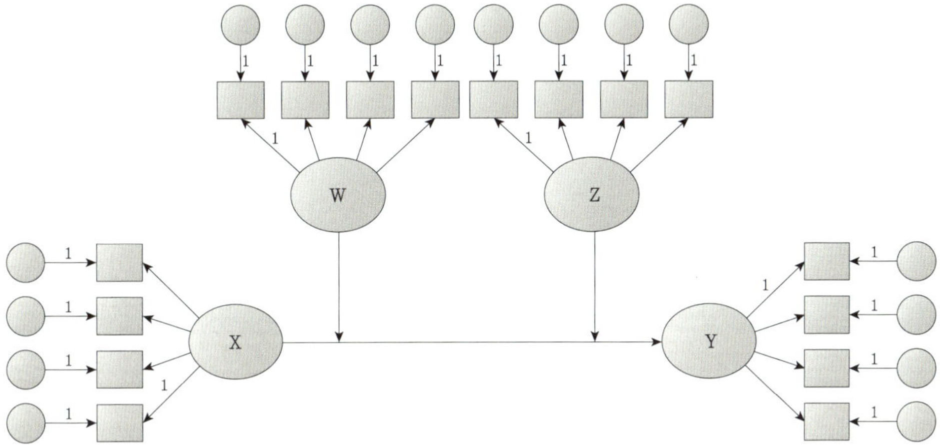

1. 위 모델을 Amos로 분석하기 위해 아래와 같은 경로도를 작성하고 경로 명칭을 부여한다.
2. 독립변수와 조절변수를 모두 평균중심화한다.
3. 상호작용항에 해당하는 적지표를 만든다. 상호작용항의 적지표는 모든 적지표 접근법과 대응된 쌍 접근법을 모두 이용할 수 있다. 먼저 모든 적지표(all-product indicator) 접근법을 이용하는 것부터 살펴보기로 한다.
4. 해당 지표를 갖다 놓는다.
5. 입력파일은 다음과 같다.

Input process_2 모든 적지표 접근법

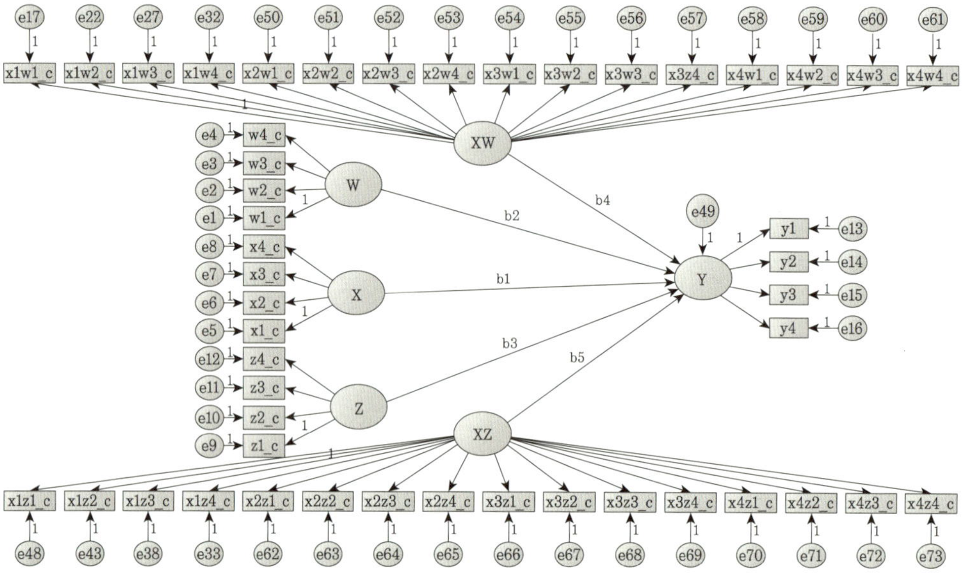

6 이를 실행하면 다음과 같은 결과를 얻는다.

Output process_2 모든 적지표 접근법 분석 결과

Regression Weights: (Group number 1 - Default model)

			Estimate	S.E.	C.R.	P	Label
Y	<---	W	-.003	.061	-.056	.955	b2
Y	<---	X	-.651	.085	-7.643	***	b1
Y	<---	Z	.553	.064	8.585	***	b3
Y	<---	XW	.079	.053	1.485	.138	b4
Y	<---	XZ	.187	.057	3.261	.001	b5

Variances: (Group number 1 - Default model)

	Estimate	S.E.	C.R.	P
W	2.239	.232	9.642	***
X	1.362	.187	7.269	***
Z	2.485	.337	7.384	***

7 [user-defined estimand]에서 조건부 효과에 해당하는 명령문을 만든다.

```
File  Edit  Format  Help
'conditional effect
'ce=b1+b4(W)+b5(Z)

conditional_effect1=b1+b4*(-1*1.496)+b5*(-1*1.576)
conditional_effect2=b1+b4*(0)+b5*(-1*1.576)
conditional_effect3=b1+b4*(1*1.496)+b5*(-1*1.576)
conditional_effect4=b1+b4*(-1*1.496)+b5*(0)
conditional_effect5=b1+b4*(0)+b5*(0)
conditional_effect6=b1+b4*(1*1.496)+b5*(0)
conditional_effect7=b1+b4*(-1*1.496)+b5*(1*1.576)
conditional_effect8=b1+b4*(0)+b5*(1*1.576)
conditional_effect9=b1+b4*(1*1.496)+b5*(1*1.576)
```

8 이를 실행하면 다음과 같은 결과를 얻는다.

Output process_2 사용자 정의 추정에 의한 결과

User-defined estimands: (Group number 1 - Default model)

Parameter	Estimate	Lower	Upper	P
conditional_effect1	-1.063	-1.288	-.895	.001
conditional_effect2	-.945	-1.251	-.635	.000
conditional_effect3	-.826	-1.339	-.267	.007
conditional_effect4	-.769	-1.078	-.496	.003
conditional_effect5	-.651	-.784	-.518	.001
conditional_effect6	-.532	-.813	-.241	.003
conditional_effect7	-.475	-1.027	.054	.086
conditional_effect8	-.357	-.662	-.033	.036
conditional_effect9	-.238	-.422	-.020	.031

9 조건부 효과는 [conditional_effect7]을 제외하고 모두 유의적인 것으로 나타났다. 즉 W가 낮고 Z가 높은 수준에서는 조절효과가 없는 것으로 나타났다.

10 [conditional_effect1]은 W가 평균보다 낮은 수준이고, Z도 평균보다 낮은 수준의 값이다(−1.063). [conditional_effect9]는 W가 평균보다 높은 수준이고, Z도 평균보다 높은 수준의 값이다(−.238). 이 조건부 효과를 토대로 W와 Z가 낮을수록 X가 Y에 미치는 효과는 더 많이 감소한다고 해석한다.

11 상호작용항에 해당하는 지표를 대응된 쌍(matched pairs) 접근법으로 추정하기로 한다. 이를 위한 입력파일은 [Input process_2_1]이다.

Input process_2_1 대응된 쌍 접근법

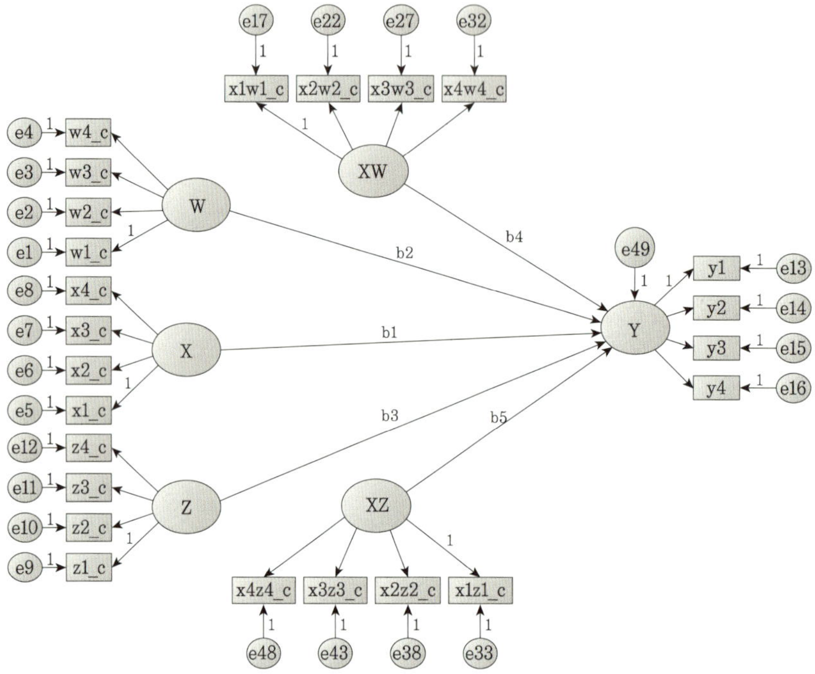

12 이를 실행하면 다음과 같은 결과를 얻는다.

Output process_2_1 대응된 쌍 접근법 분석 결과

Regression Weights: (Group number 1 - Default model)

			Estimate	S.E.	C.R.	P	Label
Y	<---	W	-.002	.062	-.032	.974	b2
Y	<---	X	-.648	.085	-7.608	***	b1
Y	<---	Z	.552	.064	8.557	***	b3
Y	<---	XW	.103	.055	1.891	.059	b4
Y	<---	XZ	.125	.044	2.859	.004	b5

User-defined estimands: (Group number 1 - Default model)

Parameter	Estimate	Lower	Upper	P
conditional_effect1	-1.000	-1.209	-.826	.001
conditional_effect2	-.846	-1.093	-.599	.001
conditional_effect3	-.691	-1.131	-.213	.007
conditional_effect4	-.803	-1.106	-.530	.002
conditional_effect5	-.648	-.782	-.513	.001
conditional_effect6	-.493	-.774	-.209	.003
conditional_effect7	-.605	-1.087	-.140	.013
conditional_effect8	-.450	-.689	-.167	.003
conditional_effect9	-.296	-.492	-.103	.004

13 모든 적지표 접근법으로 추정한 것과 큰 차이가 없다. [conditional_effect7]이 대응된 쌍 접근법으로 분석하면 유의적인 것으로 나타났다.

14 이 분석을 원척도를 이용하여 모든 적지표 접근법으로 실행하기로 한다. 이를 위한 입력파일이 [Input process_2_2]이다.

Input process_2_2 원척도 이용

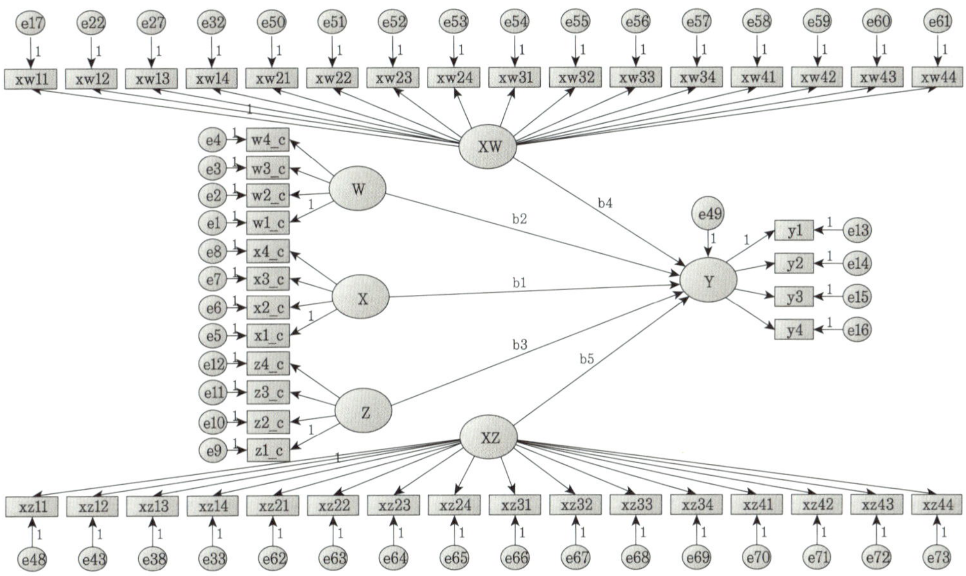

15 [user-defined estimand]에서 다음과 같이 조건부 효과에 해당하는 명령문을 작성하고 저장한다. 이 명령문에서 3.345, 3.729는 조절변수 *W*와 *Z*의 평균값이다.

File Edit Format Help

```
'conditional effect
'ce=b1+b4(W)+b5(Z)

conditional_effect1=b1+b4*(-1*1.496+3.345)+b5*(-1*1.576+3.729)
conditional_effect2=b1+b4*(0+3.345)+b5*(-1*1.576+3.729)
conditional_effect3=b1+b4*(1*1.496+3.345)+b5*(-1*1.576+3.729)
conditional_effect4=b1+b4*(-1*1.496+3.345)+b5*(0+3.729)
conditional_effect5=b1+b4*(0+3.345)+b5*(0+3.729)
conditional_effect6=b1+b4*(1*1.496+3.345)+b5*(0+3.729)
conditional_effect7=b1+b4*(-1*1.496+3.345)+b5*(1*1.576+3.729)
conditional_effect8=b1+b4*(0+3.345)+b5*(1*1.576+3.729)
conditional_effect9=b1+b4*(1*1.496+3.345)+b5*(1*1.576+3.729)
```

16 이를 실행하면 다음과 같은 결과를 얻는다.

Output process_2_2 원척도 이용 분석 결과

Regression Weights: (Group number 1 - Default model)

			Estimate	S.E.	C.R.	P	Label
Y	<---	W	-.251	.061	-4.086	***	b2
Y	<---	X	-1.531	.106	-14.390	***	b1
Y	<---	Z	.164	.060	2.736	.006	b3
Y	<---	XW	.083	.015	5.468	***	b4
Y	<---	XZ	.154	.017	9.022	***	b5

User-defined estimands: (Group number 1 - Default model)

Parameter	Estimate	Lower	Upper	P
conditional_effect1	-1.045	-1.282	-.862	.001
conditional_effect2	-.921	-1.172	-.658	.001
conditional_effect3	-.796	-1.217	-.325	.005
conditional_effect4	-.802	-1.161	-.450	.002
conditional_effect5	-.678	-.849	-.483	.002
conditional_effect6	-.553	-.782	-.305	.001
conditional_effect7	-.559	-1.179	.019	.061
conditional_effect8	-.435	-.798	-.026	.039
conditional_effect9	-.310	-.507	.000	.048

17 [Output process_2]와 비교하면 큰 차이가 없다.

2 조절된 조절모델: PROCESS 모델 3

2.1 조절된 조절모델의 의의

조절된 조절모델(moderated moderation model)이란 [그림 8-5]처럼 조절변수가 조절된 모델을 의미한다. 조절된 조절모델에는 2개의 조절변수가 포함된다. 조절변수 W를 제1조절변수(primary moderator)라 하고, 조절변수 Z를 제2조절변수(secondary moderator)라 한다. [그림 8-5]의 조절된 조절모델의 개념적 모델을 통해 알 수 있듯, X와 Y 사이의 관계를 제1조절변수인 W가 조절하고, 이 조절관계를 제2조절변수인 Z가 조절한다고 가정한다. 조절된 조절을 3원상호작용(three-way interaction)이라고도 한다.

그림 8-5 ❙ 조절된 조절의 개념적 모델

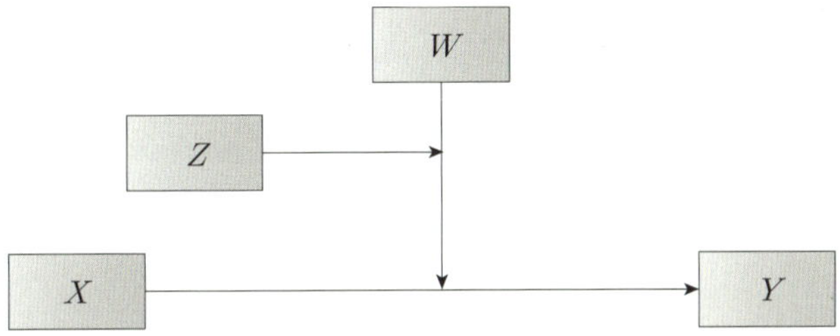

조절된 조절모델의 통계적 모델은 [그림 8-6]과 같다.

그림 8-6 ❙ 조절된 조절의 통계적 모델

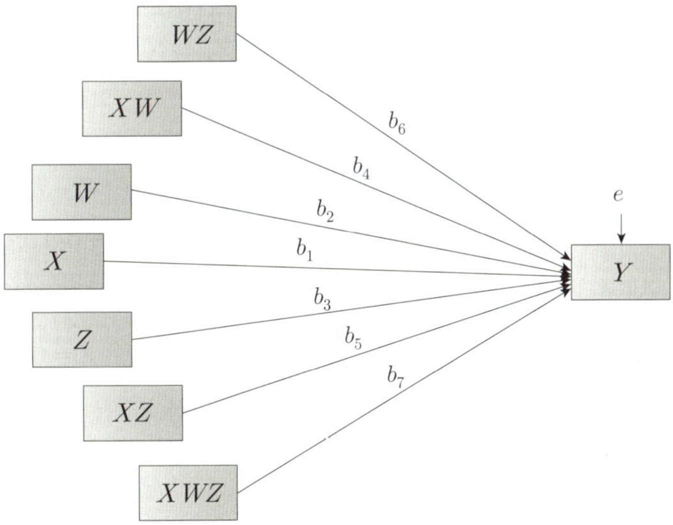

통계적 모델의 회귀식은 다음과 같다.

$$Y = b_0 + b_1X + b_2W + b_3Z + b_4XW + b_5XZ + b_6WZ + b_7XWZ + e \qquad (3)$$

식(3)을 다음과 같이 정리할 수 있다.

$$Y = (b_0 + b_2W + b_3Z + b_6WZ) + (b_1 + b_4W + b_5Z + b_7WZ)X + e \qquad (4)$$

식(4)에서 $(b_0 + b_2W + b_3Z + b_6WZ)$는 절편을 의미하고, $(b_1 + b_4W + b_5Z + b_7WZ)$는

기울기를 의미한다. 식(3)을 보면 3개의 2원상호작용항(XW, XZ, WZ), 1개의 3원 상호작용항(XWZ)으로 구성되어 있는 것을 알 수 있다. 이 식을 통해 X가 Y에 주는 효과는 W, Z, WZ의 함수임을 알 수 있다. X의 조건부 효과는 다음과 같다.

$$\theta_{X \to Y} = b_1 + b_4 W + b_5 Z + b_7 WZ \tag{5}$$

식(4)는 다음과 같이 정리할 수 있다.

$$Y = b_0 + (b_1 + b_5 Z)X + [(b_4 + b_7 Z)W]X + b_2 W + b_3 Z + b_6 WZ + e \tag{6}$$

식(6)에서 X가 Y에 미치는 효과는 두 부분으로 구성되어 있는 것을 알 수 있다. 첫째는 Z에 의해 결정되는 $(b_1 + b_5 Z)$이고, 둘째는 W에 의해 결정되는 $(b_4 + b_7 Z)$이다. X가 Y에 미치는 W의 조절효과는 Z에 의해 조절된다고 가정하는 모델이 조절된 조절 모델이다.

식(3)에서 b_1은 W와 Z가 모두 0일 때 X가 Y에 미치는 조건부 효과이고, b_2는 X와 Z가 모두 0일 때 W가 Y에 미치는 조건부 효과이고, b_3은 X와 W가 모두 0일 때 Z가 Y에 미치는 조건부 효과이다. b_4는 $Z = 0$일 때 X와 W 간의 조건적 상호작용 효과이고, b_5는 $W = 0$일 때 X와 Z 간의 조건적 상호작용효과이고, b_6은 $X = 0$일 때 W와 Z 간의 조건적 상호작용효과이다. b_7은 X, W, Z 간의 3원상호작용 추정치이다.

조절된 조절모델의 분석 결과는 b_1, b_4, b_5, b_7의 부호가 양(+)인지, 음(−)인지에 따라 [표 8-1]과 같이 해석한다.

▌표 8-1 ▌조절된 조절효과의 해석

계수 및 부호				해석	상황
b_1	b_4	b_5	b_7		
+	+	+	+	X가 증가하면 Y는 증가하는데(b_1), b_4가 증가하고 b_5가 증가할수록 X가 Y에 미치는 효과는 커진다(b_7)	A

	+	−	−	X가 증가하면 Y는 증가하는데(b_1), b_4가 증가하고 b_5가 감소할수록 X가 Y에 미치는 효과는 작아진다(b_7)	B
	+	+	−	X가 증가하면 Y는 증가하는데(b_1), b_4가 증가하고 b_5가 증가할수록 X가 Y에 미치는 효과는 작아진다(b_7)	C
	+	−	+	X가 증가하면 Y는 증가하는데(b_1), b_4가 증가하고 b_5가 감소할수록 X가 Y에 미치는 효과는 커진다(b_7)	D
−	−	+	+	X가 증가하면 Y는 감소하는데(b_1), b_4가 감소하고 b_5가 증가할수록 X가 Y에 미치는 효과는 커진다(b_7)	E
	−	−	+	X가 증가하면 Y는 감소하는데(b_1), b_4가 감소하고 b_5가 감소할수록 X가 Y에 미치는 효과는 커진다(b_7)	F
	−	+	−	X가 증가하면 Y는 감소하는데(b_1), b_4가 감소하고 b_5가 증가할수록 X가 Y에 미치는 효과는 작아진다(b_7)	G
	−	−	−	X가 증가하면 Y는 감소하는데(b_1), b_4가 감소하고 b_5가 감소할수록 X가 Y에 미치는 효과는 작아진다(b_7)	H

2.2 조절된 조절모델: 예 1

1) PROCESS에 의한 분석

1 [그림 8-7] 모델을 PROCESS로 평균중심회해서 분석하기로 한다.

그림 8-7 | 조절된 조절모델

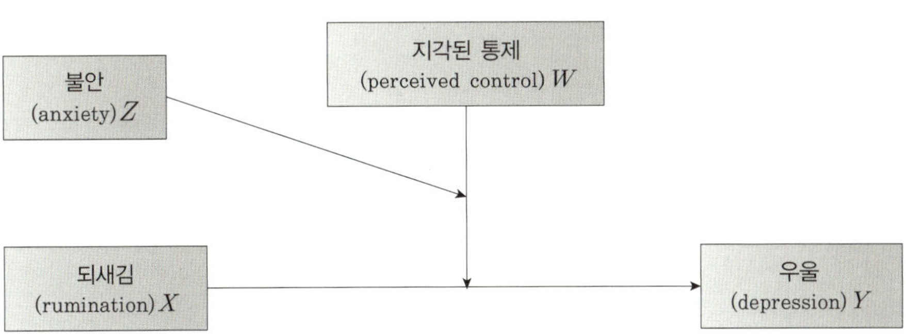

2 PROCESS에서 다음과 같이 변수 및 모델넘버를 지정한다.

PROCESS 대화상자-2 변수지정 및 모델넘버

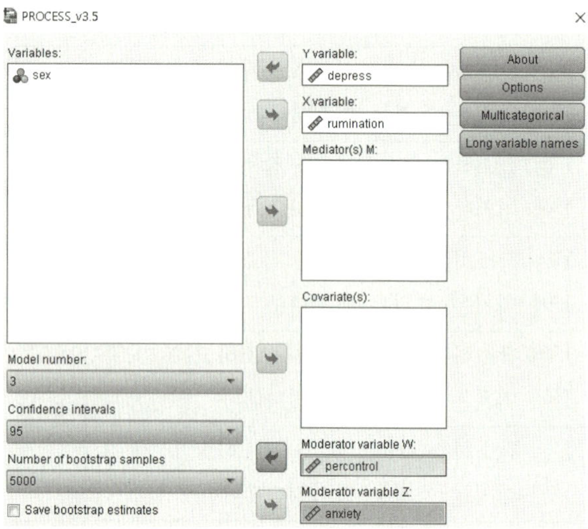

3 이를 실행하면 [PROCESS Output-2]를 얻는다.

PROCESS Output-2 PROCESS 분석 결과

****

OUTCOME VARIABLE:
depress

Model Summary

R	R-sq	MSE	F	df1	df2	p
.7694	.5920	22.8733	190.3237	7.0000	918.0000	.0000

Model

	coeff	se	t	p	LLCI	ULCI
constant	-.5377	.1831	-2.9361	.0034	-.8971	-.1783
ruminati(b_1)	.1260	.0203	6.2088	.0000	.0862	.1658
percontr(b_2)	-.3498	.0218	-16.0158	.0000	-.3927	-.3070
Int_1(b_4)	-.0014	.0021	-.6600	.5094	-.0054	.0027
anxiety(b_3)	.2441	.0244	10.0153	.0000	.1962	.2919
Int_2(b_5)	.0082	.0021	3.8789	.0001	.0041	.0124
Int_3(b_6)	-.0035	.0025	-1.4152	.1574	-.0083	.0014
Int_4(b_7)	.0003	.0001	2.1857	.0291	.0000	.0006

```
Product terms key:
 Int_1     :        ruminati  x        percontr
 Int_2     :        ruminati  x        anxiety
 Int_3     :        percontr  x        anxiety
 Int_4     :        ruminati  x        percontr  x        anxiety
Test(s) of highest order unconditional interaction(s):
           R2-chng          F        df1        df2          p
X*W*Z        .0021     4.7772     1.0000   918.0000      .0291
----------
    Focal predict: ruminati (X)
          Mod var: percontr (W)
          Mod var: anxiety  (Z)

Test of conditional X*W interaction at value(s) of Z:
    anxiety     Effect          F        df1        df2          p
    -9.2924     -.0042     3.2925     1.0000   918.0000      .0699
      .0000     -.0014      .4355     1.0000   918.0000      .5094
     9.2924      .0015      .3313     1.0000   918.0000      .5651

Conditional effects of the focal predictor at values of the moderator(s):

   percontr    anxiety     Effect         se          t          p       LLCI       ULCI
    -8.9968    -9.2924      .0872      .0349     2.4965      .0127      .0187      .1558
    -8.9968      .0000      .1382      .0257     5.3794      .0000      .0878      .1887
    -8.9968     9.2924      .1893      .0259     7.2961      .0000      .1383      .2402
      .0000    -9.2924      .0496      .0267     1.8536      .0641     -.0029      .1021
      .0000      .0000      .1260      .0203     6.2088      .0000      .0862      .1658
      .0000     9.2924      .2025      .0298     6.8037      .0000      .1441      .2609
     8.9968    -9.2924      .0119      .0327      .3643      .7157     -.0523      .0761
     8.9968      .0000      .1138      .0291     3.9041      .0001      .0566      .1710
     8.9968     9.2924      .2157      .0464     4.6506       .000      .1247      .3067
```

4 결과 가운데 가장 먼저 보아야 할 계수가 b_7이다. b_7이 유의적이지 않으면 조절된 조절효과는 없는 것이고 해석은 의미가 없다. 이 예에서 b_7은 유의적이므로 조절된 조절효과가 있다고 해석한다. 되새김이 증가하면 우울이 증가하는데($b_1 = .1260$), 지각된 통제(percontr)가 감소하고($b_4 = -.0014$) 불안(anxiety)이 증가할수록($b_5 = .0082$) 우울은 증가($b_7 = .0003$)한다고 해석한다.

2) Amos에 의한 분석

1 Amos에서 다음과 같은 경로도를 작성하고 경로 명칭을 부여한다.

Input moderated-moderation PROCESS 모델 3

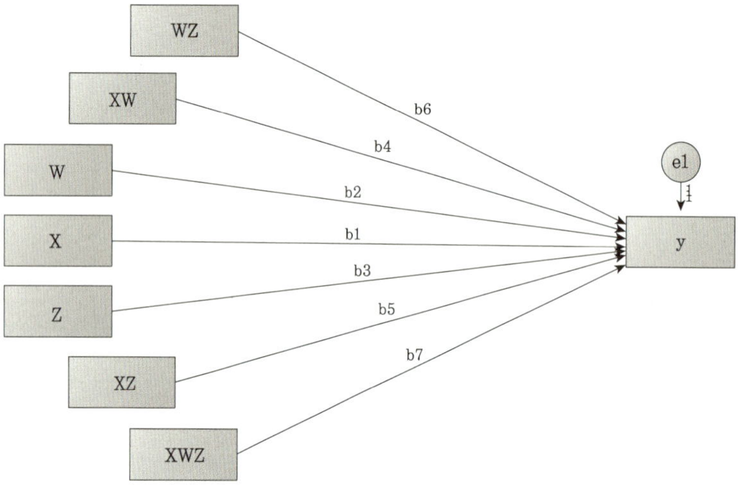

2 이를 실행하면 다음과 같은 결과를 얻는다.

Output moderated-moderation PROCESS 모델 3 분석 결과

Regression Weights: (Group number 1 - Default model)

			Estimate	S.E.	C.R.	P	Label
y	<---	x	.1260	.0154	8.1646	***	b1
y	<---	w	-.3498	.0174	-20.0916	***	b2
y	<---	xw	-.0014	.0014	-.9379	.3483	b4
y	<---	wz	-.0035	.0015	-2.3541	.0186	b6
y	<---	z	.2441	.0169	14.4777	***	b3
y	<---	xz	.0082	.0012	6.7764	***	b5
y	<---	xwz	.0003	.0001	4.1466	***	b7

Variances: (Group number 1 - Default model)

	Estimate	S.E.	C.R.	P
x	102.9066	4.7851	21.5058	***
w	80.8542	3.7596	21.5058	***
xw	11682.3054	543.2162	21.5058	***
wz	11126.3286	517.3638	21.5058	***
z	86.2558	4.0108	21.5058	***
xz	16633.5887	773.4462	21.5058	***
xwz	4557184.4113	211904.7709	21.5058	***

6 [user-defined estimand]에서 다음과 같은 신택스를 작성한다.

File Edit Format Help

```
'Moderated moderation: PROCESS model 3

'Conditional effect (omega)
'Omega =b1+b4*W+b5*Z +b7*W*Z

conditional_effect_1=b1+b4*(-1*8.99)+b5*(-1*9.29) +b7*(-1*8.99)*(-1*9.29)
conditional_effect_2=b1+b4*(-1*8.99)+b5*(0) +b7*(-1*8.99)*(0)
conditional_effect_3=b1+b4*(-1*8.99)+b5*(1*9.29) +b7*(-1*8.99)*(1*9.29)
conditional_effect_4=b1+b4*(0)+b5*(-1*9.29) +b7*(0)*(-1*9.29)
conditional_effect_5=b1+b4*(0)+b5*(0) +b7*(0)
conditional_effect_6=b1+b4*(0)+b5*(1*9.29)+b7*(0)*(1*9.29)
conditional_effect_7=b1+b4*(1*8.99)+b5*(-1*9.29) +b7*(1*8.99)*(-1*9.29)
conditional_effect_8=b1+b4*(1*8.99)+b5*(0) +b7*(1*8.99)*(0)
conditional_effect_9=b1+b4*(1*8.99)+b5*(1*9.29) +b7*(1*8.99)*(1*9.29)
```

4 이를 저장하고 실행하면 다음과 같은 결과를 얻는다.

Output moderated-moderation PROCESS 모델 3 분석 결과

User-defined estimands: (Group number 1 - Default model)

Parameter	Estimate	Lower	Upper	P
conditional_effect_1	.087	-.044	.188	.176
conditional_effect_2	.138	.035	.219	.009
conditional_effect_3	.189	.103	.271	.001
conditional_effect_4	.050	-.020	.109	.154
conditional_effect_5	.126	.078	.174	.001
conditional_effect_6	.202	.133	.276	.001
conditional_effect_7	.012	-.037	.061	.586
conditional_effect_8	.114	.048	.180	.002
conditional_effect_9	.216	.100	.343	.001

5 PROCESS 결과와 비교해보면 [conditional_effect_1]이 PROCESS macro 분석에서는 유의적으로 나타났으나, Amos 분석에서는 유의적이지 않은 것으로 나타났다.

2.3 조절된 조절모델: 예 2

[그림 8-8] 모델의 조절된 조절모델을 분석해보기로 한다.

그림 8-8 | 조절된 조절모델

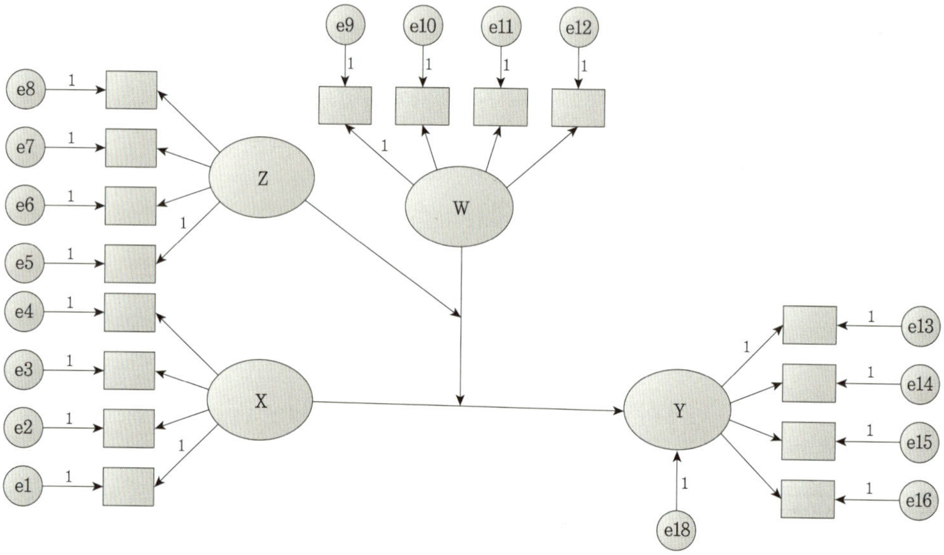

1. [그림 8-8]의 모델을 대상으로 조절된 조절모델을 분석하기 위한 접근법에 대해 살펴본다.
2. 독립변수와 조절변수를 모두 평균중심화한다.
3. 상호작용항에 해당하는 적지표를 만든다.
4. 조절된 조절모델을 분석하기 위한 경로도는 [그림 8-9]와 같다.

그림 8-9 ▌ 조절된 조절모델: 모든 적지표 접근법

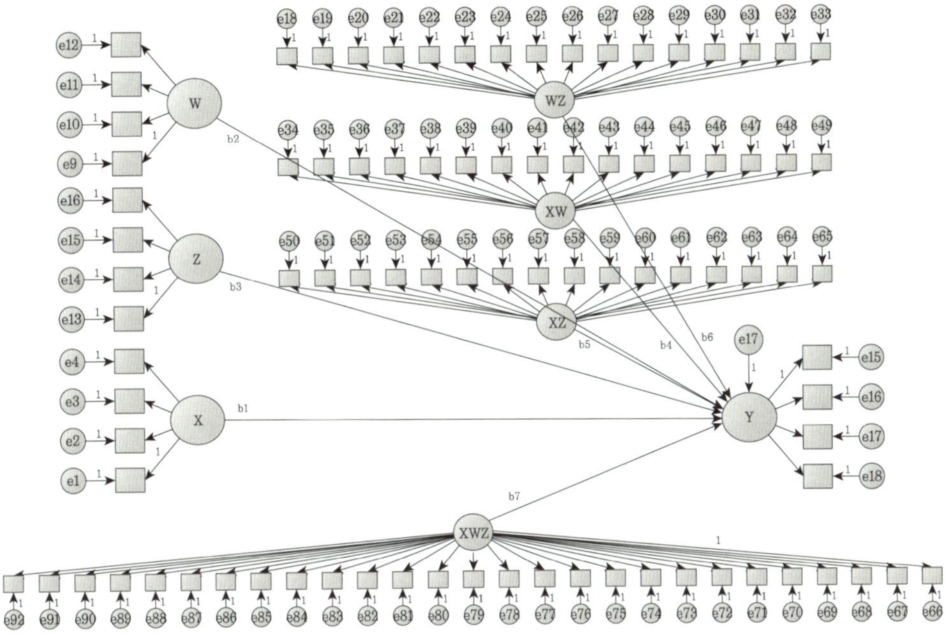

5 해당하는 지표를 적합한 곳에 갖다 놓는다.

6 위 모델에서 잠재변수 XWZ에는 $4\times4\times4=64$개의 지표가 필요하다. 이처럼 많은 지표가 요구되는 경우에는 대응된 쌍 접근법을 이용하여 $2\times2\times2=8$ 또는 $3\times3\times3=27$개의 지표를 이용할 수 있다.

7 이 예에서는 상호작용항의 지표를 대응된 쌍 접근법을 이용하여 분석하기로 한다. 이를 위한 입력파일은 [Input process_3]이다.

Input process_3 PROCESS 모델 3

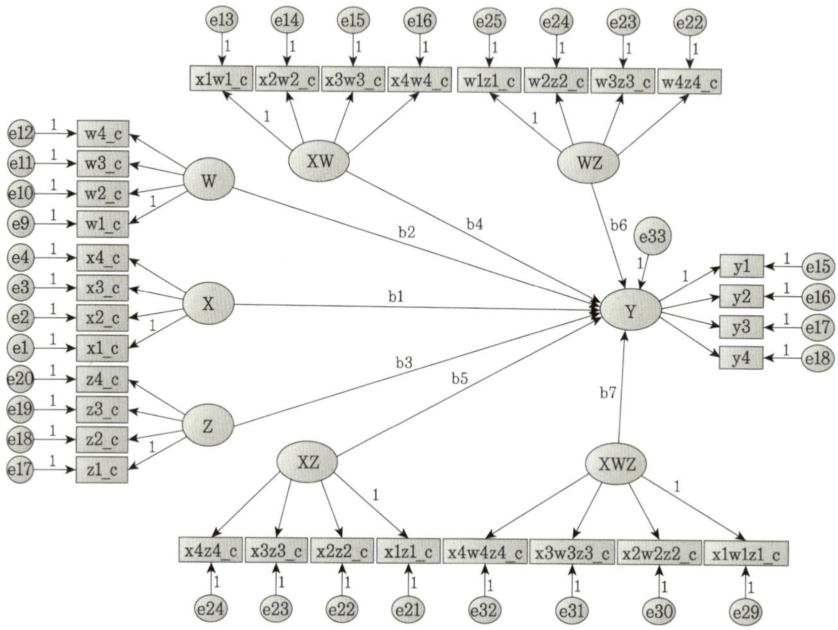

8 이를 실행하면 다음과 같은 결과를 얻는다.

Output process_3 PROCESS 모델 3 분석 결과

Regression Weights: (Group number 1 - Default model)

			Estimate	S.E.	C.R.	P	Label
Y	<---	X	-.802	.087	-9.182	***	b1
Y	<---	W	-.007	.061	-.108	.914	b2
Y	<---	Z	.521	.063	8.224	***	b3
Y	<---	XW	.110	.054	2.037	.042	b4
Y	<---	WZ	.011	.044	.259	.795	b6
Y	<---	XZ	.107	.043	2.484	.013	b5
Y	<---	XWZ	.075	.027	2.819	.005	b7

Variances: (Group number 1 - Default model)

	Estimate	S.E.	C.R.	P
X	1.363	.187	7.272	***
W	2.239	.232	9.642	***
XW	2.925	.392	7.471	***
Z	2.485	.337	7.384	***
XZ	4.765	.744	6.401	***
WZ	4.523	.630	7.180	***
XWZ	12.611	2.010	6.275	***

9 $b7 = .075$가 유의적이므로 조절된 조절효과가 있다. 이를 보다 구체적으로 살펴보기 위해 단순기울기분석을 한다. 이를 위해 다음과 같은 신택스를 만든다.

File Edit Format Help

```
'Moderated moderation: PROCESS model 3

'Conditional effect (omega)
'Omega =b1+b4*W+b5*Z +b7*W*Z

conditional_effect_1=b1+b4*(-1*1.496)+b5*(-1*1.576) +b7*(-1*1.496)*(-1*1.576)
conditional_effect_2=b1+b4*(-1*1.496)+b5*(0) +b7*(-1*1.496)*(0)
conditional_effect_3=b1+b4*(-1*1.496)+b5*(1*1.576) +b7*(-1*1.496)*(1*1.576)
conditional_effect_4=b1+b4*(0)+b5*(-1*1.576) +b7*(0)*(-1*1.576)
conditional_effect_5=b1+b4*(0)+b5*(0) +b7*(0)
conditional_effect_6=b1+b4*(0)+b5*(1*1.576)+b7*(0)*(1*1.576)
conditional_effect_7=b1+b4*(1*1.496)+b5*(-1*1.576) +b7*(1*1.496)*(-1*1.576)
conditional_effect_8=b1+b4*(1*1.496)+b5*(0) +b7*(1*1.496)*(0)
conditional_effect_9=b1+b4*(1*1.496)+b5*(1*1.576) +b7*(1*1.496)*(1*1.576)
```

10 이를 실행하면 다음과 같은 결과를 얻는다.

Output process_3 조절된 조절모델 분석 결과

User-defined estimands: (Group number 1 - Default model)

Parameter	Estimate	Lower	Upper	P
conditional_effect_1	-.959	-1.143	-.801	.002
conditional_effect_2	-.966	-1.381	-.563	.004
conditional_effect_3	-.974	-1.770	-.260	.005
conditional_effect_4	-.971	-1.250	-.746	.001
conditional_effect_5	-.802	-1.014	-.573	.003
conditional_effect_6	-.632	-1.031	-.242	.003
conditional_effect_7	-.982	-1.536	-.579	.001
conditional_effect_8	-.637	-.959	-.372	.001
conditional_effect_9	-.291	-.478	-.078	.010

11 조절변수 W와 Z의 수준이 높을수록 X가 Y에 미치는 효과는 커진다고 해석한다.

참고문헌

배병렬 (2021). SPSS/PROCESS에 의한 조절효과 및 매개효과분석: 이론과 실제. 도서출판 청람.

이형권 편역 (2015). PROCESS macro를 이용한 매개분석·조절분석 및 조절된 매개분석. 신영사.

이형권 (2018). M*plus*를 이용한 매개효과와 조절효과 및 조절된 매개효과 분석. 신영사.

Dawson, J. F., & Richter, A. W. (2006). Probing three-way interactions in moderated multiple regression: Development and application of a slope difference test. *Journal of Applied Psychology, 91*(4), 917-926.

de Zúñiga, H. G., Barnidge, M., & Diehl, T. (2018). Political persuasion on social media: A moderated moderation model of political discussion disagreement and civil reasoning. *The Information Society, 34*(5), 302-315.

Hayes, A. F. (2018). *Introduction to mediation, moderation, and conditional process analysis: A regression-based approach* (2nd ed.). Guilford Press.

Kollmann, T., Stöckmann, C., & Linstaedt, J. W. (2019). Task conflict, narcissism and entrepreneurial capability in teams planning a business: A moderated moderation approach to explaining business planning performance. *Journal of Small Business Management, 57*(4), 1399-1423.

Pinto, J. F., Dawood, S., & Pinto, M. B. (2014). Project management and burnout: Implications of the demand-control-support model on project-based work. *International Journal of Project Management, 32*, 578-589.

Shkoler, O., & Kimura, T. (2020). How does work motivation impact employees' investment at work and their job engagement? A moderated-moderation perspective through an international lens. *Frontiers in Psychology, 11*(38), 1-16.

Chapter 9

매개효과분석: 개요

1. 매개변수 및 매개효과의 의의
2. 매개효과분석의 의의
3. 매개모델의 형태
4. 매개효과 검정을 위한 연구설계
5. 부분매개와 완전매개의 용어에 대한 비판
6. 매개효과와 간접효과의 차이

CHAPTER 09 매개효과분석: 개요

1 매개변수 및 매개효과의 의의

1.1 매개변수의 의의

매개효과는 심리학의 초기 패러다임인 자극-반응 패러다임(stimulus-response: S-R paradigm)의 한계를 극복하고자, R. S. Woodworth에 의해 제안된 자극-유기체-반응 패러다임(stimulus-organism-response: S-O-R paradigm)을 기반으로 한다. 즉 인간의 행동을 설명하는 데 있어 어떤 자극에 노출되면 바로 반응을 하는 것이 아니라, 유기체 내에서 작동하는 메커니즘(mechanism)을 통해 반응한다고 보는 것이 보다 더 합리적이라는 논리에 기반을 둔다. S-O-R 패러다임을 그림으로 나타내면 [그림 9-1]과 같다.

그림 9-1 ▌S-O-R 패러다임

매개변수(mediator, mediating variable)는 독립변수와 종속변수 간의 관계를 설명하기 위해 개입하는 제3의 변수이다. Baron & Kenny(1986)의 매개변수와 관련된 정의를 원문 그대로 살펴본다.

> the mediator function of a third variable, which represents the generative mechanism through which the focal independent variable is able to influence the dependent variable of interest(p. 1173).
> In general, a given variable may be said to function as a mediator to the extent that it accounts for the relation between the predictor and the criterion(p. 1176).

일반적으로 매개변수는 다른 변수와의 관계에서 변하는 속성을 갖는 변수들이 여기에 속한다. 심리학에서 이러한 변수들을 **상태변수(state variable)**라 한다. 예를 들면 불안, 정직, 무드 등은 변화할 소지가 있는 상태변수들이고 이들이 매개변수로 많이 쓰인다.

매개변수는 독립변수와 종속변수 간의 관계를 설명하는 데 개입되는 변수로서 왜(why) 또는 어떻게(how)를 설명하기 위해 필요한 변수이다. 예를 들어, 사람은 스트레스를 받게 되면 우울해진다. 이 경우, 스트레스를 받으면 우울해지는 이유를 설명할 수 있는 변수가 매개변수이다. 스트레스를 받으면 왜 우울해질까? 이를 설명하기 위한 매개변수로 '불안'을 들 수 있다. 즉 스트레스를 받으면 불안하게 되고 불안하면 우울해진다고 가정할 수 있다. 이러한 관계를 [그림 9-2]와 같이 나타낼 수 있다.

그림 9-2 | 불안의 매개효과

[그림 9-2]의 스트레스와 우울 간의 관계에서 불안의 매개효과를 검정한 결과 불안이 매개효과가 있는 것으로 나타났다면 스트레스를 받게 되면 불안해지고 불안해지면 우울해진다고 해석할 수 있다. 만약 불안이 매개효과가 없는 것으로 나타나면 스트레스를 받으면 바로 우울해진다고 해석할 수 있다.

1.2 매개효과의 의의

매개효과(mediated effect)가 있다는 것은 독립변수가 매개변수에 영향을 주고, 매개변수가 종속변수에 영향을 주는 간접효과(indirect effect)가 통계적으로 유의적임을 의미한다. 스트레스의 예에서 스트레스가 불안에 영향을 주고, 불안이 우울에 영향을 준다면 불안은 매개효과가 있다고 한다. 즉 '스트레스 → 불안 → 우울'의 관계가 성립한다. 매개효과분석(mediating effect analysis)은 이러한 매개변수가 효과가 있는가를 검정하는 것이다.

상담프로그램을 받은 집단과 받지 않은 집단에 따라 웰빙(well-being)이 달라진다고 가정한다. 이러한 이유를 설명하기 위해 '사회적 지원'을 매개변수로 설정하여 매개효과를 검정할 수 있다. 이러한 관계를 나타내면 [그림 9-3]과 같다.

그림 9-3 | 사회적 지원의 매개효과

[그림 9-3]의 매개효과를 분석한 결과, 사회적 지원이 정적(+)으로 유의적인 매개효과를 하는 것으로 나타났다면 이는 상담을 받은 그룹은 그렇지 않은 그룹에 비해 사회적 지원을 증가시키면 웰빙이 높아짐을 의미한다. 마찬가지로, 상담을 받은 그룹보다 상담을 받지 않은 그룹이 사회적 지원이 더 감소하면 사회적 지원은 유의적인 매개변수가 된다. 이러한 상담의 효과를 평가함으로써 종속변수(즉, 웰빙)에 영향을 미치는 메커니즘에 관한 정보를 얻을 수 있다. 이러한 정보는 상담의 효과적인 요인에 초점을 맞추게 하고, 비효과적인 요인을 제거할 수 있는 시사점을 제공해준다.

매개변수의 의의에 대해 MacKinnon(2008)의 책 표지를 통해 이해하기로 한다. [그림 9-4]는 그의 책 표지 이미지이다. 이미지를 통해 알 수 있듯, 독립변수와 종속변수 간의 관계를 설명할 수 있는 블랙박스 안에 숨어있는 변수를 찾는 것이 매개효과분석이 갖는 의의이다. 그런 의미에서 그는 책의 표지를 검은 상자를 여는 것으로 표현하고자 했다.

그림 9-4 | MacKinnon(2008) 책 표지

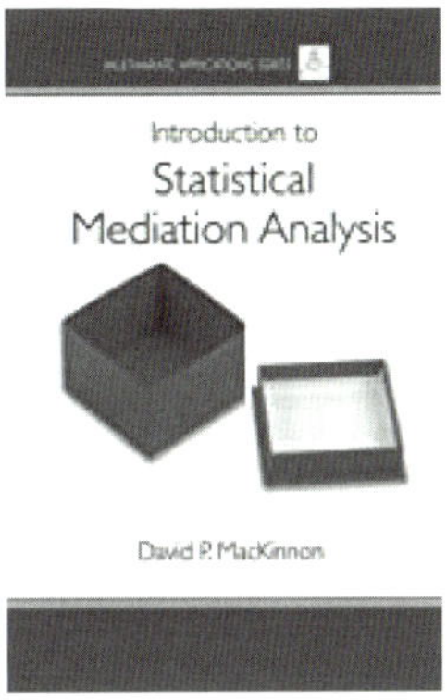

2 매개효과분석의 의의

2.1 기존의 연구 및 이론의 통합

매개효과분석의 의의에 대해 살펴보기로 한다. 매개효과분석을 통해 기존의 연구나 이론을 통합할 수 있다. 사회과학에서 많이 쓰이고 있는 Fishbein & Ajzen의 합리적 행동이론(theory of reasoned action)을 통해 이에 대해 살펴본다. [그림 9-5]는 합리적 행동이론을 나타낸 것이다.

그림 9-5 | 합리적 행동이론

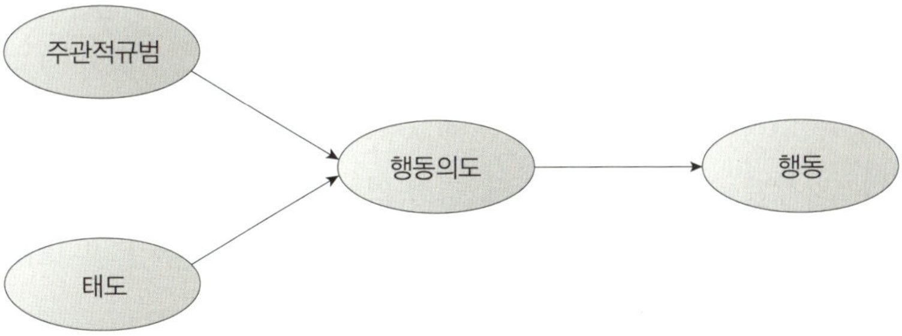

이 이론을 만들기 위해 어떤 과정을 겪어야 했는지를 매개효과분석의 관점에서 살펴

본다. 먼저 행동이 이루어지기 위해서는 행동의도가 있어야 한다. 이 두 변수 간에 인과관계가 성립한다면 행동의도에 영향을 줄 수 있는 변수를 고민해야 한다. 그들은 이 변수들로 '주관적규범'과 '태도'를 고려하였다. 이를 [그림 9-6]과 같이 나타낼 수 있다.

그림 9-6 | 주관적규범, 행동의도, 행동 간 관계

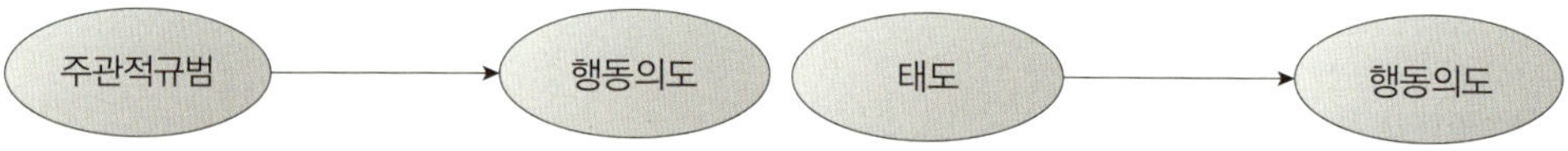

'행동의도 → 행동', '주관적규범 → 행동의도' 간의 관계를 많은 연구를 대상으로 분석한 다음, 이들의 관계를 하나의 틀로 묶을 수 있다.

그림 9-7 | 주관적규범 → 행동의도 → 행동 간 관계

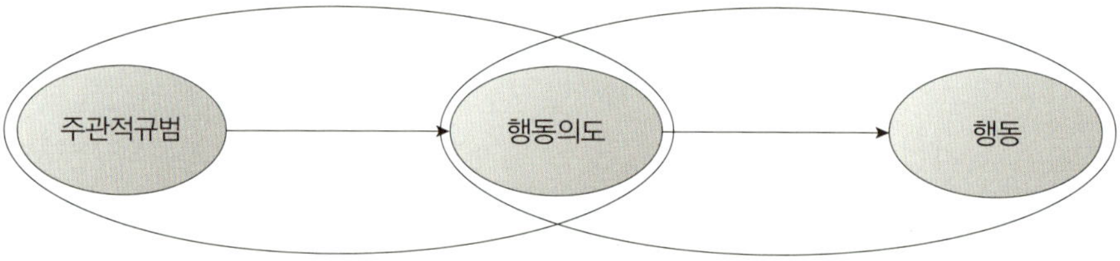

[그림 9-7]을 대상으로 많은 연구를 통해 행동의도가 주관적규범과 행동 간에 매개효과를 하는 것으로 나타나면 하나의 이론이 만들어진다.

이들은 행동의도와 행동 간에 영향을 주지 않는 결과가 나타나면서 계획적 행동이론(theory of planned behavior)을 만들게 된다. 그들은 합리적 행동이론 모델이 모든 행동을 예측할 수 없음을 인정하고 지각된 행동통제(perceived behavioral control)라는 개념을 도입하였다. 지각된 행동통제는 행동에 직접 영향을 줄 수도 있고, 행동의도를 매개해 영향을 줄 수 있다고 가정하였다. [그림 9-8]은 계획적 행동이론을 나타낸 것이다.

그림 9-8 ▌ 계획적 행동이론

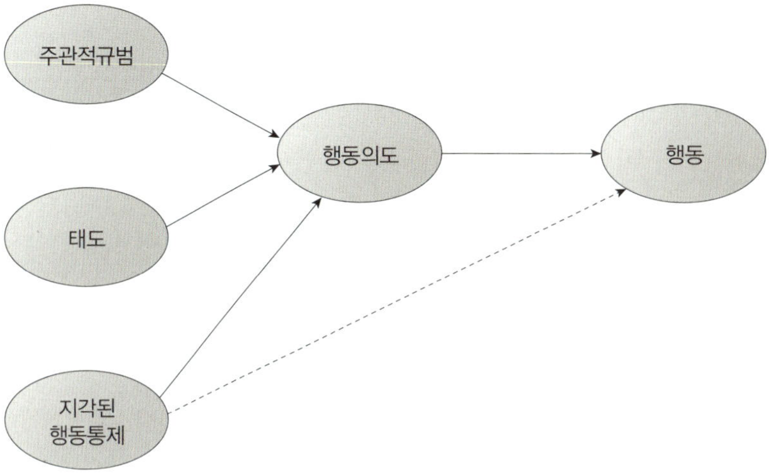

다른 예를 통해 매개효과에 대해 좀 더 이해하기로 한다. 조직행동 분야의 연구에서 리더의 리더십이 종업원 성과에 영향을 준다는 많은 연구결과가 축적되어 있다.

그림 9-9 ▌ 변혁적 리더십과 종업원 성과

또한 변혁적 리더십과 상사-부하 교환관계(leader-member exchange: LMX)에도 인과관계가 있는 연구들이 축적되어 있다.

그림 9-10 ▌ 변혁적 리더십과 상사-부하 교환관계

기존의 이러한 연구결과를 토대로 이들 간에 왜 변혁적 리더십이 종업원 성과를 높이는지 그 변수로 '상사-부하 교환관계(LMX)'를 생각해볼 수 있다. 즉 변혁적 리더십이 높으면 상사-부하 교환관계가 높아지고 이로 인해 종업원 성과가 높아진다는 예측을

할 수 있다.

그림 9-11 | 변혁적 리더십과 종업원 성과 간 상사-부하 교환관계의 매개역할

2.2 인과관계의 메커니즘 파악

두 변수 간에 인과관계가 있는 것으로 나타나면 이들 간의 관계를 설명할 수 있는 제3의 변수인 매개변수를 포함하여 연구할 수 있다. 이 매개변수가 매개효과가 있는 것으로 나타나면 두 변수 간의 관계가 발생하는 내부 메커니즘을 파악할 수 있다. 앞서 MacKinnon의 책 이미지를 통해 알 수 있듯, 매개효과분석을 통해 두 변수 간의 블랙박스 안에 숨어있는 변수를 찾아낼 수 있고, 그들 변수 간에 어떤 작용을 통해 독립변수가 종속변수에 영향을 주는지 파악할 수 있다.

변혁적 리더십과 종업원 성과 간의 관계를 설명해 줄 수 있는 블랙박스 안에 숨어있는 매개변수를 찾아 이들 두 변수 간의 인과관계가 어떤 메커니즘을 통해 일어나는지를 알 수 있게 된다.

그림 9-12 | 블랙박스의 규명

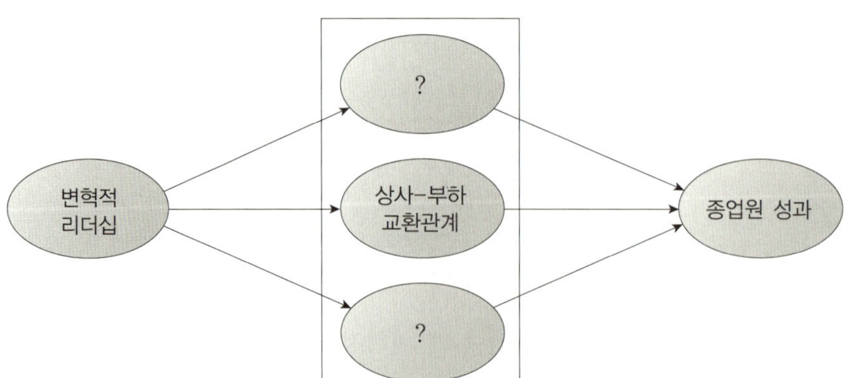

2.3 실무적 시사점 도출

매개효과분석은 종속변수를 관리하는 관점에서 시사점을 얻을 수 있다. 예를 들어, 스트레스와 우울 간의 관계에서 불안이 완전매개(full mediation)를 하는 것으로 나타났다면([그림 9-13]) 우울을 관리하기 위해서는 불안을 관리해야 함을 시사한다. 만약 부분매개(partial mediation)의 결과를 얻었다면([그림 9-14]) 우울을 관리하기 위해서는 스트레스와 불안을 동시에 관리해야 하는 시사점을 얻는다.

그림 9-13 | 불안의 완전매개효과

그림 9-14 | 불안의 부분매개효과

3 매개모델의 형태

매개모델에는 다양한 형태가 있는데 그 가운데 대표적인 것들을 살펴본다.

3.1 단일매개모델

단일매개모델(single mediator model)은 하나의 독립변수와 하나의 종속변수 사이에 하나의 매개변수만 있는 모델이다. 이는 단순매개모델(simple mediator model)이라고도 한다.

그림 9-15 | 단일매개모델

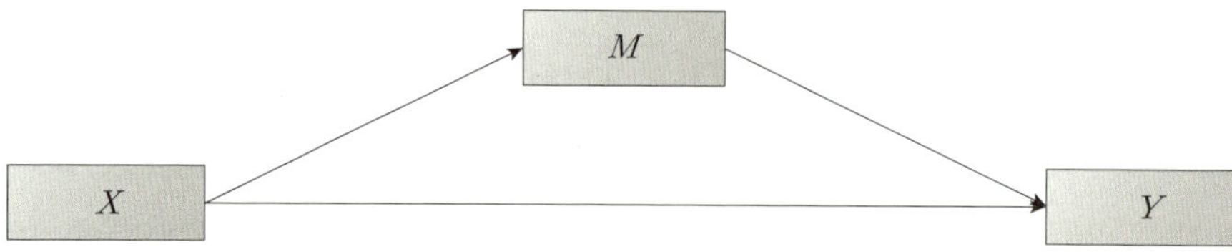

3.2 다중매개모델

다중매개모델(multiple mediator model)은 독립변수와 종속변수 사이에 여러 개의 매개변수가 있는 모델이다. 이에는 평행다중매개모델과 연속다중매개모델이 있다. 평행(병렬)다중매개모델(parallel multiple mediator model)은 독립변수와 종속변수 간에 매개변수가 여러 개가 있고, 매개변수 간에는 어떠한 인과관계도 없는 모델을 의미한다. 연속다중매개모델(serial multiple mediator model)은 독립변수와 종속변수 간의 매개변수가 다른 매개변수에 영향을 주어 종속변수에 영향을 미치는 모델을 의미한다.

그림 9-16 | 평행다중매개모델

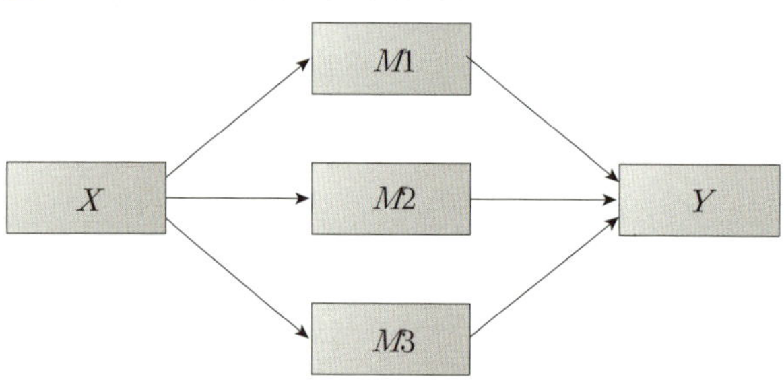

그림 9-17 | 연속다중매개모델

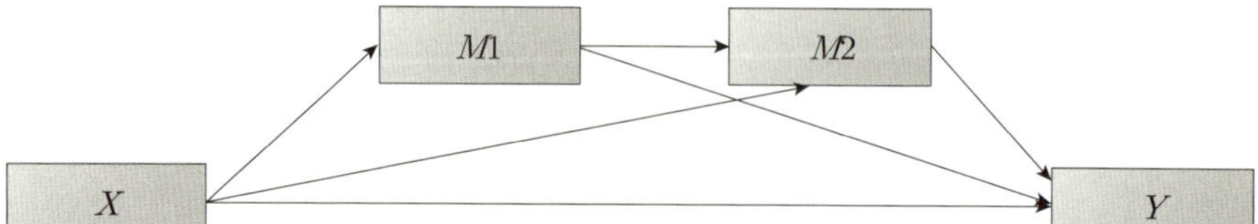

3.3 다중독립변수모델

다중독립변수모델(multiple independent variable model)은 독립변수가 여러 개 있는 모델이다.

▶ 그림 9-18 ▎다중독립변수모델

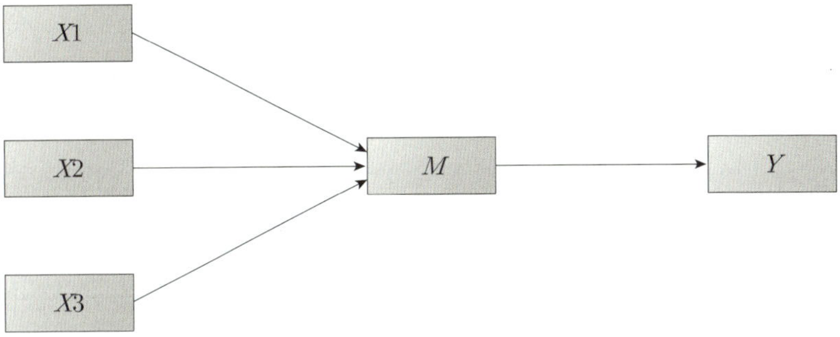

3.4 다중종속변수모델

다중종속변수모델(multiple dependent variable model)은 종속변수가 여러 개 있는 모델이다.

▶ 그림 9-19 ▎다중종속변수모델

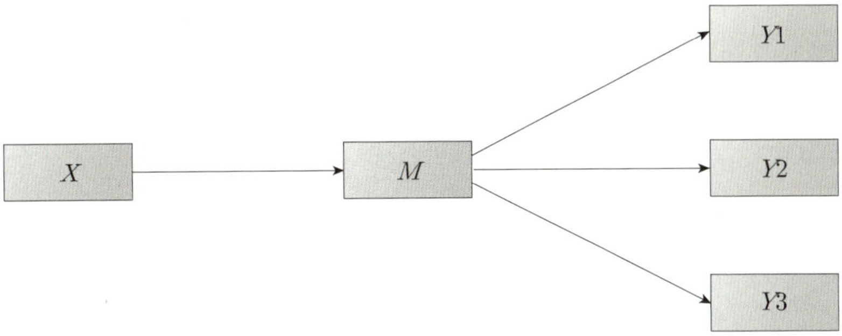

4 매개효과 검정을 위한 연구설계

매개효과를 검정하기 위해 연구설계에서 다음과 같은 사항을 고려한다.

4.1 적절한 매개변수의 선정

이론적으로 매개변수는 독립변수의 결과이며, 종속변수의 원인이 된다. 그러한 면에서 매개변수가 이러한 관계를 설명하는 데 이론적인 근거가 있거나 논리적 정당성이 있어야 한다. 만약 매개변수가 이러한 관계를 설명하는 데 있어 이론적 근거나 이론적 정당성이 부족한 경우, 다음과 같은 상황에서 매개변수로 설정할 수 있다. 예를 들어, '변수 A'가 '변수 B'에 영향을 준다는 선행연구가 있고, 또한 '변수 B'가 '변수 C'에 영향을 준다는 선행연구가 있다면, 'A → B → C'의 관계가 있게 된다. 이 경우 '변수 B'가 매개변수가 되어 매개효과를 검정할 수 있다.

4.2 매개효과의 검정력 고려

이론적 근거를 토대로 잠재적인 매개변수들을 확인했다면 어떤 매개변수를 검정할 것인가를 결정할 때 매개효과의 검정력(power)을 높일 수 있는 변수를 선정하는 것이 바람직하다. 매개효과의 검정력은 독립변수, 매개변수, 종속변수의 관계에 따라 달라진다. 그러한 면에서 매개변수가 독립변수 및 종속변수와 상관계수가 비슷하거나, 또는 매개변수가 독립변수보다는 종속변수와 더 큰 상관계수를 갖는 변수를 매개변수로 선정하는 것이 바람직하다. 매개효과는 매개변수와 종속변수 간의 상관관계의 크기에 의해 제일 많은 영향을 받는다. 즉 매개변수와 종속변수 간의 상관계수가 커야 검정력을 높일 수 있고, 매개효과가 있는 것으로 나올 가능성이 높다.

4.3 직접효과를 분석에 포함할 것인가?

연구자가 [그림 9-20]과 같은 연구모델을 세웠다고 가정한다. A와 D 간의 관계에서

C의 매개효과를 검정하기 위해 A와 D 간의 직접효과를 포함한 모델을 추정해야 하는가? 마찬가지로, B와 D 간의 관계에서 C의 매개효과를 검정하기 위해 B와 D 간의 직접효과를 포함한 모델을 추정해야 하는가? 즉 A와 D, B와 D 간의 직접효과를 가설로 설정하지 않았더라도 매개효과를 추정하기 위해서는 이들 직접효과를 추정해야 하는가의 문제이다.

그림 9-20 ❙ 매개효과 모델

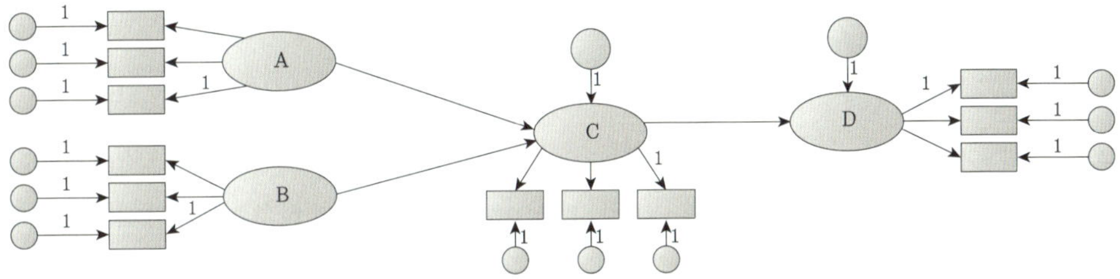

그림 9-21 ❙ A와 D 간 C의 매개효과 검정

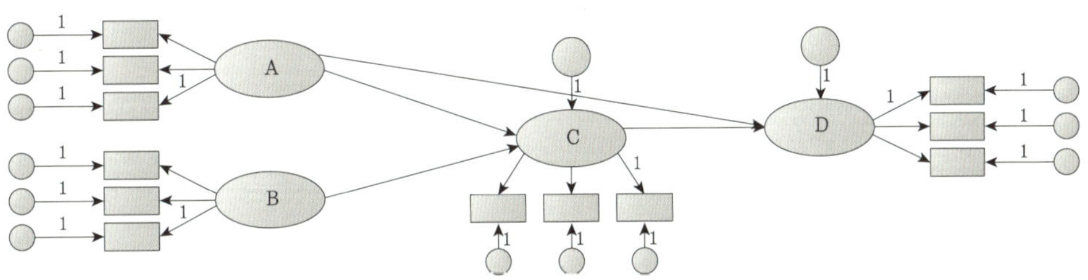

그림 9-22 ❙ B와 D 간 C의 매개효과 검정

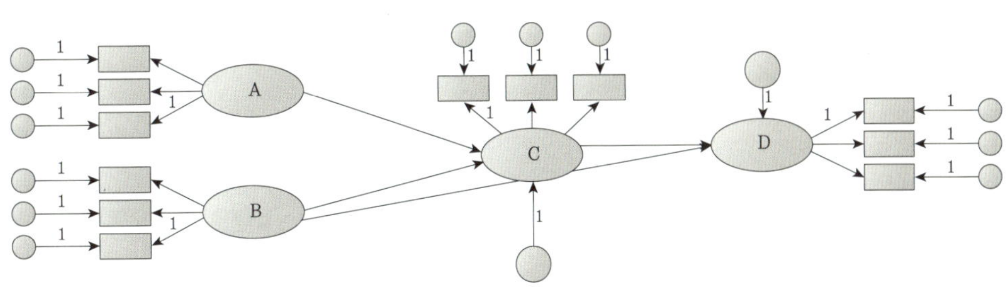

이 문제에 대해 학자들 간에 의견이 일치하지 않고 있다. 즉 어떤 학자는 직접효과를 포함해서 추정해서는 안 된다고 주장하고, 어떤 학자는 포함해서 추정해야 한다고 주

장한다. 직접효과를 포함하느냐의 여부는 다음과 같은 사항을 고려하여 결정한다.

첫째, 이론적 배경 또는 개념적 정당화를 고려한다. 예를 들어, A와 D 간, 또는 B와 D 간에 기존의 연구에서 관계가 있는 것으로 나타났다면 이를 포함하여 연구모델을 만들어야 하고, 이를 분석해야 한다.

둘째, 매개효과와 유형을 밝히는 데 연구의 목적이 있다면 직접효과를 포함해야 한다. 이러한 접근법은 Baron과 Kenny의 접근법에 따른 것이다. Baron과 Kenny 접근법을 따르게 되면 완전매개 또는 부분매개에 관한 기술이 뒤따르게 된다. 단지 매개효과가 있는지 없는지에만 관심이 있다면 직접효과를 포함할 필요가 없다.

셋째, 연구문제(또는 가설)를 어떻게 설정하느냐에 달려있다. 예를 들어 A가 D에 미치는 효과가 C를 통해서 나타나는지에 관심이 있다면 직접효과를 포함할 필요가 없다.

4.4 매개효과의 가설화 접근법 및 가설의 명확한 기술

[그림 9-23] 모델을 대상으로 매개효과를 검정한다고 가정한다. 이 모델을 대상으로 매개효과를 가설화하는 접근법에는 두 가지가 있다.

그림 9-23 | 매개효과 모델

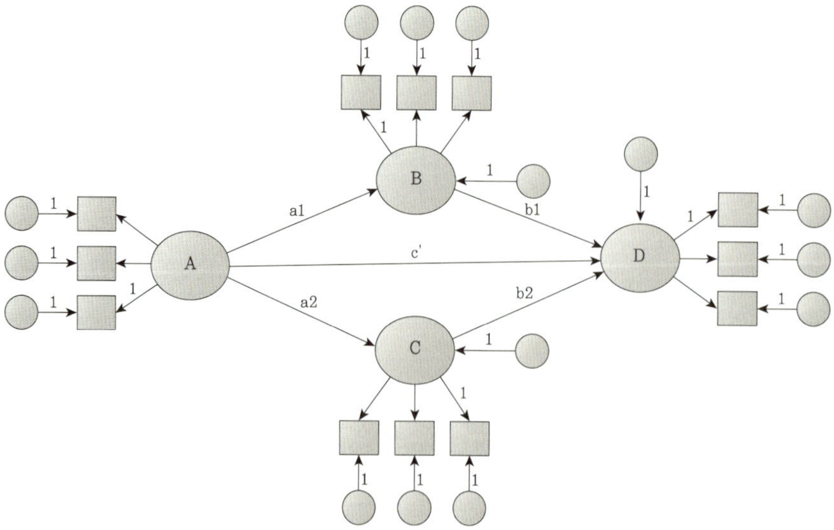

1) 매개효과의 가설화: 접근법 1

접근법 1은 a1, a2, b1, b2, c′가 통계적으로 유의적인가를 살펴보는 것이 주된 관심 사항이고, a1b1, a2b2가 통계적으로 유의적인지 아닌지는 주된 관심 사항이 아니고 부차적인 관심 사항이다. 이러한 접근법을 세분화 접근법(segmentation approach)이라 한다. 이 접근법으로 연구모델을 가설화하는 경우 7개의 가설이 있게 된다. 즉 다음과 같이 가설을 기술할 수 있다.

H_1: A는 B에 영향을 미칠 것이다.
H_2: B는 D에 영향을 미칠 것이다.
H_3: B는 A와 D 간의 관계에서 매개역할을 할 것이다.
(또는 A가 D에 미치는 효과는 B에 의해 매개될 것이다)
H_4: A는 C에 영향을 미칠 것이다.
H_5: C는 D에 영향을 미칠 것이다.
H_6: C는 A와 D 간의 관계에서 매개역할을 할 것이다.
(또는 A가 D에 미치는 효과는 C에 의해 매개될 것이다)
H_7: A는 D에 영향을 미칠 것이다.

2) 매개효과의 가설화: 접근법 2

접근법 2는 a1b1, a2b2가 통계적으로 유의적인지가 주된 관심 사항이 된다. 이러한 접근법을 전송 접근법(transmittal approach)이라 한다. 이 접근법으로 가설화하는 경우에는 a1, a2, b1, b2와 관련된 가설은 주된 관심 사항이 아니다. 그러나 c′와 관련된 가설은 필요하다. 따라서 3개의 가설이 필요하다. 이 접근법에 의한 가설화는 다음과 같이 기술할 수 있다.

H_1: B는 A와 D 간의 관계에서 매개역할을 할 것이다.
(또는 A가 D에 미치는 효과는 B에 의해 매개될 것이다)
H_2: C는 A와 D 간의 관계에서 매개역할을 할 것이다.

(또는 A가 D에 미치는 효과는 C에 의해 매개될 것이다)
H_3: A는 D에 영향을 미칠 것이다.

3) 매개효과 가설의 명확한 기술

B와 C가 A와 D 간의 관계에서 매개효과를 하는 이론적 근거를 명확히 기술한다. 즉 이론적 또는 실증적 근거를 토대로 B와 C가 왜 매개역할을 하는지에 대해 명확히 기술해야 한다. 예를 들어, 스트레스와 우울 간에 불안의 매개효과를 검정하는 모델을 세웠다고 가정한다. 이러한 가설을 세우기 위해 스트레스와 불안 간, 또는 불안과 우울 간의 이론적 또는 실증적 근거를 문헌검토(literature review)를 통해 검색한 후 이들을 배경으로 매개효과를 세웠다고 기술해야 한다.

5 부분매개와 완전매개의 용어에 대한 비판

Baron & Kenny 접근법에 의해 매개효과를 분석하면 ① 매개효과가 없든지, ② 부분매개를 하든지, 또는 ③ 완전매개를 하든지 등 세 가지 가운데 하나의 결과를 얻는다. 부분매개(partial mediation)는 M이 X와 Y의 관계를 완전히 설명하지 못한다는 것을 의미하고, 완전매개(full mediation)는 X와 Y의 관계가 간접효과에 의해 완전히 설명됨을 의미한다. 부분매개와 완전매개를 그림으로 나타내면 [그림 9-24]와 같다.

그림 9-24 | 부분매개(a), 완전매개(b)

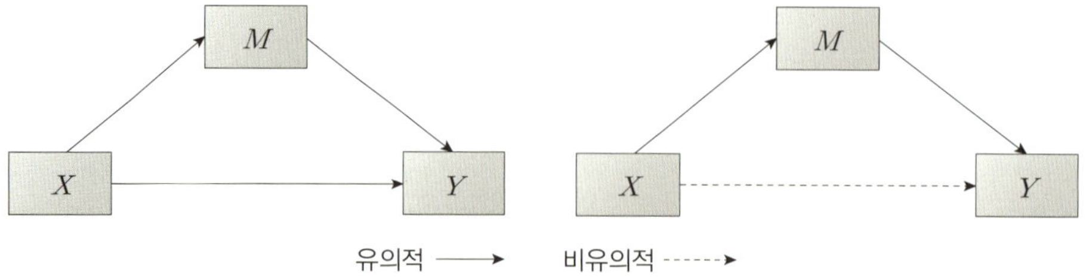

(a) 부분매개 (b) 완전매개

이러한 완전매개와 부분매개의 구분은 실질적으로 또한 이론적으로도 의미가 없다고 주장하는 학자들의 견해를 살펴보기로 한다.

5.1 Hayes(2013, 2018, 2022)의 주장

첫째, 완전매개와 부분매개는 연구자가 총효과가 통계적으로 0과 다르다는 가정을 토대로 한다. 그러나 총효과가 없는 경우에도 간접효과가 있는 경우가 있다. 그리고 총효과가 유의적이어야 한다는 가정은 실제 연구에서 적용하기가 어려운 문제가 있다. 이러한 비판에 대해 Kenny도 총효과가 유의적이지 않아도 된다고 나중에 이를 수용하였다(Kenny et al., 1998; Kenny 홈페이지 참조).

둘째, 동일한 방법과 동일한 측정을 통해 동일한 과정으로 분석을 하는 연구자 A와 연구자 B가 있다고 가정한다. 그리고 이들의 연구가 표본크기가 B보다는 A가 작다고 가정한다. 만약 M이 X와 Y의 관계에서 부분매개를 하는 것으로 나타나면 연구자 B가 A보다 부분매개를 한다는 주장을 더 강하게 할 수 있다. 왜냐하면 B의 직접효과(c')는 더 강한 검정력을 갖기 때문이다. 만약 완전매개를 원한다면 보다 적은 표본크기를 갖는 것이 최선의 길이다. 그런데 이는 표본크기는 클수록 좋다는 원칙에 위배된다.

5.2 Zhao 등(2010)의 주장

Zhao 등(2010)은 완전매개와 부분매개라는 용어 대신에 다음과 같은 용어를 제안한다. 이들의 주장이 수용되어 top journal에서도 매개효과에 대한 명칭을 이러한 관점에서 부여하는 경향이 늘고 있다.

① 보충매개(complementary mediation): 매개효과(ab)와 직접효과(c')가 모두 존재하고 방향이 일치한다. 이를 그림으로 나타내면 [그림 9-25]와 같다.

그림 9-25 ▌보충매개 형태

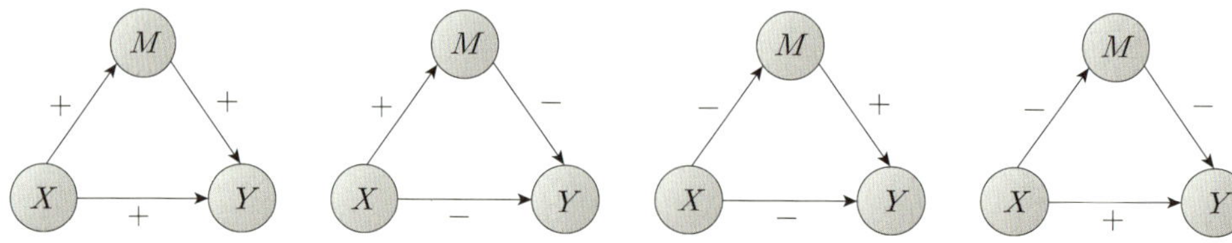

② **경쟁매개(competitive mediation)**: 매개효과(ab)와 직접효과(c')가 모두 존재하고 방향이 일치하지 않는다. 이를 그림으로 나타내면 [그림 9-26]과 같다.

그림 9-26 ▌경쟁매개 형태

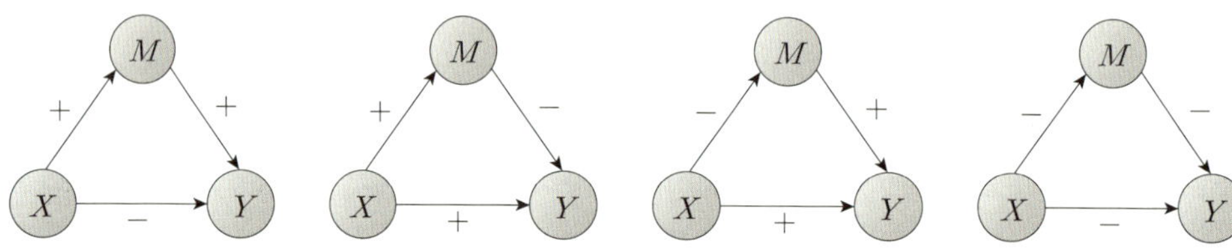

③ **간접만 매개(indirect-only mediation)**: 매개효과(ab)는 있으나 직접효과(c')가 없다. 이를 그림으로 나타내면 [그림 9-27]과 같다.

그림 9-27 ▌간접만 매개 형태

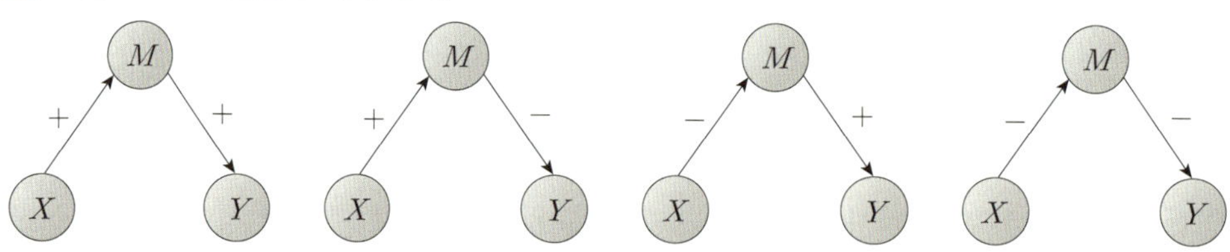

④ **직접만 비매개(direct-only nonmediation)**: 매개효과(ab)는 없고 직접효과(c')만 있다.

⑤ **무효과 비매개(no-effect nonmediation)**: 매개효과(ab)와 직접효과(c')가 모두 없다. 이를 정리하면 [표 9-1]과 같다.

▌표 9-1 ▌Zhao 등의 매개효과 분류

분류		간접효과가 유의적인가?	직접효과가 유의적인가?	직접효과와 간접효과가 동일한 부호인가?
매개	보충매개	예	예	예
	경쟁매개	예	예	아니오
	간접만 매개	예	아니오	
비매개	직접만 비매개	아니오	예	
	무효과 비매개	아니오	아니오	

Zhao 등의 분류명을 Baron & Kenny의 분류명과 비교하면 보충매개와 경쟁매개는 부분매개에 해당하고, 간접만 매개는 부분매개에 해당한다고 볼 수 있다.

이러한 매개효과가 이론구축을 위해 제공하는 시사점은 [표 9-2]와 같다.

▌표 9-2 ▌매개효과별 이론구축 시사점

분류	매개변수가 맞는가?	생략된 매개변수가 있는가?	시사점
보충매개	예	가능성 있음	이론적 틀이 완전하지 않음, 매개변수가 이론적 틀에서 가설화된 것과 일치, 다른 매개변수가 포함되지 않을 가능성 있음
경쟁매개	예	가능성 있음	
간접만 매개	예	가능성 없음	매개변수가 이론적 틀에서 가설화된 것과 일치
직접만 매개	아니오	가능성 있음	이론적 틀이 문제가 있음, 생략된 매개변수 가능성 고려
무효과 비매개	아니오	가능성 없음	직접효과도 간접효과도 아님, 이론적 틀이 틀림

6 매개효과와 간접효과의 차이

일반적으로 매개효과(mediated effect)와 간접효과(indirect effect)는 상호호환하여 쓰인다. 그러나 이들 간에는 중요한 차이가 있다. 매개효과는 매개변수가 하나만 있는 간접효과의 특수한 경우에 해당한다. 매개효과가 있다는 결론을 내리기 위해서는 $X \rightarrow Y$의 총효과가 있다는 것을 가정한다. 간접효과의 경우에는 이러한 가정이 필요하지 않다. 총효과가 유의적이지 않은 경우에도 간접효과는 유의적일 수 있다. 매개효과는 총효과의 검토를 통해 판단되어야 한다(Holmbeck, 1997; Preacher & Hayes, 2004). 결론적으로 매개효과라는 용어를 쓰기 위해서는 총효과가 있어야 하고, 총효과가 없는 경우에는 간접효과라는 용어를 쓰는 것이 적절하다.

참고문헌

배병렬 (2021). SPSS/PROCESS에 의한 조절효과 및 매개효과분석: 이론과 실제. 도서출판 청람.

Aguinis, H., Edwards, J. R., & Bradley, K. J. (2017). Improving our understanding of moderation and mediation in strategic management research. *Organizational Research Methods, 20*(4), 665-685.

Baron, R. M., & Kenny, D. A. (1986). The moderator-mediator variable distinction in social psychological research: Conceptual, strategic, and statistical considerations. *Journal of Personality and Social Psychology, 51*(6), 1173–1182.

Cheung, G. W., & Lau, R. S. (2008). Testing mediation and suppression effects of latent variables. *Organizational Research Methods, 11*(2), 296-325.

Collins, L. M., Graham, J. J., & Flaherty, B. P. (1998). An alternative framework for defining mediation. *Multivariate Behavioral Research, 33*, 295-312.

Frazier, P. A., Tix, A. P., & Barron, K. E. (2004). Testing moderator & mediator effects in counseling psychology research. *Journal of Counseling Psychology, 51*(1), 115-134.

Hayes, A. F. (2009). Beyond Baron and Kenny: Statistical mediation analysis in the new millennium. *Communication Monographs, 76*(4), 408–420.

Hayes, A. F. (2013). *Introduction to mediation, moderation, and conditional process analysis: A regression-based approach*. Guilford Press.

Hayes, A. F. (2018). *Introduction to mediation, moderation, and conditional process analysis: A regression-based approach* (2nd ed.). Guilford Press.

Hayes, A. F. (2022). *Introduction to mediation, moderation, and conditional process analysis: A regression-based approach* (3rd ed.). Guilford Press.

Holmbeck, G. N. (1997). Toward terminological, conceptual, and statistical clarity in the study of mediators and moderators: Examples from the child-clinical and pediatric psychology literatures. *Journal of Consulting and Clinical Psychology, 65*(4), 599-610.

Iacobucci, D. (2008). *Mediation analysis.* Sage Publications.

Iacobucci, D. (2012). Mediation analysis and categorical variables: The final frontier. *Journal of Consumer Psychology, 22*, 582-594.

Jose, P. E. (2013). *Doing statistical mediation and moderation.* Guilford Press.

Kenny, D. A., Kashy, D. A., & Bolger, N. (1998). Data analysis in social psychology In S. T. Fiske, D. T. Gilbert, & G. Lindzey (Eds.), *Handbook of social psychology,* 4th ed., Vol. 1 (pp. 233–265). McGraw-Hill.

Koschate-Fischer, N., & Schwille, E. (2021). Mediation analysis in experimental research. In C. Homburg, M. Klarmann, & A. Vomberg (Eds.), *Handbook of market research* (pp. 1-49). Springer.

MacKinnon, D. P. (2000). Contrasts in multiple mediator models. In J. S. Rose, L. Chassin, C. C. Presson, & S. J. Sherman (Eds.), *Multivariate applications in substance use research* (pp. 141-160). Lawrence Erlbaum Associates.

MacKinnon, D. P. (2008). *Introduction to statistical mediation analysis.* Lawrence Erlbaum Associates.

MacKinnon, D. P., Fairchild, A. J., & Fritz, M. S. (2007). Mediation analysis. *Annual Review of Psychology, 58*, 593-614.

MacKinnon, D. P., Lockwood, C. M., Hoffman, J. M., West, S. G., & Sheets, V. (2002). A comparison of methods to test mediation and other intervening variable effects. *Psychological Methods, 7*(1), 83-104.

MacKinnon, D. P., Krull, J. L., & Lockwood, C. M. (2000). Equivalence of the mediation, confounding and suppression effect. *Prevention Science, 1*(4), 173-181.

Memon, M. A., Cheah, J. H., Ramayah, T., Ting, H., & Chuah, F. (2018). Mediation analysis issues and recommendations. *Journal of Applied Structural Equation Modeling, 2*(1), 1-9.

Pieters, R. (2017). Meaningful mediation analysis: Plausible causal inference and informative communication. *Journal of Consumer Research, 44*(3), 692-716.

Preacher, K. J., & Hayes, A. F. (2004). SPSS and SAS procedures for estimating indirect effects in simple mediation models. *Behavior Research Methods, Instruments, and Computers, 36*(4), 717–731.

Preacher, K. J., & Hayes, A. F. (2008). Asymptotic and resampling strategies for assessing and comparing indirect effects in multiple mediator models. *Behavior Research Methods, 40*(3), 879-891.

Preacher, K. J., & Kelley, K. (2011). Effect size measures for mediation models: Quantitative strategies for communicating indirect effects. *Psychological Methods*, *16*(2), 93-115.

Preacher, K. J., Curran, P. J., & Bauer, D. J. (2006). Computational tools for probing interactions in multiple linear regression, multilevel modeling, and latent curve analysis. *Journal of Educational and Behavioral Statistics*, *31*(4), 437-448.

Rungtusanatham, M., Miller, J. W., & Boyer, K. K. (2014). Theorizing, testing, and concluding for mediation in SCM research: Tutorial and procedural recommendations. *Journal of Operations Management, 32*(3), 99-113.

Rose, B. M., Holmbeck, G. N., Coakley, R. M., & Franks, E. A. (2004). Mediator and moderator effects in developmental and behavioral pediatric research. *Developmental and Behavioral Pediatrics*, *25*(1), 58-67.

Rucker, D. D., Preacher, K. J., Tormala, Z. L., & Petty, R. E. (2011). Mediation analysis in social psychology: Current practices and new recommendations. *Social and Personality Psychology Compass*, *5/6*, 359-371.

Shrout, P. E., & Bolger, N. (2002). Mediation in experimental and nonexperimental studies: New procedures and recommendations. *Psychological Methods*, *7*(4), 422-445.

Yzerbyt, V., Muller, D., Batailler, C., & Judd, C. M. (2018). New recommendations for testing indirect effects in mediational models: The need to report and test component paths. *Journal of Personality and Social Psychology, 115*(6), 929-943.

Zhao, X., Lynch, J. G. Jr., & Chen, Q. (2010). Reconsidering Baron and Kenny: Myths and truths about mediation analysis. *Journal of Consumer Research, 37*(August), 197-206.

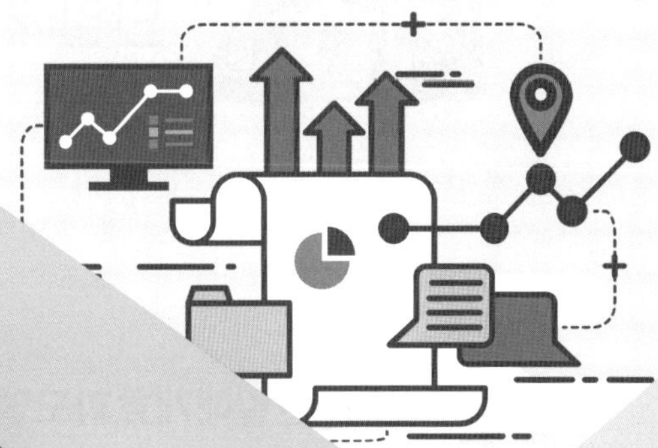

Chapter 10

단일매개효과분석

1. 단일매개효과모델: 예 1
2. 단일매개효과모델: 예 2
3. 단일매개효과모델: 예 3
4. 단일매개효과모델: 예 4

CHAPTER 10

단일매개효과분석

1 단일매개효과모델: 예 1

스트레스(독립변수)를 받으면 우울(종속변수)해진다고 가정한다. 이 경우 스트레스를 받으면 '왜' 우울해지는가 설명하기 위해 '되새김(반추)'이라는 매개변수를 도입하여 스트레스를 받으면 그것을 곰곰이 되새기게 되고 이로 인해 더 우울해진다는 가설을 세울 수 있다. 이처럼 독립변수와 종속변수 간의 관계에서 매개변수가 하나만 있는 모델을 **단일매개모델**(single mediator model) 또는 **단순매개모델**(simple mediator model)이라 한다.

그림 10-1 ▮ 반추의 매개효과모델

[그림 10-1] 모델을 통해 단일매개효과의 검정에 대해 살펴보기로 한다. [그림 10-1] 모델에서 연구자는 스트레스가 우울에 직접 영향을 미치지 않는 것으로 가설화하였다. 이 경우 매개효과를 검정하기 위해 이들 간의 관계를 포함하여 모델을 추정할 수 있고, 이들 간의 관계를 포함하지 않고 추정할 수도 있다. 이들 간의 관계를 포함한 [그림 10-2] 모델을 추정하기로 한다.

그림 10-2 ▍반추의 단일매개모델

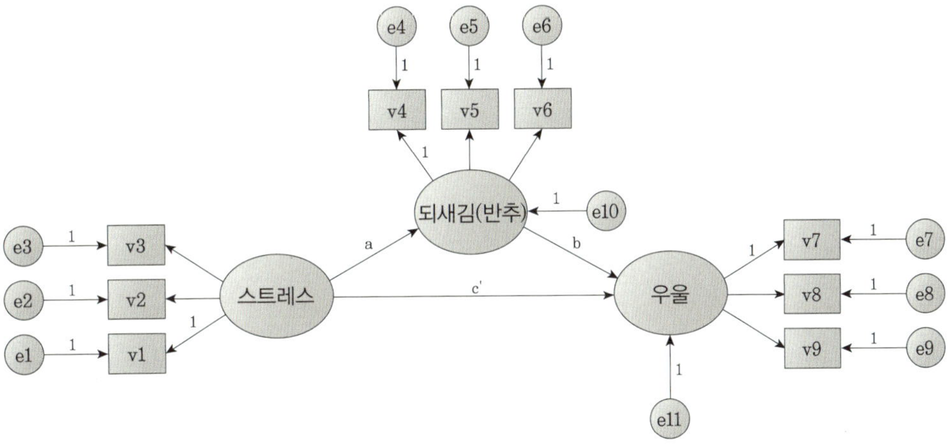

1 [Analysis Properties]의 [Output] 탭에서 [Indirect, direct & total effects]를 체크한다.

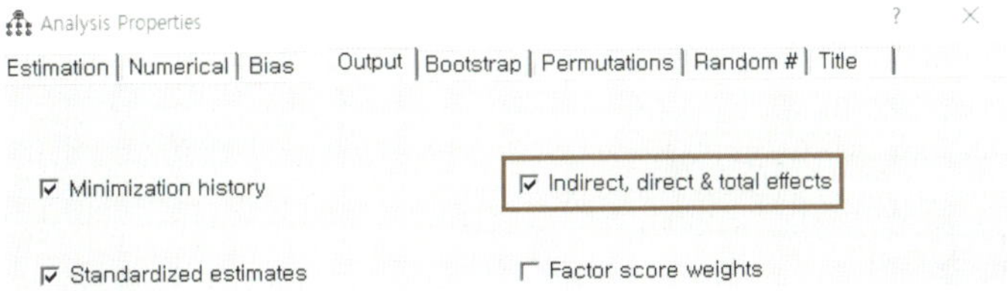

2 Amos에서 붓스트래핑을 수행하여 간접효과의 유의성을 검정하기 위해 [Analysis Properties]의 [Bootstrap] 탭에서 다음과 같이 체크한다. 여기에서 [Monte Carlo(parametric bootstrap)]를 체크하는 이유는 원자료가 아닌 행렬요약을 입력자료로 사용하기 때문이다. 원자료를 사용하는 경우에는 이를 체크해도 되고 안 해도 된다. **체크하지 않으면 비모수 붓스트래핑(non-parametric bootstrapping)을 하고, 체크하면 모수 붓스트래핑(parametric bootstrapping)을 한다.**

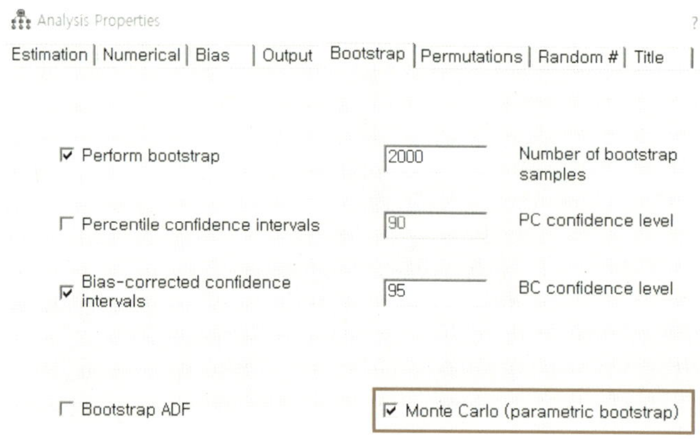

3 입력파일을 [Input 10-1]로 저장하였다.

Input 10-1 반추의 매개효과

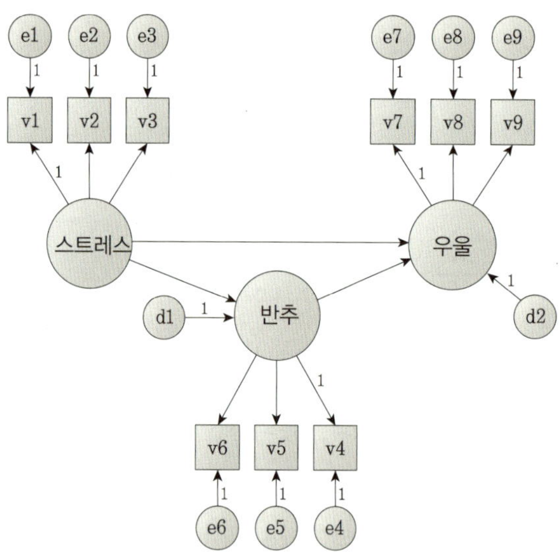

4 추정치계산 아이콘()을 눌러 실행한다.

5 [Output] 창에서 결과를 보기 위해 다음과 같은 순으로 클릭한다. ① [Estimate] → ② [Matrices] → ③ [Indirect Effects] → ④ [Bootstrap Confidence] → ⑤ [Bias- corrected percentile method] → ⑥ [Two Tailed Significance(BC)].

- Estimates
  - Scalars
  - Matrices
    - Total Effects
    - Standardized Total Effects
    - Direct Effects
    - Standardized Direct Effects
    - Indirect Effects
    - Standardized Indirect Effects
  - Minimization History
  - Summary of Bootstrap Iterations
  - Bootstrap Distributions
- Estimates/Bootstrap
  - Estimates
  - Bootstrap standard errors
  - Bootstrap Confidence
    - Bias-corrected percentile method
      - Lower Bounds (BC)
      - Upper Bounds (BC)
      - Two Tailed Significance (BC)

Output 10-1 반추의 매개모델의 분석 결과

Regression Weights: (Group number 1 - Default model)

			Estimate	S.E.	C.R.	P
반추	<---	스트레스	.217	.106	2.049	.040
우울	<---	반추	1.575	.436	3.613	***
우울	<---	스트레스	.021	.154	.138	.891

Direct Effects (Group number 1 - Default model)

	스트레스	반추	우울
반추	.217	.000	.000
우울	.021	1.575	.000

Direct Effects - Two Tailed Significance (BC) (Group number 1- Default model)

	스트레스	반추	우울
반추	.005	...	...
우울	.856	.002	...

Indirect Effects (Group number 1 - Default model)

	스트레스	반추	우울
반추	.000	.000	.000
우울	.342	.000	.000

Indirect Effects - Lower Bounds (BC) (Group number 1 - Default model)

	스트레스	반추	우울
반추	.000	.000	.000
우울	.076	.000	.000

Indirect Effects - Upper Bounds (BC) (Group number 1 - Default model)

	스트레스	반추	우울
반추	.000	.000	.000
우울	1.375	.000	.000

Indirect Effects - Two Tailed Significance (BC)

	스트레스	반추	우울
반추	...	...	...
우울	.005	...	...

6 간접효과계수 $b=.342(.217\times1.575)$으로 유의적이다($p=.005$). 붓스트래핑 결과를 토대로 간접효과가 유의적이고, 스트레스 → 우울의 회귀계수 $b=.021$가 비유의적($p=.856$)이므로 **간접만 매개(indirect-only mediation)**가 있다고 해석한다.

7 스트레스(X)가 반추(M)를 경유해 우울(Y)에 영향을 미치는 간접효과(매개효과)는 스트레스가 반추에 미치는 효과인 $b=.217$과 반추가 우울에 미치는 효과인 $b=1.575$의 곱에 의해 계산된다. **간접효과 계수값은 스트레스(X) 값이 1단위 다른 두 사례에 있어 X가 M을 경유해 Y에 미치는 영향이 그 계수만큼 차이가 난다는 것을 의미한다. 즉 스트레스가 1단위 증가하면 스트레스가 반추를 경유해 우울에 미치는 효과는 .342만큼 증가한다는 의미를 갖는다.**

8 분석 결과를 보고하기 위해 [표 10-1]을 만들어 제시한다.

| 표 10-1 | 분석 결과의 보고

경로	직접효과	간접효과	95% 신뢰구간 [하한, 상한]	p	결론
스트레스 → 반추 → 우울	.021 (.138)	.342	[.076, 1.375]	.005	간접만 매개

주: 비표준화계수(t－value), 붓스트랩 표본: 2,000

2 단일매개효과모델: 예 2

[그림 10-3]의 합리적 행동모델을 통해 매개효과분석에 대해 살펴보기로 한다.

그림 10-3 | 합리적 행동모델

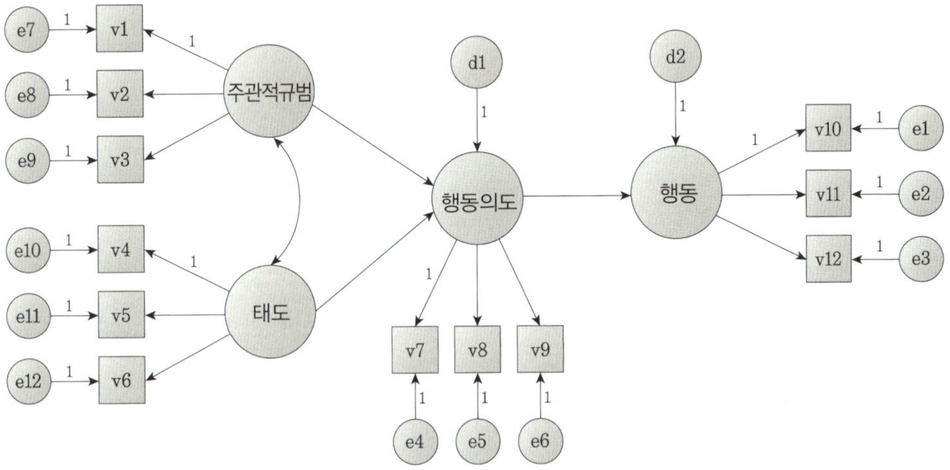

[그림 10-3]에서 볼 수 있듯, 주관적규범과 태도는 행동에 직접적인 영향을 미치지 않고, 행동의도를 매개해 영향을 주는 것으로 가설화되었다. 매개효과를 분석하기 위해 [nomiss.sav] 자료를 이용하기로 한다. 이를 분석하기 위해 다음과 같은 절차에 따라 한다.

2.1 주관적규범과 행동 간 행동의도의 매개효과 검정

1. 주관적규범과 행동 간의 관계에서 행동의도의 매개효과를 검정하기 위해 주관적규범이 행동에 직접 영향을 미치는 효과와 관련된 경로를 그린다.
2. 앞서 제2절에서 설명한 대로 [Analysis Properties]에서 [Output] 탭과 [Bootstrap] 탭에서 필요한 것을 체크하고 설정한다.
3. 간접효과의 유의도를 검정하기 위해 붓스트래핑을 한다. 붓스트래핑에는 비모수 붓스트래핑(non-parametric bootstrap)과 모수 붓스트래핑(parametric bootstrap)이 있다. 이 분석에 사용된 자료는 원자료이기 때문에 비모수 붓스트래핑(non-

parametric bootstrap)과 모수 붓스트래핑(parametric bootstrap)을 모두 할 수 있다.

1) 비모수 붓스트래핑에 의한 추정

4 비모수 붓스트래핑을 하기 위해 [Monte Carlo(parametric bootstrap)]을 체크하지 않는다.

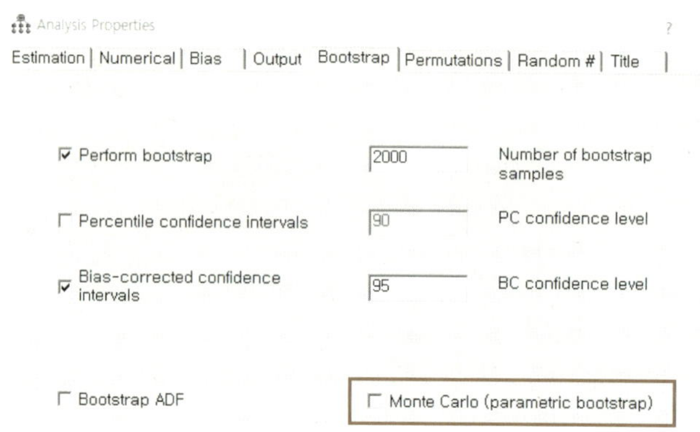

5 주관적규범과 행동 간의 관계에서 행동의도의 매개효과를 검정하기 위한 모델이 [Input 10-2]이다.

Input 10-2 행동의도의 매개효과

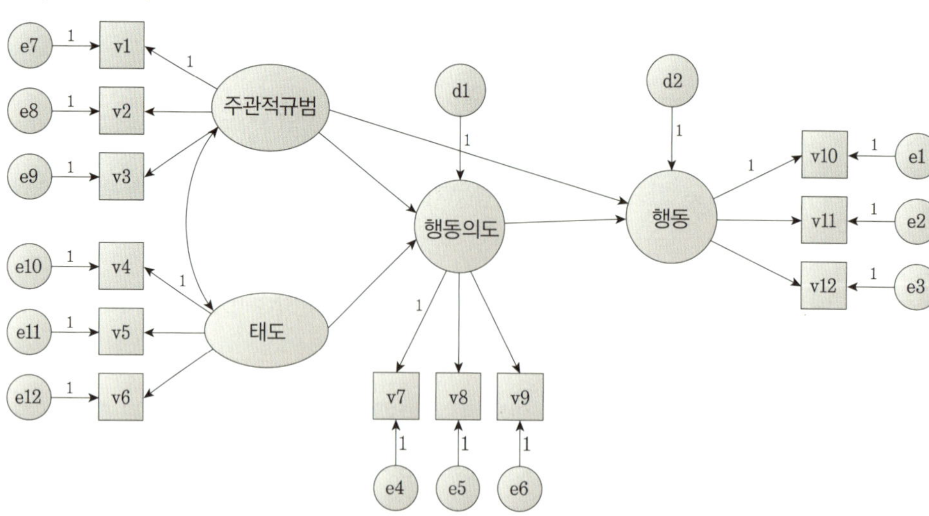

6 이를 실행하면 [Output 10-2]의 모수치를 얻는다.

Output 10-2 행동의도의 분석 결과: 비모수 붓스트래핑 결과

Regression Weights: (Group number 1 - Default model)

			Estimate	S.E.	C.R.	P
행동의도	<---	주관적규범	.270	.038	7.118	***
행동의도	<---	태도	.132	.037	3.590	***
행동	<---	행동의도	.383	.051	7.478	***
행동	<---	주관적규범	.304	.043	7.047	***

Direct Effects (Group number 1 - Default model)

	태도	주관적규범	행동의도	행동
행동의도	.132	.270	.000	.000
행동	.000	.304	.383	.000

Direct Effects - Two Tailed Significance (BC) (Group number 1)

	태도	주관적규범	행동의도	행동
행동의도	.005	.002	...	...
행동	...	.002	.003	...

Indirect Effects (Group number 1 - Default model)

	태도	주관적규범	행동의도	행동
행동의도	.000	.000	.000	.000
행동	.051	.104	.000	.000

Indirect Effects - Two Tailed Significance (BC) (Group number 1)

	태도	주관적규범	행동의도	행동
행동의도	...	...	...	...
행동	.003	.002	...	...

7 행동의도는 주관적규범과 행동 간에 간접효과계수 $b=.104$가 유의적이고 ($p=.002$), 주관적규범이 행동에 직접적인 영향을 미치므로 보충매개(complementary mediation)를 하는 것으로 해석한다.

2) 모수 붓스트래핑에 의한 추정

8 모수 붓스트래핑을 하기 위해 [Monte Carlo(parametric bootstrap)]을 체크한다. 모수 붓스트래핑에 의한 입력파일은 [Input 10-3]으로 저장하였다.

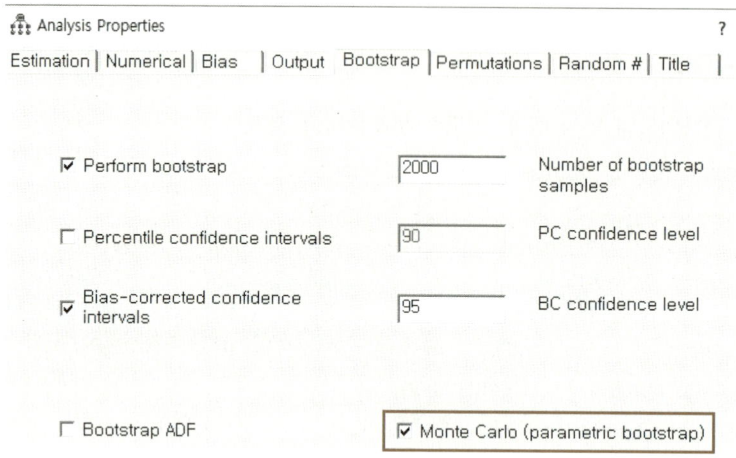

9 이를 실행하면 [Output 10-3]의 모수치를 얻는다.

Output 10-3 **행동의도의 분석 결과: 모수 붓스트래핑 결과**

Regression Weights: (Group number 1 - Default model)

			Estimate	S.E.	C.R.	P
행동의도	<---	주관적규범	.270	.038	7.590	***
행동의도	<---	태도	.132	.037	3.590	***
행동	<---	행동의도	.383	.051	7.478	***
행동	<---	주관적규범	.304	.043	7.047	***

Direct Effects (Group number 1 - Default model)

	태도	주관적규범	행동의도	행동
행동의도	.132	.270	.000	.000
행동	.000	.304	.383	.000

Direct Effects - Two Tailed Significance (BC) (Group number 1)

	태도	주관적규범	행동의도	행동
행동의도	.002	.002	...	...
행동	...	.004	.002	...

Indirect Effects (Group number 1 - Default model)

	태도	주관적규범	행동의도	행동
행동의도	.000	.000	.000	.000
행동	.051	.104	.000	.000

Indirect Effects - Two Tailed Significance (BC) (Group number 1 - Default model)

	태도	주관적규범	행동의도	행동
행동의도	...	...	...	...
행동	.002	.001	...	...

10 주관적규범이 행동에 미치는 행동의도의 간접효과 계수 $b=.104$로 같으나, 비모수 붓스트래핑의 유의도($p=.002$)와 모수 붓스트래핑의 유의도($p=.001$)가 약간 차이가 있다.

2.2 태도와 행동 간 행동의도의 매개효과 검정

1 태도와 행동 간의 관계에서 행동의도의 매개효과를 검정하기로 한다. 이를 위한 모델은 [Input 10-4]로 저장하였다.

Input 10-4 태도와 행동 간 행동의도의 매개효과 검정

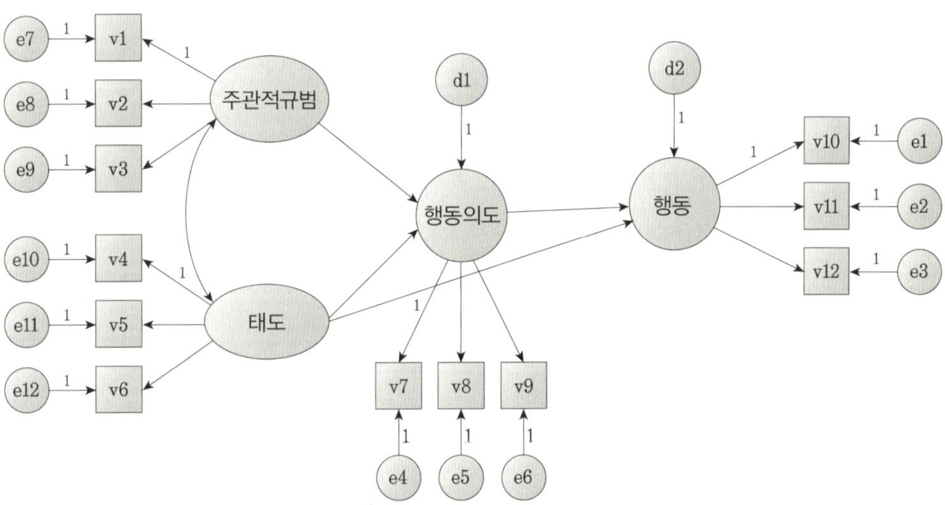

1) 비모수 붓스트래핑에 의한 추정

2 [Input 10-4]를 비모수 붓스트래핑에 의해 추정하면 [Output 10-4]의 결과를 얻는다.

Output 10-4 행동의도의 분석 결과: 비모수 붓스트래핑에 의한 추정 결과

Regression Weights: (Group number 1 - Default model)

			Estimate	S.E.	C.R.	P
행동의도	<---	주관적규범	.287	.038	7.557	***
행동의도	<---	태도	.127	.037	3.451	***
행동	<---	행동의도	.499	.052	9.587	***
행동	<---	태도	.096	.042	2.278	.023

Direct Effects (Group number 1 - Default model)

	태도	주관적규범	행동의도	행동
행동의도	.127	.287	.000	.000
행동	.096	.000	.499	.000

Direct Effects - Two Tailed Significance (BC) (Group number 1)

	태도	주관적규범	행동의도	행동
행동의도	.005	.002	...	...
행동	.028	...	.003	...

Indirect Effects (Group number 1 - Default model)

	태도	주관적규범	행동의도	행동
행동의도	.000	.000	.000	.000
행동	.063	.143	.000	.000

Indirect Effects - Two Tailed Significance (BC) (Group number 1)

	태도	주관적규범	행동의도	행동
행동의도	...	...	...	...
행동	.004	.002	...	...

2) 모수 붓스트래핑에 의한 추정

1 [Input 10-4]를 모수 붓스트래핑에 의해 추정하면 [Output 10-5]의 결과를 얻는다.

Output 10-5 행동의도의 분석 결과: 모수 붓스트래핑에 의한 추정

Regression Weights: (Group number 1 - Default model)

			Estimate	S.E.	C.R.	P
행동의도	<---	주관적규범	.287	.038	7.557	***
행동의도	<---	태도	.127	.037	3.451	***
행동	<---	행동의도	.499	.052	9.587	***
행동	<---	태도	.096	.042	2.278	.023

Direct Effects (Group number 1 - Default model)

	태도	주관적규범	행동의도	행동
행동의도	.127	.287	.000	.000
행동	.096	.000	.499	.000

Direct Effects - Two Tailed Significance (BC) (Group number 1)

	태도	주관적규범	행동의도	행동
행동의도	.002	.002	...	...
행동	.028	...	.002	...

Indirect Effects (Group number 1 - Default model)

	태도	주관적규범	행동의도	행동
행동의도	.000	.000	.000	.000
행동	.063	.143	.000	.000

Indirect Effects - Two Tailed Significance (BC) (Group number 1)

	태도	주관적규범	행동의도	행동
행동의도	...	...	...	...
행동	.002	.002	...	...

2 태도가 행동에 직접적으로 영향을 미치고, 태도가 행동의도를 매개해 행동에 간접적으로 영향을 미치므로 보충매개가 있다고 해석한다.

2.3 주관적규범 및 태도와 행동 간 행동의도의 매개효과 동시 검정

1 이제 주관적규범과 태도가 행동의도를 매개해 행동에 동시에 영향을 미친다고 가정한 모델을 검정하기로 한다. 이를 위한 모델이 [Input 10-6]이다.

Input 10-6 주관적규범 및 태도와 행동 간 행동의도의 매개효과

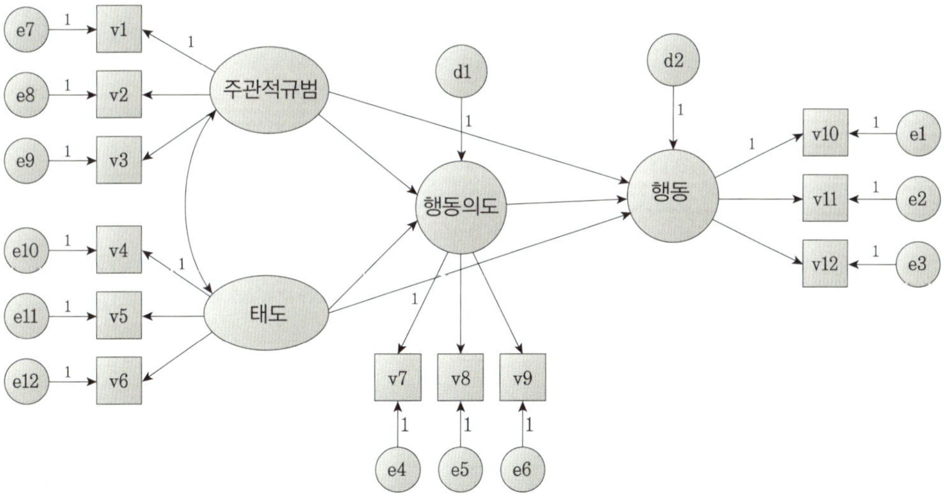

1) 비모수 붓스트래핑에 의한 추정

2 이를 비모수 붓스트래핑에 의해 추정하면 다음과 같은 결과를 얻는다.

Output 10-6 행동의도의 분석 결과: 비모수 붓스트래핑에 의한 추정

Regression Weights: (Group number 1 - Default model)

			Estimate	S.E.	C.R.	P
행동의도	<---	주관적규범	.271	.038	7.135	***
행동의도	<---	태도	.131	.037	3.542	***
행동	<---	행동의도	.373	.052	7.205	***
행동	<---	태도	.049	.041	1.188	.235
행동	<---	주관적규범	.296	.044	6.766	***

Direct Effects (Group number 1 - Default model)

	태도	주관적규범	행동의도	행동
행동의도	.131	.271	.000	.000
행동	.049	.296	.373	.000

Direct Effects - Two Tailed Significance (BC) (Group number 1)

	태도	주관적규범	행동의도	행동
행동의도	.005	.002	...	...
행동	.273	.001	.003	...

Indirect Effects (Group number 1 - Default model)

	태도	주관적규범	행동의도	행동
행동의도	.000	.000	.000	.000
행동	.049	.101	.000	.000

Indirect Effects - Two Tailed Significance (BC) (Group number 1)

	태도	주관적규범	행동의도	행동
행동의도	...	...	...	...
행동	.003	.002	...	...

2) 모수 붓스트래핑에 의한 추정

3 이를 모수 붓스트래핑에 의해 추정하면 다음과 같은 결과를 얻는다.

Output 10-6 행동의도의 분석 결과: 모수 붓스트래핑에 의한 추정

Regression Weights: (Group number 1 - Default model)

			Estimate	S.E.	C.R.	P
행동의도	<---	주관적규범	.271	.038	7.135	***
행동의도	<---	태도	.131	.037	3.542	***
행동	<---	행동의도	.373	.052	7.205	***
행동	<---	태도	.049	.041	1.188	.235
행동	<---	주관적규범	.296	.044	6.766	***

Direct Effects (Group number 1 - Default model)

	태도	주관적규범	행동의도	행동
행동의도	.131	.271	.000	.000
행동	.049	.296	.373	.000

Direct Effects - Two Tailed Significance (BC) (Group number)

	태도	주관적규범	행동의도	행동
행동의도	.002	.002	...	...
행동	.271	.003	.003	...

Indirect Effects (Group number 1 - Default model)

	태도	주관적규범	행동의도	행동
행동의도	.000	.000	.000	.000
행동	.049	.101	.000	.000

Indirect Effects - Two Tailed Significance (BC) (Group number 1)

	태도	주관적규범	행동의도	행동
행동의도	...	...	...	...
행동	.002	.001	...	...

4 태도는 행동에 직접적인 영향을 주지 않는 것으로 나타났다. 그러므로 태도와 행동 간의 관계에서 행동의도는 **간접만 매개(indirect-only mediation)**가 있다고 해석할 수 있다. 이러한 해석은 [Output 10-5]에서 살펴본 것과 다른 결과를 얻는다. 따라서 **독립변수가 여러 개가 있고 단일매개모델인 경우 각각의 분석을 통해 얻은 결과를 토대로 해석해야 함을 알 수 있다.**

3 단일매개효과모델: 예 3

1 [그림 10-4] 모델을 대상으로 매개효과를 검정하기로 한다. 이 모델을 검정하기 위한 자료는 원자료이다. 원자료이므로 모수 붓스트래핑과 비모수 붓스트래핑을 모두 이용할 수 있다. 이 가운데 비모수 붓스트래핑에 초점을 맞추어 추정하기로 한다.

그림 10-4 | Delight의 매개효과모델

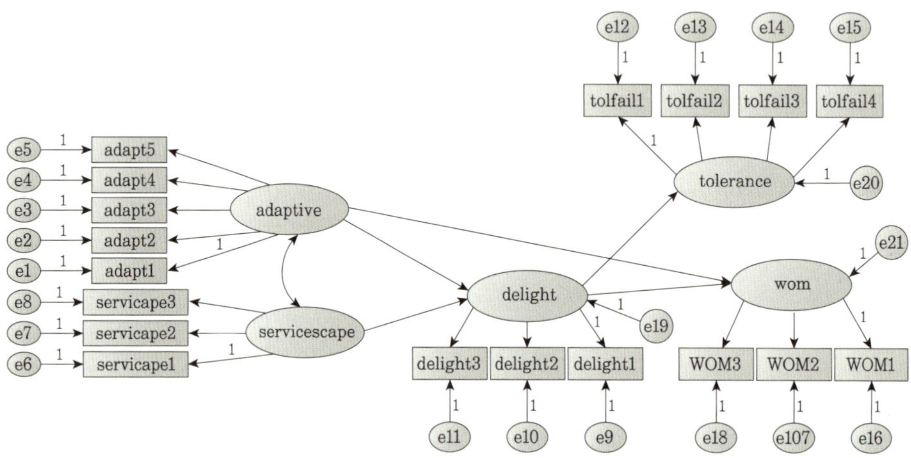

2 [그림 10-4] 모델을 보면, adaptive와 servicescape는 tolerance에 직접효과가 없고, servicescape는 tolerance와 wom에 직접효과가 없는 것으로 가설화되었다.

3 이 모델을 대상으로 adaptive → delight → tolerance의 매개효과를 검정하기 위해서는 adaptive → tolerance의 직접효과 경로를 추가해서 분석하고, servicescape → delight → tolerance의 매개효과를 검정하기 위해서 servicescape → tolerance의 직접효과 경로를 추가해서 분석하고, servicescape → delight → wom의 매개효과를 검정하기 위해서 servicescape → wom의 직접효과 경로를 추가해서 분석한다.

3.1 adaptive와 tolerance 간 delight의 매개효과

1 adaptive와 tolerance 간 delight의 매개효과를 검정하기 위해 adaptive → tolerance 경로를 그린다. 이를 [Input 10-7]로 저장하였다.

Input 10-7 adaptive와 tolerance 간 delight의 매개효과

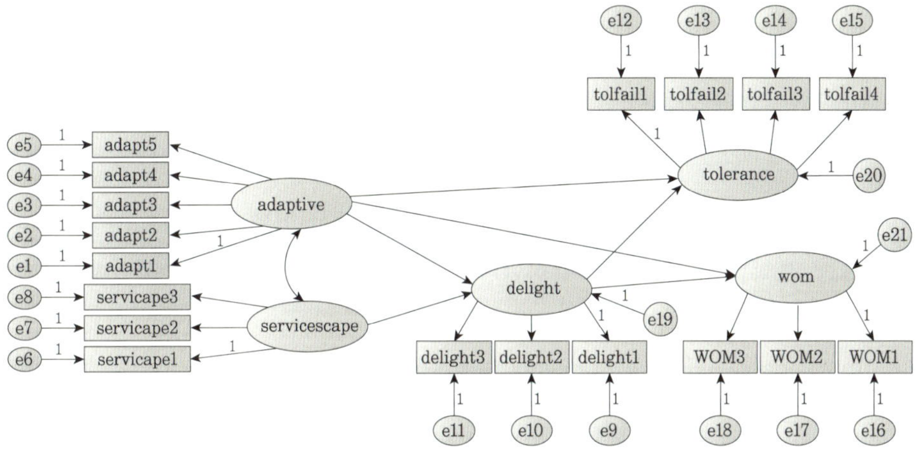

2 이를 실행하면 [Output 10-7]의 결과를 얻는다.

Output 10-7 adaptive와 tolerance 간 delight의 매개효과분석 결과

Direct Effects (Group number 1 - Default model)

	servicescape	adaptive	delight	wom	tolerance
delight	.196	.447	.000	.000	.000
wom	.000	.067	.729	.000	.000
tolerance	.000	.099	.695	.000	.000

Direct Effects - Two Tailed Significance (BC) (Group number 1)

	servicescape	adaptive	delight	wom	tolerance
delight	.000	.000	...	...	...
wom	...	.445	.000	...	...
tolerance	...	.142	.000	...	...

Indirect Effects (Group number 1 - Default model)

	servicescape	adaptive	delight	wom	tolerance
delight	.000	.000	.000	.000	.000
wom	.143	.325	.000	.000	.000
tolerance	.136	.310	.000	.000	.000

Indirect Effects - Two Tailed Significance (BC) (Group number 1)

	servicescape	adaptive	delight	wom	tolerance
delight	...	...	...	...	...
wom	.000	.000	...	...	...
tolerance	.000	.000	...	...	...

3 직접효과($b = .099$)는 유의적이지 않고($p = .142$), 간접효과($b = .310$)는 유의적이므로($p = .000$) **간접만 매개(indirect-only mediation)**가 있다고 해석한다.

3.2 adaptive와 wom 간 delight의 매개효과

1 adaptive와 wom 간 delight의 매개효과를 검정하기 위해 adaptive → tolerance 경로가 제외된 제안모델을 추정한다. 이를 [Input 10-8]로 저장하였다.

Input 10-8 adaptive와 wom 간 delight의 매개효과

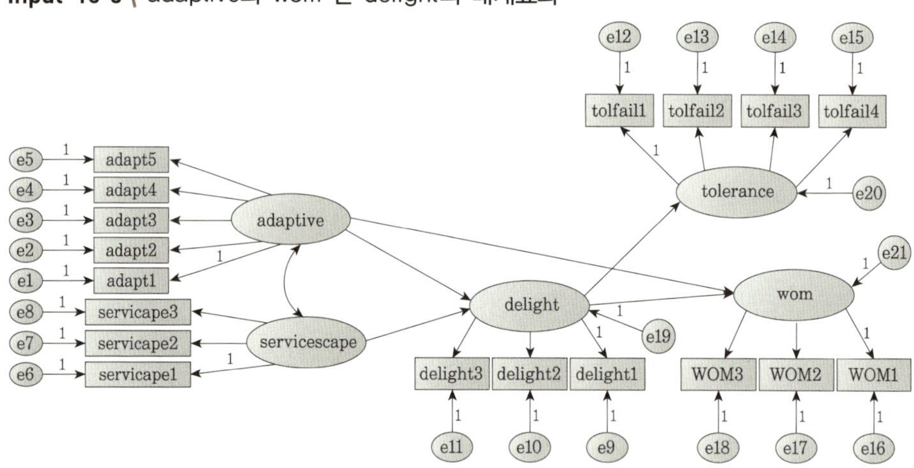

2 이를 실행하면 [Output 10-8]을 얻는다.

Output 10-8 adaptive와 wom 간 delight의 매개효과분석 결과

Direct Effects (Group number 1 - Default model)

	servicescape	adaptive	delight	wom	tolerance
delight	.197	.450	.000	.000	.000
wom	.000	.057	.740	.000	.000
tolerance	.000	.000	.794	.000	.000

Direct Effects - Two Tailed Significance (BC) (Group number 1)

	servicescape	adaptive	delight	wom	tolerance
delight	.000	.000	...	...	...
wom	...	.514	.000	...	...
tolerance	...	...	.000	...	...

Indirect Effects (Group number 1 - Default model)

	servicescape	adaptive	delight	wom	tolerance
delight	.000	.000	.000	.000	.000
wom	.146	.333	.000	.000	.000
tolerance	.156	.357	.000	.000	.000

Indirect Effects - Two Tailed Significance (BC) (Group number 1)

	servicescape	adaptive	delight	wom	tolerance
delight	...	...	...	...	...
wom	.000	.000	...	...	...
tolerance	.000	.000	...	...	...

3 직접효과($b = .057$)는 유의적이지 않고($p = .514$), 간접효과($b = .333$)는 유의적이므로($p = .000$) **간접만 매개(indirect-only mediation)**가 있다고 해석한다.

3.3 servicescape와 tolerance 간 delight의 매개효과

1 servicescape → tolerance에 미치는 직접효과를 포함한 모델을 추정한다. 이를 [Input 10-9]로 저장하였다.

Input 10-9 servicescape와 tolerance 간 delight의 매개효과

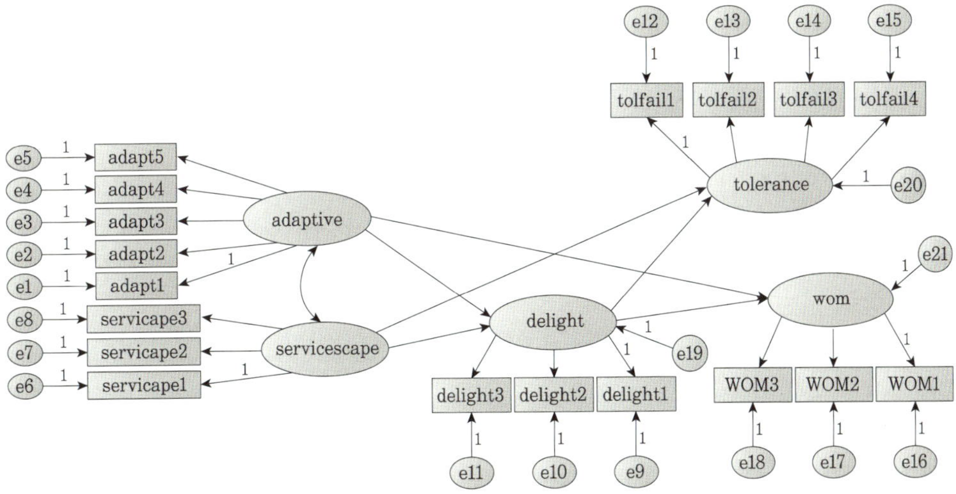

2 이를 실행하면 [Output 10-9]의 결과를 얻는다.

Output 10-9 servicescape와 tolerance 간 delight의 매개효과 분석 결과

Direct Effects (Group number 1 - Default model)

	servicescape	adaptive	delight	wom	tolerance
delight	.188	.452	.000	.000	.000
wom	.000	.064	.731	.000	.000
tolerance	.167	.000	.693	.000	.000

Direct Effects - Two Tailed Significance (BC) (Group number 1)

	servicescape	adaptive	delight	wom	tolerance
delight	.000	.000	...	...	...
wom	...	.464	.000	...	...
tolerance	.013	...	.000	...	...

Indirect Effects (Group number 1 - Default model)

	servicescape	adaptive	delight	wom	tolerance
delight	.000	.000	.000	.000	.000
wom	.137	.330	.000	.000	.000
tolerance	.130	.313	.000	.000	.000

Indirect Effects - Two Tailed Significance (BC) (Group number 1)

	servicescape	adaptive	delight	wom	tolerance
delight	...	...	...	...	...
wom	.000	.000	...	...	...
tolerance	.000	.000	...	...	...

3 직접효과($b = .167$)는 유의적이고($p = .013$), 간접효과($b = .130$)도 유의적이므로($p = .000$) 보충매개(complementary mediation)가 있다고 해석한다.

3.4 servicescape와 wom 간 delight의 매개효과

1 servicescape → wom에 미치는 직접효과를 포함한 모델을 추정한다. 이를 [Input 10-10]으로 저장하였다.

Input 10-10 servicescape와 wom 간 delight의 매개효과

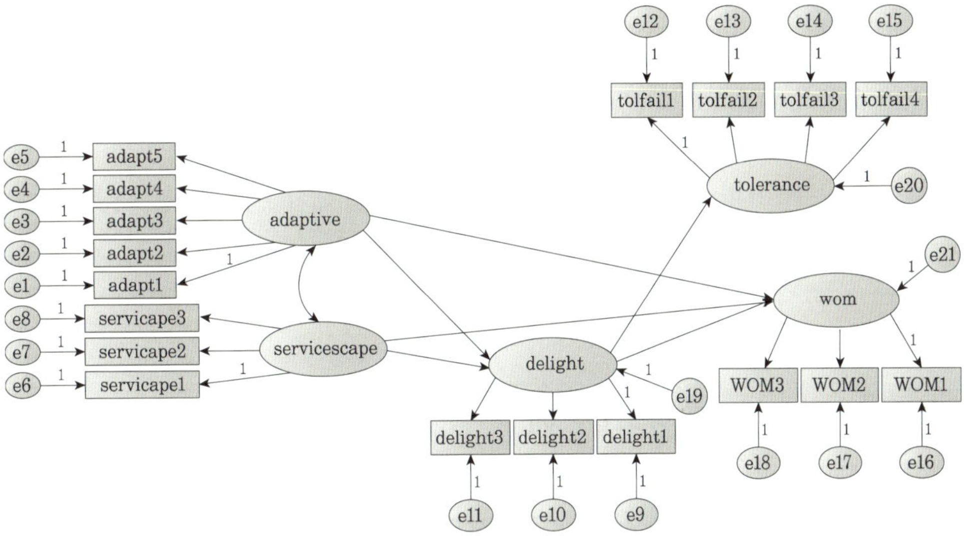

2 이를 실행하면 [Output 10-10]의 결과를 얻는다.

Output 10-10 servicescape와 wom 간 delight의 매개효과분석 결과

Direct Effects (Group number 1 - Default model)

	servicescape	adaptive	delight	wom	tolerance
delight	.193	.452	.000	.000	.000
wom	.140	.028	.685	.000	.000
tolerance	.000	.000	.792	.000	.000

Direct Effects - Two Tailed Significance (BC) (Group number 1)

	servicescape	adaptive	delight	wom	tolerance
delight	.000	.000	...	...	...
wom	.078	.758	.001	...	...
tolerance	...	...	.000	...	...

Indirect Effects (Group number 1 - Default model)

	servicescape	adaptive	delight	wom	tolerance
delight	.000	.000	.000	.000	.000
wom	.132	.309	.000	.000	.000
tolerance	.153	.358	.000	.000	.000

Indirect Effects - Two Tailed Significance (BC) (Group number 1)

	servicescape	adaptive	delight	wom	tolerance
delight	...	...	...	...	...
wom	.000	.000	...	...	...
tolerance	.000	.000	...	...	...

3 직접효과($b = .140$)는 유의적이지 않고($p = .078$), 간접효과($b = .153$)는 유의적이므로($p = .000$) **간접만 매개(indirect-only mediation)**가 있다고 해석한다.

4 간접효과를 검정한 결과, Baron & Kenny(1986)의 완전매개(full mediation), 부분매개(partial mediation)라는 용어 대신에, Zhao 등(2010)의 용어를 채택하는 경향이 늘고 있다. 따라서 독자들도 이러한 관점에서 연구결과를 기술할 것을 권유하고자 한다.

4 단일매개효과모델: 예 4

[그림 10-5]는 [Mplus 5.12 example]을 제시한 것이다. 이를 대상으로 매개효과를 검정하기로 한다.

그림 10-5 | Mplus 5.12 예

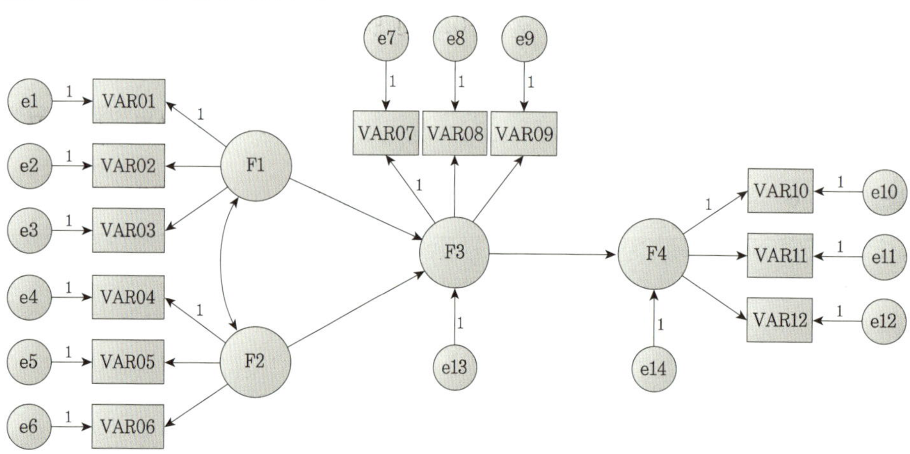

4.1 직접효과를 포함하지 않고 분석

1 직접효과를 포함하지 않은 모델을 [Input 10-11]로 저장하였다.

Input 10-11 직접효과를 포함하지 않은 모델

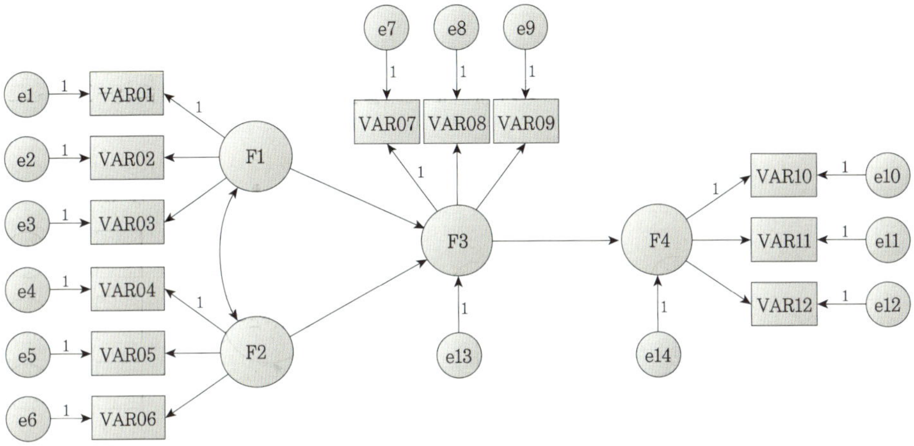

2 이를 실행하면 다음과 같은 결과를 얻는다.

Output 10-11 직접효과를 포함하지 않은 모델 분석 결과

CMIN

Model	NPAR	CMIN	DF	P	CMIN/DF
Default model	28	53.596	50	.338	1.072

Regression Weights: (Group number 1 - Default model)

			Estimate	S.E.	C.R.	P
F3	<---	F1	.563	.072	7.841	***
F3	<---	F2	.790	.086	9.151	***
F4	<---	F3	.473	.057	8.334	***

Indirect Effects (Group number 1 - Default model)

	F2	F1	F3	F4
F3	.000	.000	.000	.000
F4	.374	.266	.000	.000

Indirect Effects - Standard Errors (Group number 1 - Default model)

	F2	F1	F3	F4
F3	.000	.000	.000	.000
F4	.057	.043	.000	.000

Indirect Effects - Lower Bounds (BC) (Group number 1 - Default model)

	F2	F1	F3	F4
F3	.000	.000	.000	.000
F4	.278	.189	.000	.000

Indirect Effects - Upper Bounds (BC) (Group number 1 - Default model)

	F2	F1	F3	F4
F3	.000	.000	.000	.000
F4	.508	.360	.000	.000

Indirect Effects-Two Tailed Significance (BC) (Group number 1 - Default model)

	F2	F1	F3	F4
F3	...	...	...	...
F4	.001	.001	...	...

3 F1 → F3 → F4, F2 → F3 → F4 간접효과는 각각 $b=.266$, $b=.374$로 모두 유의적($p=.001$)인 것으로 나타났다

4.2 직접효과를 포함하여 분석

1) F1 → F4 직접효과 포함

1 F1 → F4의 직접효과를 포함한 모델을 [Input 10-12]로 저장하였다.

Input 10-12 F1 → F4의 직접효과 포함한 모델

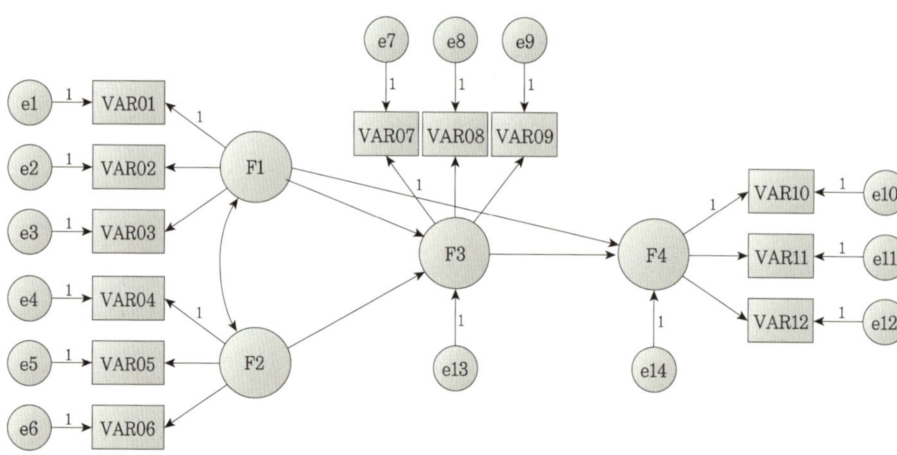

2 이를 실행하면 다음과 같은 결과를 얻는다.

Output 10-12 F1 → F4의 직접효과 포함한 모델 분석 결과

Regression Weights: (Group number 1 - Default model)

			Estimate	S.E.	C.R.	P
F3	<---	F1	.556	.072	7.700	***
F3	<---	F2	.795	.087	9.160	***
F4	<---	F3	.443	.061	7.257	***
F4	<---	F1	.072	.066	1.089	.276

Indirect Effects (Group number 1 - Default model)

	F2	F1	F3	F4
F3	.000	.000	.000	.000
F4	.352	.246	.000	.000

Indirect Effects - Two Tailed Significance (BC) (Group number 1 - Default model)

	F2	F1	F3	F4
F3	...	...	...	...
F4	.001	.001	...	...

3 직접효과(b = .072)는 유의적이지 않고(p = .276), 간접효과(b = .246)는 유의적이므로(p = .001) 간접만 매개(indirect-only mediation)가 있다고 해석한다.

2) F2 → F4 직접효과 포함

1 F2 → F4의 직접효과를 포함한 모델을 [Input 10-13]으로 저장하였다.

Input 10-13 F2 → F4의 직접효과 포함한 모델

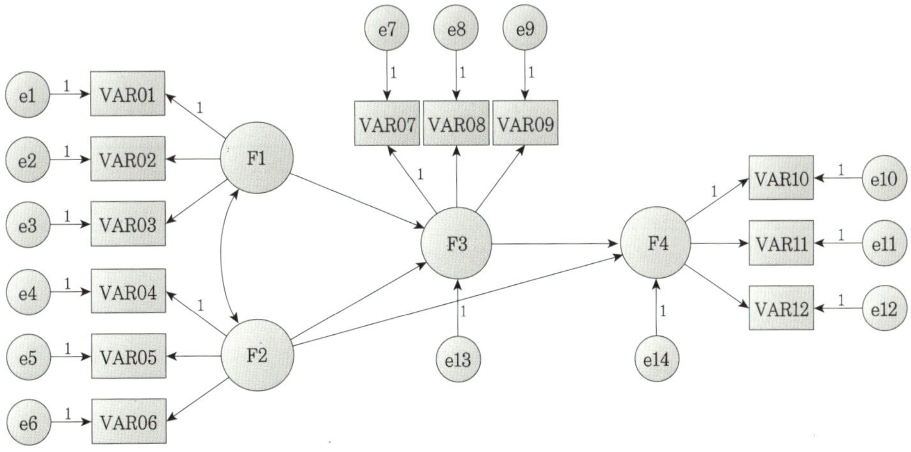

2 이를 실행하면 다음과 같은 결과를 얻는다.

Output 10-13 F2 → F4의 직접효과 포함한 모델 분석 결과

Regression Weights: (Group number 1 - Default model)

			Estimate	S.E.	C.R.	P
F3	<---	F1	.557	.071	7.810	***
F3	<---	F2	.801	.087	9.229	***
F4	<---	F3	.549	.079	8.935	***
F4	<---	F2	-.136	.089	-1.528	.276

Indirect Effects (Group number 1 - Default model)

	F2	F1	F3	F4
F3	.000	.000	.000	.000
F4	.440	.306	.000	.000

Indirect Effects - Two Tailed Significance (BC) (Group number 1 - Default model)

	F2	F1	F3	F4
F3	...	...	...	...
F4	.001	.001	...	...

3 직접효과($b = -.136$)는 유의적이지 않고($p = .276$), 간접효과($b = .440$)는 유의적이므로($p = .001$) **간접만 매개(indirect-only mediation)**가 있다고 해석한다.

4.3 분석 결과 보고

분석 결과를 보고하기 위해 [표 10-2]를 만들어 제시한다.

표 10-2 분석 결과의 보고

경로	직접효과	간접효과	95% 신뢰구간 [하한, 상한]	p	결론
F1 → F3 → F4	.072 (1.089)	.246	[.170, .343]	.001	간접만 매개
F2 → F3 → F4	-.136 (-1.528)	.440	[.315, .626]	.001	간접만 매개

주: 비표준화계수(t-value), 붓스트랩 표본: 2,000

매개효과를 분석한 결과를 보고하고 기술하는 것과 관련된 몇 가지 사항을 살펴보기

로 한다.

첫째, 직접효과, 간접효과, 총효과의 크기(계수값)와 더불어 이들의 추론검정 결과를 보고해야 한다. 추론검정 결과를 보고할 때 Sobel 검정으로 하지 말고, 붓스트래핑 결과를 보고한다. 붓스트랩 표본수, 신뢰구간 수준, 신뢰구간 추정법(비모수추정, 모수추정)에 대해 기술한다.

둘째, 계수값(직접효과, 간접효과, 총효과)은 표준화계수 또는 비표준화계수를 모두 보고하는 것이 가능하나, 가능한 비표준화계수를 보고하는 것이 권장된다. 계수가 표준화계수인지 비표준화계수인지를 명확히 알려야 한다. 왜냐하면 단순히 b 또는 β로 표기하면 이 계수가 표준화계수인지 아니면 비표준화계수인지를 명확히 모르기 때문이다.

참고문헌

Baron, R. M., & Kenny, D. A. (1986). The moderator-mediator variable distinction in social psychological research: Conceptual, strategic, and statistical considerations. *Journal of Personality and Social Psychology, 51*(6), 1173-1182.

Cheung, G. W., & Lau, R. S. (2008). Testing mediation and suppression effects of latent variables: Bootstrapping with structural equation models. *Organizational Research Methods, 11*(2), 296-325.

Hayes, A. F. (2013). *Introduction to mediation, moderation, and conditional process analysis: A regression-based approach.* Guilford Press.

Lau, R. S., & Cheung, G. W. (2012). Estimating and comparing specific mediation effects in complex latent variable models. *Organizational Research Methods, 15*(1), 3-16.

Rungtusanatham, M., Miller, J. W., & Boyer, K. K. (2014). Theorizing, testing, and concluding for mediation in SCM research: Tutorial and procedural recommendations. *Journal of Operations Management, 32*(3), 99-113.

Zhao, X., Lynch, J. G. Jr., & Chen, Q. (2010). Reconsidering Baron and Kenny: Myths and truths about mediation analysis. *Journal of Consumer Research, 37*(August), 197-206.

Chapter 11

다중매개효과분석(Ⅰ): 병렬다중매개모델

1. 병렬다중매개모델의 의의
2. 병렬다중매개모델: 예 1
3. 병렬다중매개모델: 예 2

CHAPTER 11

다중매개효과분석(I): 병렬다중매개모델

1 병렬다중매개모델의 의의

독립변수와 종속변수 간의 관계에서 매개변수가 여러 개 있는 모델을 **다중매개모델**(multiple mediator model)이라 한다. 다중매개모델은 매개변수가 어떤 인과적 관계를 갖느냐에 따라 **병렬(평행)다중매개모델**(parallel multiple mediator model)과 **연속다중매개모델**(serial multiple mediator model)로 나뉜다. **병렬(평행)다중매개모델**(parallel multiple mediator model)은 독립변수와 종속변수 간에 매개변수가 여러 개가 있고, 매개변수 간에는 어떠한 인과관계도 없는 모델을 의미한다. **연속다중매개모델**(serial multiple mediator model)은 독립변수와 종속변수 간의 매개변수가 다른 매개변수에 영향을 주어 종속변수에 영향을 미치는 모델을 의미한다. [그림 11-1]은 병렬다중매개모델, [그림 11-2]는 연속다중매개모델을 나타낸 것이다.

그림 11-1 | 병렬다중매개모델

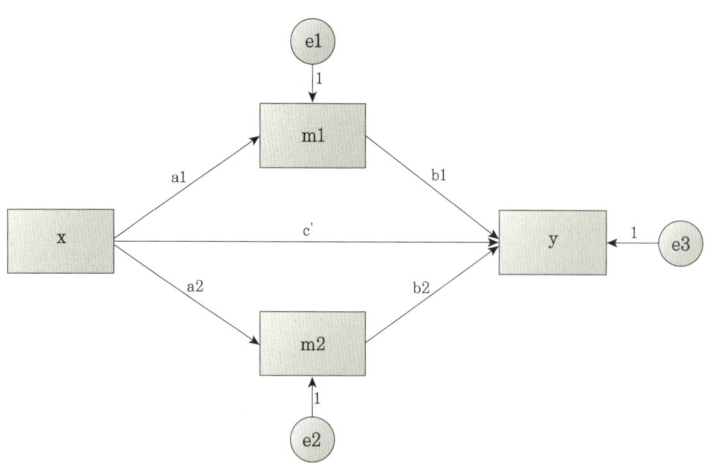

그림 11-2 ▌연속다중매개모델

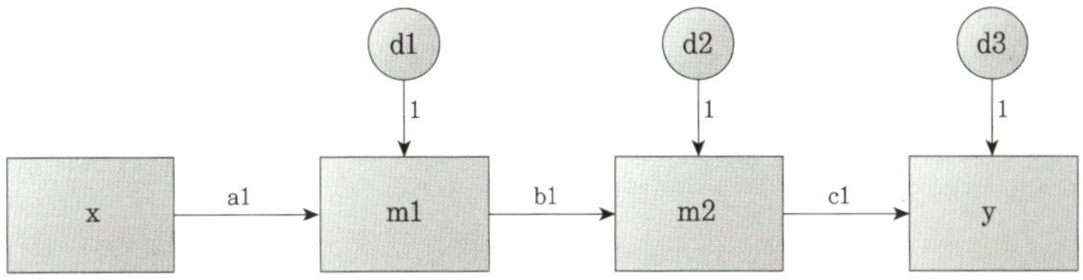

2 병렬다중매개모델: 예 1

MacKinnon(2008)에 기술된 [Input 11-1]의 병렬다중매개모델에 대해 살펴보기로 한다. 모델을 보면, '교사의기대'가 '학생성적'에 미치는 효과는 '사회적분위기'를 통한 간접효과와 '학습자료구비'를 통한 간접효과로 구성되었음을 알 수 있다.

Input 11-1 병렬다중매개모델

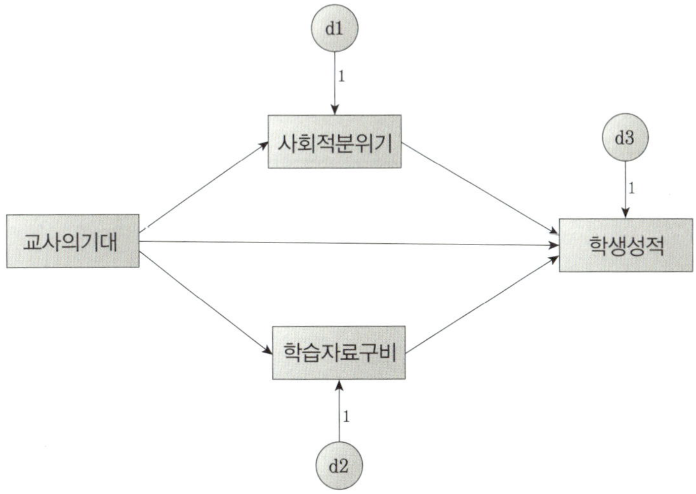

1 [Input 11-1]을 실행하면 다음과 같은 적합도 및 모수치를 얻는다.

Output 11-1 병렬다중매개분석 결과

CMIN

Model	NPAR	CMIN	DF	P	CMIN/DF
Default model	9	3.595	1	.058	3.595

Regression Weights: (Group number 1 - Default model)

			Estimate	S.E.	C.R.	P
사회적분위기	<---	교사의기대	.840	.156	5.388	***
학습자료구비	<---	교사의기대	.222	.144	1.540	.124
학생성적	<---	사회적분위기	.569	.144	3.955	***
학생성적	<---	학습자료구비	.530	.156	3.403	***
학생성적	<---	교사의기대	.112	.188	.596	.551

Indirect Effects (Group number 1 - Default model)

	교사의기대	학습자료구비	사회적분위기
학습자료구비	.000	.000	.000
사회적분위기	.000	.000	.000
학생성적	.596	.000	.000

2 출력을 통해 알 수 있듯, Amos는 교사의기대가 학생성적에 미치는 간접효과 $b=.596$를 사회적분위기를 통한 간접효과 $b=.478(.840\times.569)$와 학습자료구비를 통한 간접효과 $b=.118(.222\times.530)$로 분리하지 않고, 이 두 효과를 합하여 보고한다. 즉, 다중매개모델인 경우 Amos에서 보고되는 간접효과는 총간접효과(total indirect effect)이다.

3 특정간접효과(specific indirect effect)란 교사의기대가 학생성적에 미치는 총간접효과 $b=.596$를 사회적분위기를 통한 간접효과 $b=.478$와 학습자료구비를 통한 간접효과 $b=.118$로 분리하는 것을 의미한다. Amos에서 특정간접효과를 얻기 위해서는 팬텀변수(phantom variable)를 만들어 추정하거나, 사용자 정의 추정(user-defined estimand)으로 분석해야 한다.

2.1 팬텀변수에 의한 특정간접효과의 추정

1) 특정간접효과의 추정

특정간접효과(specific indirect effect)는 다중매개모델에서 간접효과가 여러 개 있을 때 특정 변수와 관련된 간접효과를 의미한다. 즉, ① 교사의기대 → 사회적분위기 →

학생성적의 간접효과, ② 교사의기대 → 학습자료구비 → 학생성적의 간접효과를 각각 추정하는 것을 의미한다.

매개변수 M_i를 경유한 X의 Y에 대한 특정간접효과는 그 매개변수를 경유한 두 비표준화계수의 곱에 의해 구한다. 예를 들어, 교사의기대→사회적분위기→학생성적의 간접효과는 $.840 \times .569 = .478$, 교사의기대→학습자료구비→학생성적의 간접효과는 $.222 \times .530 = .118$에 의해 얻어진다.

Amos에서 특정간접효과의 유의도를 검정하기 위해서는 팬텀변수를 이용하거나 사용자 정의 추정(user-defined estimand)으로 분석해야 한다. 팬텀변수(phantom variable)는 모델적합도 및 모수치에 영향을 주지 않는 가상의 변수이다. 이를 위해 다음과 같은 절차에 따라 경로도를 만든다.

1. [Input 11-1]에서 교사의기대 → 사회적분위기로 가는 경로를 더블클릭하면 나타나는 [Object Properties]의 [Parameters] 탭의 [Regression weight]에 [a]라 입력한다. 사회적분위기 → 학생성적으로 가는 경로는 [b]라 입력한다. 나머지 경로도 이런 식으로 각각의 이름을 부여한다.
2. 다음과 같은 경로도를 만든다. 이 경로도에서, 교사의기대 → 사회적분위기 → 학생성적은 [p1 → p2]의 팬텀변수로, 교사의기대 → 학습자료구비 → 학생성적은 [p3 → p4]의 팬텀변수로 표현되었다.

Input 11-2 팬텀변수를 이용한 특정간접효과 추정

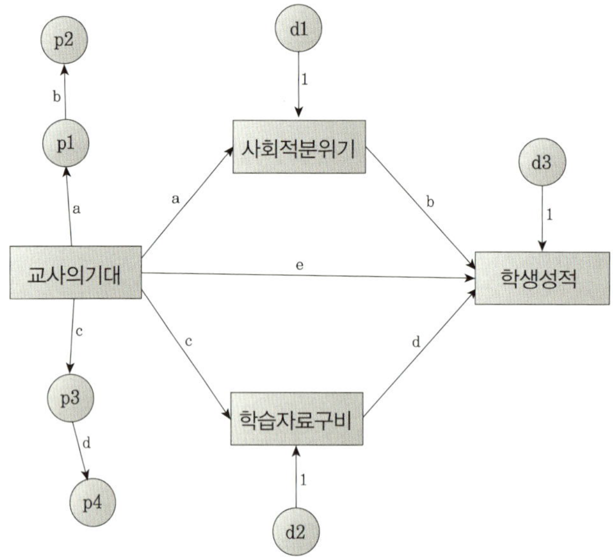

3 [Analysis Properties] → [Bootstrap] 탭에서 다음과 같이 체크한다. [Number of bootstrap samples]를 [2000]으로 입력했는데, 이는 숫자가 클수록 정확한 값을 얻는다. [Monte Carlo(parametric bootstrap)]을 체크하지 않았으므로 **비모수 붓스트래핑(non-parametric bootstrap)**을 한다. 이를 체크하면 **모수 붓스트래핑(parametric bootstrap)**을 한다. 이 분석에 이용된 자료는 원자료이다.

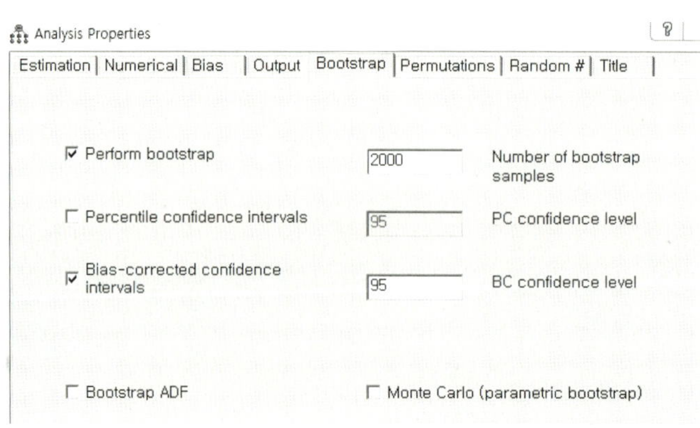

4 [Output] 탭에서 [Indirect, direct, & total effects]를 체크한다.

5 이를 [Input 11-2]로 저장하였다.

6 실행 아이콘( )을 누르면 다음과 같은 경고문이 나타나는데, [Proceed with the analysis] 버튼을 누른다.

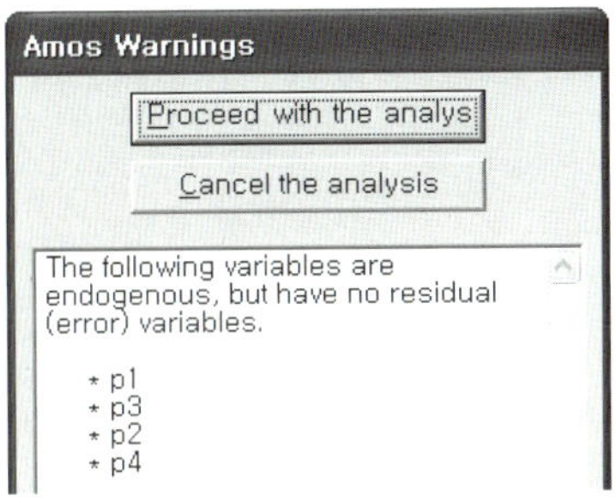

7 이를 실행하면 다음과 같은 적합도 및 모수치를 얻는다.

Output 11-2 **팬텀변수에 의한 다중매개모델분석 결과: 비모수 붓스트래핑**

CMIN

Model	NPAR	CMIN	DF	P	CMIN/DF
Default model	9	3.595	1	.058	3.595

Indirect Effects (Group number 1 - Default model)

	교사의기대	학습자료구비	사회적분위기
p3	.000	.000	.000
p1	.000	.000	.000
학습자료구비	.000	.000	.000
사회적분위기	.000	.000	.000
p4	.118	.000	.000
p2	.478	.000	.000
학생성적	.596	.000	.000

Indirect Effects - Two Tailed Significance (BC) (Group number 1 - Default model)

	교사의기대	학습자료구비	사회적분위기
p3	...	...	...
p1	...	...	...
학습자료구비	...	...	...
사회적분위기	...	...	...
p4	.081	...	...
p2	.001	...	...
학생성적	.001	...	...

8 출력을 통해 알 수 있듯, 모델적합도는 [Output 11-1]과 같다. 교사의기대 → 사회적분위기 → 학생성적에 미치는 간접효과는 [p2]를 보면 되고, 교사의기대 → 학습자료구비 → 학생성적의 간접효과는 [p4]를 보면 된다. 학습자료구비의 간접효과는 $b = .118$로 비유의적이고($p = .081$), 사회적분위기의 간접효과는 $b = .478$로 유의적인 것으로 나타났다($p = .001$).

2) 팬텀변수에 의한 매개효과의 차이검정

팬텀변수를 이용하여 두 매개효과의 차이검정을 하기로 한다.

1 이를 위해 [그림 11-3]과 같은 경로도를 만든다.

그림 11-3 | 매개효과 차이검정을 위한 모델

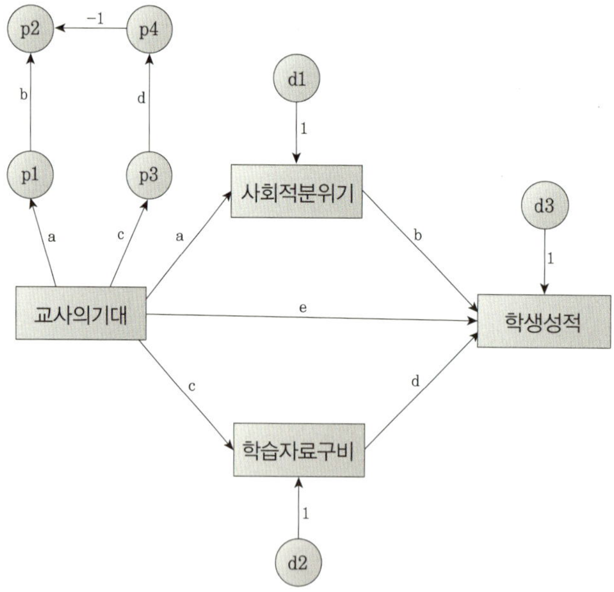

2 p4 → p2로 가는 경로를 만들고, 이 경로를 더블클릭하면 나타나는 [Object Properties] 창의 [Parameters] 탭의 [Regression weight]에 [-1]로 입력한다.

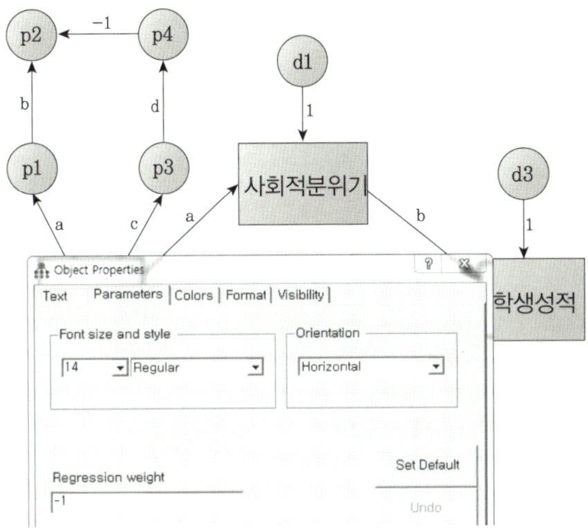

3 이 입력파일을 [Input 11-3]으로 저장하였다.

Input 11-3 팬텀변수에 의한 차이검정

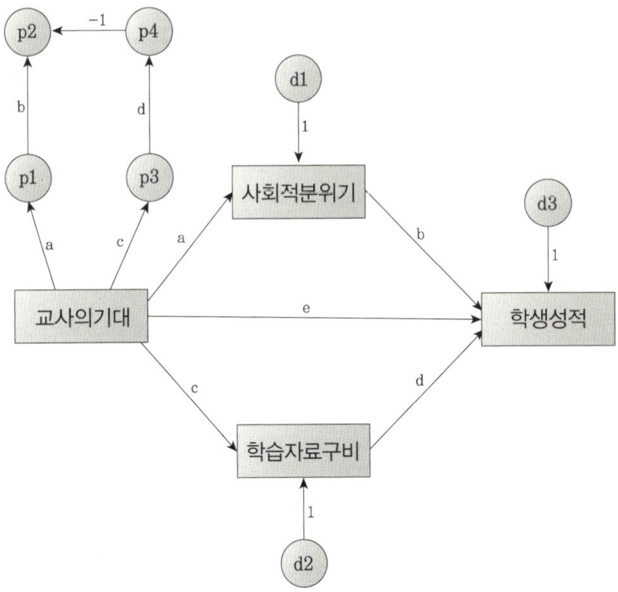

4 이를 실행하면 다음과 같은 모수치를 얻는다.

Output 11-3 팬텀변수에 의한 차이검정 결과: 비모수 붓스트래핑

Indirect Effects (Group number 1 - Default model)

	교사의기대	학습자료구비	사회적분위기
p3	.000	.000	.000
p4	.118	.000	.000
p1	.000	.000	.000
학습자료구비	.000	.000	.000
사회적분위기	.000	.000	.000
p2	.361	.000	.000
학생성적	.596	.000	.000

Indirect Effects - Two Tailed Significance (BC) (Group number 1 - Default model)

	교사의기대	학습자료구비	사회적분위기
p3	...	...	...
p4	.081	...	...
p1	...	...	...
학습자료구비	...	...	...
사회적분위기	...	...	...
p2	.035	...	...
학생성적	.001	...	...

5 매개효과의 차이(.478−.118=.361)는 유의적(p = .035)인 것으로 나타났다.

6 위 모델을 p2 → p4로 설정한 후 분석하기로 한다. 이 입력파일을 [Input 11−4]로 저장하였다.

Input 11-4 팬텀변수에 의한 차이검정

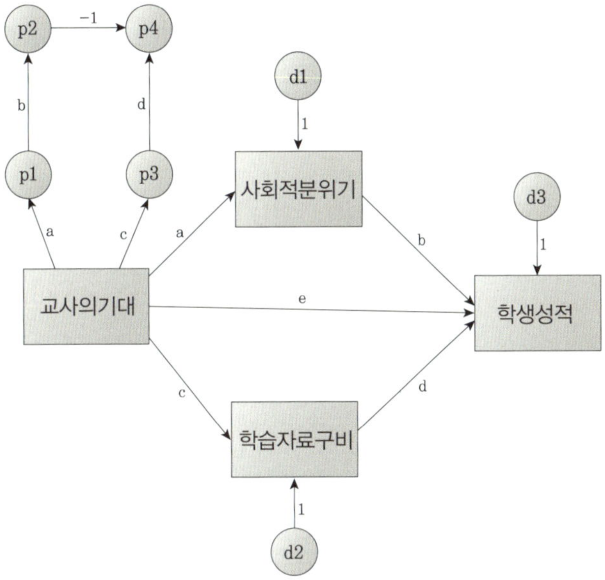

7 이를 실행하면 다음과 같은 결과를 얻는다.

Output 11-4 팬텀변수에 의한 차이검정: 비모수 붓스트래핑

Indirect Effects (Group number 1 - Default model)

	교사의기대	학습자료구비	사회적분위기
p1	.000	.000	.000
p3	.000	.000	.000
p2	.478	.000	.000
학습자료구비	.000	.000	.000
사회적분위기	.000	.000	.000
p4	-.361	.000	.000
학생성적	.596	.000	.000

Indirect Effects - Two Tailed Significance (BC) (Group number 1 - Default model)

	교사의기대	학습자료구비	사회적분위기
p1	...	...	...
p3	...	...	...
p2	.001	...	...
학습자료구비	...	...	...
사회적분위기	...	...	...
p4	.035	...	...
학생성적	.001	...	...

8 화살표 방향이 바뀌면(즉 화살표를 p2 → p4로 그리면) 회귀계수 $b = -.361$과 유의도 $p = .035$는 같으나 부호는 다르게 나타난다. 화살표 받는 팬텀변수가 빼기의 뒷부분임을 알 수 있다.

2.2 사용자 정의 추정에 의한 특정간접효과의 추정

1) 특정간접효과의 추정

1 사용자 정의 추정(user-defined estimand)으로 특정간접효과를 추정하기 위해 [Input 11-1] 모델에서 다음과 같이 한다.

2 각각의 경로에 [그림 11-4]처럼 임의의 명칭을 부여한다.

그림 11-4 | 경로에 명칭부여

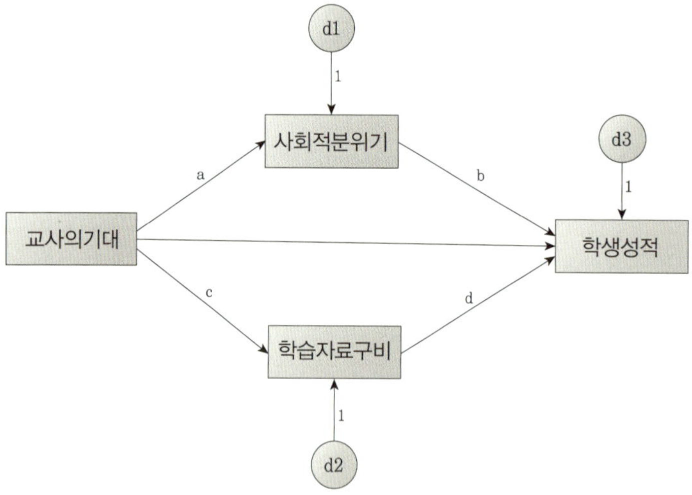

3 Amos 화면의 왼쪽 밑에 있는 [Not estimating any user-defined estimand]를 클릭하면 나타나는 창에서 [Define new estimands]를 클릭한다.

4 이 창은 Visual Basic(vb) 명령문을 작성하도록 만들어진 것이다. 이 창에서 다음과 같이 명령문을 입력하고, [Check syntax] 아이콘( )을 클릭한다. 명령문

이 이상이 없으면 [Description]에 [Syntax is OK] 메시지가 뜬다.

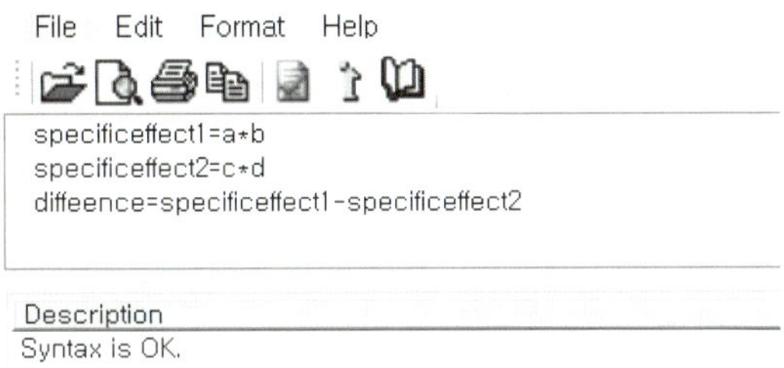

5 위 명령문에서 등호의 왼쪽에 있는 명령문은 띄어 쓰면 안 되고 전부 붙여 쓰거나 하이픈(_)을 넣어 쓸 수 있다. 아래와 같이 명령어를 작성하면 된다.

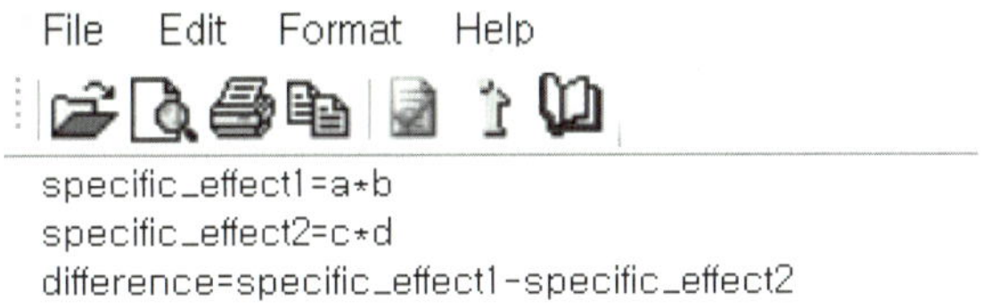

6 [File] → [Save as]에서 파일을 저장한다. 이를 [Input 11-5]로 저장하였다.

7 실행하면 다음과 같은 결과를 얻는다. 결과를 보기 위해 [Estimates] → [Scalars] → [User-defined estimands]를 클릭한다.

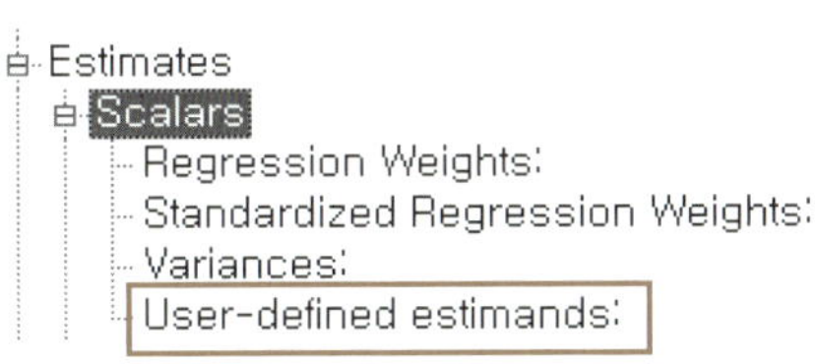

8 다음과 같은 결과를 얻는다. 팬텀변수에 의해 분석한 것과 동일한 값을 얻는 것을 알 수 있다.

Output 11-5 사용자 정의 추정에 의한 분석 결과

User-defined estimands: (Group number 1 - Default model)

Parameter	Estimate	Lower	Upper	P
specific_effect1	.478	.210	.848	.001
specific_effect2	.118	-.024	.342	.081
difference	.361	.032	.776	.035

3 병렬다중매개모델: 예 2

[그림 11-5] 모델을 대상으로 매개효과 검정에 대해 살펴보기로 한다.

그림 11-5 ▌병렬다중매개모델

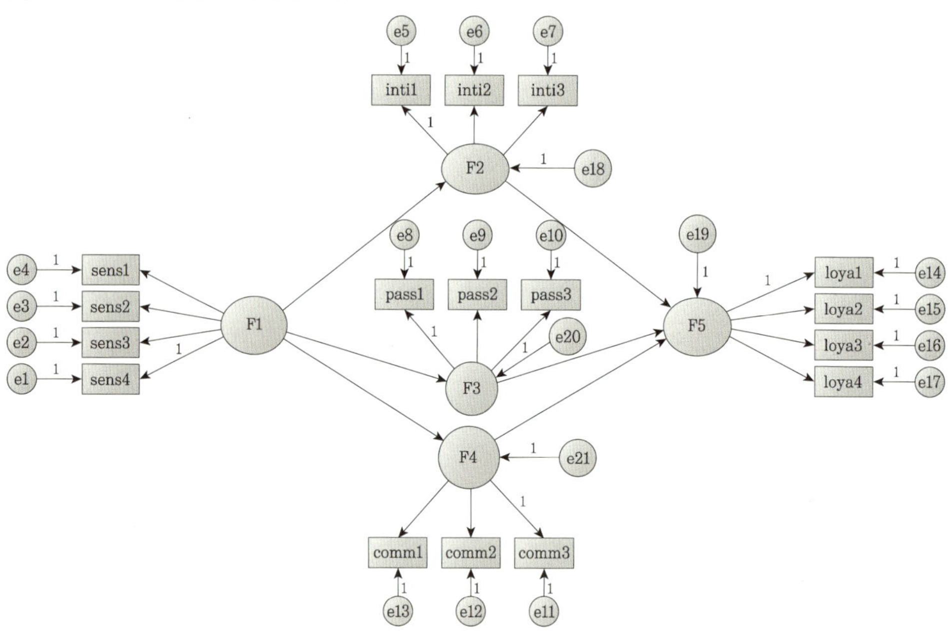

1 이 모델은 F1과 F5 간에 F2, F3, F4가 매개변수인 병렬다중매개모델이다. 먼저 특정간접효과를 추정하지 않고 총간접효과를 추정해보기로 한다. 이를 위한 입력파일을 [Input 11-6]으로 저장하였다.

Input 11-6 총간접효과 추정

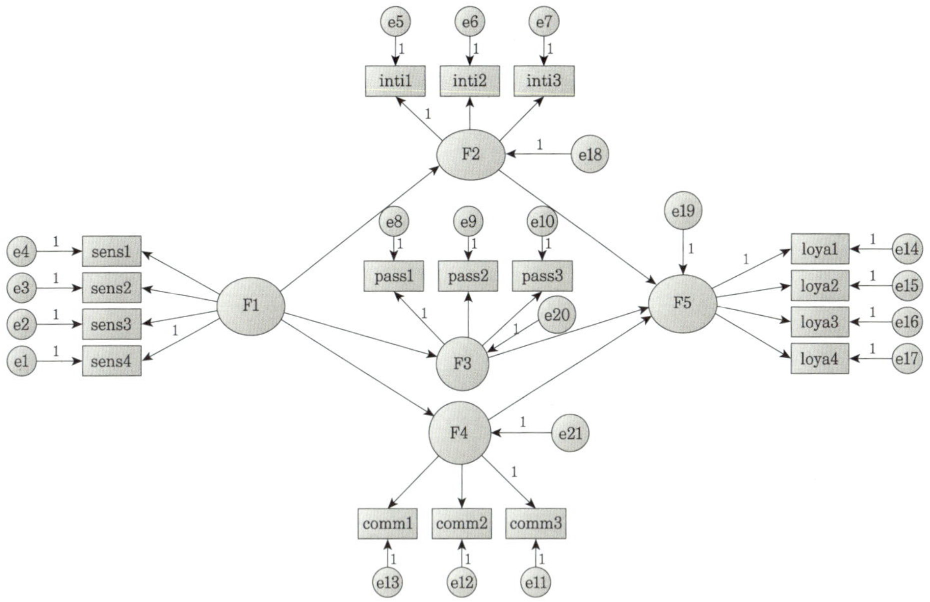

2 이를 실행하면 다음과 같은 결과를 얻는다.

Output 11-6 총간접효과 분석 결과

Indirect Effects (Group number 1 - Default model)

	F1	F4	F3	F2	F5
F4	.000	.000	.000	.000	.000
F3	.000	.000	.000	.000	.000
F2	.000	.000	.000	.000	.000
F5	.810	.000	.000	.000	.000

Indirect Effects - Two Tailed Significance (BC) (Group number 1 - Default model)

	F1	F4	F3	F2	F5
F4	...	...	...	...	...
F3	...	...	...	...	...
F2	...	...	...	...	...
F5	.001	...	...	...	...

3 간접효과 $b = .810$은 유의적($p = .001$)인 것으로 나타났다. 이제 특정간접효과를 사용자 정의 추정(user-defined estimand)으로 추정하기로 한다. 이를 위해 모델에 경로 명칭을 부여한다. 이 입력파일을 [Input 11-7]로 저장하였다.

Input 11-7 경로에 명칭 부여

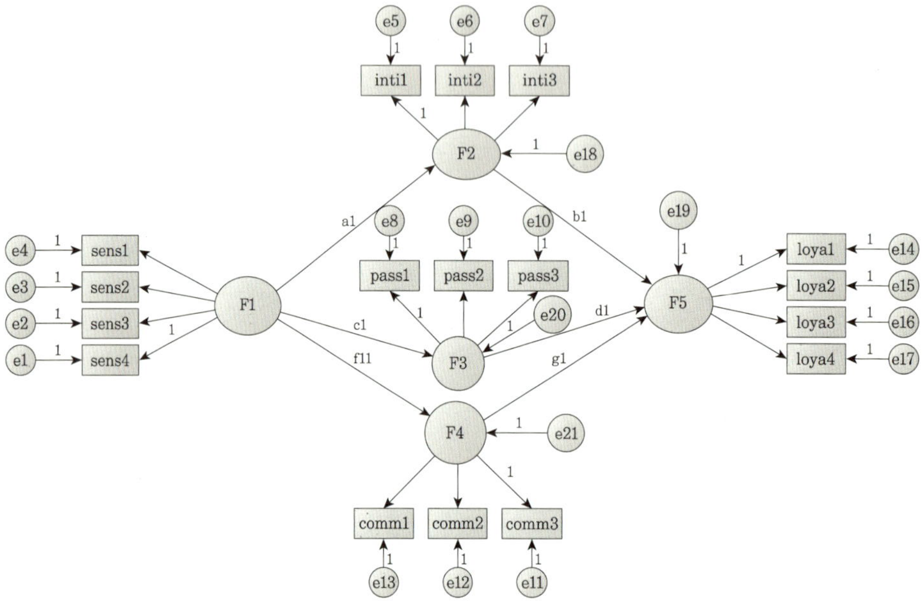

4 [Not estimating any user-defined estimand]를 클릭하면 나타나는 창에서 [Define new estimands]를 클릭한다. 이 창에서 다음과 같이 입력한다.

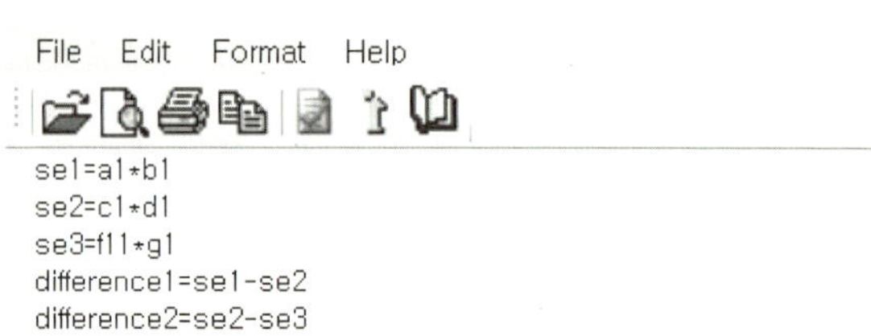

5 [Check Syntax]를 눌러 이상이 없는지 확인하고, 이상이 없으면 [File] → [Save as]에서 [11-7.SimpleEstimand]로 저장하였다.

6 이를 실행하면 다음과 같은 결과를 얻는다.

Output 11-7 사용자 정의 추정

User-defined estimands: (Group number 1 - Default model)

Parameter	Estimate	Lower	Upper	P
se1	.138	.054	.263	.001
se2	.041	-.097	.160	.592
se3	.630	.478	.808	.001
difference1	.097	-.076	.347	.260
difference2	-.589	-.826	-.381	.001
difference3	-.492	-.701	-.271	.001

7 F1 → F3 → F5 간접효과($b=.041$)는 비유의적이고($p=.592$) 나머지 간접효과는 모두 유의적으로 나타났다. 간접효과의 차이 검정을 한 결과 [difference1]은 차이가 없는 것으로 나타났다. 즉 F1 → F2 → F5와 F1 → F3 → F5 간접효과는 차이가 없고 나머지 간접효과는 차이가 있다.

8 F1 → F2 → F5의 간접효과가 유의적인 것으로 나타났으므로 F2의 매개역할을 보다 자세히 살펴보기 위해 F1 → F5의 직접효과를 포함한 모델을 추정한다. 이를 위해 F1 → F5의 직접효과를 포함한 모델을 [Input 11-8]로 저장하였다.

Input 11-8 직접효과를 포함한 모델

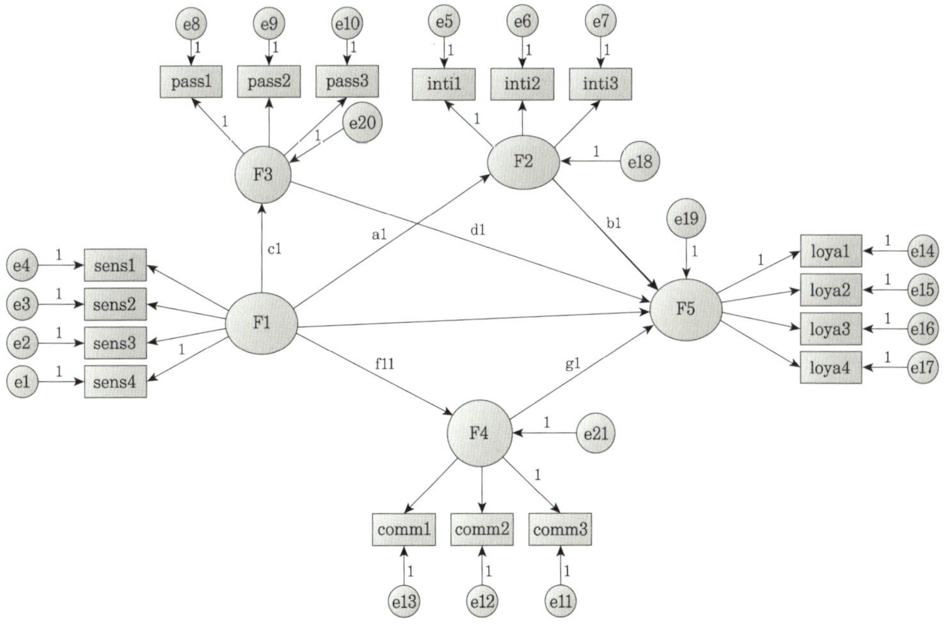

9 이를 실행하면 다음과 같은 결과를 얻는다.

Output 11-8 직접효과를 포함한 모델 분석 결과

Regression Weights: (Group number 1 - Default model)

			Estimate	S.E.	C.R.	P	Label
F2	<---	F1	.815	.064	12.789	***	a1
F3	<---	F1	.996	.066	15.205	***	c1
F4	<---	F1	1.056	.073	14.547	***	f11
F5	<---	F2	.165	.036	4.583	***	b1
F5	<---	F3	.009	.042	.212	.832	d1
F5	<---	F4	.562	.044	12.885	***	g1
F5	<---	F1	.113	.084	1.336	.182	

10 F1 → F5의 직접효과가 비유의적이므로 F2는 간접만 매개가 있다고 해석한다.

11 F1 → F4 → F5의 간접효과가 유의적인 것으로 나타났으므로 F4의 매개역할을 보다 자세히 살펴보기로 한다.

12 F1 → F5의 직접효과가 비유의적이므로 F4는 간접만 매개가 있다고 해석한다.

참고문헌

MacKinnon, D. P. (2008). *Introduction to statistical mediation analysis.* Lawrence Erlbaum Associates.

Preacher, K. J., & Hayes, A. F. (2008). Asymptotic and resampling strategies for assessing and comparing indirect effects in multiple mediator models. *Behavior Research Models. 40*(3), 879-891.

Ryu, E., & Cheong, J. (2017). Comparing indirect effects in different groups in single-group and multi-group structural equation models. *Frontiers in Psychology, 8*, 1-14.

Chapter 12

다중매개효과분석(Ⅱ): 연속다중매개모델

1. 연속다중매개모델: 예 1
2. 연속다중매개모델: 예 2
3. 연속다중매개모델: 예 3
4. 연속다중매개모델: 예 4
5. 연속다중매개모델: 예 5
6. 연속다중매개모델: 예 6

CHAPTER 12

다중매개효과분석(Ⅱ): 연속다중매개모델

1 연속다중매개모델: 예 1

1 [Input 12-1]의 연속다중매개모델에 대해 살펴보기로 한다. 이 모델을 보면, 교사의기대가 학생성적에 미치는 효과는 사회적분위기 및 학습자료구비에 의해 연속적으로 매개되는 것으로 가설화되었음을 알 수 있다.

Input 12-1 연속다중매개모델

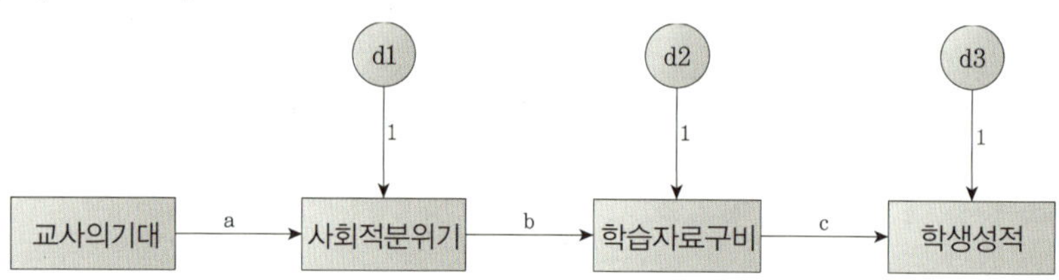

2 이를 실행하면 다음과 같은 적합도 및 모수치를 얻는다.

Output 12-1 연속다중매개모델 분석 결과

CMIN

Model	NPAR	CMIN	DF	P	CMIN/DF
Default model	7	29.860	3	.000	9.953

Regression Weights: (Group number 1 - Default model)

			Estimate	S.E.	C.R.	P	Label
사회적분위기	<---	교사의기대	.840	.156	5.388	***	a
학습자료구비	<---	사회적분위기	-.045	.115	-.386	.699	b
학생성적	<---	학습자료구비	.510	.206	2.477	.013	c

Indirect Effects (Group number 1 - Default model)

	교사의기대	사회적분위기	학습자료구비
사회적분위기	.000	.000	.000
학습자료구비	-.037	.000	.000
학생성적	-.019	-.023	.000

Indirect Effects - Two Tailed Significance (BC) (Group number 1 - Default model)

	교사의기대	사회적분위기	학습자료구비
사회적분위기	...	...	...
학습자료구비	.670	...	...
학생성적	.510	.528	...

3 교사의기대가 학생성적에 미치는 간접효과는 $a \times b \times c =$에 의해 얻어진다. 즉 $.840 \times (-.045) \times .510 = -.019$이다. 이는 유의적이지 않으므로($p = .510$) 간접효과가 없는 것으로 나타났다.

4 이를 팬텀변수로 분석하기로 한다. 이를 위해 [Input 12-2]와 같은 경로도를 작성한다.

Input 12-2 팬텀변수에 의한 연속다중매개모델

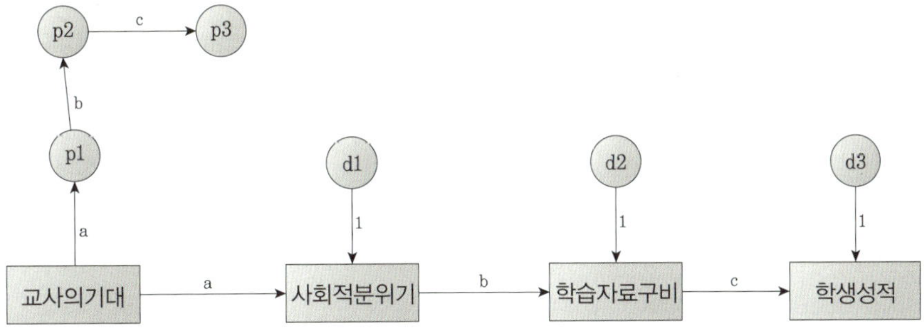

5 이를 실행하면 다음과 같은 적합도 및 모수치를 얻는다.

Output 12-2 연속다중매개모델 분석 결과

CMIN

Model	NPAR	CMIN	DF	P	CMIN/DF
Default model	7	29.860	3	.000	9.953

Indirect Effects (Group number 1 - Default model)

	교사의기대	사회적분위기	학습자료구비
p1	.000	.000	.000
사회적분위기	.000	.000	.000
p2	-.037	.000	.000
학습자료구비	-.037	.000	.000
p3	-.019	.000	.000
학생성적	-.019	-.023	.000

Indirect Effects - Two Tailed Significance (BC) (Group number 1 - Default model)

	교사의기대	사회적분위기	학습자료구비
p1	...	...	...
사회적분위기	...	...	...
p2	.670	...	...
학습자료구비	.670	...	...
p3	.510	...	...
학생성적	.510	.528	...

6 교사의기대가 학생성적에 미치는 간접효과 $b = -.019$(p3)는 유의적이지 않다. 팬텀변수로 분석하나([Input 12-2]) 팬텀변수로 분석하지 않으나([Input 12-1]) 동일한 결과를 얻는 것을 알 수 있다.

2 연속다중매개모델: 예 2

1 [Input 12-3]의 연구모델을 검정하기로 한다.

Input 12-3 연속다중매개모델

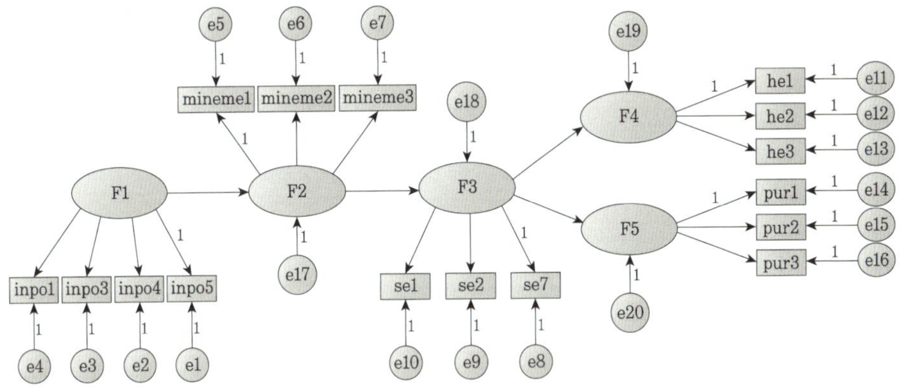

2 이를 분석하면 다음과 같은 결과를 얻는다.

Output 12-3 연속다중매개모델 분석 결과

CMIN

Model	NPAR	CMIN	DF	P	CMIN/DF
Default model	36	436.499	100	.000	4.365

Regression Weights: (Group number 1 - Default model)

			Estimate	S.E.	C.R.	P
F2	<---	F1	.262	.060	4.381	***
F3	<---	F2	.185	.034	5.418	***
F4	<---	F3	.207	.039	5.240	***
F5	<---	F3	.326	.071	4.605	***

Indirect Effects (Group number 1 - Default model)

	F1	F2	F3	F5	F4
F2	.000	.000	.000	.000	.000
F3	.048	.000	.000	.000	.000
F5	.016	.060	.000	.000	.000
F4	.010	.038	.000	.000	.000

Indirect Effects - Two Tailed Significance (BC) (Group number 1 - Default model)

	F1	F2	F3	F5	F4
F2	...	...	...	...	...
F3	.001	...	...	...	...
F5	.001	.001	...	...	...
F4	.001	.001	...	...	...

3 F1 → F2 → F3 → F4, F1 → F2 → F3 → F5 모두 간접효과가 유의적인 것으로 나타났다.

4 간접효과가 유의적이므로 F2와 F3의 간접효과의 역할을 확인하기 위해 다음과 같이 F1 → F4의 직접효과를 포함하는 모델을 추정한다.

Input 12-4 F1 → F4 직접효과 포함

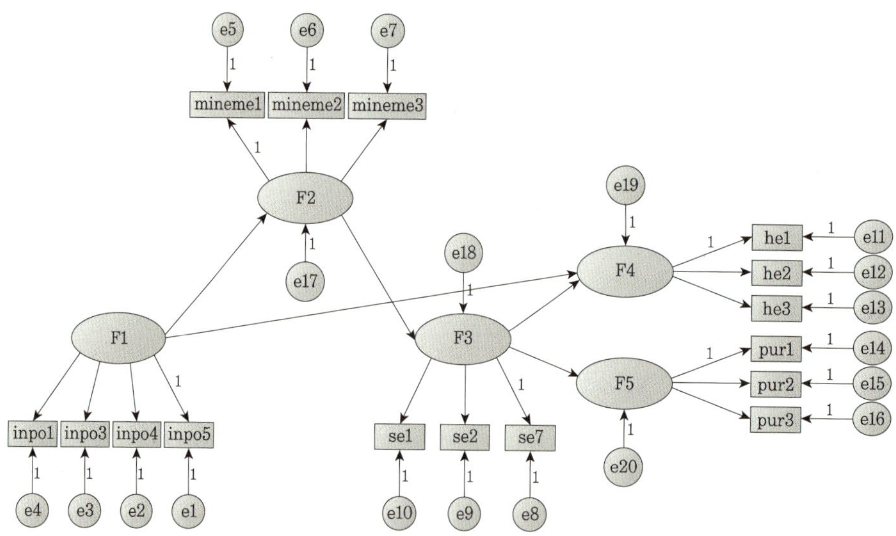

5 이를 분석하면 다음과 같은 결과를 얻는다.

Output 12-4 직접효과모델 추정 결과

Regression Weights: (Group number 1 - Default model)

			Estimate	S.E.	C.R.	P
F2	<---	F1	.273	.060	4.560	***
F3	<---	F2	.179	.034	5.284	***
F4	<---	F3	.184	.038	4.803	***
F5	<---	F3	.315	.071	4.462	***
F4	<---	F1	.189	.035	5.422	***

6 F1 → F4에 직접적인 영향을 미치므로 F2와 F3은 **보충매개(complementary mediation)**가 있다고 해석한다.

7 이제 F1 → F5에 직접적인 영향을 미치는 모델을 추정하기로 한다.

Input 12-5 F1 → F5 직접효과 포함

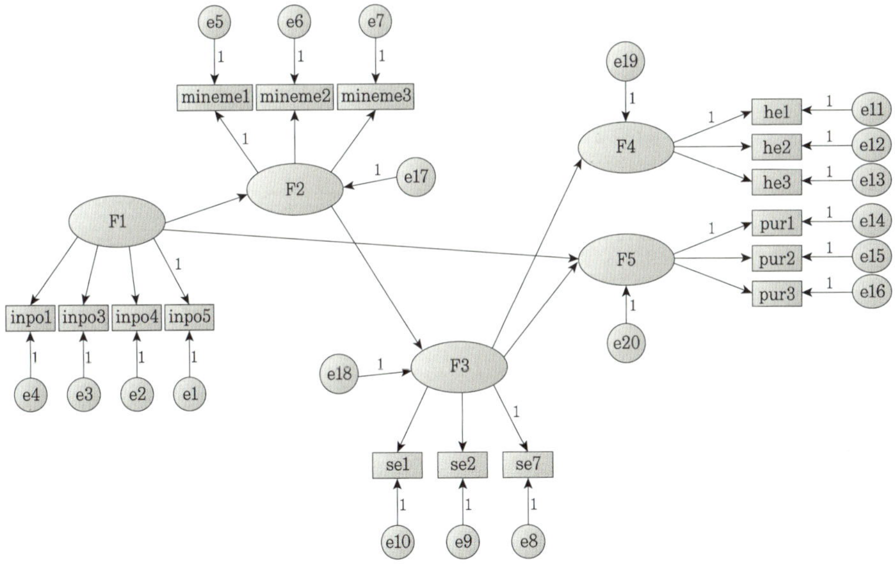

8 이를 실행하면 다음과 같은 결과를 얻는다.

Output 12-5 F1 → F5 추정 결과

Regression Weights: (Group number 1 - Default model)

			Estimate	S.E.	C.R.	P
F2	<---	F1	.297	.060	4.913	***
F3	<---	F2	.178	.034	5.249	***
F4	<---	F3	.201	.039	5.138	***
F5	<---	F3	.244	.069	3.550	***
F5	<---	F1	.462	.066	7.001	***

9 F1 → F5에 직접적인 영향을 미치므로 F2와 F3은 보충매개(complementary mediation)가 있다고 해석한다.

3 연속다중매개모델: 예 3

1 [Input 12-6] 모델을 대상으로 매개효과를 분석하기로 한다. 모델에서 볼 수 있듯, exercise가 illness에 미치는 간접효과는 ① exercise → fitness → illness, ② exercise → fitness → stress → illness, ③ exercise → stress → illness의 합으로 구성된다. 마찬가지로, hard가 illness에 미치는 간접효과는 ④ hard → fitness → illness, ⑤ hard → fitness → stress → illness, ⑥ hard → stress → illness의 합으로 구성된다.

Input 12-6 연속다중매개모델

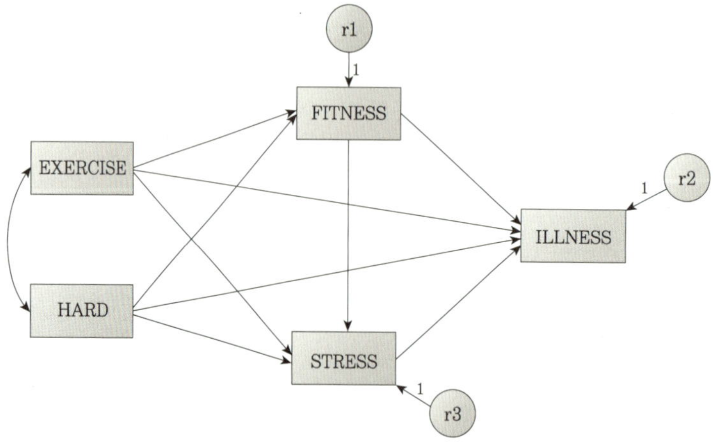

2 이를 분석하면 다음과 같은 결과를 얻는다.

Output 12-6 연속다중매개모델 분석 결과

Regression Weights: (Group number 1 - Default model)

			Estimate	S.E.	C.R.	P
FITNESS	<---	EXERCISE	.217	.026	8.249	***
FITNESS	<---	HARD	.079	.046	1.719	.086
STRESS	<---	EXERCISE	-.014	.055	-.261	.794
STRESS	<---	FITNESS	-.198	.099	-1.993	.046
STRESS	<---	HARD	-.393	.089	-4.427	***
ILLNESS	<---	FITNESS	-.442	.087	-5.067	***
ILLNESS	<---	STRESS	.271	.045	6.000	***
ILLNESS	<---	HARD	-.121	.079	-1.530	.126
ILLNESS	<---	EXERCISE	.032	.048	.663	.507

Indirect Effects (Group number 1 - Default model)

	HARD	EXERCISE	FITNESS	STRESS
FITNESS	.000	.000	.000	.000
STRESS	-.016	-.043	.000	.000
ILLNESS	-.146	-.112	-.054	.000

3 위의 모수치는 직접효과 및 간접효과의 비표준화계수이다. exercise가 fitness에 주는 직접효과의 비표준화계수 $b=.217$로 나타났는데, 이는 hard를 통제할 때 exercise에서 1포인트 증가가 fitness에서 .217 증가를 가져옴을 의미한다. 이 직접효과의 표준오차=.026, C.R.=8.249로 $p=.001$ 수준에서 유의적인 것으로 나타났다.

4 Amos에서 보고되는 간접효과는 총간접효과(total indirect effect)이다. 즉 [Output 12-6]에서 exercise → illness에 미치는 간접효과 $b=-.112$인데, 이는 exercise → fitness → illness의 간접효과(exercise → fitness의 직접효과 $b=.217$과 fitness → illness의 직접효과 $b=-.442$의 곱(.217×-.442=-.096), exercise → stress → illness의 간접효과(exercise → stress의 직접효과 $b=-.014$와 stress → illness의 직접효과 $b=.271$의 곱(-.014×.271=-.004), 그리고 exercise → fitness → stress → illness의 간접효과(exercise → fitness의 직접효과 $b=.217$, fitness → stress의 직접효과 $b=-.198$, stress → illness의 직접효과 $b=.271$의 곱(.217×-.198×.271=-.012)를 합친 것이다. 즉 총간접효과 $b=-.112$는 (-.096)+(-.004)+(-.012)에 의해 계산된다. 이를 정리하면 [표 12-1]과 같다.

❙ 표 12-1 ❙ exercise가 illness에 주는 총간접효과

경로	직접효과	간접효과	총간접효과
exercise → fitness	.217	.217×−.442=−.096	(−.096)+(−.004)+(−.012)=−.112
fitness → illness	−.442		
exercise → stress	−.014	−.014×.271=−.004	
stress → illness	.271		
exercise → fitness	.217	.217×−.198×.271=−.012	
fitness → stress	−.198		
stress → illness	.271		

5 마찬가지로 hard가 illness에 주는 총간접효과는 [표 12-2]와 같이 계산된다.

❙ 표 12-2 ❙ hard가 illness에 주는 총간접효과

경로	직접효과	간접효과	총간접효과
hard → fitness	.079	.079×−.442=−.035	(−.035)+(−.107)+(−.004)=−.146
fitness → illness	−.442		
hard → stress	−.393	−.393×.271=−.107	
stress → illness	.271		
hard → fitness	.079	.079×−.198×.271=−.004	
fitness → stress	−.198		
stress → illness	.271		

6 다중매개모델인 경우 간접효과가 여러 개 있을 때 특정 경로와 관련된 간접효과를 **특정간접효과(specific indirect effect)**라 한다. 특정간접효과를 추정하기 위해 exercise가 illness에 미치는 효과와 hard가 illness에 미치는 효과를 각각 분석할 수 있고, 동시에 분석할 수도 있다. 먼저 exercise가 illness에 미치는 효과를 추정하기로 한다. **Amos에서 특정간접효과(specific indirect effect)를 추정하는 방법에는 팬텀변수(phantom variable)를 이용하는 방법과 사용자 정의 추정(user-defined estimands)에 의한 방법이 있다.**

3.1 팬텀변수에 의한 특정간접효과 추정

1) exercise가 illness에 미치는 특정간접효과 추정

1 먼저 [Input 12-6]에서 각각의 경로에 임의의 명칭을 부여한다. 이 예에서 exercise → fitness로 가는 경로는 [a]로 입력하였다. 이런 식으로 각각의 경로에 마우스 포인터를 놓고 경로에 명칭을 부여한다.

2 이제 팬텀변수를 만든다. [p1]과 [p2] 잠재변수를 만들고(잠재변수 명칭은 임의로 해도 됨), 그에 해당하는 경로 명칭을 부여한다. 이런 식으로 각각의 잠재변수에 해당하는 팬텀변수를 만들고 그에 해당하는 경로 명칭을 부여한다.

3 p1 → p2는 exercise → fitness → illness의 간접효과를 추정하고, p3 → p4는 exercise → stress → illness의 간접효과를 추정하고, p5 → p6 → p7은 exercise → fitness → stress → illness의 간접효과를 추정한다는 것을 의미한다.

4 이를 [Input 12-7]로 저장하였다.

Input 12-7 팬텀변수에 의한 특정간접효과 추정

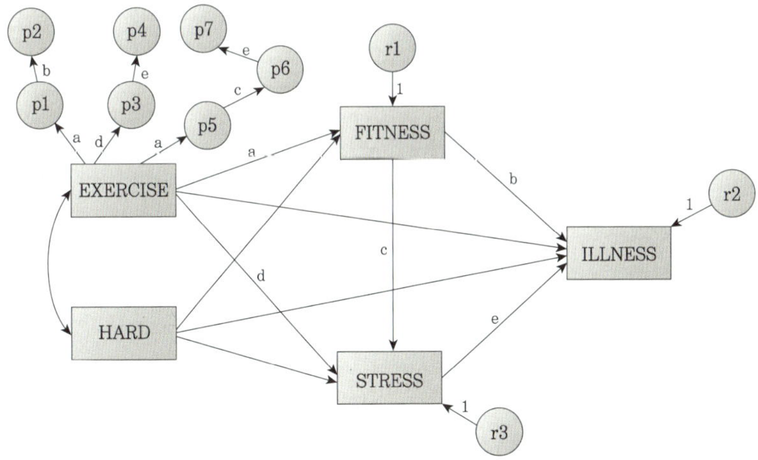

5 실행 버튼을 누르면 다음과 같은 에러 메시지가 나타나는데 [Proceed with the analysis] 버튼을 누른다.

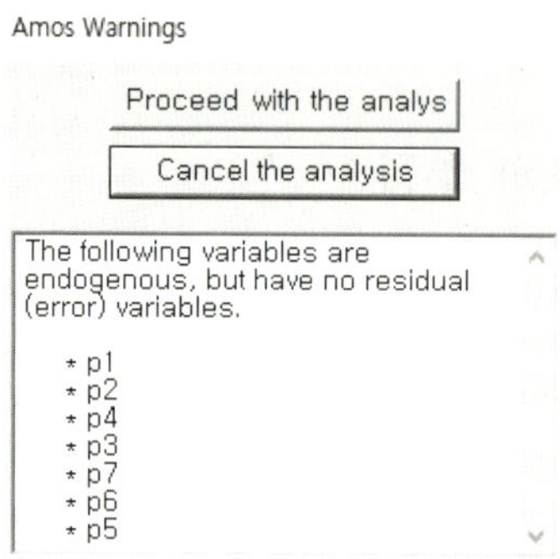

6 이를 실행하면 다음과 같은 모수치를 얻는다.

Output 12-7 팬텀변수에 의한 매개효과분석 결과

Indirect Effects (Group number 1 - Default model)

	HARD	EXERCISE	FITNESS	STRESS
p5	.000	.000	.000	.000
FITNESS	.000	.000	.000	.000
p6	.000	-.043	.000	.000
p3	.000	.000	.000	.000
p1	.000	.000	.000	.000
STRESS	-.016	-.043	.000	.000
p7	.000	-.012	.000	.000
p4	.000	-.004	.000	.000
p2	.000	-.096	.000	.000
ILLNESS	-.146	-.112	-.054	.000

Indirect Effects - Two Tailed Significance (BC)

	HARD	EXERCISE	FITNESS	STRESS
p5	...	...	...	...
FITNESS	...	...	...	...
p6	...	.041	...	...
p3	...	...	...	...
p1	...	...	...	...
STRESS	.071	.041	...	...
p7	...	.040	...	...
p4	...	.738	...	...
p2	...	.001	...	...
ILLNESS	.002	.001	.047	...

7 exercise → fitness → illness의 간접효과 $b=-.096$, exercise → stress → illness의 간접효과 $b=-.004$, exercise → fitness → stress → illness의 간접효과 $b=-.012$로 나타났다. 이 간접효과의 유의도는 exercise → stress → illness만 $p<0.05$에서 유의적이지 않다(p4).

2) hard가 illness에 미치는 특정간접효과 추정

1 이제 hard가 illness에 미치는 특정간접효과를 추정하기로 한다. 이를 위해 다음과 같은 경로도를 그린다. 이를 [Input 12-8]로 저장하였다.

Input 12-8 팬텀변수에 의한 간접효과 추정

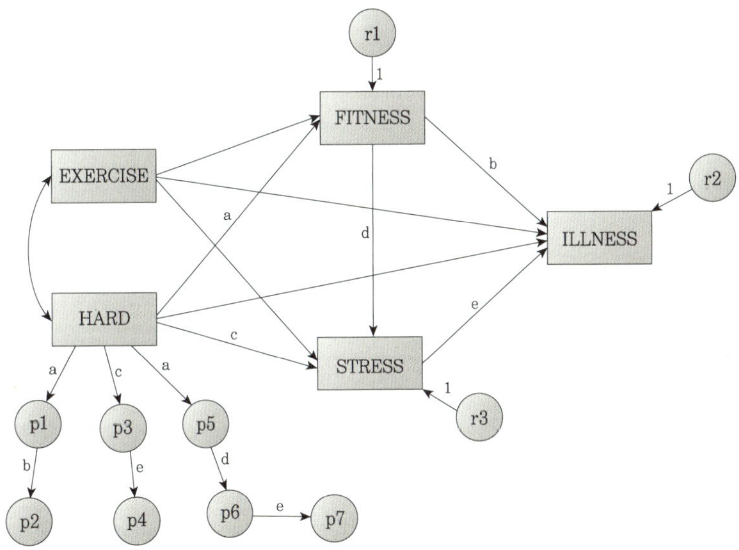

2 이를 추정하면 다음과 같은 모수치를 얻는다.

Output 12-8 팬텀변수에 의한 매개효과분석 결과

Indirect Effects (Group number 1 - Default model)

	HARD	EXERCISE	FITNESS	STRESS
p5	.000	.000	.000	.000
FITNESS	.000	.000	.000	.000
p6	−.016	.000	.000	.000
p3	.000	.000	.000	.000
p1	.000	.000	.000	.000
STRESS	−.016	−.043	.000	.000
p7	−.004	.000	.000	.000
p4	−.107	.000	.000	.000
p2	−.035	.000	.000	.000
ILLNESS	−.146	−.112	−.054	.000

Indirect Effects - Two Tailed Significance (BC)

	HARD	EXERCISE	FITNESS	STRESS
p5	...	...	...	...
FITNESS	...	...	...	...
p6	.071	...	...	...
p3	...	...	...	...
p1	...	...	...	...
STRESS	.071	.041	...	...
p7	.068	...	...	...
p4	.002	...	...	...
p2	.080	...	...	...
ILLNESS	.002	.001	.047	...

3 hard → fitness → illness의 간접효과 $b=-.035$, hard → stress → illness의 간접효과 $b=-.107$, hard → fitness → stress → illness의 간접효과 $b=-.004$로 나타났다. p4만 유의적이고 p2와 p7은 유의적이지 않다.

3) exercise와 hard가 illness에 미치는 특정간접효과 동시 추정

1 이제 exercise와 hard가 illness에 미치는 특정간접효과를 동시에 추정하기로 한다. 이를 위해 [Input 12-9]와 같은 경로도를 그린다.

Input 12-9 팬텀변수에 의한 특정간접효과 추정

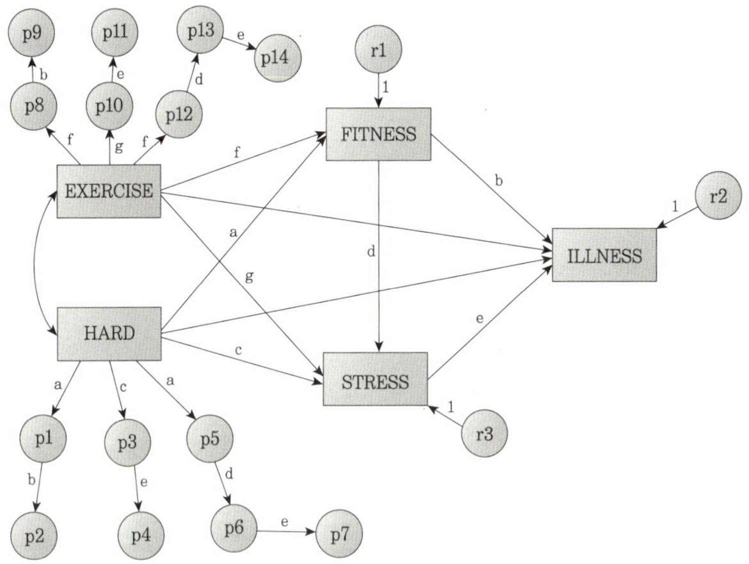

2 이를 추정하면 다음과 같은 모수치를 얻는다.

Output 12-9 팬텀변수에 의한 매개효과분석 결과

Indirect Effects (Group number 1 - Default model)

	HARD	EXERCISE	FITNESS	STRESS
p12	.000	.000	.000	.000
p5	.000	.000	.000	.000
FITNESS	.000	.000	.000	.000
p13	.000	-.043	.000	.000
p10	.000	.000	.000	.000
p8	.000	.000	.000	.000
p6	-.016	.000	.000	.000
p3	.000	.000	.000	.000
p1	.000	.000	.000	.000
STRESS	-.016	-.043	.000	.000
p14	.000	-.012❸	.000	.000
p11	.000	-.004❷	.000	.000
p9	.000	-.096❶	.000	.000
p7	-.004❻	.000	.000	.000
p4	-.107❺	.000	.000	.000
p2	-.035❹	.000	.000	.000
ILLNESS	-.146	-.112	-.054	.000

Indirect Effects - Two Tailed Significance (BC)

	HARD	EXERCISE	FITNESS	STRESS
p12	...	...	...	...
p5	...	...	...	...
FITNESS	...	...	...	...
p13	...	.041	...	...
p10	...	...	...	...
p8	...	...	...	...
p6	.071	...	...	...
p3	...	...	...	...
p1	...	...	...	...
STRESS	.071	.041	...	...
p14	...	.040❾	...	...
p11	...	.738❽	...	...
p9	...	.001❼	...	...
p7	.068⓬	...	...	...
p4	.002⓫	...	...	...
p2	.080❿	...	...	...
ILLNESS	.002	.001	.047	...

Standardized Regression Weights: (Group number 1 - Default model)

			Estimate
FITNESS	<---	EXERCISE	.392⓮
FITNESS	<---	HARD	.082
p5	<---	HARD	1.000
p12	<---	EXERCISE	1.000
STRESS	<---	EXERCISE	-.014
STRESS	<---	FITNESS	-.109
STRESS	<---	HARD	-.223
p1	<---	HARD	1.000
p3	<---	HARD	-1.000
p6	<---	p5	-1.000
p8	<---	EXERCISE	1.000
p10	<---	EXERCISE	-1.000
p13	<---	p12	-1.000
ILLNESS	<---	FITNESS	-.260⓯
ILLNESS	<---	STRESS	.291
ILLNESS	<---	HARD	-.074
ILLNESS	<---	EXERCISE	.034
p2	<---	p1	-1.000
p4	<---	p3	1.000
p7	<---	p6	1.000
p9	<---	p8	-1.000
p11	<---	p10	1.000
p14	<---	p13	1.000

3 위의 결과를 통해, exercise와 hard를 각각 분석하나 동시에 분석하나 동일한 값을 얻는 것을 알 수 있다. 모수치를 경로도에 제시하면 비표준화계수는 [Output 12-9(a)], 표준화계수는 [Output 12-9(b)]와 같다.

Output 12-9(a) 팬텀변수에 의한 비표준화계수

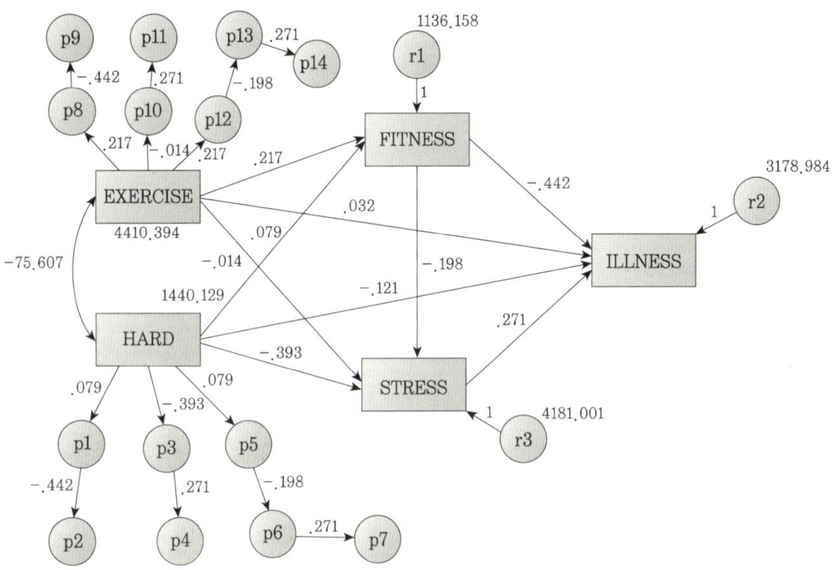

Output 12-9(b) 팬텀변수에 의한 표준화계수

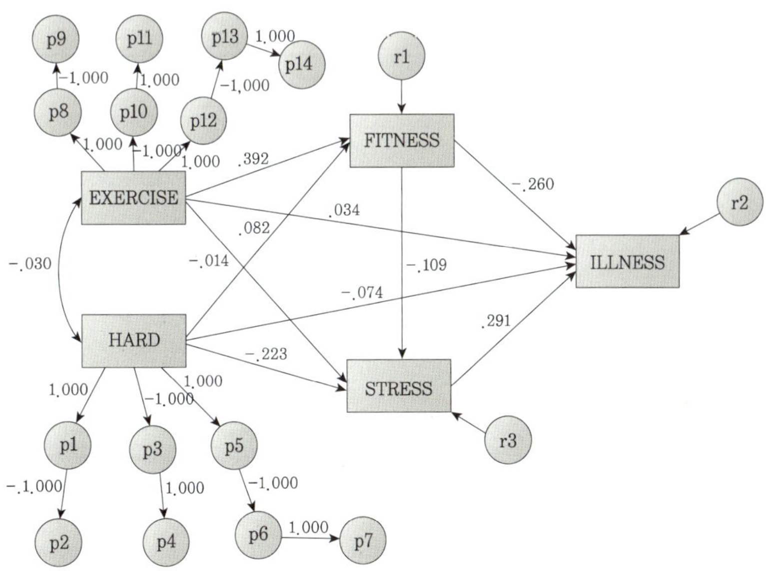

4 [Output 12-9(b)]에서 볼 수 있듯, 표준화계수는 제대로 계산이 되지 않는 것을 알 수 있다. **Amos에 의해 팬텀변수로 추정하면 간접효과의 비표준화계수는 제대로 계산이 되나 표준화계수는 제대로 계산이 되지 않는 문제점이 있다.** 이를 위해 표준화계수는 연구자가 해당 경로의 표준화계수값들을 직접 곱하는 방식으로 계산해서 보고해야 한다. 위 모델의 특정간접효과를 보고하기 위해 [표 12-3]과 같은 표를 작성한다.

| 표 12-3 | 특정간접효과 분석 결과

경로	비표준화 계수	표준화 계수	유의도*	95% CI [하한, 상한]	간접 효과
exercise → fitness → illness	-.096❶	-.102⓭	$p=.001$❼	[-.026, -.001]	있음
exercise → stress → illness	-.004❷	-.004	$p=.738$❽	[-.040, .024]	없음
exercise → fitness → stress → illness	-.012❸	-.012	$p=.040$❾	[-.145, -.058]	있음
hard → fitness → illness	-.035❹	-.021	$p=.080$❿	[-.016, .000]	없음
hard → fitness → stress → illness	-.107❺	-.003	$p=.002$⓫	[-.171, -.053]	있음
hard → stress → illness	-.004❻	-.065	$p=.068$⓬	[-.088, .003]	없음

* 유의도는 비표준화계수에 해당됨.

5 exercise → fitness → illness의 표준화계수 $\beta=-.102$⓭는 .392⓮ × −.260⓯에 의해 계산된다. [표 12-3]과 [Output 12-9]를 토대로 [표 12-4]를 작성하여 분석 결과를 보고한다.

| 표 12-4 | 간접효과검정 결과

<table>
<tr><th rowspan="2">경로</th><th colspan="3">비표준화계수</th><th colspan="3">표준화계수</th></tr>
<tr><th>직접효과</th><th>간접효과</th><th>총효과</th><th>직접효과</th><th>간접효과</th><th>총효과</th></tr>
<tr><td>exercise → fitness</td><td>.217**</td><td rowspan="2">-.096**</td><td rowspan="8">-.080</td><td>.392**</td><td rowspan="2">-.102</td><td rowspan="8">-.118</td></tr>
<tr><td>fitness → illness</td><td>-.442**</td><td>-.260**</td></tr>
<tr><td>exercise → illness</td><td>.032</td><td></td><td>.034</td><td></td></tr>
<tr><td>exercise → stress</td><td>-.014</td><td rowspan="2">-.004</td><td>-.014</td><td rowspan="2">-.004</td></tr>
<tr><td>stress → illness</td><td>.271**</td><td>.291**</td></tr>
<tr><td>exercise → fitness</td><td>.217**</td><td rowspan="3">-.012*</td><td>.392**</td><td rowspan="3">-.012</td></tr>
<tr><td>fitness → stress</td><td>-.198*</td><td>-.109*</td></tr>
<tr><td>stress → illness</td><td>.271**</td><td>.291**</td></tr>
<tr><td>hard → fitness</td><td>.079</td><td rowspan="2">-.035</td><td rowspan="8">-.267**</td><td>.082</td><td rowspan="2">-.021</td><td rowspan="8">-.252</td></tr>
<tr><td>fitness → illness</td><td>-.442**</td><td>-.292**</td></tr>
<tr><td>hard → illness</td><td>-.121</td><td>-.121</td><td>-.163</td><td>-.163</td></tr>
<tr><td>hard → fitness</td><td>.079</td><td rowspan="3">-.004</td><td>.082</td><td rowspan="3">-.003</td></tr>
<tr><td>fitness → stress</td><td>-.198*</td><td>-.109*</td></tr>
<tr><td>stress → illness</td><td>.271**</td><td>.291**</td></tr>
<tr><td>hard → stress</td><td>-.393**</td><td rowspan="2">-.107**</td><td>-.232**</td><td rowspan="2">-.065</td></tr>
<tr><td>stress → illness</td><td>.271**</td><td>.291**</td></tr>
</table>

* $p < .05$, ** $p < .01$

6 간접효과를 보고할 때 팬텀변수로 분석한 결과를 토대로 보고한다는 점에 유의한다. 표준화계수의 총효과도 Amos 출력을 보고하면 안 되고 연구자가 직접 계산해야 한다. 한편, 비표준화계수의 통계적 유의성과 표준화계수의 통계적 유의성이 다르다는 점도 알아야 한다. 즉 비표준화계수의 통계적 유의도가 표준화계수의 통계적 유의도로 그대로 적용되지 않는다. Amos는 표준화간접효과 계수의 통계적 유의도를 제대로 계산하지 못하기 때문에 참고하지 않는 게 좋다. 따라서 저자는 비표준화계수만 보고하기를 권한다.

4) 특정간접효과의 차이검정: 예 1

1 exercise가 illness에 미치는 간접효과 가운데, exercise → fitness → illness 효과

(p2=−0.096)와 exercise → fitness → stress → illness 효과(p7=−.012)가 유의적인 것으로 나타났다([Output 12-6] 참조). 이들 간의 차이(−.084)가 유의적인가를 검정하기로 한다.

2 이를 위해 p7 → p2 경로를 만들고 그 경로에 [−1]을 입력한다. 이 입력파일을 [Input 12-10]으로 저장하였다.

Input 12-10 두 간접효과 간 차이검정

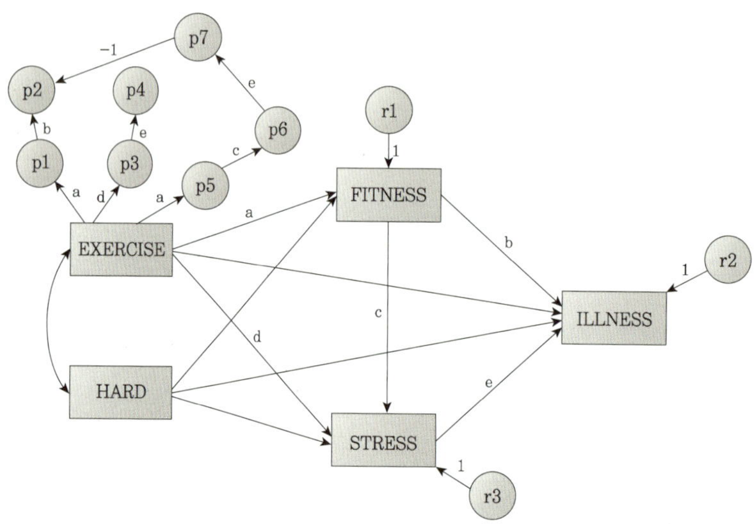

3 이를 분석하면 다음의 결과를 얻는다.

Output 12-10 두 간접효과의 차이검정

Indirect Effects (Group number 1 - Default model)

	HARD	EXERCISE	FITNESS	STRESS
p5	.000	.000	.000	.000
p6	.000	−.043	.000	.000
FITNESS	.000	.000	.000	.000
p7	.000	−.012	.000	.000
p3	.000	.000	.000	.000
p1	.000	.000	.000	.000
STRESS	−.016	−.043	.000	.000
p4	.000	−.004	.000	.000
p2	.000	−.084	.000	.000
ILLNESS	−.146	−.112	−.054	.000

Indirect Effects - Two Tailed Significance (BC) (Group number 1 - Default model)

	HARD	EXERCISE	FITNESS	STRESS
p5	...	...	...	...
p6	...	.041	...	...
FITNESS	...	...	...	...
p7	...	.040	...	...
p3	...	...	...	...
p1	...	...	...	...
STRESS	.071	.041	...	...
p4	...	.738	...	...
p2	...	.002	...	...
ILLNESS	.002	.001	.047	...

4 두 간접효과의 차이(–.084)는 유의적인 것으로 나타났다.

5 간접효과의 차이검정은 독립변수와 종속변수가 같은 상황에서 매개변수가 다를 때 이들 간의 차이를 검정하는 것이 의미 있는 분석이다. 즉, 이 예에서 exercise → fitness → illness와 exercise → stress → illness의 간접효과가 차이가 있는가 또는 hard → fitness → illness와 hard → stress → illness의 간접효과가 차이가 있는가를 검정하는 것이 의미가 있다.

5) 특정간접효과의 차이검정: 예 2

1 [Input 12–9]에서 p9와 p4의 두 매개효과의 차이검정을 해보기로 한다. 이를 위한 입력파일이 [Input 12–11]로 저장되었다.

Input 12-11 특정간접효과의 차이검정

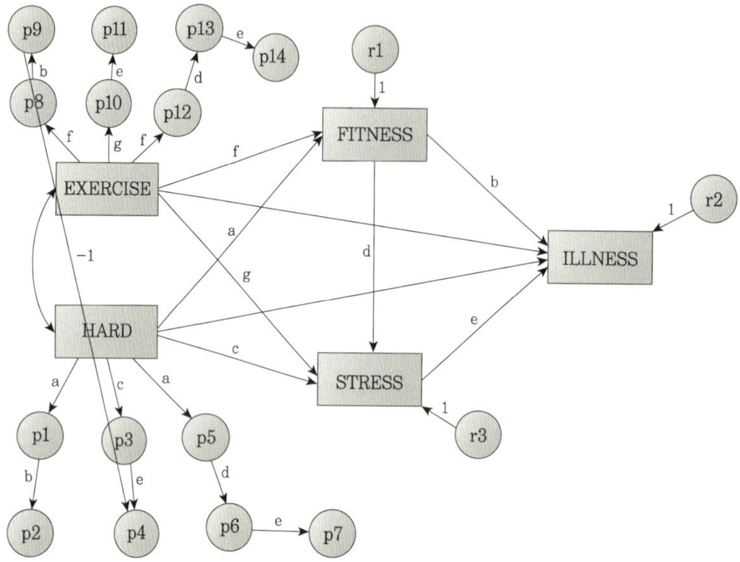

2 이를 분석하면 다음의 결과를 얻는다.

Output 12-11 특정간접효과의 차이검정 결과

Regression Weights: (Group number 1 - Default model)

			Estimate	S.E.	C.R.	P	Label
p2	<---	p1	-.442	.087	-5.067	***	b
p4	<---	p3	.271	.045	6.000	***	e
p7	<---	p6	.271	.045	6.000	***	e
p11	<---	p10	.271	.045	6.000	***	e
p14	<---	p13	.271	.045	6.000	***	e
p4	<---	p9	-1.000				

3 위의 출력을 통해 알 수 있듯, exercise 또는 hard 각각의 특정간접효과의 차이검정은 팬텀변수에 의해 가능하나, exercise와 hard 간에 관련된 특정간접효과의 차이검정은 팬텀변수 접근법으로 할 수 없다. 이 경우 연구자는 다음 절에서 설명하는 사용자 정의 추정(user-defined estimand)으로 분석해야 한다.

3.2 사용자 정의 추정에 의한 특정간접효과 추정

1 사용자 정의 추정(user-defined estimand)은 Amos에 내장된(built-in) 기능으로서 연구자가 원하는 함수를 Visual-Basic 언어를 이용하여 추정하도록 한 것이다. 사용자 정의 추정(user-defined estimand)으로 분석하기 위해 [Input 12-6] 모델의 모든 경로에 명칭을 부여한다. [Input 12-12]와 같이 경로 명칭을 부여하였다. 여기에서 exercise → stress 경로에 [e]로 입력하면 "'e'이(가) 이 메서드에서 매개 변수로 이미 선언되었습니다"라는 에러 메시지가 나타난다(왜? → 모르겠음!). 그래서 'e'를 'e1'로 명칭을 바꾸어 입력하였다.

Input 12-12 경로명칭 부여

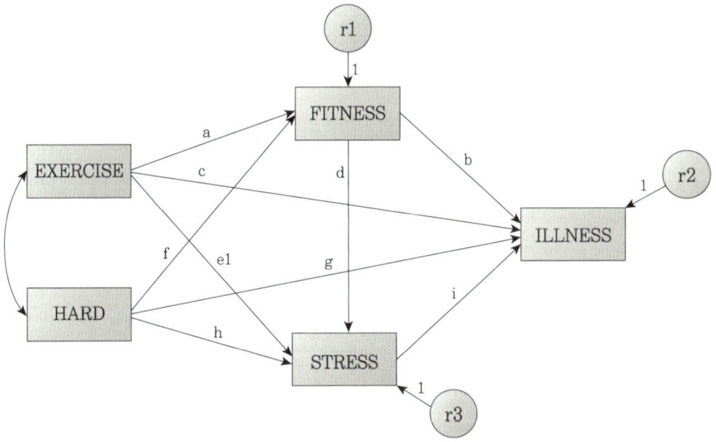

2 Amos 화면의 왼쪽 밑에 있는 [Not estimating any user-defined estimand]를 클릭하면 나타나는 창에서 [Define new estimands]를 클릭한다. 이 창에서 다음과 같이 명령문을 작성한다. [Check Syntax] 아이콘을 누르면 밑에 [Syntax is OK]라는 메시지가 뜬다. [File] 메뉴 → [Save As..]에서 파일을 저장하고 빠져나간다.

```
File   Edit   Format   Help

specific_effect1=a*b
specific_effect2=a*d*i
specific_effect3=e1*i
specific_effect4=f*b
specific_effect5=f*d*i
specific_effect6=h*i

difference1=specific_effect1-specific_effect2
difference2=specific_effect1-specific_effect6

Description
Syntax is OK.
```

3 이를 실행하면 다음과 같은 결과를 얻는다.

Output 12-12 사용자 정의 추정에 의한 결과

User-defined estimands: (Group number 1 - Default model)

Parameter	Estimate	Lower	Upper	P
specific_effect1	-.096	-.135	-.063	.001
specific_effect2	-.012	-.023	-.002	.040
specific_effect3	-.004	-.030	.019	.738
specific_effect4	-.035	-.078	-.004	.080
specific_effect5	-.004	-.013	.000	.068
specific_effect6	-.107	-.160	-.060	.002
difference1	-.084	-.123	-.051	.002
difference2	.011	-.055	.076	.849

4 팬텀변수로 추정한 것과 같은 값을 얻는다. [difference2]는 exercise → fitness → illness와 hard → stress → illness의 차이를 추정한 것이다. 이 차이는 $b=.011$로 유의적이지 않은 것으로 나타났다.

4 연속다중매개모델: 예 4

지금까지는 관측변수만으로 이루어진 연속다중매개모델에 대해 살펴보았는데, 이는 잠재변수가 포함된 모델에도 동일하게 적용된다. 예를 들어, 다음과 같은 연구모델이 있다고 가정한다.

그림 12-1 | 다중매개모델

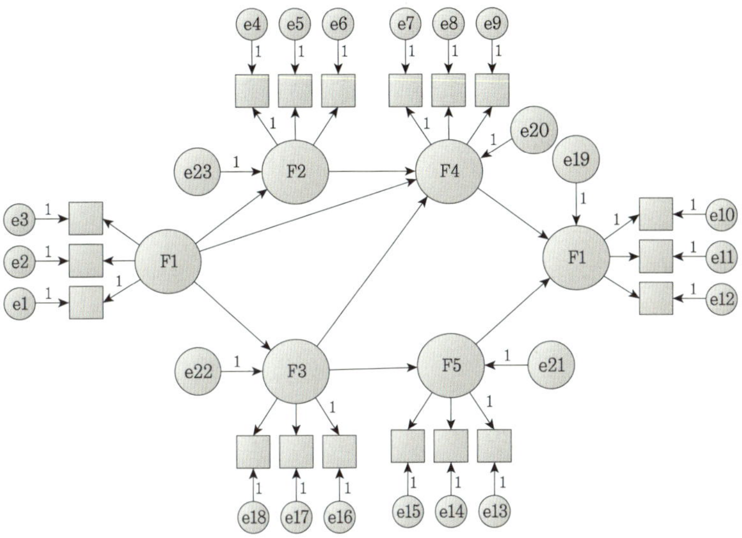

1 F1 → F2 → F4 → F6의 간접효과를 위한 팬텀변수는 [그림 12-2]와 같이 그린다. 나머지 간접효과도 이런 식으로 팬텀변수를 만들면 된다.

그림 12-2 | 팬텀변수에 의한 다중매개모델

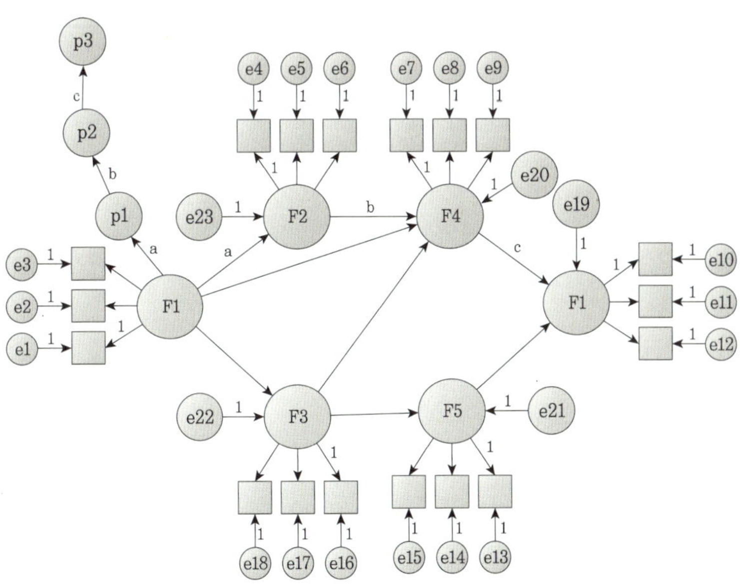

5 연속다중매개모델: 예 5

잠재변수로 구성된 [그림 12-3]과 같은 연속다중매개모델을 사용자 정의 추정(user-defined estimand)과 팬텀변수에 의해 분석하기로 한다.

5.1 사용자 정의 추정(user-defined estimand)에 의한 분석

그림 12-3 | 다중매개모델

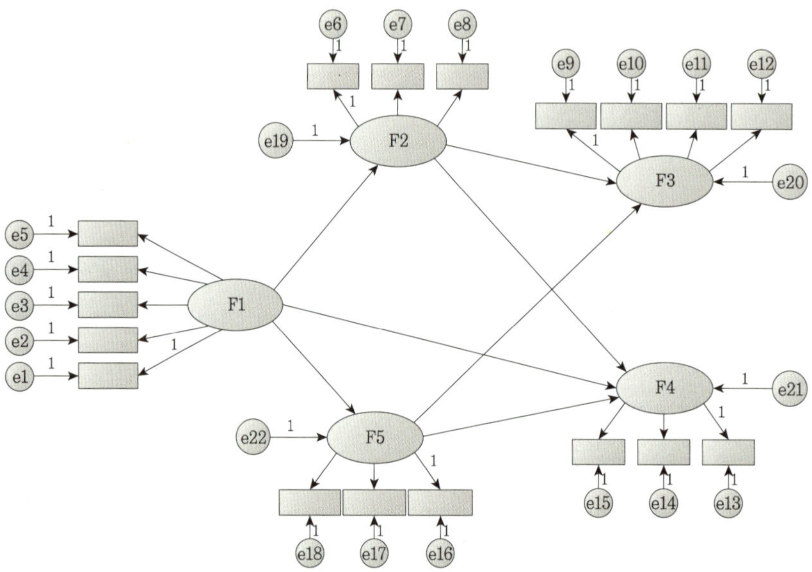

이 모델을 분석하기 위해 다음과 같은 절차에 따라 한다.

1. 자료를 연결한다.
2. 경로 위에 임의의 이름을 부여하고 저장한다.

Input 12-13 다중매개모델

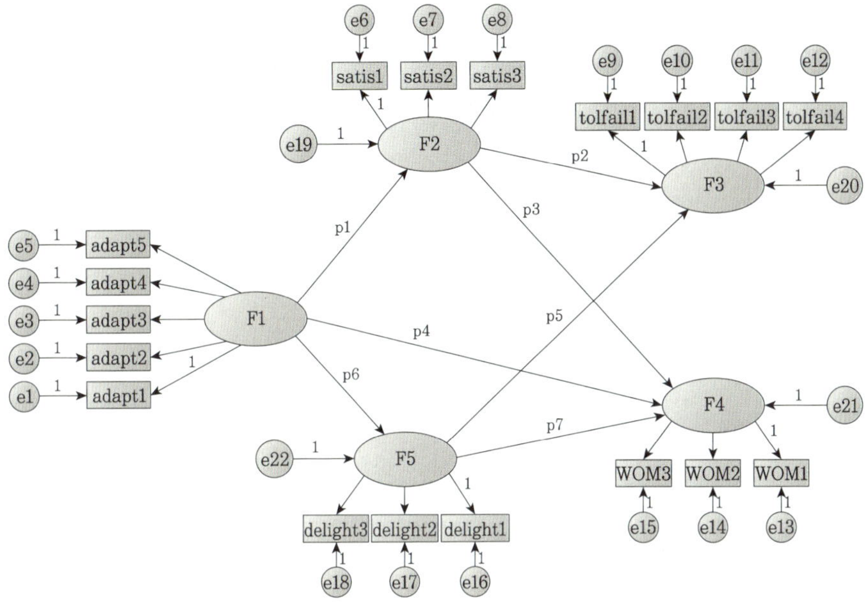

3 Amos 화면의 왼쪽 아래에 있는 [Not estimating any user-defined estimands]를 클릭하면 나타나는 창에서 [Define new estimands]를 클릭한다.

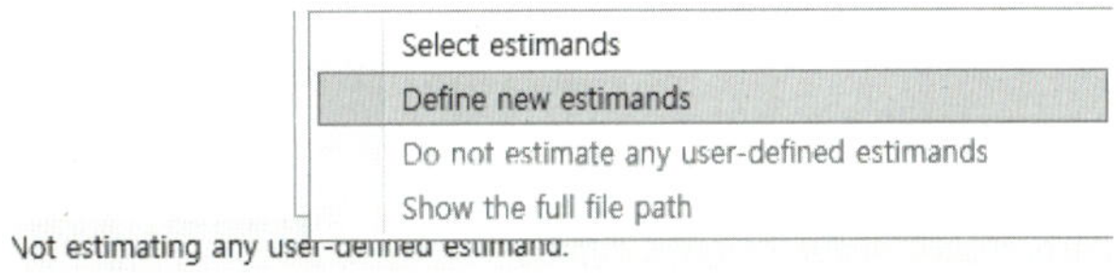

4 Visual Basic(vb)을 이용하여 분석하기 위한 창이 나타난다. 그 창에서 아래와 같이 신택스를 입력한다. 이때 등호(=) 왼쪽에 있는 신택스는 연구자가 임의로 입력하면 되나, 떨어지면 안 되고 전부 붙어 있어야 한다(예: specific indirect effect(×), specificindirecteffect(○)).

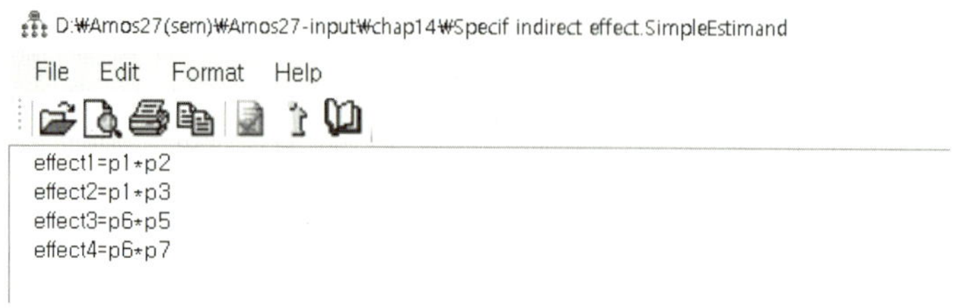

5 [File] 메뉴에서 [Check Syntax] 또는 메뉴바에 있는 체크 신택스 아이콘( )을 누른다.

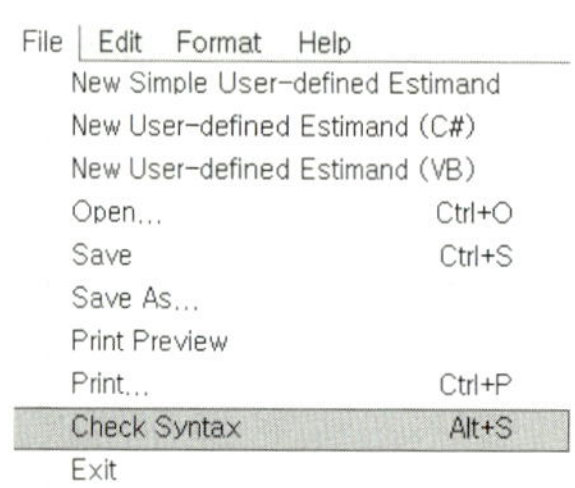

6 신택스가 이상이 없으면 [Syntax is OK] 메시지가 뜬다.

7 [Analysis Properties]에 가서 [Bootstrap] 탭과 [Output] 탭에서 지정할 것을 지정한다.

8 [File] 메뉴에서 [Save as]를 이용하여 파일이름을 지정한 후 저장한다.

9 실행 버튼을 누르면 실행이 된다.

10 출력 창에서 [Estimates] → [Scalars] → [User-defined estimands]로 가면 아래와 같은 결과를 볼 수 있다.

Output 12-13 사용자 정의 추정에 의한 분석 결과

User-defined estimands: (Group number 1 - Default model)

Parameter	Estimate	Lower	Upper	P
effect1	.092	.026	.163	.005
effect2	.010	-.068	.103	.773
effect3	.348	.261	.465	.001
effect4	.384	.241	.562	.001

11 effect2만 간접효과가 유의적이지 않고 나머지는 모두 유의적인 것으로 나타났다. 즉 F1 → F2 → F4는 간접효과가 없는 것으로 나타났다.

5.2 팬텀변수에 의한 분석

1 팬텀변수로 분석하기 위해 [Input 12-14]와 같은 입력파일을 만든 후 저장한다.

Input 12-14 팬텀변수에 의한 분석

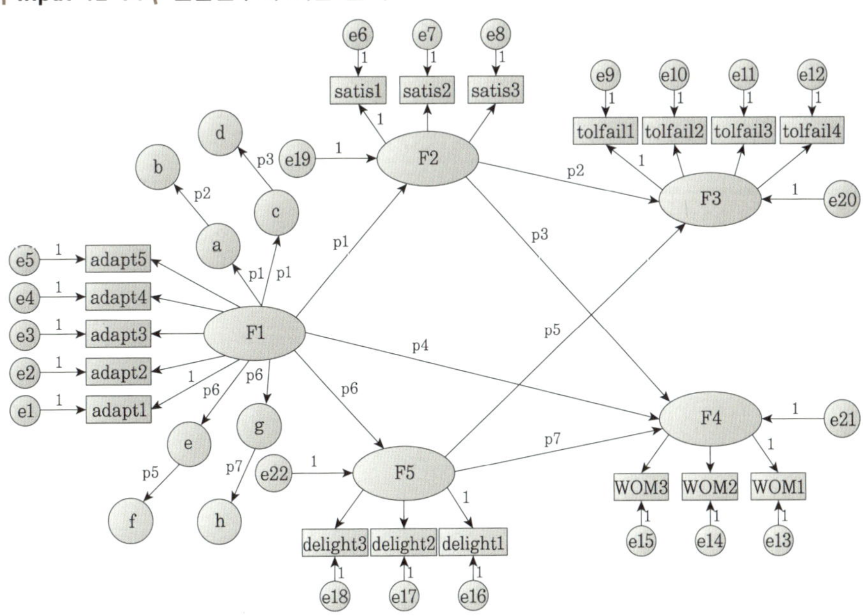

2 이를 실행하면 다음과 같은 결과를 얻는다.

Output 12-14 팬텀변수에 의한 분석 결과

Indirect Effects (Group number 1 - Default model)

	F1	F5	F2	F4	F3
F5	.000	.000	.000	.000	.000
F2	.000	.000	.000	.000	.000
g	.000	.000	.000	.000	.000
e	.000	.000	.000	.000	.000
c	.000	.000	.000	.000	.000
a	.000	.000	.000	.000	.000
F4	.394	.000	.000	.000	.000
F3	.439	.000	.000	.000	.000
h	.384	.000	.000	.000	.000
f	.348	.000	.000	.000	.000
d	.010	.000	.000	.000	.000
b	.092	.000	.000	.000	.000

Indirect Effects - Two Tailed Significance (BC)

	F1	F5	F2	F4	F3
F5	...	...	...	...	...
F2	...	...	...	...	...
g	...	...	...	...	...
e	...	...	...	...	...
c	...	...	...	...	...
a	...	...	...	...	...
F4	.001	...	...	...	...
F3	.001	...	...	...	...
h	.001	...	...	...	...
f	.001	...	...	...	...
d	.773	...	...	...	...
b	.005	...	...	...	...

3 사용자 정의 추정과 동일한 결과를 얻는다.

6 연속다중매개모델: 예 6

[그림 12-4] 모델을 대상으로 매개효과를 분석하기로 한다.

그림 12-4 ▌ 연속매개모델

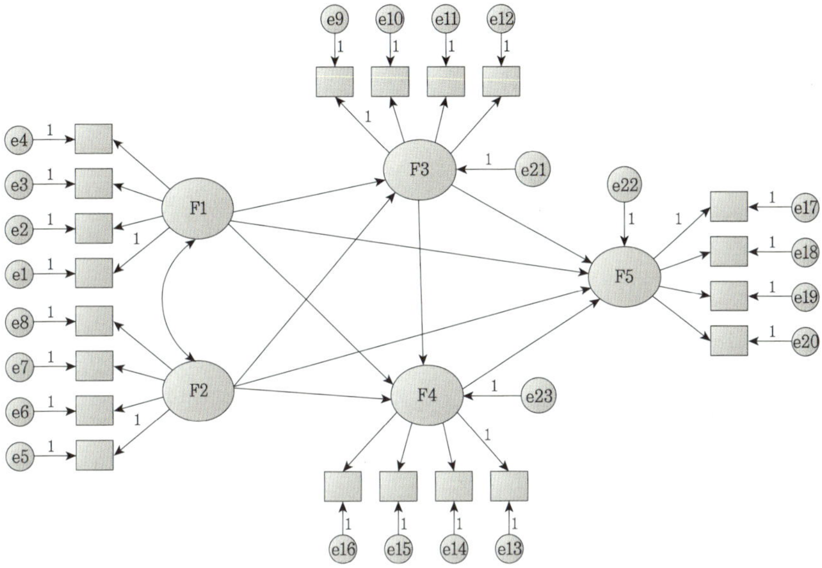

1 해당 변수를 갖다 놓고, 경로에 명칭을 부여한다.

Input 12-15 연속다중매개모델

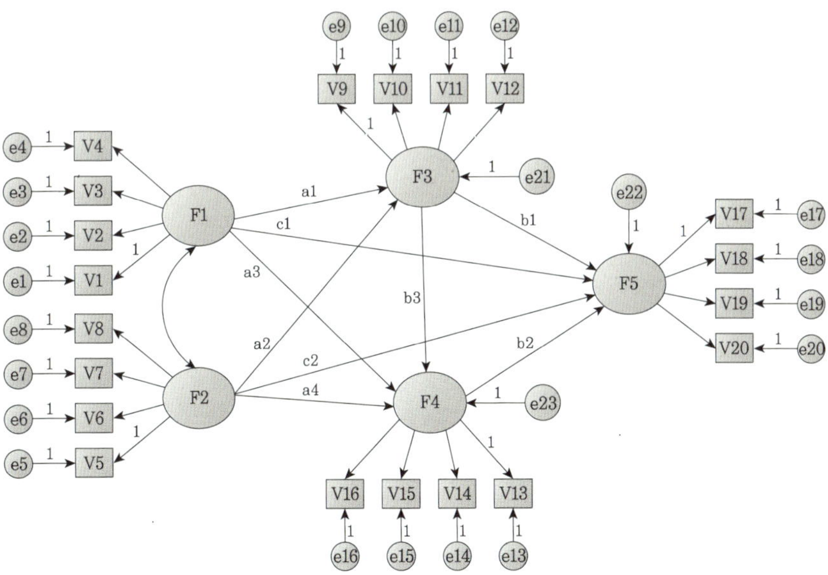

2 [user-defined estimand]에서 다음과 같은 명령어를 작성하고 저장한다.

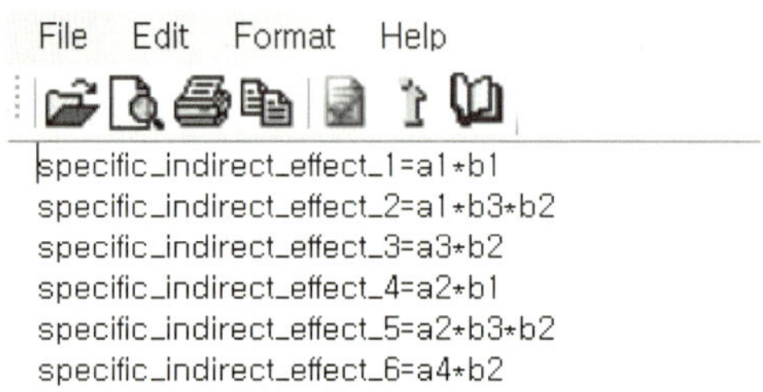


```
specific_indirect_effect_1=a1*b1
specific_indirect_effect_2=a1*b3*b2
specific_indirect_effect_3=a3*b2
specific_indirect_effect_4=a2*b1
specific_indirect_effect_5=a2*b3*b2
specific_indirect_effect_6=a4*b2
```

3 [Analysis Properties]에서 [Output] 탭, [Bootstrap] 탭에서 체크할 것을 체크한다.

4 이를 실행하면 다음과 같은 결과를 얻는다.

Output 12-15 연속다중매개모델 분석 결과

Regression Weights: (Group number 1 - Default model)

			Estimate	S.E.	C.R.	P	Label
F3	<---	F1	.658	.116	5.670	***	a1
F3	<---	F2	.436	.070	6.212	***	a2
F4	<---	F1	.314	.099	3.154	.002	a3
F4	<---	F3	.460	.071	6.496	***	b3
F4	<---	F2	.178	.062	2.876	.004	a4
F5	<---	F3	-.044	.083	-.533	.594	b1
F5	<---	F1	.464	.101	4.590	***	c1
F5	<---	F4	.620	.120	5.179	***	b2
F5	<---	F2	.026	.061	.430	.667	c2

Indirect Effects (Group number 1 - Default model)

	F2	F1	F3	F4	F5
F3	.000	.000	.000	.000	.000
F4	.201	.303	.000	.000	.000
F5	.215	.353	.285	.000	.000

User-defined estimands: (Group number 1 - Default model)

Parameter	Estimate	Lower	Upper	P	
specific_indirect_effect_1	-.029	-.186	.082	.540	❶
specific_indirect_effect_2	.188	.076	.401	.001	❷
specific_indirect_effect_3	.194	.010	.504	.037	❸
specific_indirect_effect_4	-.019	-.104	.058	.551	❹
specific_indirect_effect_5	.124	.068	.211	.001	❺
specific_indirect_effect_6	.110	.016	.274	.016	❻

5 F1이 F5에 미치는 간접효과(.353)는 특정간접효과 ① (−.029)+특정간접효과 ② (.188)+특정간접효과 ③ (.194)에 의해 얻어진다. 마찬가지로, F7가 F5에 미치는 간접효과(.215)는 특정간접효과 ④ (−.019)+특정간접효과 ⑤ (.124)+특정간접효과 ⑥ (.110)에 의해 얻어진다.

6 특정간접효과 ①과 ④는 유의적이지 않은 것으로 나타났다.

참고문헌

Macho, S., & Ledermann, T. (2011). Estimating, testing, and comparing specific effects in structural equation models: The phantom model approach. *Psychological Methods*, *16*(1), 34-43.

Perera, H. N. (2013). A novel approach to estimating and testing specific mediation effects in educational research: Explication and application of Macho and Ledermann's (2011) phantom model approach. *International Journal of Quantitative Research in Education, 1*(1), 39-60.

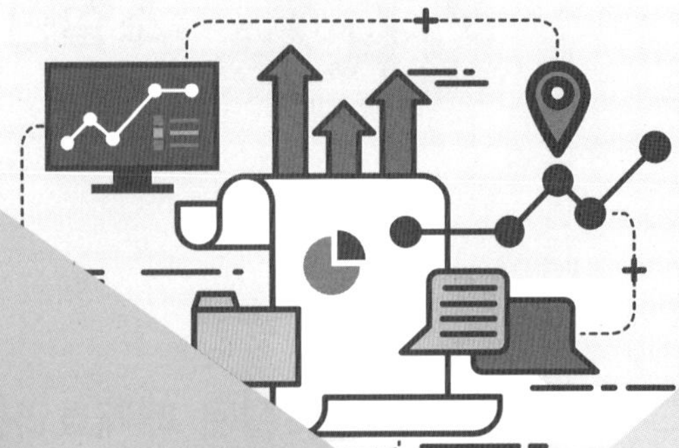

Chapter 13

조절된 매개효과분석(I): 범주형 변수

1. 조절된 매개효과분석의 의의
2. 조절된 매개효과분석: 범주형 조절변수(예 1)
3. 조절된 매개효과분석: 범주형 조절변수(예 2)

CHAPTER 13 조절된 매개효과분석(Ⅰ): 범주형 변수

1 조절된 매개효과분석의 의의

조절된 매개효과분석(moderated mediation effect analysis)은 독립변수가 종속변수에 미치는 매개효과가 조절변수의 수준에 따라 달라지는가를 검정하는 것이다. 조절된 매개효과분석은 다음과 같은 연구 상황에서 이루어진다.

1.1 조절변수가 범주형 변수인 경우

매개효과가 집단 간에 차이가 있는가를 분석한다. 예를 들어, 남자/여자에 따라 매개효과가 차이가 있는가를 분석한다. 분석 결과, 매개효과가 집단 간에 유의적인 차이가 있으면 조절된 매개효과가 있고, 유의적인 차이가 없으면 조절된 매개효과가 없다고 해석한다.

1.2 조절변수가 연속형 변수인 경우(1)

조절변수의 수준에 따라 매개효과가 더 크거나 또는 작은가를 분석한다. 예를 들어, 리더십 자아효능감(매개변수)은 퍼스낼리티 변수(예: 외향성)와 리더십효과 간에 매개역할을 할 수 있다. 이때 직무자율성(job autonomy)이 리더십 자아효능감(매개변수)과 리더십효과 간에 조절역할을 할 수 있다. 연구자는 퍼스낼리티 변수(예: 외향성) → 리더십 자아효능감(매개변수) → 리더십효과 간의 매개효과가 직무자율성의 수준에 따라 달라지는가를 알고자 한다. 직무자율성 수준이 낮은 경우에는 매개효과가 작고, 직무자율성 수준이 높은 경우에는 매개효과가 크다고 가설화할 수 있다. 이를 [그림 13-1]과 같이 나타낼 수 있다.

그림 13-1 ▌ 조절된 매개효과모델의 예

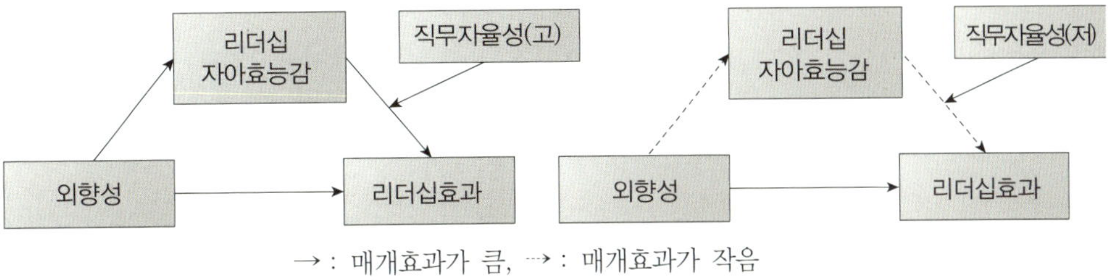

1.3 조절변수가 연속형 변수인 경우(2)

조절변수의 수준에 따라 매개효과의 방향이 달라질 수 있다. 예를 들어, 조절변수의 수준이 높은 경우에는 매개효과의 방향이 정적(+)으로 나타나고, 조절변수의 수준이 낮은 경우에는 매개효과의 방향이 부적(−)으로 나타날 수 있다.

이 장에서는 조절변수가 범주형 변수인 경우의 조절된 매개효과분석에 대해 살펴보고, 다음 장부터 조절변수가 연속형 변수인 경우의 조절된 매개효과분석에 대해 살펴보기로 한다.

2 조절된 매개효과분석: 범주형 조절변수(예 1)

[그림 13-2] 모델을 대상으로 조절된 매개효과분석에 대해 살펴보기로 한다. 이 모델에는 ① F1 → F2 → F3, ② F1 → F2 → F4, ③ F1 → F5 → F3, ④ F1 → F5 → F4 등 4개의 매개효과가 있다. 이들 매개효과를 검정하기 위해 두 집단(1=남자, 2=여자)을 대상으로 자료를 수집하였다고 가정한다.

4개의 매개효과를 다중집단분석을 통해 두 집단에 걸쳐 추정한다. 분석 결과, 두 집단에 걸쳐 매개효과가 차이가 있으면 조절된 매개효과가 있다고 해석한다.

그림 13-2 | 다중매개모델

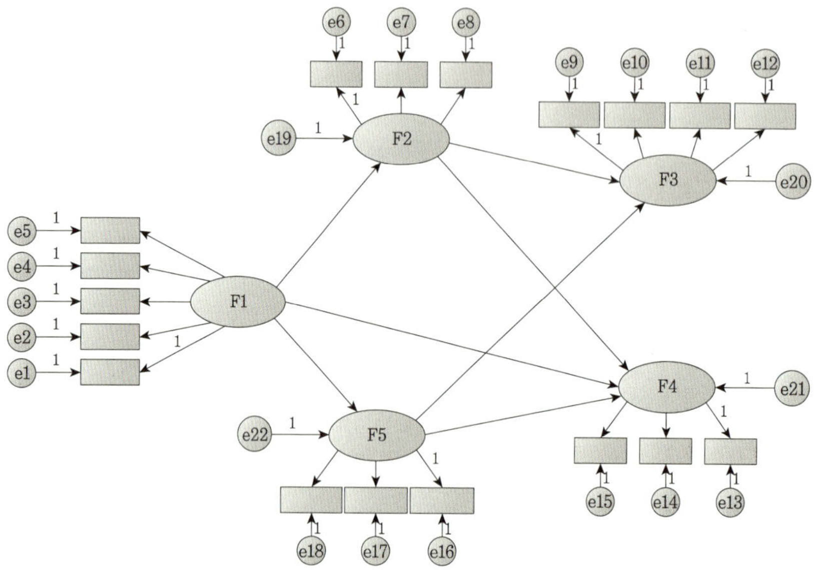

이 모델을 대상으로 조절된 매개효과를 붓스트래핑(bootstrapping)에 의한 분석과 베이지언(Bayesian) 분석으로 나누어 살펴보기로 한다.

2.1 붓스트래핑에 의한 분석

이 분석을 위해 다음과 같은 절차에 따라 한다.

1 다중집단을 만들기 위해 [그룹관리]에서 [Group number 1]을 더블클릭한다. [New] 버튼을 클릭하여 새로운 집단을 만든다. [Close] 버튼을 클릭하여 창을 닫는다.

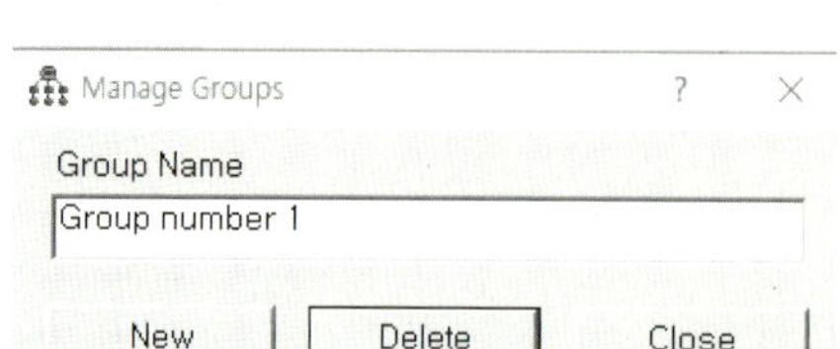

2 그러면 다음과 같이 두 개 집단이 만들어진다.

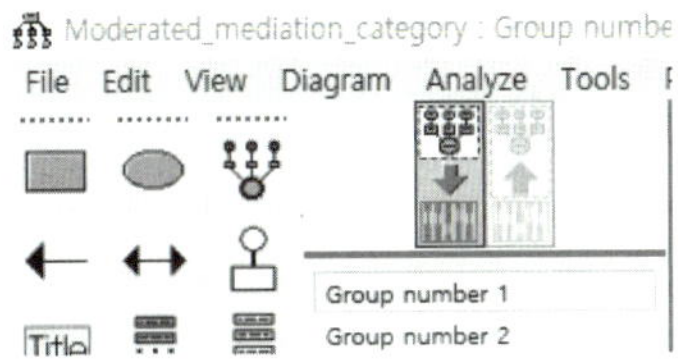

3 [Select data file(s)] 아이콘을 클릭한다. [File name] 버튼을 클릭하여 자료를 불러들인다. 각 집단의 자료를 연결하기 위해 [Grouping variable] 버튼을 클릭하여 변수를 지정한 다음, [Group value] 버튼을 클릭하여 변수를 지정한다. [OK] 버튼을 클릭하고 창을 닫는다.

Data Files

Group Name	File	Variable	Value	N
Group number 1	Collier(2020).sav	group	1	248/500
Group number 2	Collier(2020).sav	group	2	252/500

4 경로에 임의의 이름을 부여한다. 이때 [All groups]가 체크되어 있는 것을 해제해야 한다. 그래야 경로명이 두 집단에 걸쳐 다르게 입력된다. **두 집단에 걸쳐 경로명이 다르게 입력되어야 집단 간 매개효과 차이 검정을 할 수 있다.**

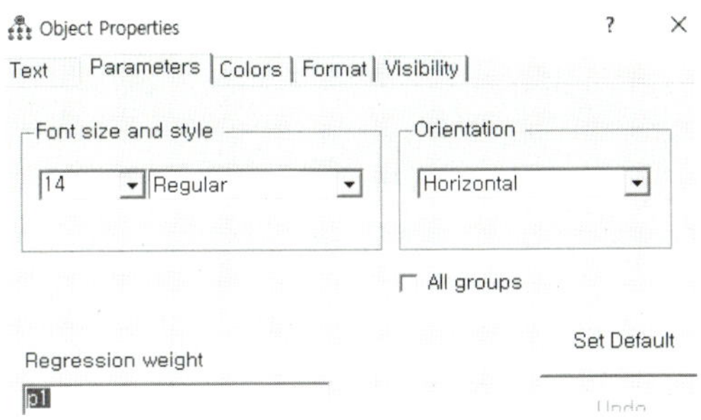

5 아래는 각 집단별로 부여된 경로명을 제시한 것이다. 모든 경로에 대해 두 집단에 걸쳐 경로명을 다르게 입력하고 이를 [Input 13-1]로 저장하였다.

Input 13-1 다중매개모델(남자집단)

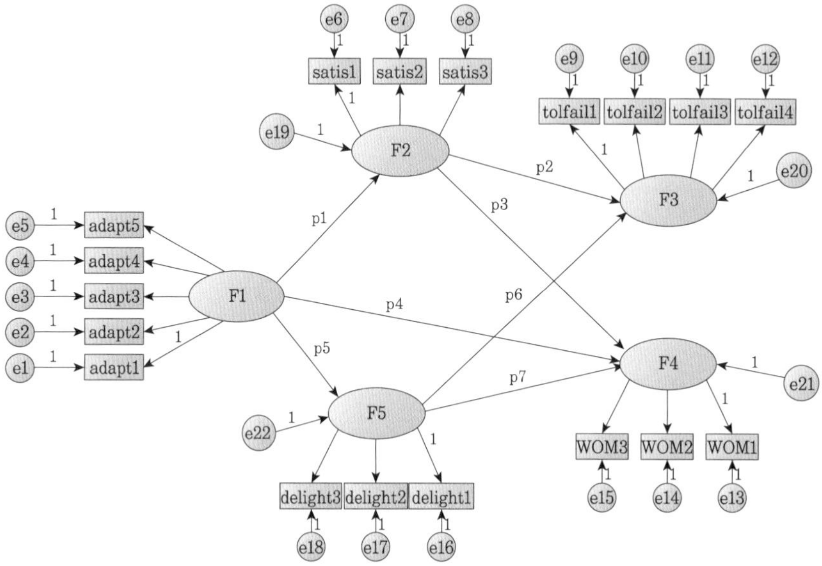

Input 13-1 다중매개모델(여자집단)

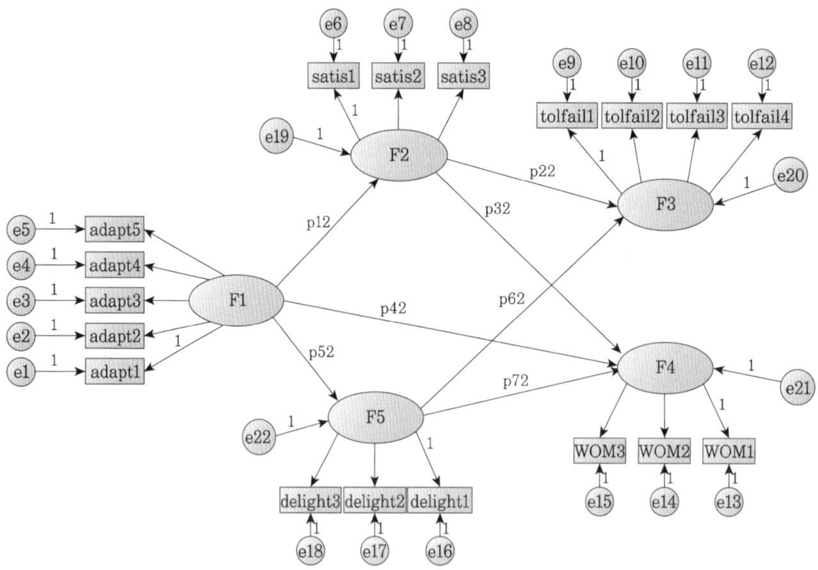

6 [Analysis Properties]를 클릭하여 [Output] 탭에서 [Indirect, direct & total effects]를 체크하고, [Bootstrap] 탭에서 다음과 같이 설정한다.

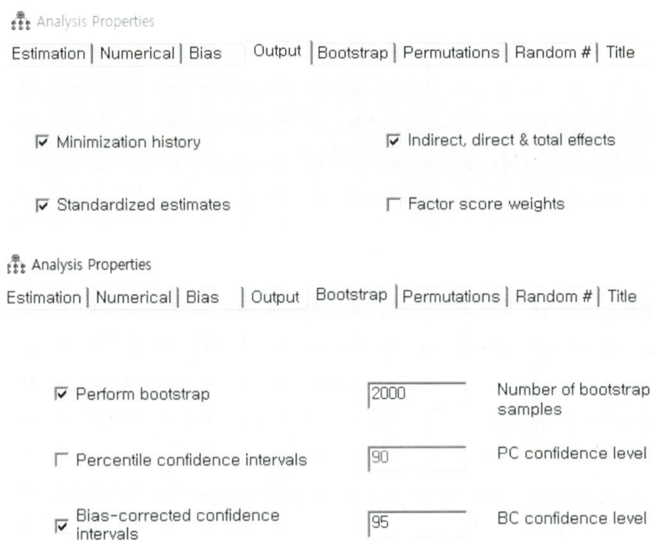

7 Amos 화면의 왼쪽 아래에 있는 [Not estimating any user-defined estimand]를 클릭하면 나타나는 창에서 [Define new estimands]를 클릭한다. 이때 이미 사용자 정의 추정을 실행한 파일이 있다면 Estimating estimand '파일이름'이 표시된다.

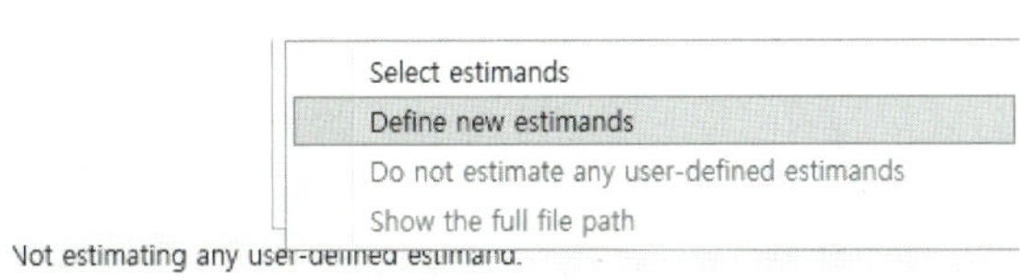

8 Visual Basic(vb) 창이 나타난다. 그 창에서 아래와 같이 신택스를 입력한다. 이때 등호(=) 왼쪽에 있는 신택스는 연구자가 임의로 입력하면 되나, 떨어지면 안 되고 전부 붙어 있어야 한다(예: specific indirect effect(×), specificindirecteffect(○)).

File Edit Format Help

```
effect_1=p1*p2
effect_2=p1*p3
effect_3=p5*p6
effect_4=p5*p7

effect_5=p12*p22
effect_6=p12*p32
effect_7=p52*p62
effect_8=p52*p72

difference_1=effect_1-effect_5
difference_2=effect_2-effect_6
difference_3=effect_3-effect_7
difference_4=effect_4-effect_8
```

9 [File] 메뉴에서 [Check Syntax]를 클릭하거나 또는 메뉴바에 있는 체크 신택스 아이콘( )을 클릭한다.

File Edit Format Help

New Simple User-defined Estimand	
New User-defined Estimand (C#)	
New User-defined Estimand (VB)	
Open...	Ctrl+O
Save	Ctrl+S
Save As...	
Print Preview	
Print...	Ctrl+P
Check Syntax	Alt+S
Exit	

10 신택스에 이상이 없으면 [Syntax is OK] 메시지가 뜬다.

Description
Syntax is OK.

11 Visual Basic(vb) 창의 [File] 메뉴에서 [Save as]를 이용하여 파일이름을 지정한 후 저장한 다음 창을 닫는다. 이 예에서 [Input 13-1]로 저장하였다.

12 실행 아이콘을 클릭하면 실행이 된다. 아래는 모수치를 경로도 상에 보인 것이다.

Output 13-1 분석 결과(남자집단)

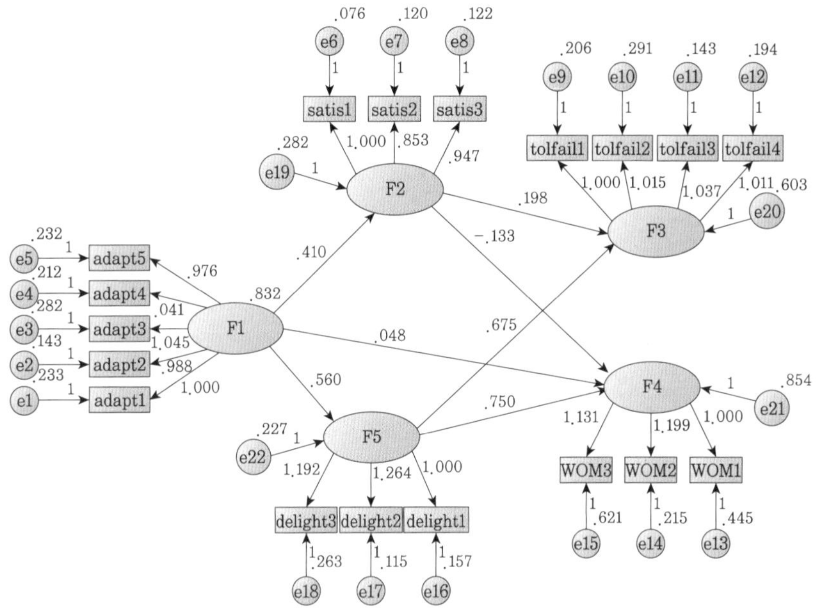

Output 13-1 분석 결과(여자집단)

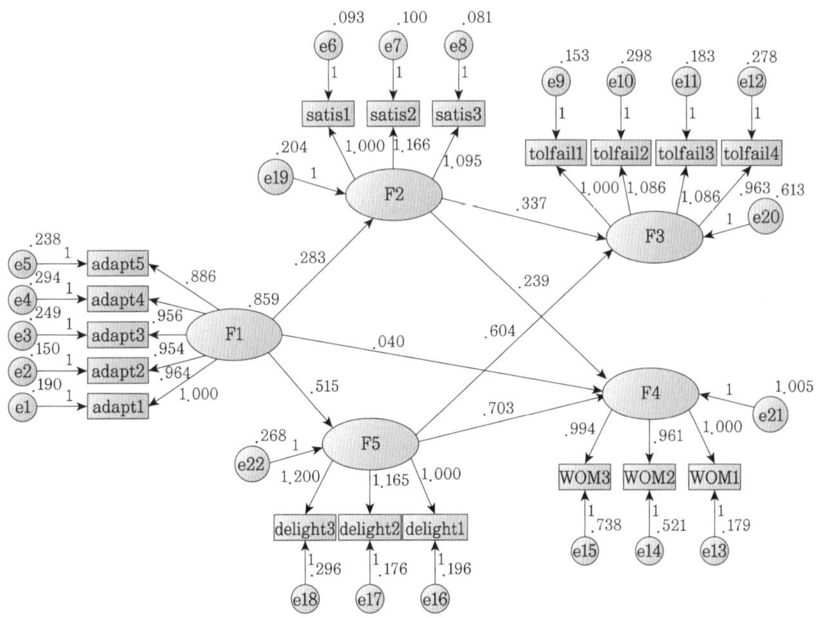

13 출력 창에서 [Estimates] → [Scalars] → [User-defined estimands]로 가고, 밑에 있는 [Estimates/Bootstrap] → [Bias-corrected percentile method]로 가면 아래와 같은 결과를 볼 수 있다.

Output 13-1 사용자 정의 추정에 의한 다중매개분석

User-defined estimands: (Group number 1 - Default model)

Parameter	Estimate	Lower	Upper	P	
effect1	.081	-.028	.201	.139	①
effect2	-.054	-.170	.093	.411	②
effect3	.378	.245	.562	.001	③
effect4	.420	.213	.728	.001	④
effect5	.095	.026	.199	.009	⑤
effect6	.067	-.030	.184	.159	⑥
effect7	.311	.195	.465	.000	⑦
effect8	.362	.162	.655	.001	⑧
effectdiff1	-.014	-.150	.130	.907	⑨
effectdiff2	-.122	-.284	.044	.147	⑩
effectdiff3	.067	-.150	.268	.567	⑪
effectdiff4	.058	-.303	.405	.748	⑫

14 계수의 의미는 다음과 같다(반올림 오차로 인해 값이 조금씩 다름).

① 남자집단의 p1×p2 계수(.410×.198=.081)는 유의적이지 않음(p=.139)
② 남자집단의 p1×p3 계수(.410×-.133=-.054)는 유의적이지 않음(p=.411)
③ 남자집단의 p5×p6 계수(.560×.675=.378)는 유의적임(p=.001)
④ 남자집단의 p5×p7 계수(.560×.750=.420)는 유의적임(p=.001)
⑤ 여자집단의 p12×p22 계수(.283×.337=.095)는 유의적임(p=.009)
⑥ 여자집단의 p12×p32 계수(.283×.239=.067)는 유의적이지 않음(p=.159)
⑦ 여자집단의 p52×p62 계수(.515×.604=.311)는 유의적임(p=.000)
⑧ 여자집단의 p52×p72 계수(.515×.703=.362)는 유의적임(p=.001)
⑨ 두 집단 간 p1×p2 계수의 차이(.081-.095=-.014)는 유의적이지 않음(p=.907)
⑩ 두 집단 간 p1×p3 계수의 차이(-.054-(.067)=-.122)는 유의적이지 않음(p=.147)
⑪ 두 집단 간 p5×p6 계수의 차이(.378-.311=.067)는 유의적이지 않음(p=.567)
⑫ 두 집단 간 p5×p7 계수의 차이(.422-.360=.058)는 유의적이지 않음(p=.748)

15 차이검정 결과 4개 매개효과는 모두 유의적이지 않은 것으로 나타나 모두 조절된 매개효과가 없다고 해석한다.

2.2 베이지언 추정에 의한 분석

베이지언 추정(Bayesian estimation)을 위해 다음과 같은 절차에 따라 한다.

1 분석속성 아이콘( )을 클릭하여 나타나는 창의 [Estimation] 탭에서 [Estimate means and intercepts]를 체크한다.

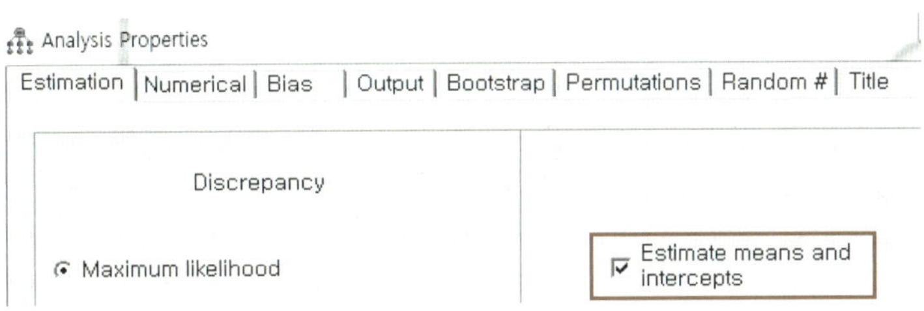

2 [Output] 탭에서 [Indirect, direct & total effects]를 체크한다.

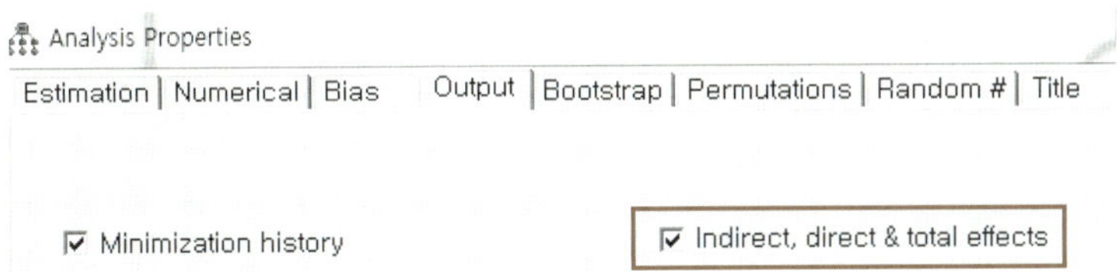

3 베이지언 추정 아이콘( )을 클릭한다. 수렴통계치가 노란색(1.0014)으로 변하면 일시정지 아이콘( )을 누른다. 다음은 분석 결과 가운데 회귀계수를 제시한 것이다.

Output 13-1 베이지언 추정 결과

Group number 1 | Group number 2 |

	Mean	S.E.	S.D.	C.S.	95% Lower bound	95% Upper bound	Skewness	Kurtosis	Min	Max	Name
Regression weights											
F2<--F1	0.415	0.001	0.045	1.000	0.328	0.503	0.072	0.033	0.252	0.632	p1
F3<--F2	0.198	0.003	0.119	1.000	-0.037	0.432	-0.018	0.231	-0.331	0.727	p2
F4<--F2	-0.141	0.007	0.152	1.001	-0.443	0.155	-0.031	0.130	-0.761	0.475	p3
F5<--F1	0.565	0.002	0.048	1.001	0.475	0.663	0.124	0.067	0.349	0.764	p5
F4<--F1	0.048	0.003	0.117	1.000	-0.181	0.281	0.038	0.130	-0.401	0.603	p4
F3<--F5	0.681	0.003	0.113	1.000	0.464	0.908	0.098	0.070	0.209	1.176	p6
F4<--F5	0.765	0.008	0.179	1.001	0.422	1.136	0.131	0.122	0.124	1.549	p7

Group number 1 | Group number 2 |

	Mean	S.E.	S.D.	C.S.	95% Lower bound	95% Upper bound	Skewness	Kurtosis	Min	Max	Name
Regression weights											
F2<--F1	0.284	0.001	0.037	1.000	0.211	0.358	0.028	0.020	0.107	0.437	p12
F3<--F2	0.331	0.005	0.135	1.001	0.067	0.594	0.009	-0.009	-0.202	0.891	p22
F4<--F2	0.242	0.004	0.176	1.000	-0.100	0.586	0.000	0.027	-0.558	1.007	p32
F5<--F1	0.517	0.001	0.049	1.000	0.422	0.614	0.046	-0.019	0.338	0.709	p52
F4<--F1	0.038	0.002	0.115	1.000	-0.188	0.264	0.008	0.018	-0.423	0.512	p42
F3<--F5	0.613	0.004	0.106	1.001	0.407	0.823	0.037	-0.026	0.198	1.039	p62
F4<--F5	0.712	0.004	0.168	1.000	0.383	1.044	0.023	0.029	0.067	1.383	p72

4 회귀계수를 보면 앞서 추정한 붓스트래핑 결과와 약간씩 다른 것을 알 수 있다. 또한 회귀계수는 고정된 값이 아니기 때문에 베이지언 추정을 할 때마다 그 값이 다르게 나타난다.

5 간접효과를 얻기 위해 추가추정(additional estimand) 아이콘()을 클릭하면 실행이 되고,

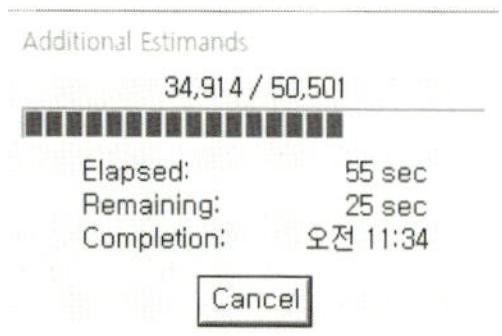

6 다음과 같은 결과가 보고된다.

Output 13-1 추가추정 결과

Group number 1 -- Indirect Effects -- Mean

	F1	F5	F2	F4	F3
F5	0.000	0.000	0.000	0.000	0.000
F2	0.000	0.000	0.000	0.000	0.000
F4	0.368	0.000	0.000	0.000	0.000
F3	0.462	0.000	0.000	0.000	0.000
delight3	0.673	0.000	0.000	0.000	0.000
delight2	0.713	0.000	0.000	0.000	0.000
delight1	0.562	0.000	0.000	0.000	0.000
WOM3	0.471	0.846	-0.146	0.000	0.000
WOM2	0.499	0.896	-0.155	0.000	0.000
WOM1	0.418	0.751	-0.130	0.000	0.000

Group number 2 -- Indirect Effects -- Mean

	F1	F5	F2	F4	F3
F5	0.000	0.000	0.000	0.000	0.000
F2	0.000	0.000	0.000	0.000	0.000
F4	0.430	0.000	0.000	0.000	0.000
F3	0.409	0.000	0.000	0.000	0.000
delight3	0.621	0.000	0.000	0.000	0.000
delight2	0.602	0.000	0.000	0.000	0.000
delight1	0.515	0.000	0.000	0.000	0.000
WOM3	0.469	0.694	0.245	0.000	0.000
WOM2	0.454	0.671	0.236	0.000	0.000
WOM1	0.473	0.701	0.247	0.000	0.000

7 [Group number 1]과 [Group number 2]의 간접효과는 총간접효과를 보고한다. 즉 [Group number 1]에서 F1이 F3에 미치는 간접효과(.462)는 ① F1 → F2 → F3(.415×.198=.08217), ② F1 → F5 → F3(.565×.681=.385)의 효과를 합친 것이다.

8 특정간접효과(specific indirect effect)를 얻기 위해 주문추정(custom estimand) 아이콘( )을 클릭한다. Visual Basic(vb) 창이 나타나면 다음과 같이 입력한다.

File Edit Format Help

```
'Header'
Public Class CEstimand
    Implements IEstimand

    Public Sub DeclareEstimands() Implements IEstimand.DeclareEstimands
        newestimand("p1p2")
        newestimand("p1p3")
        newestimand("p5p6")
        newestimand("p5p7")
        newestimand("p12p22")
        newestimand("p12p32")
        newestimand("p52p62")
        newestimand("p52p72")
        newestimand("p1p2-p12p22")
    End Sub

    Public Function CalculateEstimands(sem As AmosEngine) As String Implements IEstimand.CalculateEstimands
        estimand("p1p2").value=sem.ParameterValue("p1")*sem.ParameterValue("p2")
        estimand("p1p3").value=sem.ParameterValue("p1")*sem.ParameterValue("p3")
        estimand("p5p6").value=sem.ParameterValue("p5")*sem.ParameterValue("p6")
        estimand("p5p7").value=sem.ParameterValue("p5")*sem.ParameterValue("p7")
        estimand("p12p22").value=sem.ParameterValue("p12")*sem.ParameterValue("p22")
        estimand("p12p32").value=sem.ParameterValue("p12")*sem.ParameterValue("p32")
        estimand("p52p62").value=sem.ParameterValue("p52")*sem.ParameterValue("p62")
        estimand("p52p72").value=sem.ParameterValue("p52")*sem.ParameterValue("p72")

        estimand("p1p2-p12p22").value=estimand("p1p2").value-estimand("p12p22").value
        Return ""     'Return an empty string if no error occurred
    End Function

End Class
```

Description | Line

9 이를 실행하면 다음과 같은 결과가 보고된다.

Custom Estimands

File Edit View Help

Numeric Estimands	Mean	S.E.	S.D.	C.S.	95% Lower bound	95% Upper bound	Skewness	Kurtosis	Min	Max
p1p2	0.0812	0.0007	0.0506	1.0001	-0.0154	0.1843	0.1330	0.1632	-0.1284	0.3124
p1p3	-0.0531	0.0008	0.0601	1.0001	-0.1745	0.0619	-0.0907	0.1751	-0.3314	0.2068
p5p6	0.3810	0.0011	0.0706	1.0001	0.2480	0.5260	0.1639	0.0718	0.1050	0.7075
p5p7	0.4234	0.0015	0.0933	1.0001	0.2488	0.6137	0.1870	0.0831	0.0936	0.8910
p12p22	0.0964	0.0004	0.0399	1.0001	0.0219	0.1788	0.2211	0.2056	-0.0459	0.2959
p12p32	0.0679	0.0005	0.0504	1.0000	-0.0291	0.1701	0.1120	0.2450	-0.1535	0.3267
p52p62	0.3110	0.0007	0.0581	1.0001	0.2014	0.4292	0.1745	0.0716	0.0817	0.5822
p52p72	0.3613	0.0007	0.0813	1.0000	0.2078	0.5267	0.1616	0.0893	-0.0088	0.7264
p1p2-p12p22	-0.0152	0.0009	0.0646	1.0001	-0.1418	0.1129	-0.0028	0.1110	-0.3362	0.2553

Dichotomous Estimands | P | P1 | P2 | P3

10 계수값이 붓스트래핑에 의한 결과와 조금 차이가 있다. 결론은 붓스트래핑에 의한 결과와 같다. p1p2－p12p22는 95% 신용구간(credibility interval)의 하한과 상한에 0을 포함하므로 유의적이지 않다. 따라서 남자집단과 여자집단에 걸쳐 이 경로는 조절된 매개효과가 없다고 해석한다. 나머지 3개 경로도 이와 동일하게 검정하면 된다.

3 조절된 매개효과분석: 범주형 조절변수(예 2)

[Input 13-2] 모델을 통해 조절된 매개효과분석에 대해 살펴보기로 한다. 이 모델을 통해 다중집단과 매개모델을 동시에 추정하는 것에 대해 살펴보기로 한다. 즉 이 모델에서 두 집단별로 매개효과를 검정하고, 이 매개효과가 두 집단 간에 차이가 있는가를 검정하기로 한다. 이러한 검정을 **다중집단매개분석(multiple group mediation analysis)**이라 한다. 다중집단매개분석은 다중집단분석과 매개효과분석이 결합된 분석이라 할 수 있다. 다중집단매개분석을 통해 조절된 매개효과분석을 할 수 있다.

Input 13-2 다중매개모델

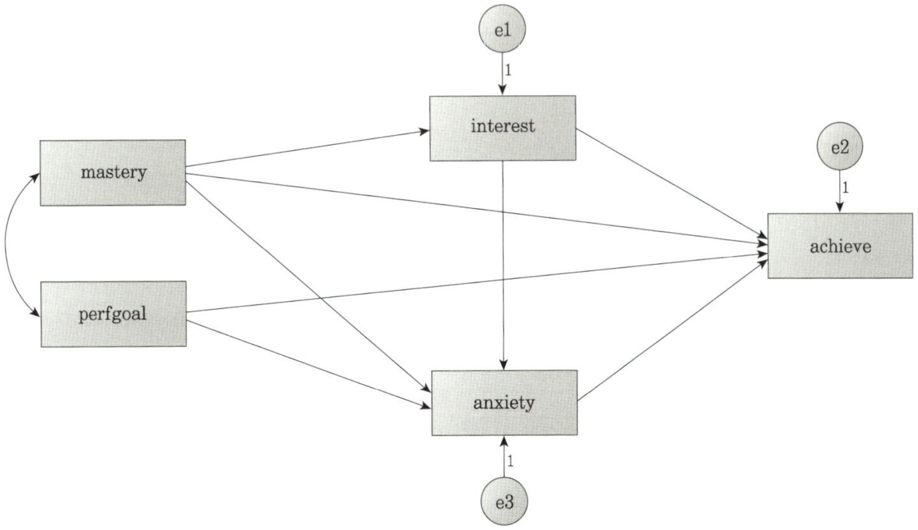

[Input 13-2] 모델을 보면 mastery가 achieve에 주는 간접효과는 ① mastery → interest → achieve, ② mastery → interest → anxiety → achieve, ③ mastery → anxiety → achieve 등 3개로 구성되어 있고, perfgoal이 achieve에 주는 간접효과는 perfgoal → anxiety → achieve로 구성되어 있음을 알 수 있다.

이처럼 다중매개모델인 경우 Amos로 간접효과를 추정하면 총간접효과(total indirect effect)를 보고하므로 이들 각각의 간접효과를 분리하여 특정간접효과(specific indirect effect)를 추정해야 한다. 특정간접효과를 추정하고 그들 간접효과가 두 집단에 따라 어떻게 나타나는지 검정한다. 이 경우 두 집단은 조절변수의 역할을 한다.

3.1 다중집단 만들기

1 [Group number 1]에 마우스 포인터를 놓고 더블클릭한다. [New] 버튼을 클릭하고 [Close] 버튼을 클릭한다.

2 그러면 다음과 같이 다중집단이 만들어진다.

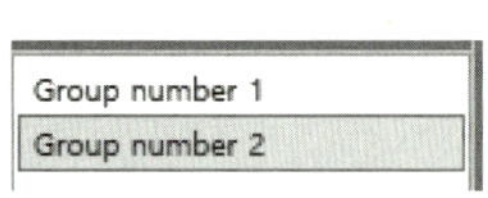

3.2 데이터 연결하기

3 [Select data file] 아이콘(▦)을 클릭하여 자료를 연결하고, [OK] 버튼을 클릭한다.

Data Files

Group Name	File	Variable	Value	N
Group number 1	multi_group_mediation_1.sav	group	1	68/140
Group number 2	multi_group_mediation_1.sav	group	2	72/140

3.3 경로에 라벨 부여하기

4 경로에 라벨을 부여하기 위해 해당 경로를 더블클릭하면 나타나는 창에서 [Object properties]의 [Parameter] 탭의 [Regression weight]에서 라벨을 입력한다. 이때 [All groups]의 체크를 해제하고, 각각의 집단별로 라벨을 부여한다. 그렇지 않으면 두 집단에 걸쳐 모두 동일한 명칭이 부여되기 때문이다. 각각의 집단별로 서로 다른 명칭을 부여한다.

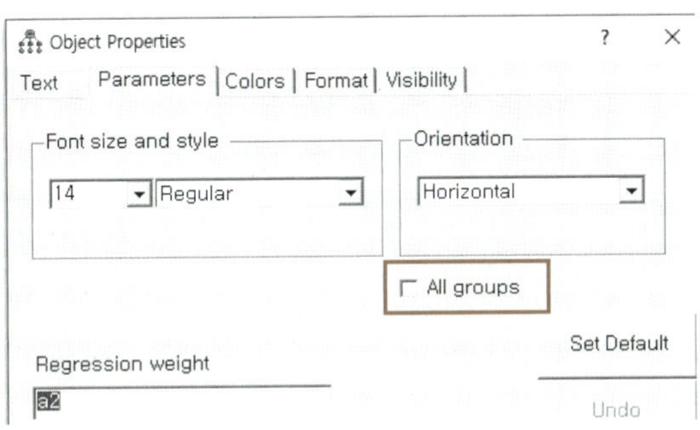

Input 13-2 남자집단

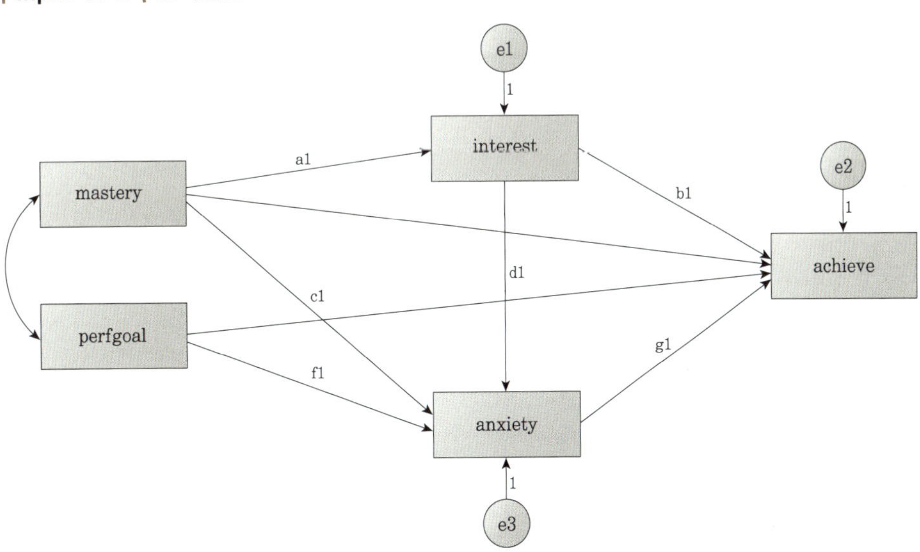

Input 13-2 여자집단

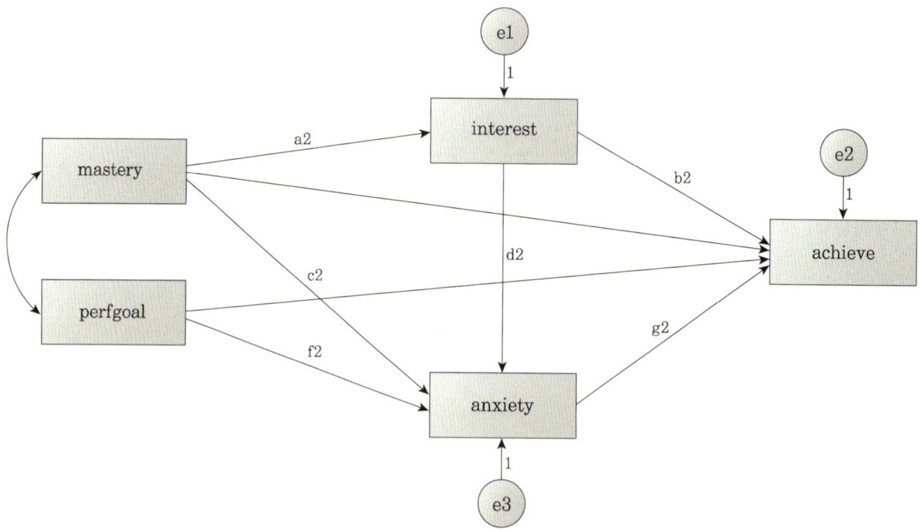

5 Amos 화면 왼쪽 아래에 있는 [Not estimating any user-defined estimand] 상태바를 클릭한다.

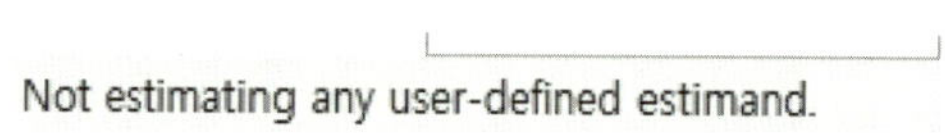

6 [Define new estimands]를 클릭한다.

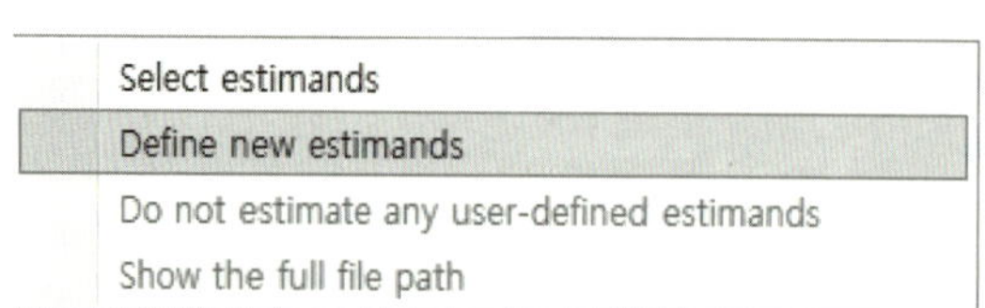

7 그러면 Visual Basic(vb) 명령문 창이 나타난다. 이 창에서 다음과 같은 명령문을 입력하고, [File] 메뉴에서 [Check Syntax]를 누른다. 이상이 없으면 [Syntax is OK] 싸인이 뜬다.

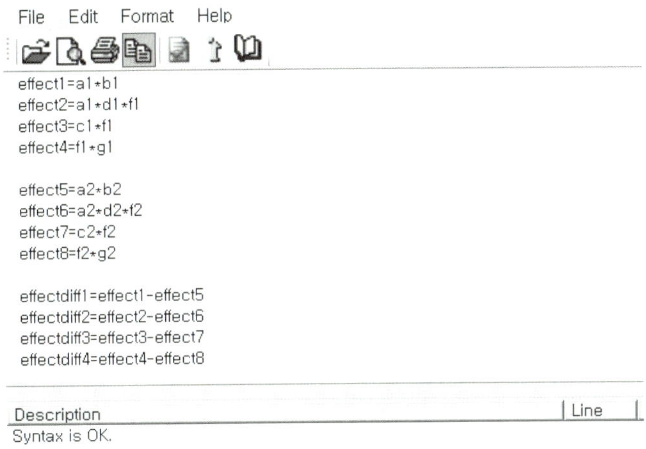

8 [File] 메뉴에서 [Save as]에 파일이름을 지정하여 저장하고, 창을 닫는다.

9 [Analysis Properties] 아이콘( )을 클릭하여 [Output] 탭에서 [indirect, direct & total effect]를 체크한다.

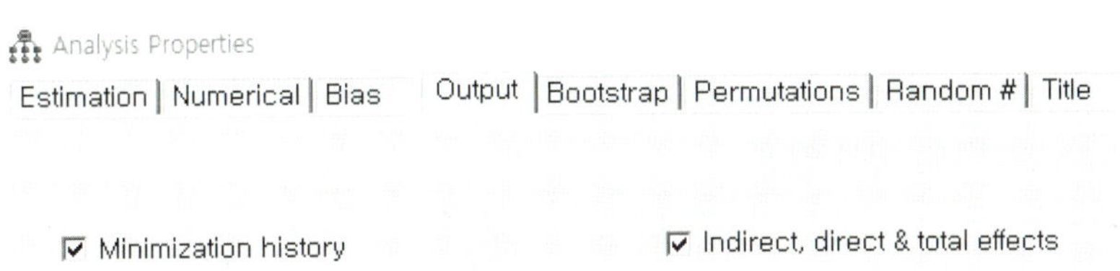

10 [Bootstrap] 탭에서 다음과 같이 [Perform bootstrap], [Bias-corrected confidence intervals]를 체크하고, 각각 [2,000], [95]로 입력한다.

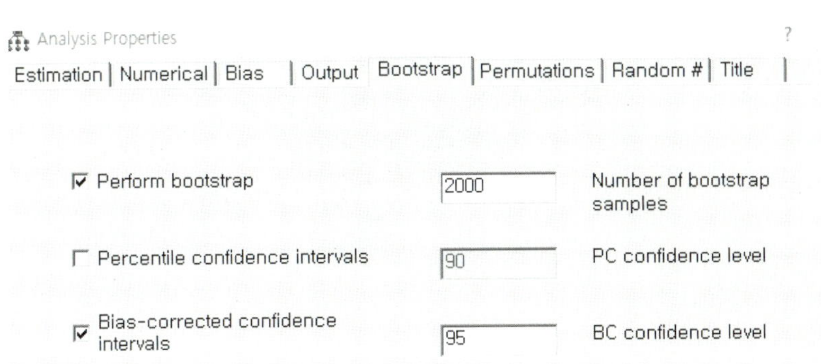

11 [Calculate estimate] 아이콘(▦)을 클릭하여 실행한다. 문제 없이 실행이 되었는가를 확인한다. 문제 없이 실행이 되면 [모델관리] 창에 [OK] 싸인이 뜬다.

12 [View text] 아이콘을 클릭한다. 다음은 모수치를 경로도 상에 제시한 것이다.

Output 13-2 남자집단 분석 결과

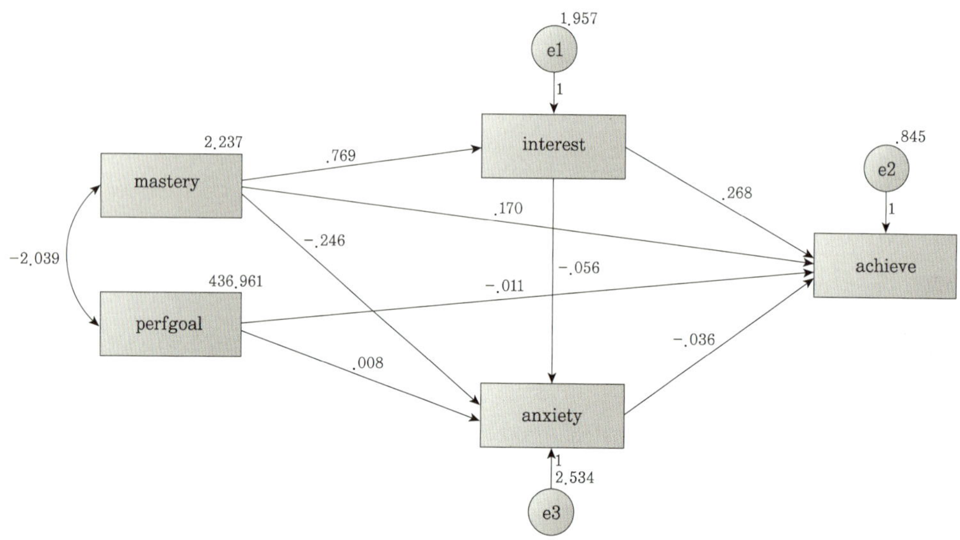

Output 13-2 여자집단 분석 결과

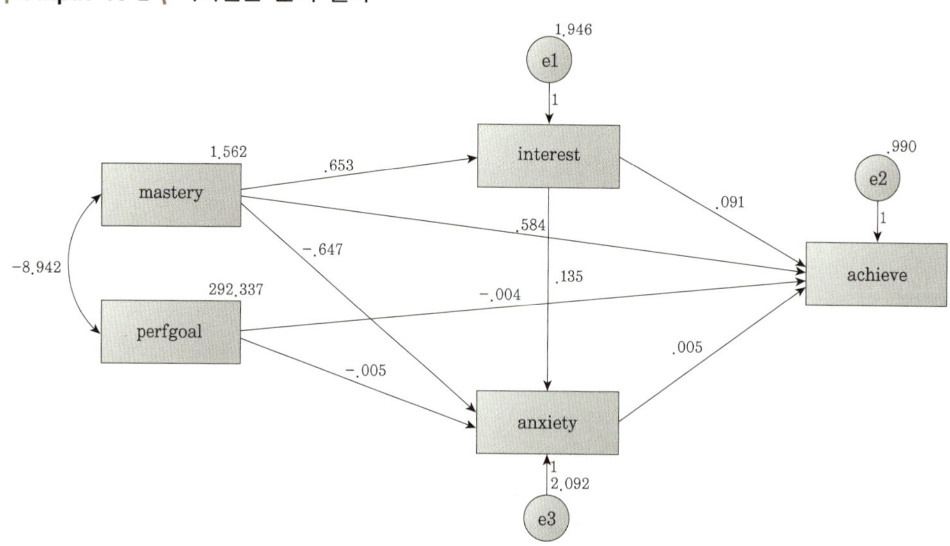

13 결과를 보기 위해 [Estimates] → [Scalars] → [User-defined estimands]로 간다.

- Estimates
  - Scalars
    - Regression Weights:
    - Covariances:
    - Variances:
    - User-defined estimands:

14 아래와 같은 결과를 얻는다.

Output 13-2 조절된 매개효과분석 결과

User-defined estimands: (Group number 1 - Default model)

Parameter	Estimate	Lower	Upper	P
effect1	.207	.063	.356	.008
effect2	.000	−.006	.001	.354
effect3	−.002	−.013	.002	.374
effect4	.000	−.005	.001	.550
effect5	.059	−.049	.262	.266
effect6	.000	−.006	.001	.399
effect7	.003	−.007	.022	.597
effect8	.000	−.002	.002	.926
effectdiff1	.147	−.069	.335	.181
effectdiff2	.000	−.004	.004	.926
effectdiff3	−.005	−.022	.008	.495
effectdiff4	.000	−.005	.002	.762

15 4개의 매개효과가 집단 간에 차이가 없으므로 조절된 매개효과가 없다고 해석한다.

참고문헌

Depaoli, S. (2021). *Bayesian structural equation modeling*. Guilford Press.

Feng, Q., Song, Q., Zhang, L., Zheng, S., & Pan, J. (2020). Integration of moderation and mediation in a latent variable framework: A comparison of estimation approaches for the second-stage moderated mediation model. *Frontiers in Psychology, 10*, 1-24.

Holland, S. J., Shore, D. B., & Cortina, J. M. (2017). Review and recommendations for integrating mediation and moderation. *Organizational Research Methods, 20*(4), 686-720.

Kaplan, D., & Depaoli, S. (2012). Bayesian structural equation modeling. In R. H. Hoyle (Ed.), *Handbook of structural equation modeling* (pp. 650-673). Guilford Press.

Muthén, B., & Asparouhov, T. (2012). Bayesian structural equation modeling: A more flexible representation of substantive theory. *Psychological Methods, 17*(3), 313-335.

Yuan, Y., & MacKinnon, D. P. (2009). Bayesian mediation analysis. *Psychological Methods, 14*(4), 301-322.

Zyphur, M. J., & Oswald, F. L. (2015). Bayesian estimation and inference: A user's guide. *Journal of Management, 41*(2), 390-420.

Chapter 14

조절된 매개효과분석(Ⅱ): 연속형 변수

1. PROCESS 모델 7: 예 1
2. PROCESS 모델 7: 예 2
3. PROCESS 모델 7: 예 3
4. PROCESS 모델 8

CHAPTER 14

조절된 매개효과분석(Ⅱ): 연속형 변수

이 장부터 제16장까지 조절변수가 연속형 변수인 모델을 대상으로 조절된 매개효과분석에 대해 살펴보고, 제17장에서 조절된 조절된 매개효과분석에 대해 Hayes(2018)의 PROCESS 모델넘버에 맞게 많이 이용되고 있는 모델을 중심으로 살펴보기로 한다. PROCESS macro에 의한 조절된 매개효과분석 및 조절된 조절된 매개효과분석에 대해서는 배병렬(2021), 이형권(2018, 2020)을 참고하기 바란다.

1 PROCESS 모델 7: 예 1

[그림 14-1] 모델을 대상으로 조절된 매개효과에 대해 살펴보기로 한다. [그림 14-1(a)]의 개념적 모델에서 볼 수 있듯, $X \rightarrow M \rightarrow Y$의 매개효과가 $X \rightarrow M$ 간에 W가 조절효과가 있을 것으로 가정한다. 이러한 관계를 통해 $X \rightarrow M \rightarrow Y$의 매개효과가 조절변수인 W에 의해 달라지는가를 검정하고자 한다. Hayes(2018)는 이러한 모델을 'PROCESS model 7'로 명명하였다.

(b)의 통계적 모델을 추정하기 위해서는 다음과 같은 2개의 회귀식이 필요하다.

$$M = i_M + a_1 X + a_2 W + a_3 XW + e_M \quad (1)$$

$$Y = i_Y + c' X + bM + e_Y \quad (2)$$

M을 통해 X가 Y에 미치는 간접효과는 식(1)로부터 얻은 X의 M에 대한 조건부 효과와 식(2)에서 얻게 되는 X를 통제했을 때 Y에 대한 M의 효과를 곱한 것이다(아래 식(3)의 오메가(ω)). 이를 **조건부 간접효과(conditional indirect effect)**라 하고 다음과 같은 식으로 나타낼 수 있다.

그림 14-1 ▌PROCESS 모델 7

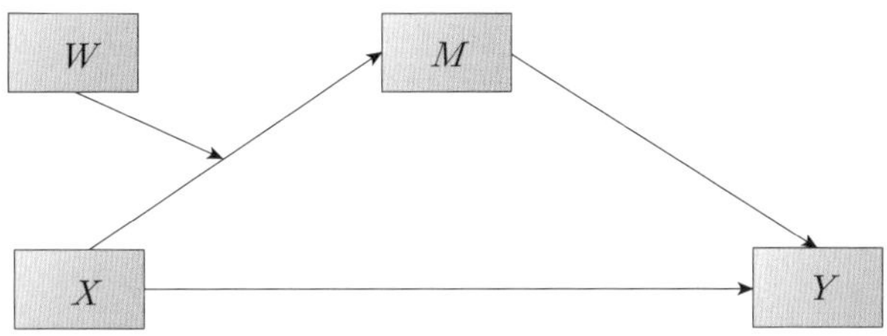

(a) 개념적 모델

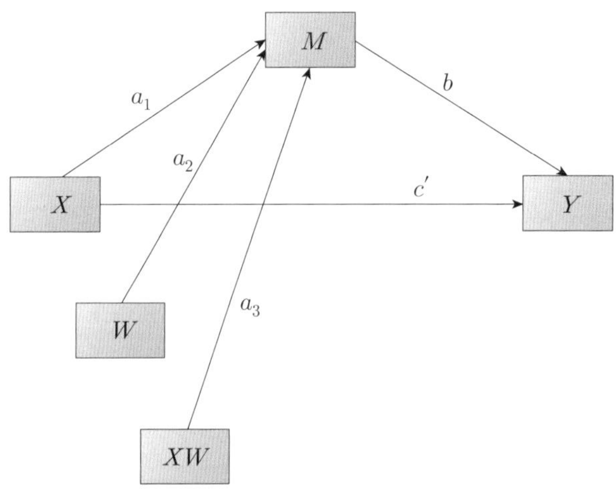

(b) 통계적 모델

$$\omega - (a_1 + a_3 W)b \qquad (3)$$

식(3)은 다음과 같이 나타낼 수 있다.

$$\omega = a_1 b + a_3 b W \qquad (4)$$

식(4)에서 a_1b는 절편, a_3b는 기울기를 의미한다. a_3b는 모델(b)에서 M을 통해 X가 Y에 미치는 간접효과에 대한 W의 효과를 의미한다. 식(4)에서 a_3b를 조절된 매개지수(index of moderated mediation)라 한다. 이 조절된 매개지수가 통계적으로 유의적인가를 검토하여 유의적이면 조절된 매개효과가 있고, 유의적이지 않으면 조절된 매개효과가 없다고 해석한다. 조절된 매개지수는 조절변수의 전 범위에 대해 매개효과의 유의도를 검정하는 총체적 검정(omnibus test)을 한다. 즉 매개효과가 조절변수의 전 범위를 대상으로 유의적인 차이가 있는가를 검정한다. 따라서 조절된 매개지수를 먼저 보고 이 지수가 유의적이면 조절된 매개효과가 있다고 해석하고, 그 다음 조건부 간접효과를 통해 조절변수의 수준에 따라 어떻게 나타나는가를 확인해야 한다. 조절변수의 수준에 따라 조건부 간접효과가 유의적이라 하더라도 조절된 매개지수가 유의적이지 않으면 조절된 매개효과가 없다고 해석해야 한다.

1.1 PROCESS macro에 의한 분석

[그림 14-2] 모델을 대상으로 PROCESS macro에 의해 조절된 매개효과분석을 실시하기로 한다. 이 모델은 되새김 성격(X)을 갖는 사람은 불안(M)을 매개해 우울(Y)해지는데, 이 매개효과가 지각된 통제(W) 수준에 따라 달라지는가를 확인하고자 한다.

그림 14-2 | 지각된 통제의 조절된 매개효과모델

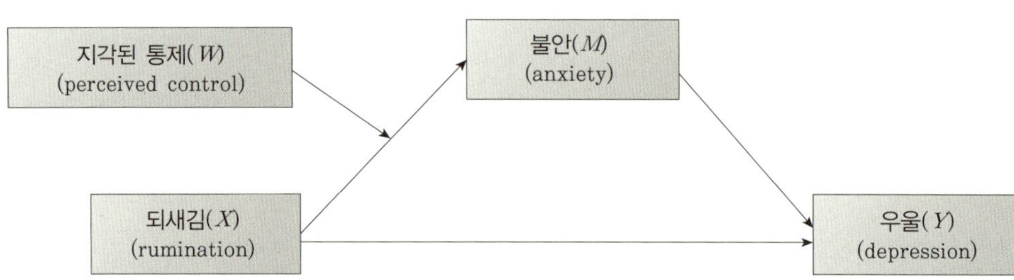

1 PROCESS에서 다음과 같이 변수와 모델넘버를 지정한다.

PROCESS 대화상자-1 변수지정 및 모델넘버

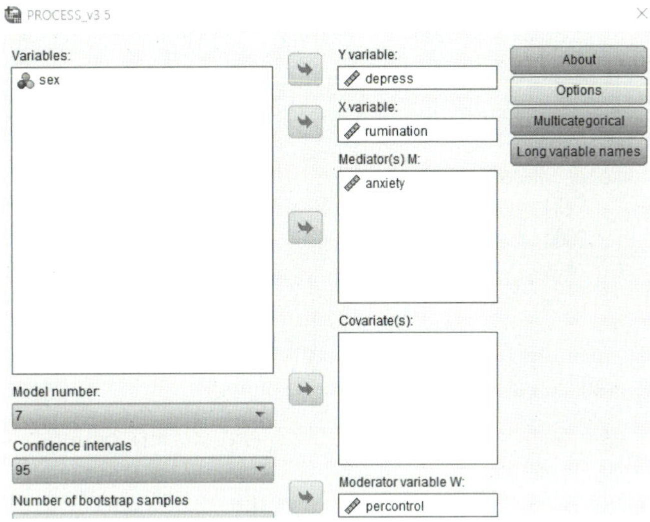

2 [Options] 버튼을 클릭하여 [Conditioning values]는 [-1SD, Mean, +1SD]로 설정한다.

3 이를 실행하면 [Output 14-1]을 얻는다.

Output 14-1 PROCESS output

```
**************************************************************************************************
Model  : 7
    Y  : depress
    X  : ruminati
    M  : anxiety
    W  : percontr

Sample
Size:  926

**************************************************************************************************
OUTCOME VARIABLE:
 anxiety

Model Summary
          R       R-sq        MSE          F        df1        df2          p
      .6051      .3662    54.9092   177.5449     3.0000   922.0000      .0000

Model
              coeff         se          t          p       LLCI       ULCI
constant     9.2511      .2610    35.4444      .0000     8.7388     9.7633
```

ruminati	.3665	.0272	13.4735	.0000	.3131	.4199
percontr	−.2691	.0303	−8.8712	.0000	−.3286	−.2096
Int_1	−.0120	.0023	−5.2363	.0000	−.0165	−.0075

Product terms key:
Int_1 : ruminati x percontr

Test(s) of highest order unconditional interaction(s):

	R2-chng	F	df1	df2	p
X*W	.0188	27.4190	1.0000	922.0000	.0000

Focal predict: ruminati (X)
Mod var: percontr (W)

Conditional effects of the focal predictor at values of the moderator(s):

percontr	Effect	se	t	p	LLCI	ULCI
−8.9968	.4742	.0315	15.0462	.0000	.4124	.5361
.0000	.3665	.0272	13.4735	.0000	.3131	.4199
8.9967	.2588	.0365	7.0889	.0000	.1871	.3304

****

OUTCOME VARIABLE:
depress

Model Summary

R	R-sq	MSE	F	df1	df2	p
.6796	.4619	30.0059	396.1798	2.0000	923.0000	.0000

Model

	coeff	se	t	p	LLCI	ULCI
constant	−3.8314	.2878	−13.3110	.0000	−4.3963	−3.2665
ruminati	.2024	.0211	9.5908	.0000	.1610	.2438
anxiety	.3932	.0231	17.0584	.0000	.3480	.4385

************************** DIRECT AND INDIRECT EFFECTS OF X ON Y **************************

Direct effect of X on Y

Effect	se	t	p	LLCI	ULCI
.2024	.0211	9.5908	.0000	.1610	.2438

Conditional indirect effects of X on Y:

INDIRECT EFFECT:
ruminati -> anxiety -> depress

percontr	Effect	BootSE	BootLLCI	BootULCI
−8.9968	.1865	. 0209	.1470	.2296
.0000	.1441	.0144	.1165	.1729
8.9967	.1018	.0141	.0739	.1301

```
Index of moderated mediation:
              Index      BootSE    BootLLCI    BootULCI
percontr     -.0047       .0012     -.0072      -.0025
*****************************************************************************************
```

4 붓스트래핑 결과 조절된 매개지수값(-.0047)이 95% 신뢰구간의 하한과 상한에 0을 포함하지 않으므로 조절된 매개효과가 있다고 해석한다.

5 조건부 간접효과를 보면 조절변수의 세 수준에서 모두 유의적인 것으로 나타났다. 조절변수(percontr) 값이 커질수록(-8.997, 0.000, 8.997) 매개효과값은 작아지는(.1865, .1441, .1018) 것을 알 수 있다.

6 이를 그래프로 나타내면 [그래프 14-1]과 같다.

그래프 14-1 조절된 매개효과 그래프

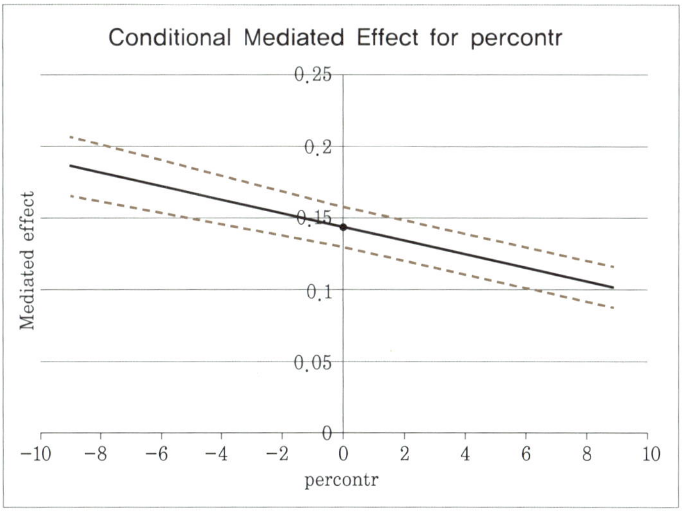

7 그래프에서 볼 수 있듯, 조절변수(percontr)가 증가할수록 매개효과는 줄어드는 것을 알 수 있다.

8 결론적으로 되새김 → 불안 → 우울의 매개효과는 지각된 통제 수준이 높을수록 작아진다고 해석한다.

1.2 Amos에 의한 분석

1 [그림 14-2] 모델을 Amos로 분석하기 위해 [Model_7]과 같은 경로도를 그리고, 각 경로에 명칭을 부여한다.

Input Model_7 PROCESS 모델 7을 위한 경로도

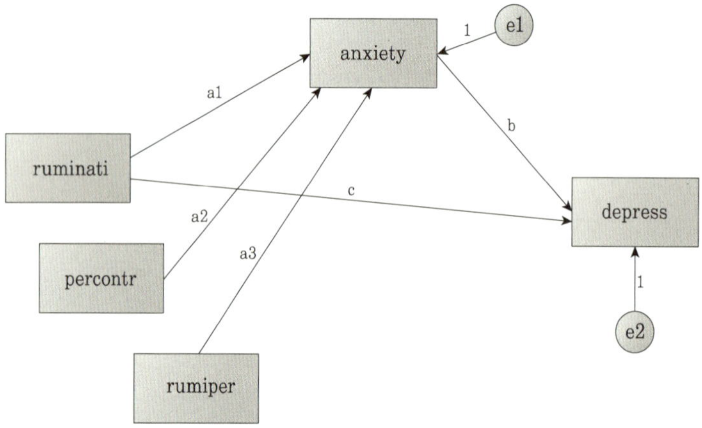

2 이 모델에서 외생변수들 간에 공분산을 허용해도 동일한 값을 얻는다.

3 이를 실행하여 조절변수의 분산값(80.854)을 확인한다. 분산값에 $\sqrt{\ }$를 취해 표준편차를 구한다($\sqrt{80.854} = 8.9918$). 이 값을 구하는 이유는 단순기울기분석을 위해 일반적으로 많이 쓰이는 조절변수의 세 수준(평균보다 −1SD 작은 값, 평균값, 평균보다 +1SD 큰 값)에 따른 유의도를 검정하기 위해서이다.

Output Model_7 조절변수의 분산

Variances: (Group number 1 - Default model)

	Estimate	S.E.	C.R.	P
ruminati	102.9066	4.7851	21.5058	***
rumiper	11682.3054	543.2162	21.5058	***
percontr	80.8542	3.7596	21.5058	***
e1	54.6720	2.5422	21.5058	***
e2	29.9087	1.3907	21.5058	***

4 [user-defined estimand]에서 다음과 같은 명령문을 작성한다.

```
File   Edit   Format   Help

'Moderated mediation using Amos : Process Model 7

'Conditional indirect effects at different levels of the moderator W

'omega=(a1+a3W)*b
'W is the SD(standrad deviation) of Moderator
CIElow=(a1+a3*(-8.9918))*b
CIEmed=(a1+a3*(0))*b
CIEhigh=(a1+a3*(8.9918))*b

'Index Of moderated mediation

IndModMed=a3*b

Description
Syntax is OK.
```

5 이 명령문에서 [8.9918]은 조절변수(*W*)의 표준편차값이다.

6 [Analysis Properties]의 [Bootstrap], [Output] 탭에서 지정할 것을 지정한다.

7 이를 실행하면 다음과 같은 결과를 얻는다.

Output Model_7 PROCESS 모델 7 분석 결과

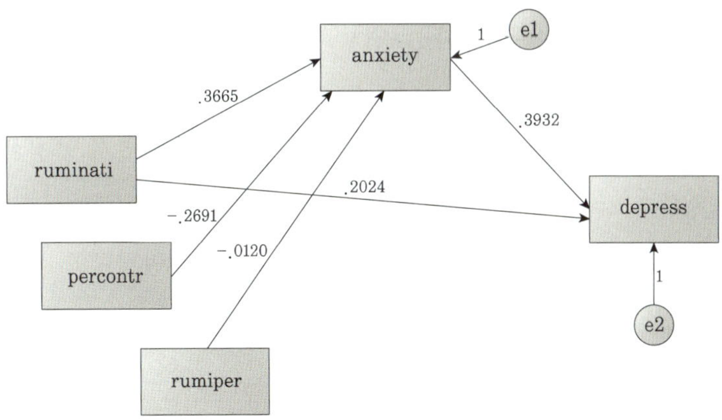

Output Model_7 PROCESS 모델 7 분석 결과

Regression Weights: (Group number 1 - Default model)

			Estimate	S.E.	C.R.	P	Label
anxiety	<---	ruminati	.3665	.0240	15.2927	***	a1
anxiety	<---	percontr	-.2691	.0270	-9.9526	***	a2
anxiety	<---	rumiper	-.0120	.0022	-5.3225	***	a3
depress	<---	anxiety	.3932	.0228	17.2478	***	b
depress	<---	ruminati	.2024	.0196	10.3293	***	c

Intercepts: (Group number 1 - Default model)

	Estimate	S.E.	C.R.	P
anxiety	9.2511	.2601	35.5688	***
depress	-3.8314	.2858	-13.4061	***

Indirect Effects (Group number 1 - Default model)

	percontr	rumiper	ruminati	anxiety
anxiety	.0000	.0000	.0000	.0000
depress	-.1058	-.0047	.1441(a_1b)	.0000

User-defined estimands: (Group number 1 - Default model)

Parameter	Estimate	Lower	Upper	P	
CIElow	.1865	.1496	.2316	.0007	❶
CIEmed	.1441	.1190	.1750	.0008	❷
CIEhigh	.1018	.0759	.1317	.0009	❸
IndModMed(a_3b)	-.0047	-.0071	-.0025	.0010	❹

8 PROCESS macro로 분석한 것과 동일한 값을 얻는다.

9 조절된 매개지수(-.0047)❹가 95% 신뢰구간 하한과 상한에 0을 포함하지 않으므로 조절된 매개효과가 있다고 해석한다. 조건부 간접효과를 조절변수의 수준에 따라 분석한 결과(❶❷❸) 모두 유의적인 것으로 나타났다.

10 조절된 매개효과분석의 해석은 [표 14-1]에 제시된 여러 계수의 부호를 종합적으로 고려하여 결정한다. 위 결과는 '상황 C'에 속하며, '되새김 → 불안 → 우울'의 매개효과는 지각된 통제(perceived control)가 높을수록 작아진다고 해석한다.

표 14-1 조절된 매개효과분석의 해석

계수	부호	계수	부호	계수	부호	간접효과(a_1b) 부호	조절된 매개지수(a_3b) 부호	상황
a_1	+	a_3	+	b	+	+	+	A
					−	−	−	B
			−		+	+	−	C
					−	−	+	D
	−	a_3	+	b	+	−	+	E
					−	+	−	F
			−		+	−	−	G
					−	+	+	H

출처: 이형권(2018), p. 509 참조.

11 각 상황별 해석은 간접효과 부호와 조절된 매개지수 부호를 토대로 한다. 예를 들어, 간접효과 부호가 정적(+)이고 조절된 매개지수가 정적(+)이면(상황 A, 상황 H), 간접효과가 조절변수 수준이 증가할수록 커진다는 뜻이고, 간접효과 부호가 부적(−)이고 조절된 매개지수가 부적(−)이면(상황 B, 상황 G), 간접효과가 조절변수 수준이 증가할수록 작아진다는 뜻이다. 각 상황별 해석을 다음과 같이 정리할 수 있다.

- 상황 A: 정적(+)인 간접효과가 조절변수의 수준이 증가할수록 커진다.
- 상황 B: 부적(−)인 간접효과가 조절변수의 수준이 증가할수록 작아진다.
- 상황 C: 정적(+)인 간접효과가 조절변수의 수준이 증가할수록 작아진다.
- 상황 D: 부적(−)인 간접효과가 조절변수의 수준이 증가할수록 커진다.
- 상황 E: 부적(−)인 간접효과가 조절변수의 수준이 증가할수록 커진다.
- 상황 F: 정적(+)인 간접효과가 조절변수의 수준이 증가할수록 작아진다.
- 상황 G: 부적(−)인 간접효과가 조절변수의 수준이 증가할수록 작아진다.
- 상황 H: 정적(+)인 간접효과가 조절변수의 수준이 증가할수록 커진다.

2 PROCESS 모델 7: 예 2

잠재변수별로 각각 3개의 관측변수로 측정된 [그림 14-3] 모델을 대상으로 조절된 매개효과분석을 하기로 한다.

그림 14-3 | PROCESS 모델 7

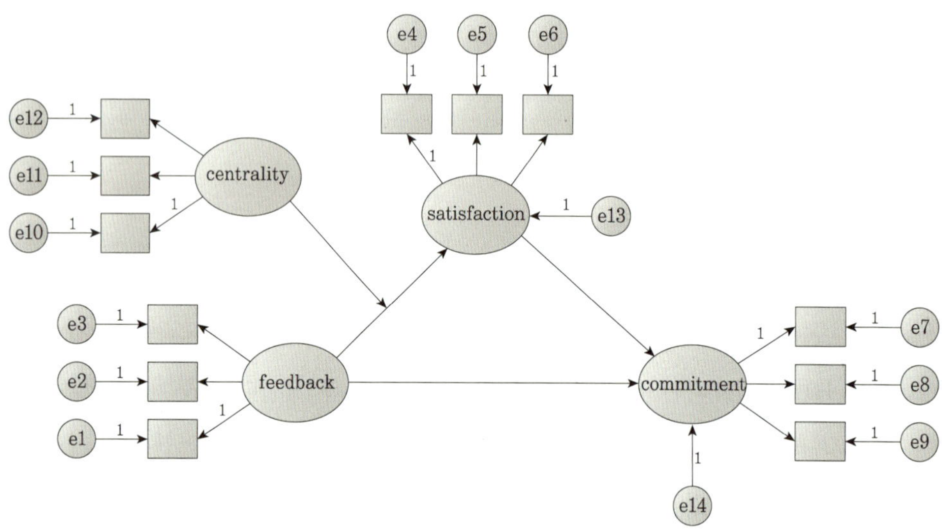

2.1 PROCESS macro에 의한 분석

1. PROCESS로 분석하기 위해 잠재변수별로 측정된 변수를 모두 합쳐 각각 하나의 합성변수(composite variable)로 만든다.
2. 합성변수를 이용하여 PROCESS macro로 분석하면 다음과 같은 결과를 얻는다.

Output 14-2 PROCESS macro에 의한 분석 결과

```
**********************************************************************************************
Model  : 7
    Y  : sumcom
    X  : sumfeed
    M  : sumsat
    W  : sumcent
```

```
Sample
Size:  1307
**************************************************************************
OUTCOME VARIABLE:
 sumsat

Model Summary
          R       R-sq        MSE          F        df1        df2          p
      .5978      .3574    10.4186   241.5159     3.0000  1303.0000      .0000
Model
                coeff         se          t          p       LLCI       ULCI
constant       -.1160      .0893    -1.2978      .1946     -.2912      .0593
sumfeed (a1)    .7467      .0313    23.8847      .0000      .6854      .8080
sumcent         .3619      .0345    10.4898      .0000      .2942      .4296
Int_1(a3)      -.0291      .0124    -2.3440      .0192     -.0534     -.0047

Product terms key:
 Int_1    :        sumfeed   x        sumcent

Test(s) of highest order unconditional interaction(s):
       R2-chng          F        df1        df2          p
X*W      .0027     5.4945     1.0000  1303.0000      .0192
----------
    Focal predict: sumfeed  (X)
          Mod var: sumcent  (W)

Conditional effects of the focal predictor at values of the moderator(s):

    sumcent     Effect         se          t          p       LLCI       ULCI
    -2.6063      .8225      .0433    18.9895      .0000      .7375      .9075
      .0000      .7467      .0313    23.8847      .0000      .6854      .8080
     2.6063      .6709      .0466    14.4022      .0000      .5795      .7623

**************************************************************************
OUTCOME VARIABLE:
 sumcom

Model Summary
          R       R-sq        MSE          F        df1        df2          p
      .6962      .4847     9.4197   613.1820     2.0000  1304.0000      .0000

Model
                coeff         se          t          p       LLCI       ULCI
constant       -.0503      .0850     -.5925      .5536     -.2170      .1163
sumfeed         .3138      .0353     8.8794      .0000      .2444      .3831
sumsat(b)       .5935      .0252    23.5629      .0000      .5440      .6429
```

```
*************************** DIRECT AND INDIRECT EFFECTS OF X ON Y ************************
Direct effect of X on Y
     Effect        se          t          p       LLCI       ULCI
      .3138     .0353     8.8794      .0000      .2444      .3831

Conditional indirect effects of X on Y:

INDIRECT EFFECT:
 sumfeed    ->    sumsat    ->    sumcom

   sumcent     Effect     BootSE   BootLLCI   BootULCI
   -2.6063      .4881      .0348      .4221      .5596
     .0000      .4431      .0280      .3902      .5017
    2.6063      .3981      .0351      .3327      .4697

   Index of moderated mediation:
               Index     BootSE   BootLLCI   BootULCI
sumcent       -.0173      .0080     -.0327     -.0012
*****************************************************************************************
```

3 조절된 매개지수(index of moderated mediation) −.0173이 95% 신뢰구간의 하한과 상한에 0을 포함하지 않으므로 조절된 매개효과가 있다고 해석한다.

4 조건부 간접효과(conditional indirect effect)를 보면 조절변수(sumcent) 수준이 커질수록(−2.606, 0, 2.606) 간접효과는 작아지는(.488, .443, .398) 것을 알 수 있다.

5 위 결과는 [표 14-1]의 '상황 C'에 해당한다. 따라서 'feedback → satisfaction → commitment'의 매개효과는 centrality가 높을수록 낮아지는 완화효과(buffering effect)가 있다고 해석한다.

2.2 Amos에 의한 분석

1 다음과 같은 경로도를 만들고 경로에 명칭을 부여한다.

Input S&V(2017)_m1 PROCESS 모델 7

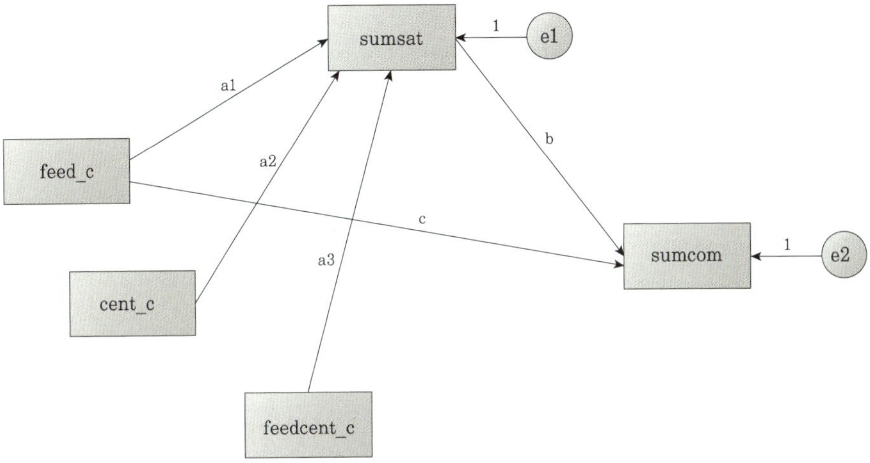

2 [Visual Basic(vb)]에서 명령문을 작성한다.

```
'Moderated mediation using Amos : Process Model 7

'Conditional indirect effects at different levels of the moderator W

'omega=(a1+a3W)*b
'W is the SD(standrad deviation) of Moderator
CIElow=(a1+a3*(-2.60528))*b
CIEmed=(a1+a3*(0))*b
CIEhigh=(a1+a3*(2.60528))*b

'Index Of moderated mediation

IndModMed=a3*b
```

3 이를 실행하면 다음과 같은 결과를 얻는다.

Output S&V(2017)_m1 PROCESS 모델 7 분석 결과

Regression Weights: (Group number 1 - Default model)

			Estimate	S.E.	C.R.	P	Label
sumsat	<---	feed_c	.7467	.0312	23.9121	***	a1
sumsat	<---	cent_c	.3619	.0345	10.5018	***	a2
sumsat	<---	feedcent_c	-.0291	.0124	-2.3467	.0189	a3
sumcom	<---	sumsat	.5935	.0252	23.5810	***	b
sumcom	<---	feed_c	.3138	.0353	8.8862	***	c

Indirect Effects (Group number 1 - Default model)

	feedcent	sumcent	sumfeed	sumsat
sumsat	.0000	.0000	.0000	.0000
sumcom	-.0173	.2137	.4419	.0000

User-defined estimands: (Group number 1 - Default model)

Parameter	Estimate	Lower	Upper	P
CIElow	.4881	.4243	.5630	.0003
CIEmed	.4431	.3930	.5002	.0003
CIEhigh	.3982	.3323	.4694	.0003
IndModMed	-.0173	-.0333	-.0016	.0277

4 PROCESS macro로 분석한 결과와 같다.

5 **조절된 매개효과분석을 해석할 때 가장 먼저 확인해야 할 값은 조절된 매개지수이다.** 이 값이 상한과 하한에 0을 포함하지 않아야 조절된 매개효과가 있다. 다음 조건부 간접효과를 확인한다. 조건부 간접효과가 조절변수의 수준에 따라 효과가 있는지 없는지를 확인한다. 위의 예에서는 세 수준 모두에서 조절된 매개효과가 있는 것으로 나타났다. **조건부 간접효과가 세 수준에서 유의적이더라도 조절된 매개지수가 유의적이지 않으면 조절된 매개효과가 없다고 해석해야 한다.**

6 'feedback → satisfaction → commitment'의 매개효과는 centrality가 높을수록 낮아지는 완화효과가 있다고 해석한다. 이는 [표 14-1]에서 '상황 C'에 해당한다.

2.3 Amos에 의한 잠재변수의 조절된 매개효과분석 절차

저자는 잠재변수로 이루어진 모델을 대상으로 Amos로 조절된 매개효과를 분석하는 절차를 [표 14-2]와 같이 제시하고자 한다.

| 표 14-2 | 조절된 매개효과분석 절차

절차	내용	비고
절차 1	경로도 작성 및 경로명칭 부여	경로도는 PROCESS의 통계적 모델과 같도록 작성
절차 2	상호작용항에 필요한 변수의 평균중심화(또는 원척도 이용)	나머지 변수(예: 종속변수)는 해도 되고 안 해도 됨(예: XW이면 X와 W의 평균중심화, MV이면 M과 V의 평균중심화)
절차 3	상호작용항에 필요한 적지표 만들기	적지표는 모든 적지표 접근법 이용(적지표가 많은 경우에는 대응된 쌍 접근법 가능)
절차 4	분석 실행	결과에서 조절변수의 분산값 확인 분산값에 $\sqrt{\ }$를 해서 표준편차 계산
절차 5	사용자 정의 추정에서 명령문 작성	조절된 매개지수 및 조건부 간접효과 추정을 위한 신택스 만들기
절차 6	분석 실행	출력창에서 결과값 확인
절차 7	조절된 매개지수 및 조건부 간접효과 검토	조절된 매개지수 및 조건부 간접효과를 토대로 해석 조건부 간접효과를 세 수준에서 검토
절차 8	해석	[표 14-1] 상황에 맞게 해석

위의 절차에 따른 이슈 및 구체적인 내용을 좀 더 자세히 살펴보기로 한다.

- 절차 1: 경로도를 작성할 때 외생변수 간 상관은 설정하지 않는다.
- 절차 2: 상호작용항에 필요한 지표는 평균중심화 지표, 원지표, 또는 잔차중심화 지표를 이용할 수 있다.
- 절차 3: 적지표를 가능한 모든 적지표 접근법(all product indicator approach)으로 하는 것이 정확하다. Amos는 이 부분에서 Mplus에 비해 약점이 있다. 적지표를 만드는데 많은 지표가 필요한 경우에 모든 적지표를 만들기가 쉽지 않다. 만약 모든 적지표를 만들기가 쉽지 않은 경우에는 대응된 쌍 접근법(matched pair approach)을 이용할 수 있다. 이 두 접근법으로 분석한 모수치가 약간의 차이가 있다.
- 절차 4: 조절변수의 표준편차를 계산하는 이유는 단순기울기분석을 하기 위해 조절변수의 세 수준(−1SD+M, M, 1SD+M)에서 조건부 간접효과를 검정하기 위해서이다.
- 절차 5: 조건부 간접효과를 검정하기 위해 일반적인 세 수준보다 더 범위를 확대해서(예: −2SD+M, −1SD+M, M, 1SD+M, 2SD+M) 검정할 수 있다. 이때

평균중심화를 했다면 평균이 0이기 때문에 표준편차(SD) 값만 필요하다.

- 절차 7: 결과값 가운데 조절된 매개지수를 가장 먼저 확인하고 이 지수가 통계적으로 유의적인가를 본다. 만약 이 지수가 통계적으로 유의적이지 않으면 조절된 매개효과가 없는 것이다. 이 지수가 통계적으로 유의적이지 않은데 조건부 간접효과가 유의적으로 나타난 경우 조절된 매개효과가 있다고 해석해서는 안 된다.
- 절차 8: 조절된 매개효과가 있는 경우 그 의미를 [표 14-1] 상황에 맞게 기술한다.

2.4 Amos에 의한 잠재변수의 조절된 매개효과분석: 예 1

1 [그림 14-3] 모델을 대상으로 Amos에 의해 [표 14-2] 절차에 따라 분석하기로 한다. PROCESS 모델 7에 맞게 경로도를 작성하고 경로에 명칭을 부여한다.

Input S&V(2017)_process model 7(a) 모든 적지표 접근법

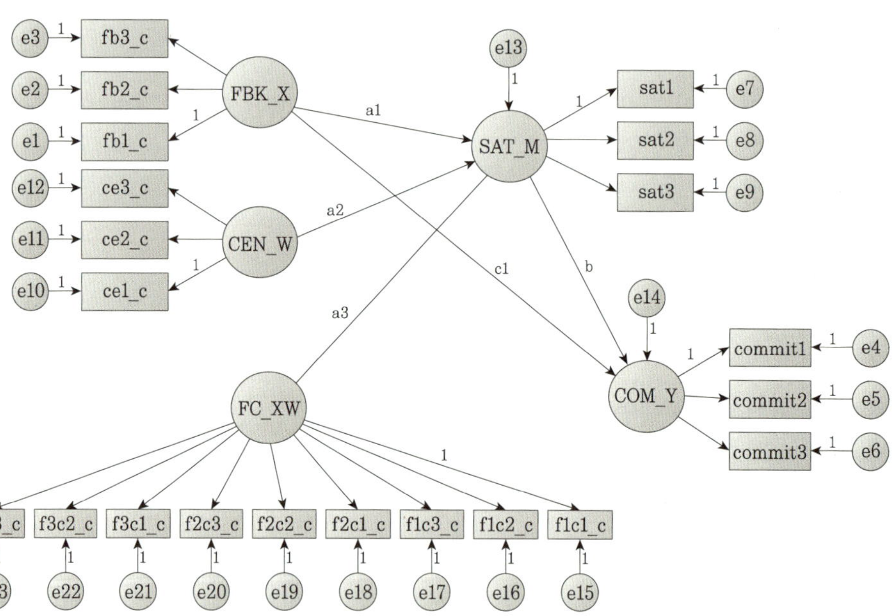

2 상호작용항은 XW이므로 X와 W의 지표를 평균중심화한다. XW의 적지표를 만든다. 이 예에서 X와 W는 각각 3개의 지표로 측정되었으므로 9개의 적지표가 필요하다.

3 실행하여 조절변수(W)의 분산값을 확인하고 그 값에 √‾ 를 취한 값을 계산한다.

Output S&V(2017)_process model 7(a) 모든 적지표 접근법 분석 결과

Variances: (Group number 1 - Default model)

	Estimate	S.E.	C.R.	P
FBK_X	.591	.051	11.513	***
CEN_W	.465	.045	10.439	***
FC_XW	.541	.052	10.398	***

4 사용자 정의 추정에서 다음과 같은 신택스를 작성하고 저장한다.

File Edit Format Help

```
'Moderated mediation using Amos : Process Model 7

'Conditional indirect effects at different levels of the moderator W

'omega=(a1+a3W)*b
'W is the SD(standrad deviation) of Moderator
CIElow=(a1+a3*(-.682))*b
CIEmed=(a1+a3*(0))*b
CIEhigh=(a1+a3*(.682))*b

'Index Of moderated mediation

IndModMed=a3*b
```

5 이를 실행하면 다음과 같은 조절된 매개지수 및 조건부 간접효과를 얻는다. 앞서 분석한 단일지표를 이용한 회귀분석 결과와 모수치가 조금 다르다. 구조방정식모델은 측정오차를 반영하므로 이 결과를 더 신뢰할 수 있다.

Output S&V(2017)_process model 7(a) 모든 적지표 접근법 분석 결과

Regression Weights: (Group number 1 - Default model)

			Estimate	S.E.	C.R.	P	Label
SAT_M	<---	FBK_X	.988	.058	16.926	***	a1
SAT_M	<---	CEN_W	.519	.051	10.161	***	a2
SAT_M	<---	FC_XW	-.102	.040	-2.535	.011	a3
COM_Y	<---	SAT_M	.611	.041	14.960	***	b
COM_Y	<---	FBK_X	.353	.056	6.301	***	c1

Indirect Effects (Group number 1 - Default model)

	FC_XW	CEN_W	FBK_X	SAT_M	COM_Y
SAT_M	.0000	.0000	.0000	.0000	.0000
COM_Y	-.062	.317	.603	.0000	.0000

User-defined estimands: (Group number 1 - Default model)

Parameter	Estimate	Lower	Upper	P
CIElow	.646	.545	.771	.001
CIEmed	.603	.510	.718	.001
CIEhigh	.561	.463	.683	.001
IndModMed	-.062	-.118	-.013	.015

6 조절된 매개지수가 유의적이다. 따라서 'feedback → satisfaction → commitment'의 매개효과는 centrality가 높을수록 작아진다고 해석한다. 이는 [표 14-1]에서 '상황 C'에 해당한다.

7 위 분석을 대응된 쌍 접근법으로 분석하기로 한다. 이를 위한 입력파일은 [Input S&V(2017)_process model 7-2]이다.

Input S&V(2017)_process model 7-2 대응된 쌍 접근법

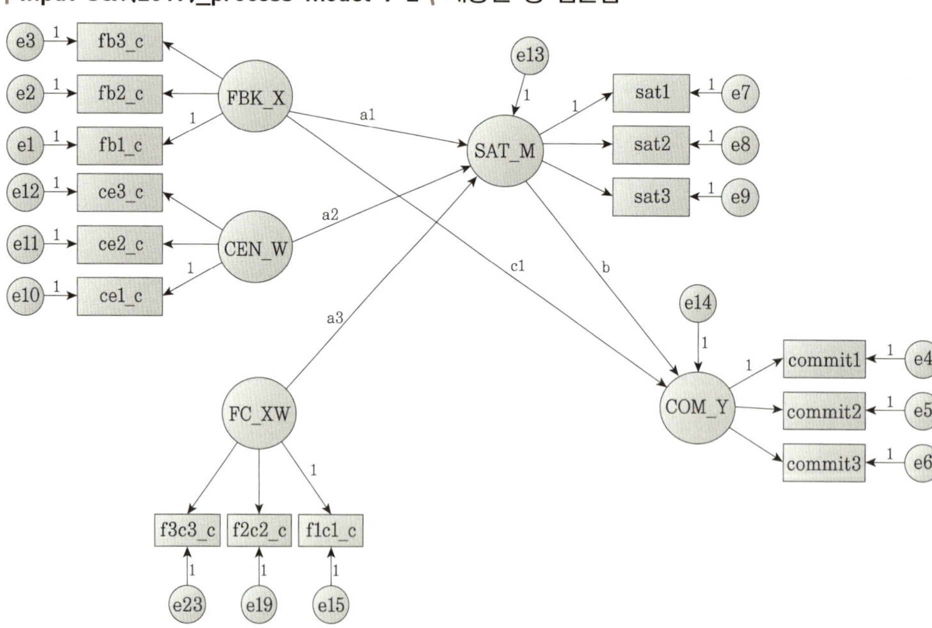

8 이를 실행하면 다음과 같은 결과를 얻는다.

Output S&V(2017)_process model 7-2 대응된 쌍 접근법 분석 결과

Regression Weights: (Group number 1 - Default model)

			Estimate	S.E.	C.R.	P	Label
SAT_M	<---	FBK_X	.993	.059	16.954	***	a1
SAT_M	<---	CEN_W	.524	.051	10.231	***	a2
SAT_M	<---	FC_XW	-.118	.066	-1.792	.073	a3
COM_Y	<---	SAT_M	.610	.041	14.961	***	b
COM_Y	<---	FBK_X	.353	.056	6.296	***	c1

User-defined estimands: (Group number 1 - Default model)

Parameter	Estimate	Lower	Upper	P
CIElow	.655	.549	.798	.001
CIEmed	.606	.513	.720	.001
CIEhigh	.557	.452	.695	.001
IndModMed	-.072	-.164	.012	.086

9 조절된 매개지수가 유의적이지 않은 것으로 나타났다.

10 위의 예에서 볼 수 있듯, 모든 적지표 접근법으로 추정하는 경우와 대응된 쌍 접근법으로 추정하는 경우 모수치가 약간의 차이가 있다. 가능하면 모든 적지표 접근법으로 추정할 것을 권유한다.

11 위 분석을 원척도(raw metric)를 이용하여 분석하기로 한다. 이를 위한 입력파일이 [Input S&V(2017)_process7_1]이다.

Input S&V(2017)_process7_1 원척도 이용

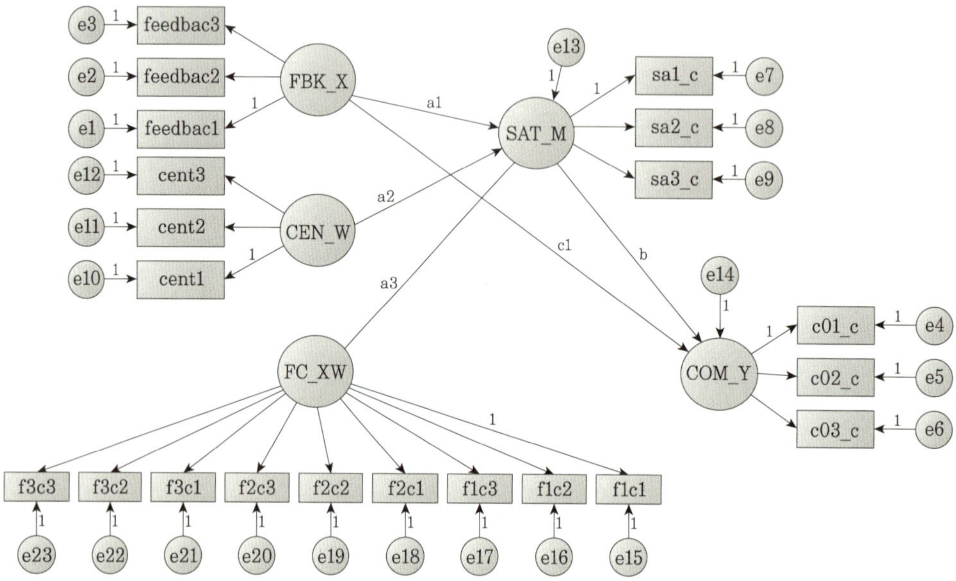

12 사용자 정의 추정에서 다음과 같은 신택스를 작성하고 저장한다.

```
File   Edit   Format   Help
'Moderated mediation using Amos : Process Model 7

'Conditional indirect effects at different levels of the moderator W

'omega=a1*b+a3*b*W
'W is the SD(standrad deviation) of Moderator
CIElow=a1*b+a3*b*(-.682-.0234)
CIEmed=a1*b+a3*b*(-.0234)
CIEhigh=a1*b+a3*b*(.682-.0234)

'Index Of moderated mediation

IndModMed=a3*b
```

13 이를 실행하면 다음과 같은 결과를 얻는다.

Output S&V(2017)_process7_1 PROCESS 모델 7 분석 결과

Regression Weights: (Group number 1 - Default model)

			Estimate	S.E.	C.R.	P	Label
SAT_M	<---	FBK_X	.986	.058	16.903	***	a1
SAT_M	<---	CEN_W	.516	.051	10.120	***	a2
SAT_M	<---	FC_XW	-.102	.040	-2.550	.011	a3
COM_Y	<---	SAT_M	.611	.041	14.958	***	b
COM_Y	<---	FBK_X	.353	.056	6.305	***	c1

User-defined estimands: (Group number 1 - Default model)

Parameter	Estimate	Lower	Upper	P
CIElow	.646	.546	.771	.001
CIEmed	.604	.511	.718	.001
CIEhigh	.561	.463	.683	.001
IndModMed	-.063	-.118	-.013	.016

14 평균중심화한 결과와 큰 차이가 없다([Output S&V(2017)_process model 7(a)] 참조).

2.5 Amos에 의한 잠재변수의 조절된 매개효과분석: 예 2

1 [Input Hair(2019)_p7]은 원척도(raw metric)를 이용하여 PROCESS 모델 7을 분석한 것이다.

Hair et al.(2019)_p7 원척도 이용

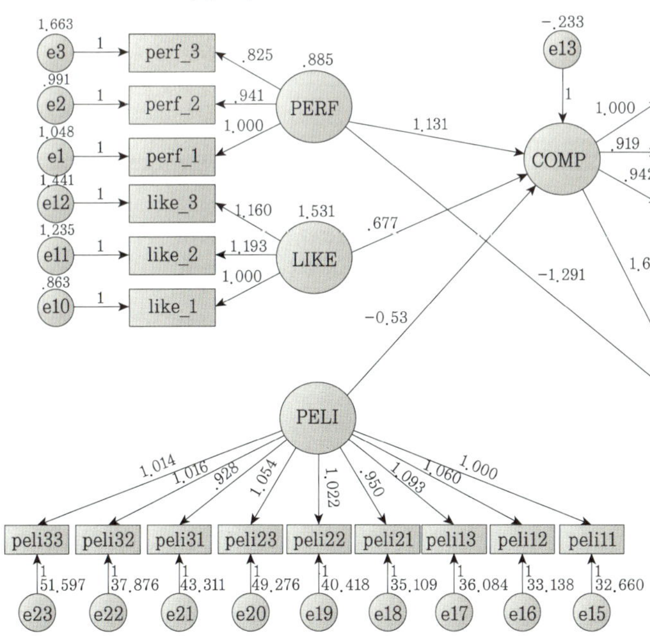

2 [user-defined estimand]에서 다음과 같은 명령문을 작성하고 저장한다.

File Edit Format Help

```
'Moderated mediation using Amos : Process Model 7
'Conditional indirect effects at different levels of the moderator W
'omega=a1*b+a3*b*W

CIE_low=a1*b+a3*b*(-1.237+4.438)
CIE_med=a1*b+a3*b*(4.438)
CIE_high=a1*b+a3*b*(1.237+4.438)

'Index Of moderated mediation

IndModMed=a3*b
```

3 위 명령문에서 4.438은 조절변수인 LIKEL의 평균값이다. 이 값은 원자료에서 세 변수를 합해서 평균을 구한 것이다. 1.237은 조절변수의 표준편차값이다. 이 값은 분산인 1.531에 $\sqrt{\ }$를 취한 값이다. 원자료를 이용하는 경우에는 이처럼 명령문을 작성한다.

4 이를 실행하면 다음과 같은 결과를 얻는다.

Output Hair(2019)_p7 PROCESS 모델 7 분석 결과

User-defined estimands: (Group number 1 - Default model)

Parameter	Estimate	Lower	Upper	P
CIE_low	1.615	.899	3.262	.001
CIE_med	1.505	.830	3.201	.001
CIE_high	1.395	.724	3.093	.001
IndModMed	-.089	-.136	-.041	.002

5 평균중심화하여 분석한 것이 [Input Hair(2019)_p7_1]이다.

Input Hair(2019)_p7_1 평균중심화

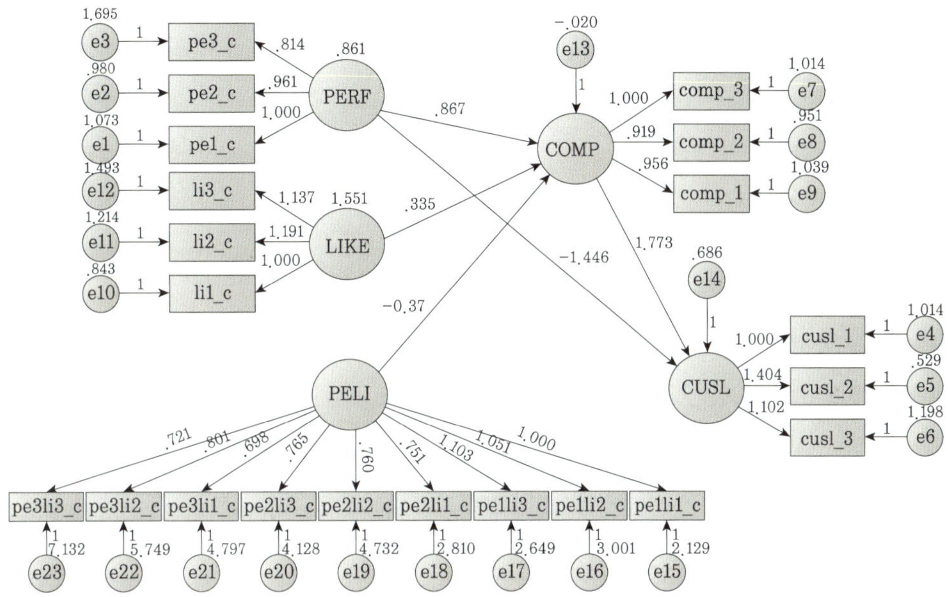

6 평균중심화를 했기 때문에 평균이 0이다. 따라서 다음과 같은 명령문을 작성하고 저장한다.

File Edit Format Help

```
'Moderated mediation using Amos : Process Model 7
'Conditional indirect effects at different levels of the moderator W
'omega=a1*b+a3*b*W

CIE_low=a1*b+a3*b*(-1.245)
CIE_med=a1*b+a3*b*(0)
CIE_high=a1*b+a3*b*(1.245)

'Index Of moderated mediation

IndModMed=a3*b
```

7 이를 실행하면 다음과 같은 결과를 얻는다.

Output Hair(2019)_p7_1 평균중심화 분석 결과

User-defined estimands: (Group number 1 - Default model)

Parameter	Estimate	Lower	Upper	P
CIE_low	1.619	.780	3.733	.001
CIE_med	1.537	.705	3.649	.001
CIE_high	1.456	.622	3.588	.001
IndModMed	-.065	-.114	-.012	.021

8 평균중심화를 해서 분석한 것과 원척도를 이용하여 분석한 것에 약간의 차이가 있다. 평균중심화는 반드시 해야 하는 것이 아닌 선택의 문제이다.

3 PROCESS 모델 7: 예 3

1 4개의 잠재변수가 각각 4개의 지표로 측정된 [그림 14-4] 모델을 대상으로 PROCESS 모델 7을 분석하기로 한다.

그림 14-4 | PROCESS 모델 7

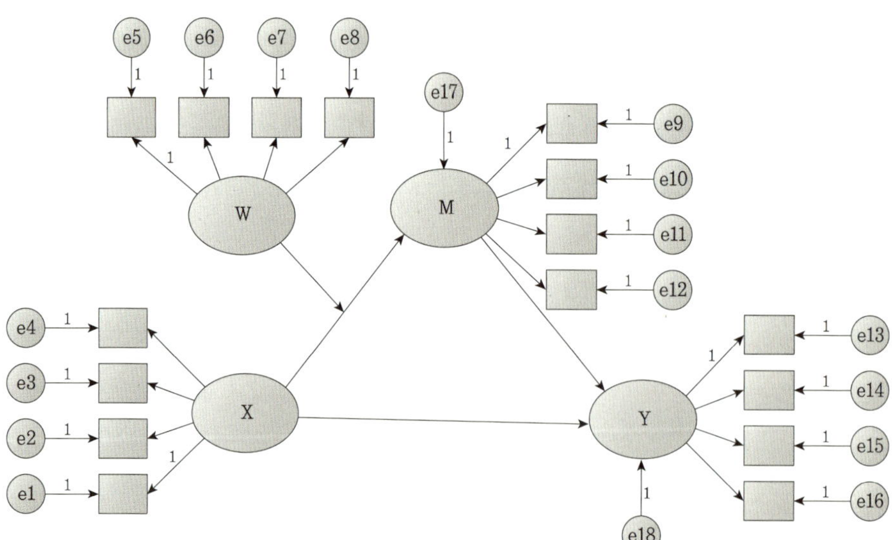

2 경로도를 작성하고 경로에 명칭을 부여한다.

3 독립변수(X), 조절변수(W)의 평균중심화를 하고, 상호작용항(XW)에 필요한 적지표 만들고 해당 변수를 경로도에 갖다 놓는다.

Input Ex_p7_2 PROCESS model 7: 모든 적지표 접근법

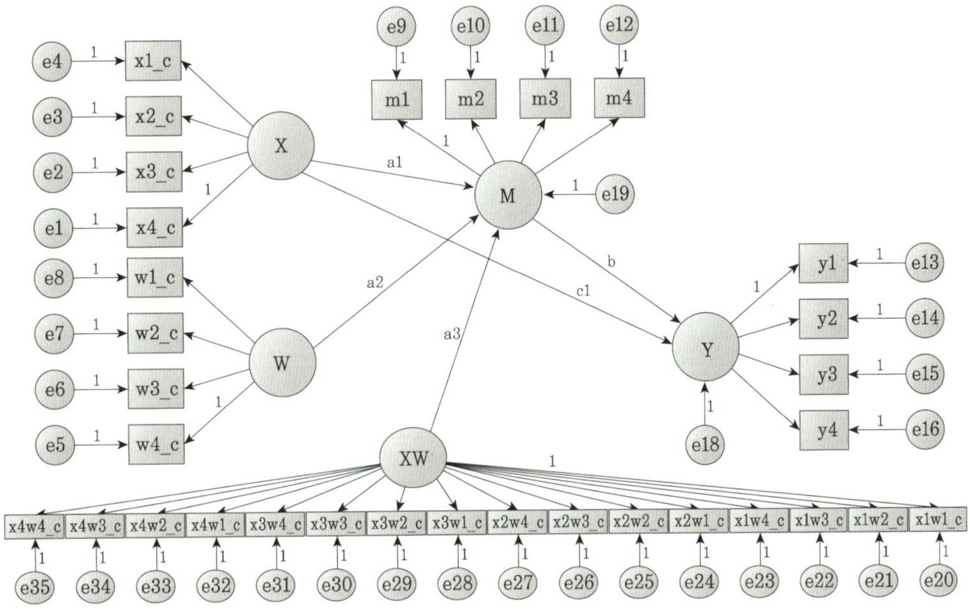

4 이를 실행한다. 출력에서 분산값을 확인한다.

Output Ex_p7_2 분산

Variances: (Group number 1 - Default model)

	Estimate	S.E.	C.R.	P
X	1.910	.211	9.035	***
W	2.393	.249	9.630	***
XW	2.975	.390	7.629	***

5 [user-defined estimand]에서 분산값에 $\sqrt{\ }$를 취해($\sqrt{2.393} = 1.547$) 다음과 같은 신택스를 작성한다.

File Edit Format Help

```
'Moderated mediation using Amos : Process Model 7

'Conditional indirect effects at different levels of the moderator W

'omega=(a1+a3W)*b
'W is the SD(standrad deviation) of Moderator
CIElow=(a1+a3*(-1.547))*b
CIEmed=(a1+a3*(0))*b
CIEhigh=(a1+a3*(1.547))*b

'Index Of moderated mediation

IndModMed=a3*b
```

6 이를 실행하면 다음과 같은 결과를 얻는다.

Output Ex_p7_2 PROCESS model 7: 모든 적지표 접근법 분석 결과

Regression Weights: (Group number 1 - Default model)

			Estimate	S.E.	C.R.	P	Label
M	<---	X	-.532	.074	-7.188	***	a1
M	<---	W	.426	.065	6.548	***	a2
M	<---	XW	.231	.059	3.924	***	a3
Y	<---	M	.674	.051	13.334	***	b
Y	<---	X	.101	.062	1.618	.106	c

Indirect Effects (Group number 1 - Default model)

	XW	W	X	M	Y
M	.000	.000	.000	.000	.000
Y	.155	.287	-.358	.000	.000

User-defined estimands: (Group number 1 - Default model)

Parameter	Estimate	Lower	Upper	P
CIE_level2	-.599	-.764	-.459	.001
CIE_level3	-.358	-.462	-.265	.001
CIE_level4	-.118	-.284	.039	.129
IndModMed	.155	.085	.246	.001

7 조절된 매개지수(.155)가 95% 신뢰구간에 0을 포함하지 않아 유의적이므로 조절된 매개효과가 있다고 해석한다. 이는 [표 14-1]의 관점에서 보면 '상황 E'에 해당한다. 따라서 $X \rightarrow M \rightarrow Y$의 부적(−)인 매개효과는 W가 증가할수록 커진다고 해석한다. 이는 조건부 간접효과값을 보면 확인할 수 있다. 즉 조건부 간접효과가 'level 1'에서 'level 5'로 증가할수록 간접효과값이 커지는 것을 알 수 있다.

8 위는 모든 적지표(all product indicator) 접근법으로 분석한 것이다. 이를 대응된 쌍(matched pair) 접근법으로 분석하기로 한다. 이를 위한 입력파일은 [Input Ex_p7_4]이다.

Input Ex_p7_4 PROCESS model 7: 대응된 쌍 접근법

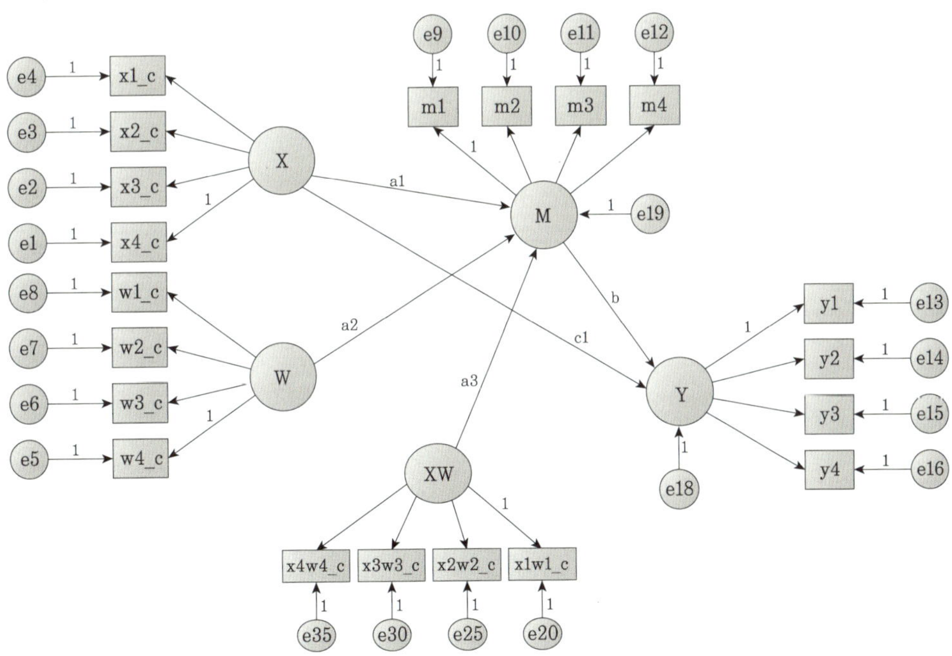

9 이를 실행하면 다음과 같은 결과를 얻는다.

Output Ex_p7_4 PROCESS model 7: 대응된 쌍 접근법 분석 결과

Regression Weights: (Group number 1 - Default model)

			Estimate	S.E.	C.R.	P	Label
M	<---	X	-.530	.074	-7.170	***	a1
M	<---	W	.428	.065	6.582	***	a2
M	<---	XW	.237	.060	3.949	***	a3
Y	<---	M	.674	.057	13.348	***	b
Y	<---	X	.101	.063	1.620	.105	c1

Indirect Effects (Group number 1 - Default model)

	XW	W	X	M	Y
M	.000	.000	.000	.000	.000
Y	.160	.289	-.357	.000	.000

User-defined estimands: (Group number 1 - Default model)

Parameter	Estimate	Lower	Upper	P
CIE_level1	-.853	-1.150	-.616	.001
CIE_level2	-.605	-.770	-.463	.001
CIE_level3	-.357	-.461	-.263	.001
CIE_level4	-.110	-.277	.049	.163
CIE_level5	.138	-.124	.425	.308
IndModMed	.160	.087	.250	.001

10 모수치가 모든 적지표 접근법과 크게 차이가 없다. 상호작용항에 적지표가 많은 경우에는 대응된 쌍 접근법을 사용해도 크게 문제가 되지 않는다.

4 PROCESS 모델 8

4.1 PROCESS 모델 8의 개요

1 PROCESS 모델 8의 개념적 모델과 통계적 모델은 [그림 14-5]와 같다. 그림에서 볼 수 있듯, 조절변수 W가 X와 M 간에 조절효과가 있고 또한 X와 Y 간에도 조절효과가 있다고 가정한 모델이다.

그림 14-5 | PROCESS 모델 8

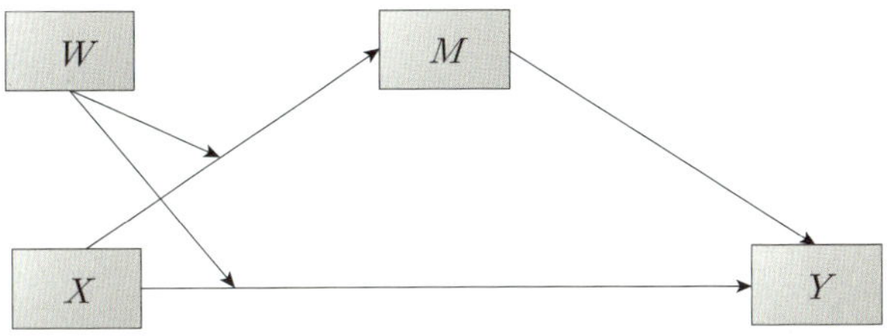

(a) 개념적 모델

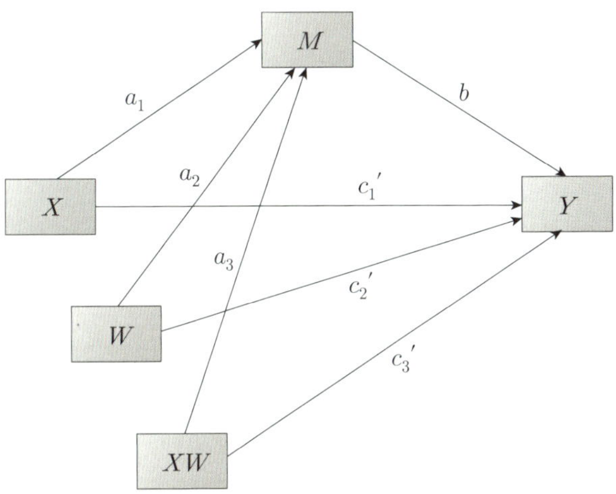

(b) 통계적 모델

2 PROCESS 모델 8은 두 개의 조건부 효과를 검정한다. 즉 $X \rightarrow M \rightarrow Y$의 매개효과가 W에 따라 달라지는가를 검정하는 **조건부 간접효과(conditional indirect effect)**와 $X \rightarrow Y$ 간의 관계가 W에 따라 달라지는가를 검정하는 **조건부 직접효과(conditional direct effect)**를 검정한다.

3 조건부 간접효과는 $(a_1 + a_3 W)b$에 의해 계산되며 조절된 매개지수는 모델 7과 같이 $a_3 b$에 의해 계산된다. 조건부 직접효과는 $c_1' + c_3' W$에 의해 계산된다.

4.2 PROCESS 모델 8: 예 1

그림 14-6 | PROCESS 모델 8

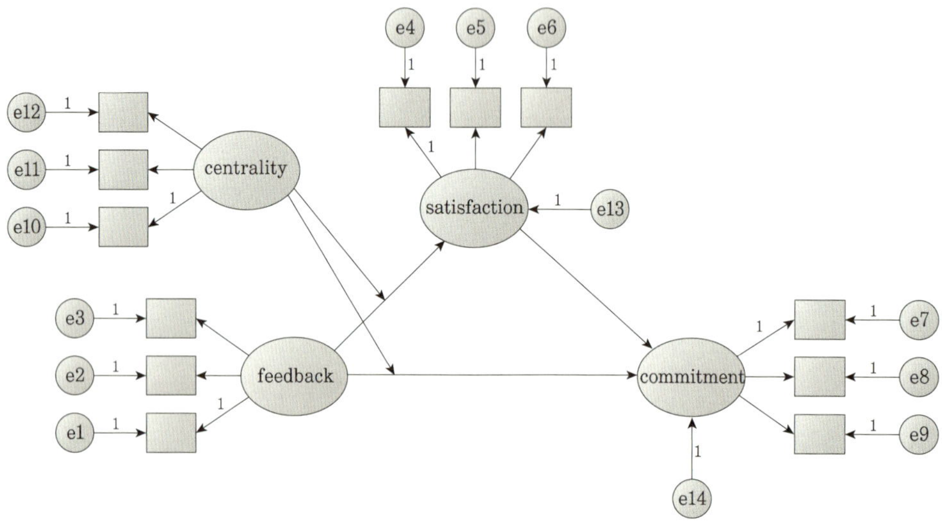

1 다음과 같은 경로도를 만들고 경로에 명칭을 부여한다.

Input S&V(2017)_process_model_8 모든 적지표 접근법

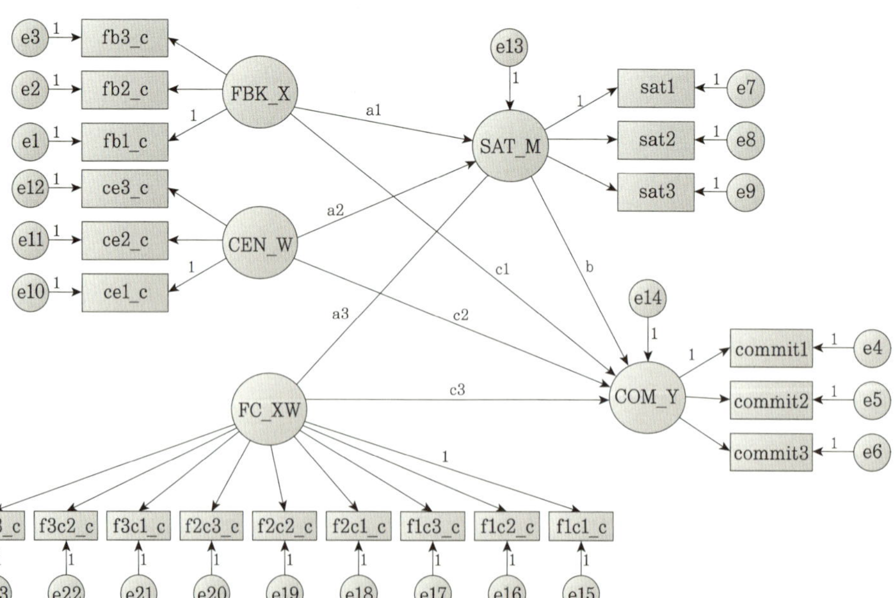

2 [user-defined estimand]에서 다음과 같은 명령문을 작성한다.

```
File  Edit  Format  Help
'Moderated mediation using Amos : Process Model 8

'Conditional indirect effects at different levels of the moderator W

'omega=(a1+a3W)*b
'W is the SD(standrad deviation) of Moderator
CIE_level1=(a1+a3*(2*-.683))*b
CIE_level2=(a1+a3*(-.683))*b
CIE_level3=(a1+a3*(0))*b
CIE_level4=(a1+a3*(.683))*b
CIE_level5=(a1+a3*(2*.683))*b

'Index of moderated mediation

IndModMed=a3*b

'Conditional direct effect
CDE_level1=(c1+c3*(2*-.683))
CDE_level2=(c1+c3*(-.683))
CDE_level3=(c1+c3*(0))
CDE_level4=(c1+c3*(.683))
CDE_level5=(c1+c3*(2*.683))
```

3 이를 실행하면 다음과 같은 결과를 얻는다.

Output S&V(2017)_process_model_8 모든 적지표 분석 결과

Regression Weights: (Group number 1 - Default model)

			Estimate	S.E.	C.R.	P	Label
SAT_M	<---	FBK_X	.989	.058	16.924	***	a1
SAT_M	<---	CEN_W	.517	.051	10.132	***	a2
SAT_M	<---	FC_XW	−.102	.040	−2.537	.011	a3
COM_Y	<---	SAT_M	.591	.045	13.181	***	b
COM_Y	<---	FBK_X	.374	.061	6.165	***	c1
COM_Y	<---	FC_XW	.005	.037	.137	.891	c3
COM_Y	<---	CEN_W	.049	.048	10.026	.305	c2

Indirect Effects (Group number 1 - Default model)

	FC_XW	CEN_W	FBK_X	SAT_M	COM_Y
SAT_M	.000	.000	.000	.000	.000
COM_Y	−.061	.306	.585	.000	.000

User-defined estimands: (Group number 1 - Default model)

Parameter	Estimate	Lower	Upper	P
CIE_level1	.668	.546	.825	.001
CIE_level2	.626	.521	.760	.001
CIE_level3	.585	.486	.706	.001

CIE_level4	.544	.446	.669	.001
CIE_level5	.502	.393	.638	.001
IndModMed	-.061	-.116	-.014	.014
CDE_level1	.367	.220	.521	.001
CDE_level2	.371	.251	.503	.001
CDE_level3	.374	.258	.493	.001
CDE_level4	.378	.249	.506	.001
CDE_level5	.381	.219	.531	.001

4 조절된 매개지수(-.061)가 유의적이므로 조절된 매개효과가 있다. 조건부 간접효과(CIE)는 조절변수 수준이 증가할수록 작아지는 것으로 나타났다. 조건부 직접효과(CDE)는 조절변수의 모든 수준에서 유의적이고 조절변수가 증가할수록 $X \rightarrow Y$의 효과는 커지는 것으로 나타났다.

5 위 분석을 대응된 쌍 접근법으로 실행하기로 한다. 이를 위한 입력파일은 [Input S&V(2017)_process_model_8_2]이다.

Input S&V(2017)_process_model_8_2 대응된 쌍 접근법

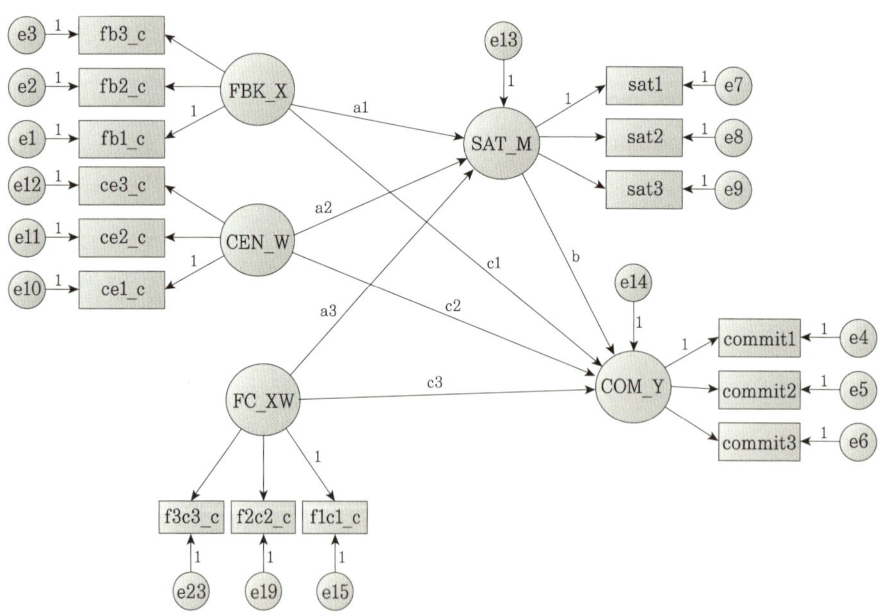

6 이를 실행하면 다음과 같은 결과를 얻는다.

Output S&V(2017)_process_model_8_2 대응된 쌍 접근법 분석 결과

User-defined estimands: (Group number 1 - Default model)

Parameter	Estimate	Lower	Upper	P
CIE_level1	.685	.543	.882	.001
CIE_level2	.637	.526	.781	.001
CIE_level3	.589	.489	.712	.001
CIE_level4	.541	.434	.679	.001
CIE_level5	.492	.350	.662	.001
IndModMed	-.071	-.163	.010	.082
CDE_level1	.332	.135	.545	.001
CDE_level2	.353	.217	.499	.001
CDE_level3	.374	.259	.492	.001
CDE_level4	.394	.247	.535	.001
CDE_level5	.415	.202	.620	.001

7 모든 적지표 접근법과는 달리 조절된 매개지수가 유의적이지 않은 것으로 나타났다.

4.3 PROCESS 모델 8: 예 2

[그림 14-7] 모델을 대상으로 PROCESS 모델 8을 분석하기로 한다.

그림 14-7 | PROCESS 모델 8

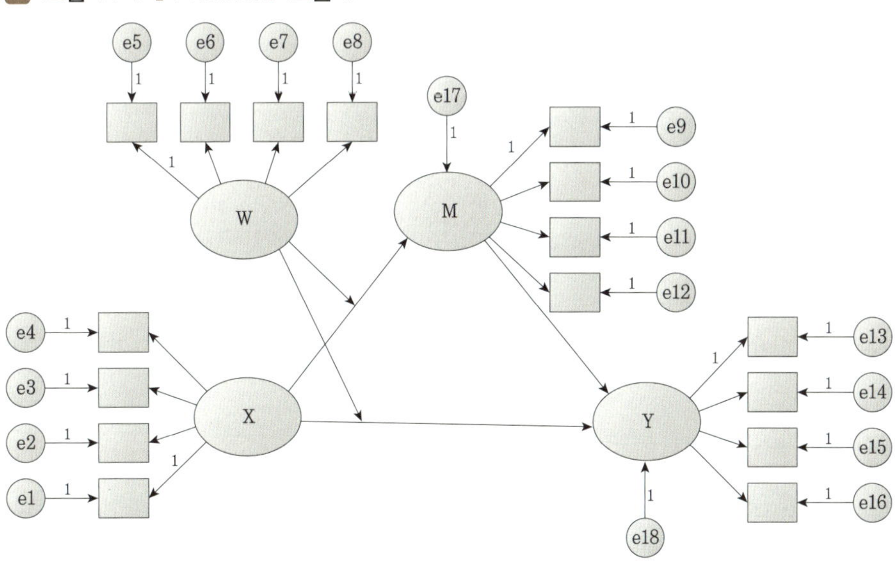

1 [Input Ex_p8_1]과 같은 경로도를 그리고 경로에 명칭을 부여한다.

Input Ex_p8_1 PROCESS 모델 8: 모든 적지표 접근법

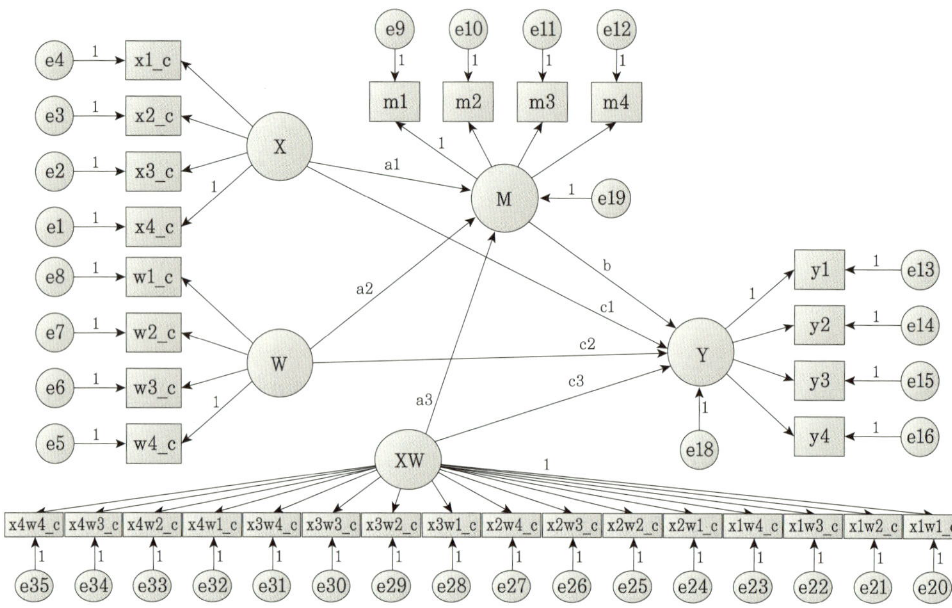

2 [user-defined estimand]에서 다음과 같은 명령문을 작성하고 저장한다.

```
File  Edit  Format  Help

'Moderated mediation using Amos : Process Model 8

'Conditional indirect effects at different levels of the moderator W

'omega=(a1+a3W)*b
'W is the SD(standrad deviation) of Moderator
CIE_level1=(a1+a3*(2*-1.547))*b
CIE_level2=(a1+a3*(-1.547))*b
CIE_level3=(a1+a3*(0))*b
CIE_level4=(a1+a3*(1.547))*b
CIE_level5=(a1+a3*(2*1.547))*b

'Index of moderated mediation

IndModMed=a3*b

'Conditional direct effect
CDE_level1=(c1+c3*(2*-1.547))
CDE_level2=(c1+c3*(-1.547))
CDE_level3=(c1+c3*(0))
CDE_level4=(c1+c3*(1.547))
CDE_level5=(c1+c3*(2*1.547))
```

3 이를 실행하면 다음과 같은 결과를 얻는다.

Output Ex_p8_1 PROCESS 모델 8 분석 결과

Regression Weights: (Group number 1 - Default model)

			Estimate	S.E.	C.R.	P	Label
M	<---	X	-.532	.074	-7.190	***	a1
M	<---	W	.428	.065	6.573	***	a2
M	<---	XW	.227	.059	3.867	***	a3
Y	<---	M	.666	.057	11.758	***	b
Y	<---	X	.105	.063	1.678	.093	c1
Y	<---	W	-.062	.054	-1.145	.252	c2
Y	<---	XW	.117	.046	2.554	.011	c3

Indirect Effects (Group number 1 - Default model)

	XW	W	X	M	Y
M	.000	.000	.000	.000	.000
Y	.151	.285	-.354	.000	.000

User-defined estimands: (Group number 1 - Default model)

Parameter	Estimate	Lower	Upper	P
CIE_level1	-.822	-1.089	-.609	.001
CIE_level2	-.588	-.747	-.453	.001
CIE_level3	-.354	-.472	-.251	.001
CIE_level4	-.120	-.298	.035	.112
CIE_level5	.114	-.147	.378	.390
IndModMed	.151	.086	.234	.001
CDE_level1	-.257	-.566	.117	.172
CDE_level2	-.076	-.263	.140	.508
CDE_level3	.105	-.001	.226	.054
CDE_level4	.286	.119	.454	.003
CDE_level5	.468	.148	.759	.004

4 조절된 매개지수(.151)가 95% 신뢰구간에 0을 포함하지 않으므로 조절된 매개효과가 있는 것으로 나타났다. 조건부 직접효과는 조절변수가 평균보다 높은 경우에만 유의적인 조절효과가 있는 것으로 나타났다. 조건부 간접효과를 검토해보면 평균보다 낮은 경우에만 조절된 매개효과가 있는 것으로 나타났다.

5 위 분석을 대응된 쌍 접근법으로 하기로 한다. 이를 위한 입력파일은 [Input Ex_p8_2]이다.

Input Ex_p8_2 PROCESS 모델 8: 대응된 쌍 접근법

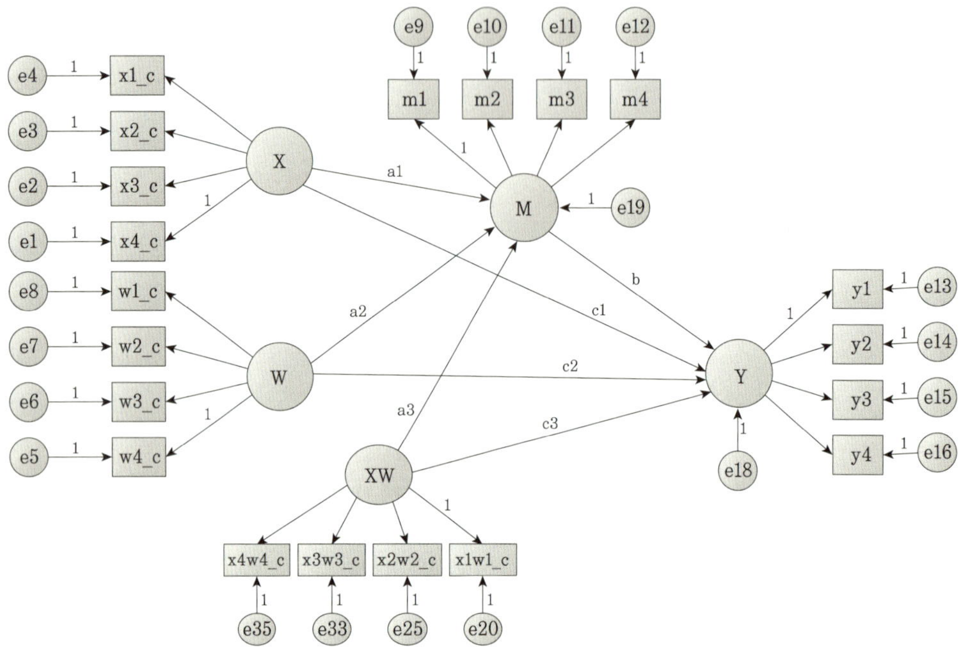

6 이를 실행하면 다음과 같은 결과를 얻는다.

Output Ex_p8_2 PROCESS 모델 8 분석 결과

Regression Weights: (Group number 1 - Default model)

			Estimate	S.E.	C.R.	P	Label
M	<---	X	-.530	.074	-7.171	***	a1
M	<---	W	.430	.065	6.608	***	a2
M	<---	XW	.234	.060	3.888	***	a3
Y	<---	M	.664	.057	11.698	***	b
Y	<---	X	.105	.063	1.678	.093	c1
Y	<---	W	-.060	.054	-1.109	.269	c2
Y	<---	XW	.123	.047	2.606	.009	c3

Indirect Effects (Group number 1 - Default model)

	XW	W	X	M	Y
M	.000	.000	.000	.000	.000
Y	.155	.285	-.352	.000	.000

User-defined estimands: (Group number 1 - Default model)

Parameter	Estimate	Lower	Upper	P
CIE_level1	-.832	-1.102	-.617	.001
CIE_level2	-.592	-.757	-.454	.001
CIE_level3	-.352	-.469	-.249	.001
CIE_level4	-.112	-.289	.047	.154
CIE_level5	.128	-.137	.396	.341
IndModMed	.155	.088	.238	.001
CDE_level1	-.274	-.597	.106	.148
CDE_level2	-.084	-.276	.135	.470
CDE_level3	.105	-.002	.226	.054
CDE_level4	.295	.122	.466	.003
CDE_level5	.484	.155	.781	.004

7 모든 적지표 접근법과 모수치가 큰 차이가 없다.

참고문헌

배병렬 (2021). SPSS/PROCESS에 의한 조절효과 및 매개효과분석: 이론과 실제. 도서출판 청람.

이형권 (2018). M*plus*를 이용한 매개효과와 조절효과 및 조절된 매개효과 분석. 신영사.

이형권 (2020). PROCESS macro를 이용한 조절된 매개효과분석. 신영사.

Asparouhov, T., & Muthén, B. (2019). Latent variable interactions using maximum-likelihood and Bayesian estimation for single-and two-level models. Mplus web notes: No.23. 1-46.

Cheung, G. W., & Lau, R. S. (2017). Accuracy of parameter estimates and confidence intervals in moderated mediation models: A comparison of regression and latent moderated structural equations. *Organizational Research Methods, 20*(4), 746-769.

Crowson, M. (2019.8.22). Moderated mediation using AMOS (based on Hayes' Process Model 7) [Video] YouTube.https://www.youtube.com/watch?v=9Lk3ObsmZho&t=629s

DeCoster, J. (2009.9.14). Graphing moderated mediation. Retrieved from Microsoft Excel Spreadsheets: http://www.stat-help.com/spreadsheets.html

Edwards, J. R., & Lambert, L. S. (2007). Methods for integrating moderation and mediation: A general analytical framework using moderated path analysis. *Psychological Methods, 12*(1), 1-22.

Feng, Q., Song, Q., Zhang, L., Zheng, S., & Pan, J. (2020). Integration of moderation and mediation in a latent variable framework: A comparison of estimation approaches for the second-stage moderated mediation model. *Frontiers in Psychology, 10*, 1-24.

Hayes, A. F., & Preacher, K. J. (2013). Conditional process modeling: Using structural equation modeling to examine contingent causal processes. In G. R. Hancock & R. O. Mueller (Eds.), *Structural equation modeling: A second course* (2nd ed., pp. 219-266). Information Age Publishing.

Hayes, A. F. (2018). *Introduction to mediation, moderation, and conditional process analysis: A regression-based approach* (2nd ed.). Guilford Press.

Hayes, A. F. (2022). *Introduction to mediation, moderation, and conditional process analysis: A regression-based approach* (3rd ed.). Guilford Press.

Holland, S. J., Shore, D. B., & Cortina, J. M. (2017). Review and recommendations for integrating mediation and moderation. *Organizational Research Methods, 20*(4), 686-720.

Kelava, A., & Nagengast, B. (2012). A Bayesian model for the estimation of latent interaction and quadratic effects when latent variables are nonnormally distributed. *Multivariate Behavioral Research, 47*(5), 717–742.

Preacher, K. J., Rucker, D. D., & Hayes, A. F. (2007). Addressing moderated mediation hypotheses: Theory, methods, and prescriptions. *Multivariate Behavioral Research, 42*(1), 185-227.

Sardeshmukh, S. R., & Vandenberg, R. J. (2017). Integrating moderation and mediation: A structural equation modeling approach, *Organizational Research Methods, 20*(4), 721-745.

Stride, C. B., Gardner, S., Catley, N., & Thomas, F. (2015). Mplus code for the mediation, moderation, and moderated mediation model templates from Andrew Hayes' PROCESS analysis examples. http://www.offbeat.group.shef.ac.uk/FIO/mplusmedmod.htm

Wang, L.(P.)., & Preacher, K. J. (2015). Moderated mediation analysis using Bayesian methods. *Structural Equation Modeling, 22*(2), 249-263.

Zyphur, M. J., & Oswald, F. L. (2015). Bayesian estimation and inference: A user's guide. *Journal of Management, 41*(2), 390-420.

Chapter 15

조절된 매개효과분석(Ⅲ): 연속형 변수

1. PROCESS 모델 14
2. PROCESS 모델 15

CHAPTER 15

조절된 매개효과분석(Ⅲ): 연속형 변수

1 PROCESS 모델 14

PROCESS 모델 14의 개념적 모델과 통계적 모델은 [그림 15-1(a)], [그림 15-1(b)]와 같다.

1.1 PROCESS 모델 14의 개요

그림 15-1 ‖ PROCESS 모델 14

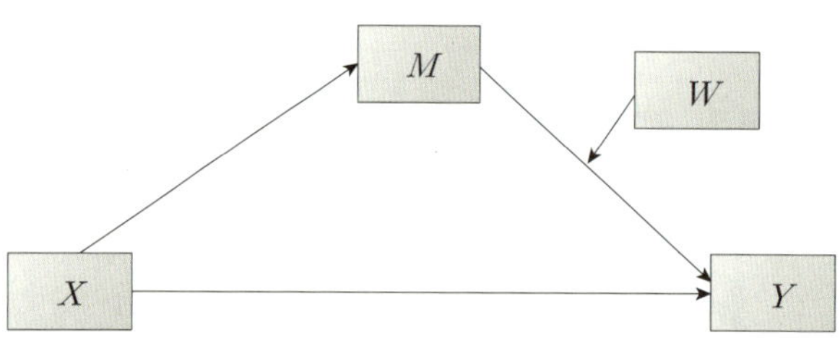

(a) 개념적 모델

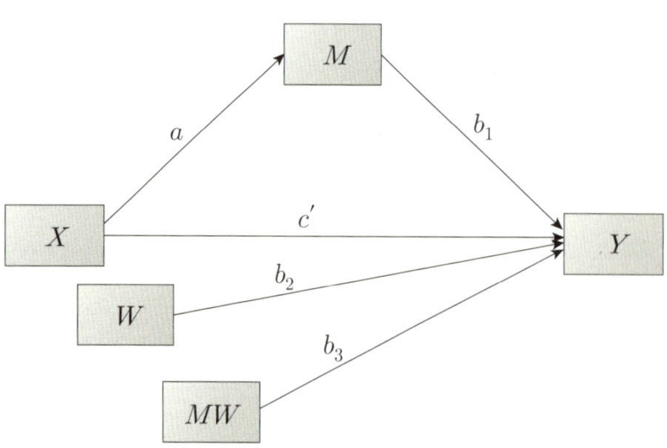

(b) 통계적 모델

PROCESS 모델 14는 $X \rightarrow M \rightarrow Y$의 매개효과가 M과 Y 사이의 조절변수인 W에 의해 조절되는가를 살펴본다.

(b)의 통계적 모델을 추정하기 위해서는 다음과 같은 2개의 회귀식이 필요하다.

$$M = i_M + aX + e_M \quad (1)$$

$$Y = i_Y + b_1 M + c'X + b_2 W + b_3 MW + e_Y \quad (2)$$

이 식에서 조건부 간접효과는 다음과 같다.

$$\omega = a(b_1 + b_3 W) \quad (3)$$

이 식은 다음과 같이 바꿔 쓸 수 있다.

$$\omega = ab_1 + ab_3 W \quad (4)$$

식(4)에서 조절된 매개지수는 ab_3이다.

1.2 PROCESS 모델 14: 예 1

[그림 15-2] 모델을 대상으로 PROCESS 모델 14를 분석하기로 한다.

그림 15-2 ▌PROCESS 모델 14

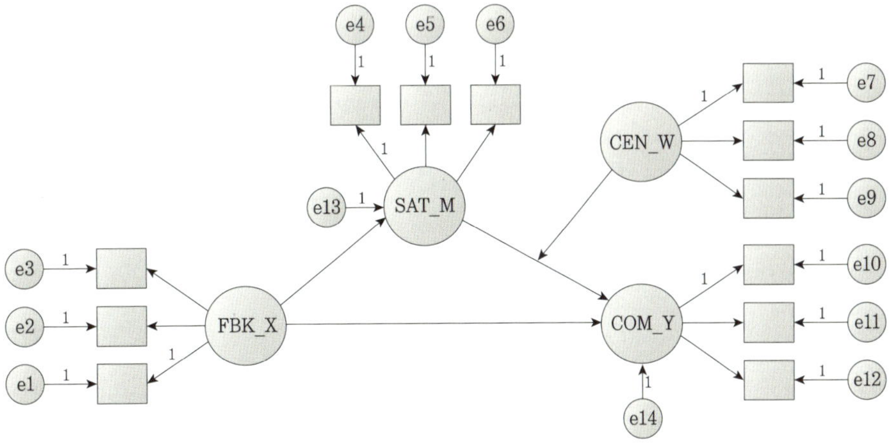

1 [Input S&V(2017)_process_14]와 같은 경로도를 만들고 경로에 명칭을 부여한다.

Input S&V(2017)_process_14 PROCESS 모델 14

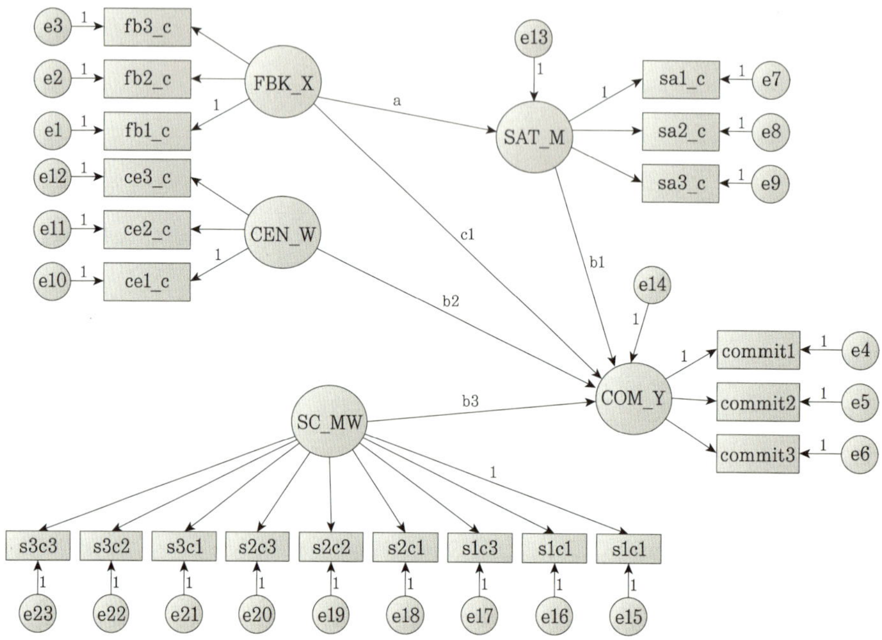

2 이를 실행하여 [CEN_W]의 분산값을 확인하고 그 값에 $\sqrt{\ }$를 취한 값을 얻는다.

3 [user-defined estimand]에서 다음과 같은 명령문을 작성한다.

```
File   Edit   Format   Help

'Moderated mediation using Amos : Process Model 14

'Conditional indirect effects at different levels of the moderator W

'omega=a*b1+a*b3*W
'W is the SD(standrad deviation) of Moderator
CIE_level1=(a*b1+a*b3*(2*-.691))
CIE_level2=(a*b1+a*b3*(-.691))
CIE_level3=(a*b1+a*b3*(0))
CIE_level4=(a*b1+a*b3*(.691))
CIE_level5=(a*b1+a*b3*(2*.691))

'Index of moderated mediation

IndModMed=a*b3
```

4 이를 실행하면 다음과 같은 결과를 얻는다.

Output S&V(2017)_process_14 PROCESS 모델 14 분석 결과

Regression Weights: (Group number 1 - Default model)

			Estimate	S.E.	C.R.	P	Label
SAT_M	<---	FBK_X	1.016	.060	16.885	***	a
COM_Y	<---	SAT_M	.583	.041	14.165	***	b1
COM_Y	<---	FBK_X	.374	.059	6.371	***	c1
COM_Y	<---	SC_MW	-.034	.027	-1.266	.206	b3
COM_Y	<---	CEN_W	.043	.042	1.035	.301	b2

User-defined estimands: (Group number 1 - Default model)

Parameter	Estimate	Lower	Upper	P
CIE_level1	.701	.505	.918	.001
CIE_level2	.647	.524	.804	.001
CIE_level3	.593	.498	.716	.001
CIE_level4	.539	.412	.676	.001
CIE_level5	.485	.294	.686	.001
IndModMed	-.035	-.092	.023	.208

5 조절된 매개지수가 유의적이지 않으므로 조절된 매개효과가 없다고 해석한다.

6 이를 대응된 쌍 접근법으로 분석하기로 한다. 이를 위한 입력파일이 [Input S&V(2017)_process_14_1]이다.

Input S&V(2017)_process_14_1 대응된 쌍 접근법

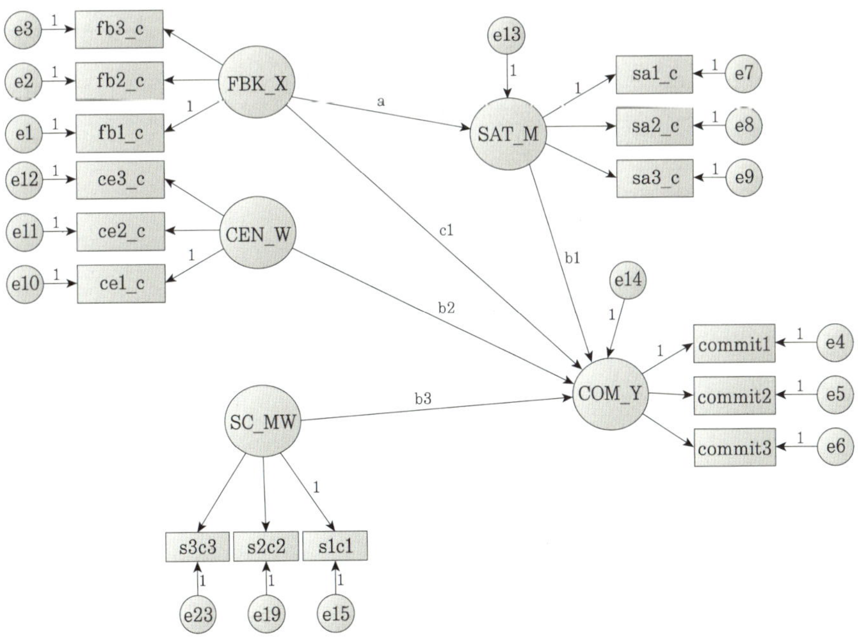

7 이를 실행하면 다음과 같은 결과를 얻는다.

Output S&V(2017)_process_14-1 대응된 쌍 접근법에 의한 분석 결과

Regression Weights: (Group number 1 - Default model)

			Estimate	S.E.	C.R.	P	Label
SAT_M	<---	FBK_X	1.003	.060	16.731	***	a
COM_Y	<---	SAT_M	.587	.041	14.425	***	b1
COM_Y	<---	FBK_X	.372	.057	6.491	***	c1
COM_Y	<---	SC_MW	-.032	.038	-.840	.401	b3
COM_Y	<---	CEN_W	.057	.041	1.384	.166	b2

User-defined estimands: (Group number 1 - Default model)

Parameter	Estimate	Lower	Upper	P
CIE_level1	.633	.494	.806	.001
CIE_level2	.611	.507	.753	.001
CIE_level3	.589	.494	.711	.001
CIE_level4	.567	.459	.697	.001
CIE_level5	.481	.194	.774	.002
IndModMed	-.032	-.110	.047	.381

8 모든 적지표 접근법과 모수가 큰 차이가 없다.

9 위 출력에서 조건부 간접효과가 level1에서 level5까지 모두 유의적인 것으로 나타났다고 해서 조절된 매개효과가 있다고 해석해서는 안 된다. 이는 조절변수의 특정값 수준에서 유의적인 것이지 전 수준에서는 유의적이지 않기 때문이다.

1.3 PROCESS 모델 14: 예 2

[그림 15-3] 모델을 대상으로 PROCESS 모델 14를 분석하기로 한다.

그림 15-3 | PROCESS 모델 14

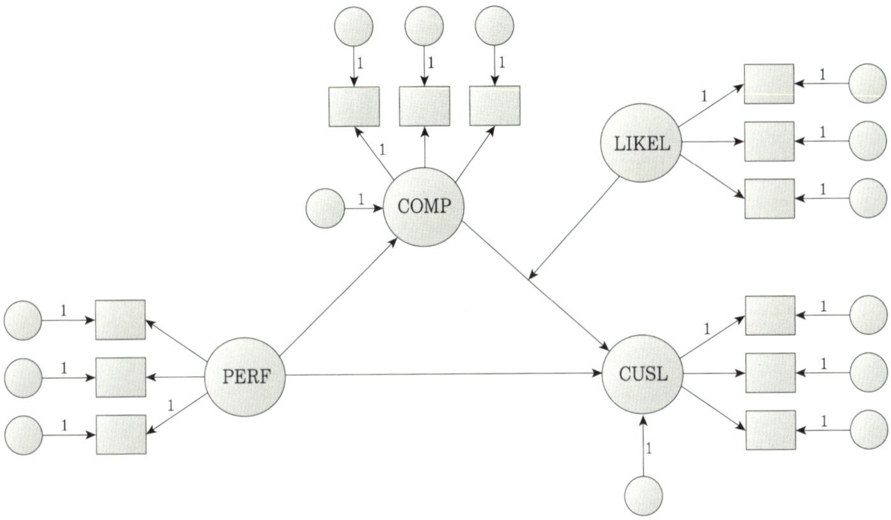

1 원척도를 이용하여 분석하기 위한 입력파일이 [Hair(2019)_p14]이다.

Input Hair(2019)_p14 PROCESS 모델 14

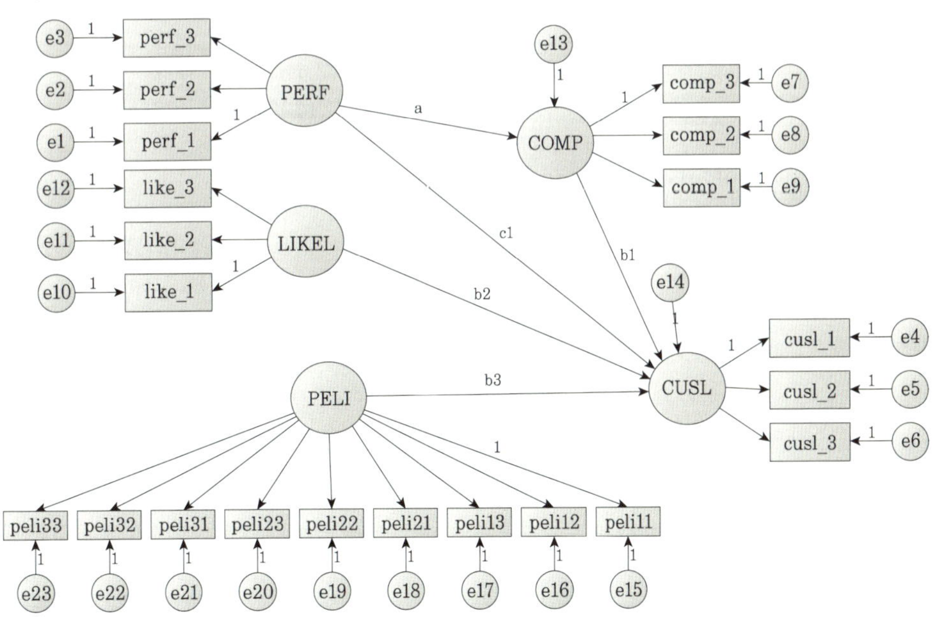

2 [user-defined estimand]에서 다음과 같은 명령문을 작성하고, 신택스 체크를 하고 이상이 없으면 저장한다.

File Edit Format Help

```
'Moderated mediation using Amos : Process Model 14
'Conditional indirect effects at different levels of the moderator W
'omega=a*b1+a*b3*W

CIE_low=a*b1+a*b3*(-1.237+4.438)
CIE_med=a*b1+a*b3*(4.438)
CIE_high=a*b1+a*b3*(1.237+4.438)

'Index Of moderated mediation

IndModMed=a*b3
```

3 이를 실행하면 다음과 같은 결과를 얻는다.

Output Hair(2019)_p14 PROCESS 모델 14 분석 결과

Regression Weights: (Group number 1 - Default model)

			Estimate	S.E.	C.R.	P	Label
COMP	<---	PERF	.817	.090	9.088	***	a
CUSL	<---	COMP	-.732	.340	-2.152	.031	b1
CUSL	<---	PERF	1.078	.333	3.236	.001	c1
CUSL	<---	LIKEL	1.002	.069	14.481	***	b2
CUSL	<---	PELI	-.066	.006	-11.576	***	b3

User-defined estimands: (Group number 1 - Default model)

Parameter	Estimate	Lower	Upper	P
CIE_low	-.772	-3.807	-.031	.044
CIE_med	-.839	-3.922	-.049	.041
CIE_high	-.906	-3.943	-.058	.042
IndModMed	-.054	-.106	-.007	.031

4 조절된 매개지수가 유의적이므로 조절된 매개효과가 있는 것으로 나타났다. 간접효과가 부적(-)이고 조절된 매개지수가 부적(-)이므로 제14장에서 설명한 [표 14-1]의 '상황 G'에 해당한다. 따라서 간접효과는 조절변수값이 커질수록 작아진다고 해석한다.

5 평균중심화하여 분석하기로 한다. 이를 위한 입력파일이 [Hair(2019)_p14_1]이다.

Input Hair(2019)_p14_1 PROCESS 모델 14 분석 결과

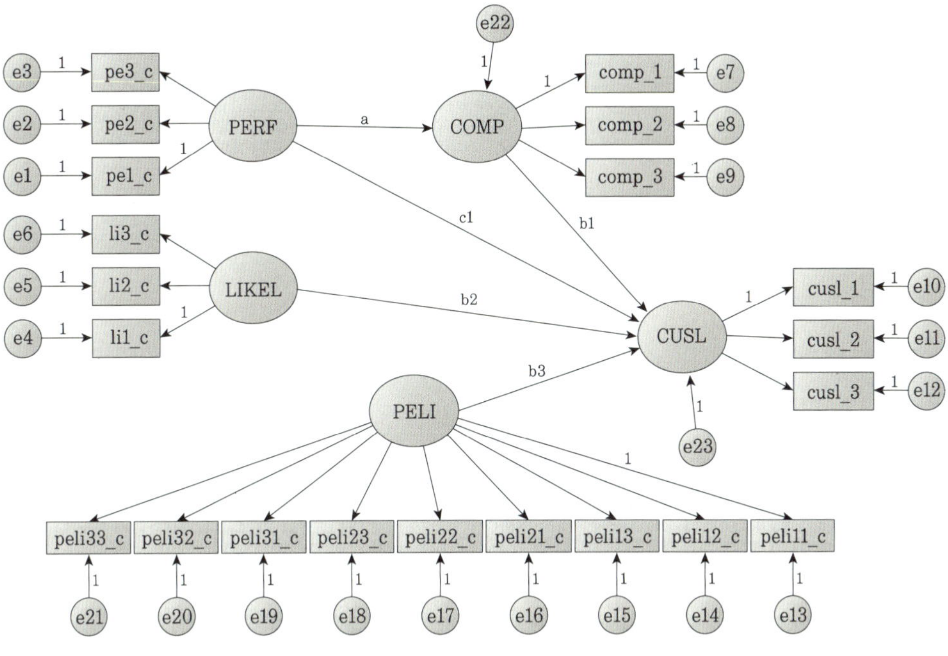

6 다음과 같은 명령문을 작성하고 저장한다.

File Edit Format Help

```
'Moderated mediation using Amos: PROCESS Model 14

IMM=a*b3

CIE_low=a*b1 +a*b3*(-1.237)
CIE_med=a*b1 +a*b3*(0)
CIE_high=a*b1 +a*b3*(1.237)
```

7 이를 실행하면 다음과 같은 결과를 얻는다.

Output Hair(2019)_p14_1 PROCESS 모델 14 분석 결과

Regression Weights: (Group number 1 - Default model)

			Estimate	S.E.	C.R.	P	Label
COMP	<---	PERF	.819	.091	8.984	***	a
CUSL	<---	COMP	-.273	.238	-1.147	.251	b1
CUSL	<---	PERF	.346	.228	1.519	.129	c1
CUSL	<---	LIKEL	.592	.061	9.754	***	b2
CUSL	<---	PELI	-.059	.027	-2.162	.031	b3

User-defined estimands: (Group number 1 - Default model)

Parameter	Estimate	Lower	Upper	P
IMM	-.048	-.100	.006	.070
CIE_low	-.164	-1.283	.283	.397
CIE_med	-.224	-1.393	.246	.262
CIE_high	-.283	-1.487	.231	.199

8 조절된 매개지수가 유의적이지 않으므로 조절된 매개효과가 없다. 이 결과는 앞서 분석한 것과 다르다.

1.4 PROCESS 모델 14: 예 3

[그림 15-4]의 PROCESS 모델 14를 분석하기로 한다.

그림 15-4 | PROCESS 모델 14

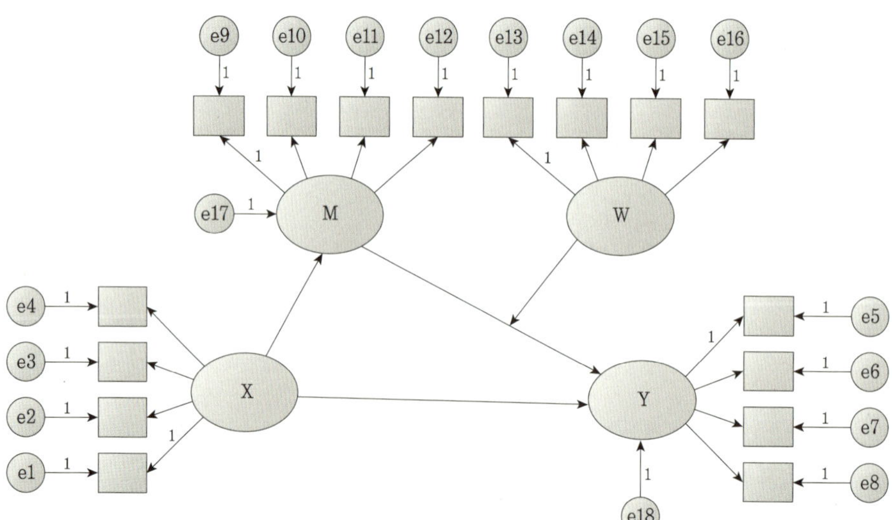

1 [Input Ex_p14]와 같은 경로도를 만들고 경로에 명칭을 부여한다.

Input Ex_p14 PROCESS 모델 14

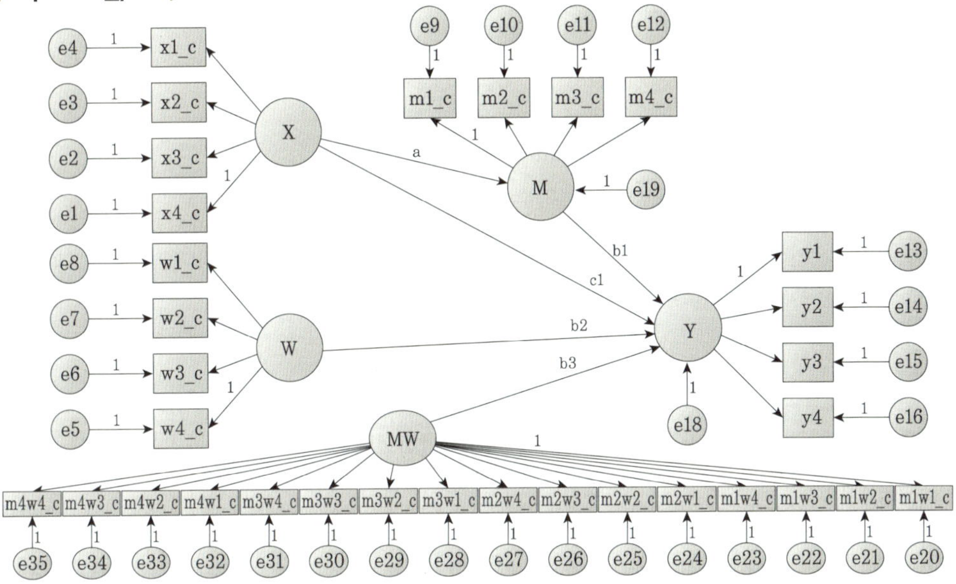

2 [user-defined estimand]에서 다음과 같은 명령문을 작성한다.

File Edit Format Help

```
'Moderated mediation using Amos : Process Model 14

'Conditional indirect effects at different levels of the moderator W

'omega=a*b1+a*b3*W
'W is the SD(standrad deviation) of Moderator
CIE_level1=(a*b1+a*b3*(-2*1.603))
CIE_level2=(a*b1+a*b3*(-1.603))
CIE_level3=(a*b1+a*b3*(0))
CIE_level4=(a*b1+a*b3*(1.603))
CIE_level5=(a*b1+a*b3*(2*1.603))

'Index of moderated mediation

IndModMed=a*b3
```

3 이를 실행하면 다음과 같은 결과를 얻는다.

Output Ex_p14 PROCESS 모델 14 분석 결과

Regression Weights: (Group number 1 - Default model)

			Estimate	S.E.	C.R.	P	Label
M	<---	X	.513	.041	12.375	***	a
Y	<---	M	.909	.144	6.317	***	b1
Y	<---	X	-.180	.088	-2.044	.041	c1
Y	<---	W	.441	.053	8.348	***	b2
Y	<---	MW	.233	.057	4.106	***	b3

Indirect Effects (Group number 1 - Default model)

	MW	W	X	M	Y
M	.000	.000	.000	.000	.000
Y	.000	.000	.466	.000	.000

User-defined estimands: (Group number 1 - Default model)

Parameter	Estimate	Lower	Upper	P
CIE_level1	.082	-.159	.296	.493
CIE_level2	.274	.105	.466	.003
CIE_level3	.466	.299	.708	.001
CIE_level4	.658	.422	.970	.001
CIE_level5	.850	.525	1.241	.001
IndModMed	.120	.056	.195	.001

4 조절된 매개지수(.120)는 유의적이므로 조절된 매개효과가 있다. $X \rightarrow M \rightarrow Y$의 간접효과는 조절변수인 W가 증가할수록 커진다고 해석한다. 조건부 간접효과를 보면 조절변수의 수준이 낮은 경우(-2SD)에는 조절된 매개효과가 없고 나머지는 모두 조절된 매개효과가 있는 것으로 나타났다.

5 위 분석을 대응된 쌍 접근법으로 실행해보기로 한다. 이를 위한 입력파일은 [Input Ex_p14_1]이다.

Input Ex_p14_1 대응된 쌍 접근법

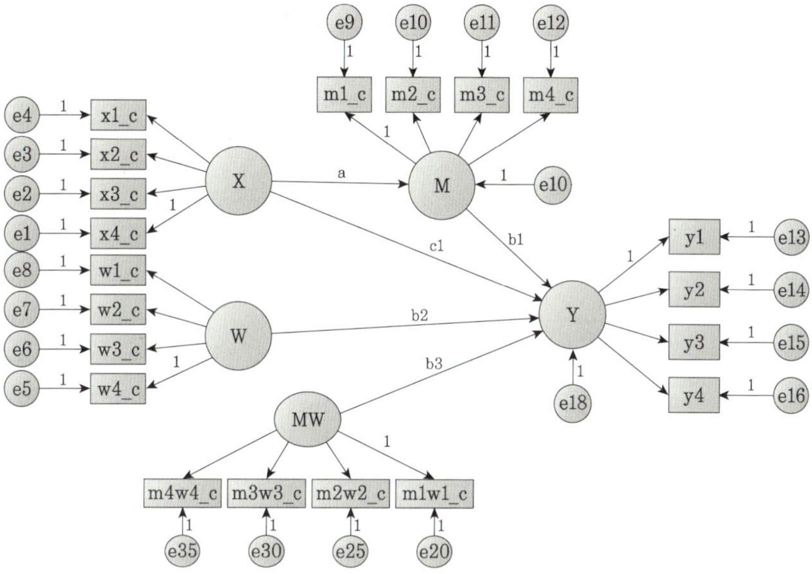

6 이를 실행하면 다음과 같은 결과를 얻는다.

Output Ex_p14_1 대응된 쌍 분석 결과

Regression Weights: (Group number 1 - Default model)

			Estimate	S.E.	C.R.	P	Label
M	<---	X	.513	.041	12.386	***	a
Y	<---	M	.862	.143	6.008	***	b1
Y	<---	X	-.161	.088	-1.825	.068	c1
Y	<---	W	.445	.053	8.336	***	b2
Y	<---	MW	.256	.072	3.559	***	b3

Indirect Effects (Group number 1 - Default model)

	MW	W	X	M	Y
M	.000	.000	.000	.000	.000
Y	.000	.000	.442	.000	.000

User-defined estimands: (Group number 1 - Default model)

Parameter	Estimate	Lower	Upper	P
CIE_level1	.022	-.264	.263	.892
CIE_level2	.232	.041	.426	.020
CIE_level3	.442	.274	.675	.001
CIE_level4	.653	.401	.974	.001
CIE_level5	.863	.495	1.304	.001
IndModMed	.131	.051	.226	.001

7 두 접근법 간에 모수가 큰 차이가 없다.

8 이 분석을 원척도에 의한 모든 적지표 접근법으로 실시하기로 한다. 이를 위한 입력파일이 [Input Ex_p14_1_1]이다.

Input Ex_p14_1_1 원척도에 의한 분석

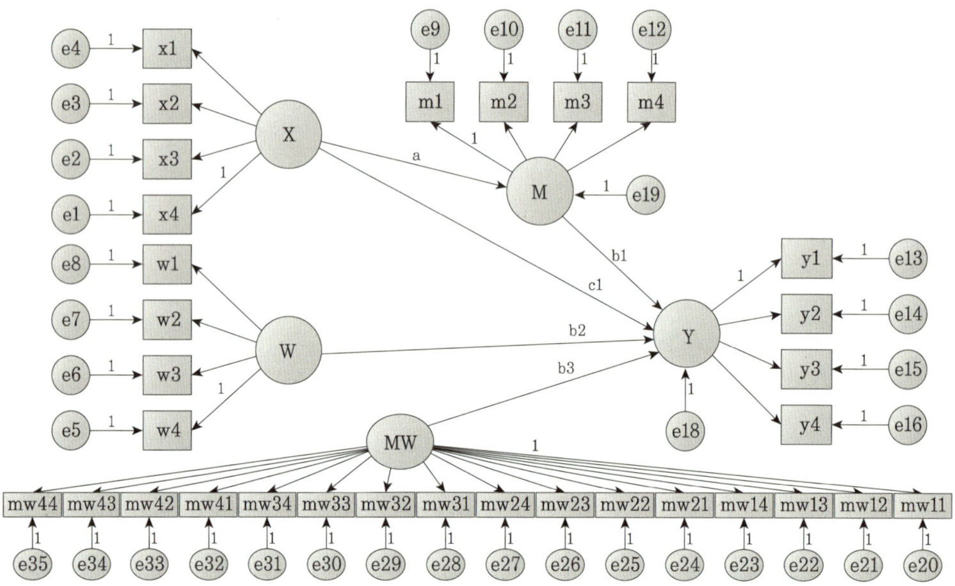

9 다음과 같은 명령문을 작성하고 저장한다.

```
File  Edit  Format  Help

'Moderated mediation using Amos : Process Model 14

'Conditional indirect effects at different levels of the moderator W

'omega=a*b1+a*b3*W
'W is the SD(standrad deviation) of Moderator
CIE_level1=(a*b1+a*b3*(-2*1.603+3.848))
CIE_level2=(a*b1+a*b3*(-1.603+3.848))
CIE_level3=(a*b1+a*b3*(0+3.848))
CIE_level4=(a*b1+a*b3*(1.603+3.848))
CIE_level5=(a*b1+a*b3*(2*1.603+3.848))

'Index of moderated mediation

IndModMed=a*b3
```

10 이를 실행하면 다음과 같은 결과를 얻는다.

Output Ex_p14_1_1 원척도에 의한 분석 결과

Regression Weights: (Group number 1 - Default model)

			Estimate	S.E.	C.R.	P	Label
M	<---	X	.515	.041	12.430	***	a
Y	<---	M	.031	.132	.233	.815	b1
Y	<---	X	-.101	.087	-1.167	.243	c1
Y	<---	W	-.282	.048	-5.882	***	b2
Y	<---	MW	.176	.011	16.439	***	b3

User-defined estimands: (Group number 1 - Default model)

Parameter	Estimate	Lower	Upper	P
CIE_level1	.074	-.157	.315	.462
CIE_level2	.220	.040	.406	.024
CIE_level3	.365	.217	.557	.001
CIE_level4	.511	.326	.739	.001
CIE_level5	.656	.406	.940	.001
IndModMed	.091	.034	.150	.003

11 조절된 매개지수(.091)가 유의적이므로 조절된 매개효과가 있다고 해석한다.

2 PROCESS 모델 15

2.1 PROCESS 모델 15의 개요

[그림 15-5]의 PROCESS 모델 15는 $X \rightarrow M \rightarrow Y$의 매개효과가 M과 Y 사이의 조절변수인 W에 의해 조절되고, 또한 X와 Y 사이의 관계가 W에 의해 조절되는가를 살펴본다. (b)의 통계적 모델을 추정하기 위해서는 다음과 같은 2개의 회귀식이 필요하다.

$$M = i_M + aX + e_M \tag{12}$$

$$Y = i_Y + b_1 M + c_1{}'X + c_2{}'W + c_3{}'XW + b_2 MW + e_Y \tag{13}$$

이 식에서 조건부 간접효과는 다음과 같다.

$$\omega = a(b_1 + b_2 W) \tag{14}$$

식(14)에서 조절된 매개지수는 ab_2이다. 이 모델의 조건부 직접효과는 $c_1{}' + c_3{}'W$이다.

그림 15-5 ▍PROCESS 모델 15

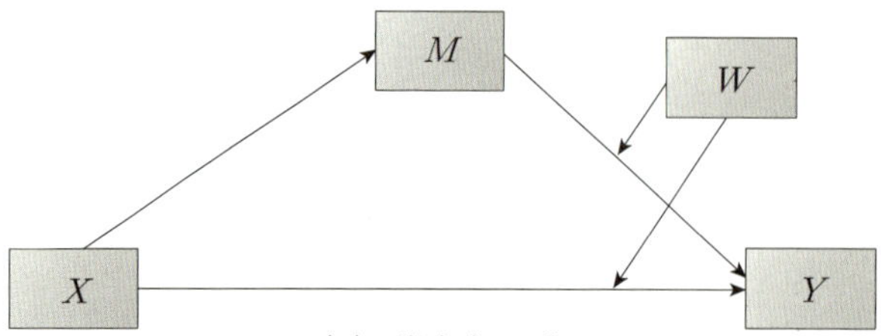

(a) 개념적 모델

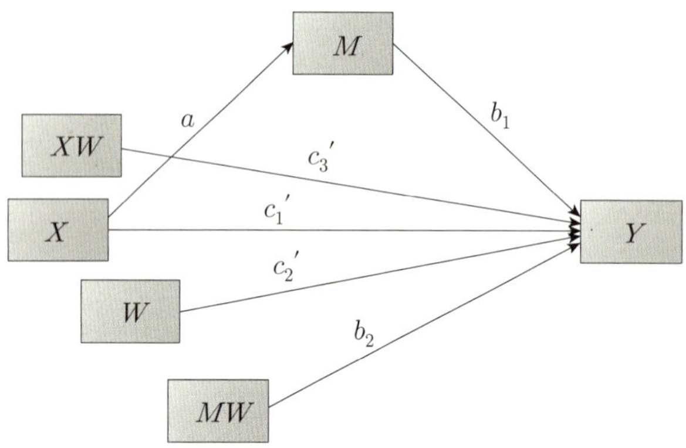

(b) 통계적 모델

2.2 PROCESS 모델 15: 예 1

그림 15-6 ▍PROCESS 모델 15

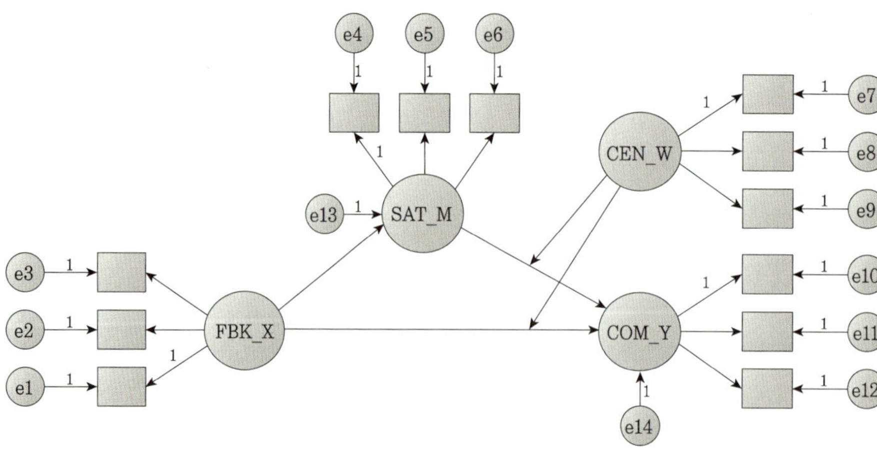

1 [그림 15-6] 모델을 분석하기 위해 [Input S&V(2017)_process_15_1]과 같은 경로도를 만들고 경로에 명칭을 부여한다.

Input S&V(2017)_process_15_1 모든 적지표 접근법

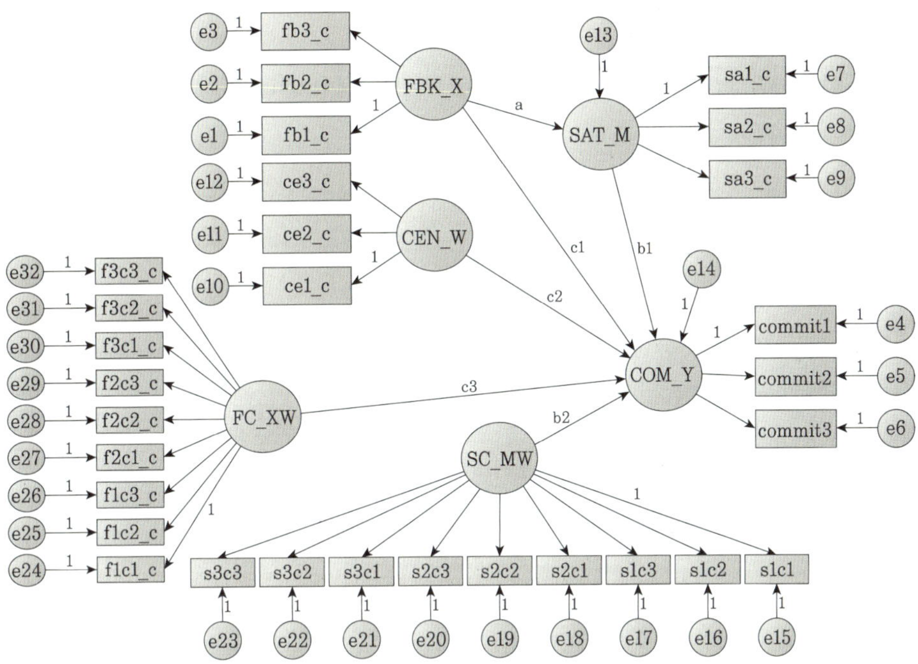

2 [user-defined estimand]에서 다음과 같은 명령문을 작성한다.

File Edit Format Help

```
'Moderated mediation using Amos : Process Model 15

'Conditional indirect effects at different levels of the moderator W

'omega=a*(b1+b2*W)
'W is the SD(standrad deviation) of Moderator
CIE_level1=a*(b1+b2*(-2*.691))
CIE_level2=a*(b1+b2*(-1*.691))
CIE_level3=a*(b1+b2*(0))
CIE_level4=a*(b1+b2*(1*.691))
CIE_level5=a*(b1+b2*(2*.691))

'Index of moderated mediation

IndModMed=a*b2

'Conditional direct effect
CDE_level1=(c1+c3*(-2*.691))
CDE_level2=(c1+c3*(-1*.691))
CDE_level3=(c1+c3*(0))
CDE_level4=(c1+c3*(1*.691))
CDE_level5=(c1+c3*(2*.691))
```

3 이를 실행하면 다음과 같은 결과를 얻는다.

Output S&V(2017)_process_15_1 PROCESS 모델 15 분석 결과

Regression Weights: (Group number 1 - Default model)

			Estimate	S.E.	C.R.	P	Label
SAT_M	<---	FBK_X	1.003	.060	16.729	***	a
COM_Y	<---	SAT_M	.587	.041	14.423	***	b1
COM_Y	<---	FBK_X	.372	.057	6.491	***	c1
COM_Y	<---	SC_MW	-.045	.027	-1.664	.096	b2
COM_Y	<---	CEN_W	.058	.041	1.398	.162	c2
COM_Y	<---	FC_XW	.031	.037	.849	.396	c3

User-defined estimands: (Group number 1 - Default model)

Parameter	Estimate	Lower	Upper	P
CIE_level1	.651	.533	.803	.001
CIE_level2	.620	.517	.754	.001
CIE_level3	.589	.494	.709	.001
CIE_level4	.557	.457	.680	.001
CIE_level5	.526	.404	.664	.001
IndModMed	-.045	-.106	.014	.142
CDE_level1	.328	.168	.480	.001
CDE_level2	.350	.230	.473	.001
CDE_level3	.372	.260	.485	.001
CDE_level4	.394	.265	.520	.001
CDE_level5	.415	.248	.574	.001

4 조절된 매개지수가 유의적이지 않으므로 조절된 매개효과는 없다고 해석한다. 그러나 조건부 직접효과는 모든 수준에서 유의적이므로 $X \rightarrow Y$ 간의 관계는 W에 의해 조절된다고 해석한다.

5 이를 대응된 쌍 접근법으로 분석하기로 한다. 이를 위한 입력파일은 [Input S&V(2017)_process_15_2]이다.

Input S&V(2017)_process_15_2 대응된 쌍 접근법

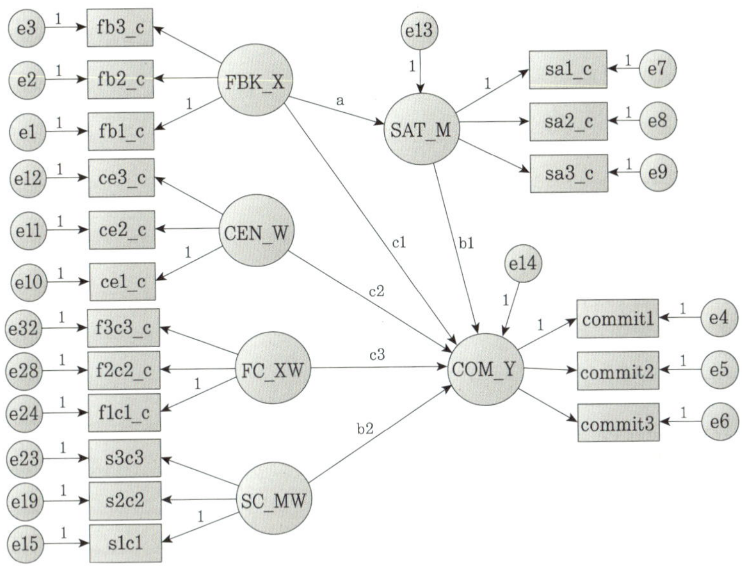

6 이를 실행하면 다음과 같은 결과를 얻는다.

Output S&V(2017)_process_15_2 대응된 쌍 접근법 분석 결과

Regression Weights: (Group number 1 - Default model)

			Estimate	S.E.	C.R.	P	Label
SAT_M	<---	FBK_X	1.003	.060	16.729	***	a
COM_Y	<---	SAT_M	.588	.041	14.439	***	b1
COM_Y	<---	FBK_X	.371	.057	6.473	***	c1
COM_Y	<---	SC_MW	-.050	.038	-1.310	.190	b2
COM_Y	<---	CEN_W	.060	.041	1.449	.147	c2
COM_Y	<---	FC_XW	.064	.061	1.045	.296	c3

User-defined estimands: (Group number 1 - Default model)

Parameter	Estimate	Lower	Upper	P
CIE_level1	.659	.510	.839	.001
CIE_level2	.624	.516	.771	.001
CIE_level3	.590	.495	.711	.001
CIE_level4	.555	.444	.682	.001
CIE_level5	.521	.368	.680	.001
IndModMed	-.050	-.138	.039	.237
CDE_level1	.282	.054	.509	.015
CDE_level2	.326	.178	.480	.001
CDE_level3	.371	.258	.485	.001
CDE_level4	.415	.263	.569	.001
CDE_level5	.459	.235	.694	.001

7 모수치가 크게 차이가 나지 않는다.

2.3 PROCESS 모델 15: 예 2

그림 15-7 ▌PROCESS 모델 15

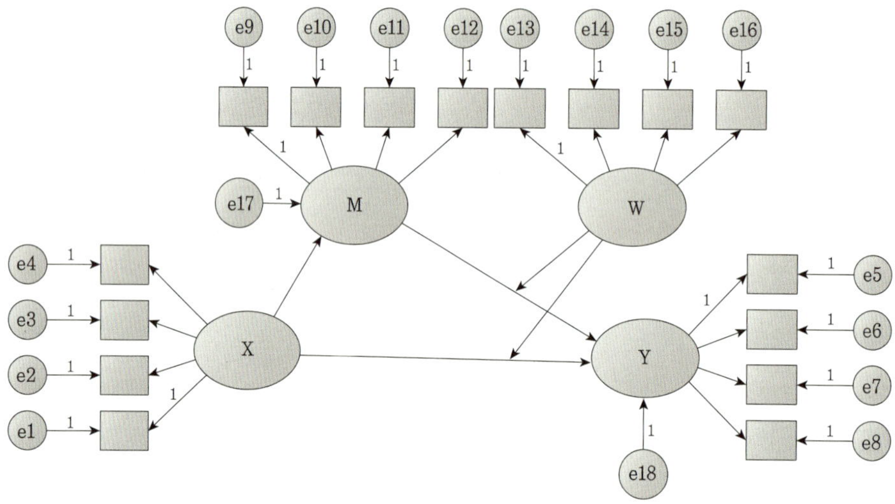

1 [그림 15-7]과 같은 모델을 분석하기 위해 [Input Ex_p15]와 같은 경로도를 그리고, 경로에 명칭을 부여한다.

Input Ex_p15 PROCESS 모델 15

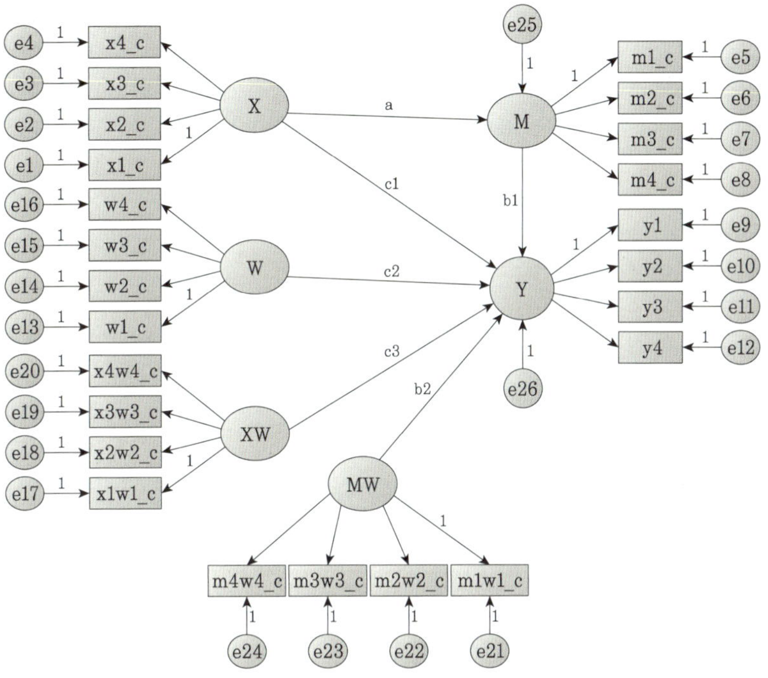

2 [Input Ex_p15]에서 상호작용항인 XW와 MW의 지표는 대응된 쌍 접근법을 이용하였다.

3 [user-defined estimand]에서 다음과 같은 명령문을 작성한다.

```
File   Edit   Format   Help

'Moderated mediation using Amos : Process Model 15

'Conditional indirect effects at different levels of the moderator W

'omega=a*b1+a*b2*W
'W is the SD(standrad deviation) of Moderator
CIE_level1=a*b1+a*b2*(-2*1.508)
CIE_level2=a*b1+a*b2*(-1*1.508)
CIE_level3=a*b1+a*b2*(0)
CIE_level4=a*b1+a*b2*(1*1.508)
CIE_level5=a*b1+a*b2*(2*1.508)

'Index of moderated mediation

IndModMed=a*b2

'Conditional direct effect
CDE_level1=(c1+c3*(-2*1.508))
CDE_level2=(c1+c3*(-1*1.508))
CDE_level3=(c1+c3*(0))
CDE_level4=(c1+c3*(1*1.508))
CDE_level5=(c1+c3*(2*1.508))
```

4 이를 실행하면 다음과 같은 결과를 얻는다.

Output Ex_p15 PROCESS 모델 15 분석 결과

Regression Weights: (Group number 1 - Default model)

			Estimate	S.E.	C.R.	P	Label
M	<---	X	.470	.039	12.111	***	a
Y	<---	M	.862	.143	6.006	***	b1
Y	<---	W	.473	.057	8.345	***	c2
Y	<---	X	-.147	.081	-1.823	.068	c1
Y	<---	XW	.001	.037	.030	.976	c3
Y	<---	MW	.254	.072	3.542	***	b2

Indirect Effects (Group number 1 - Default model)

	MW	XW	W	X	M	Y
M	.000	.000	.000	.000	.000	.000
Y	.000	.000	.000	.405	.000	.000

User-defined estimands: (Group number 1 - Default model)

Parameter	Estimate	Lower	Upper	P
CIE_level1	.044	-.293	.302	.786
CIE_level2	.225	.031	.409	.027
CIE_level3	.405	.254	.621	.001
CIE_level4	.585	.328	.920	.001
CIE_level5	.765	.368	1.247	.001
IndModMed	.120	.023	.247	.011
CDE_level1	-.151	-.525	.244	.443
CDE_level2	-.149	-.385	.090	.220
CDE_level3	-.147	-.338	.024	.081
CDE_level4	-.146	-.415	.112	.234
CDE_level5	-.144	-.545	.281	.463

5 조절된 매개지수가 유의적이므로 조절된 매개효과가 있다고 해석한다. 조건부 간접효과를 보면 조절변수의 수준이 높을수록 간접효과값이 커지는 것을 알 수 있다. 조건부 직접효과는 조절변수의 수준에 따라 조절효과가 없는 것으로 나타났다.

6 이 분석을 모든 적지표 접근법으로 실시해보기로 한다. 이를 위한 입력파일은 [Input Ex_p15_1]이다.

Input Ex_p15_1 모든 적지표 접근법

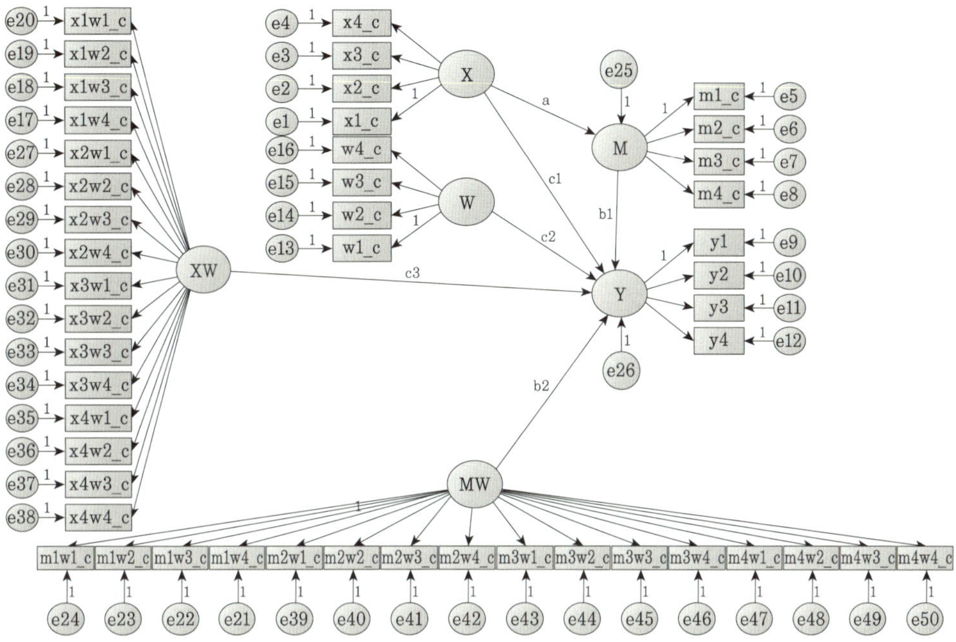

7 이를 실행하면 다음과 같은 결과를 얻는다.

Output Ex_p15_1 모든 적지표 접근법 분석 결과

Regression Weights: (Group number 1 - Default model)

			Estimate	S.E.	C.R.	P	Label
M	<---	X	.470	.039	12.104	***	a
Y	<---	M	.914	.144	6.354	***	b1
Y	<---	W	.468	.056	8.341	***	c2
Y	<---	X	-.166	.081	-2.066	.039	c1
Y	<---	XW	-.010	.029	-.345	.730	c3
Y	<---	MW	.194	.044	4.395	***	b2

User-defined estimands: (Group number 1 - Default model)

Parameter	Estimate	Lower	Upper	P
CIE_level1	.154	-.069	.349	.160
CIE_level2	.292	.140	.478	.001
CIE_level3	.429	.279	.652	.001
CIE_level4	.567	.366	.868	.001
CIE_level5	.705	.431	1.104	.001
IndModMed	.091	.033	.169	.005
CDE_level1	-.137	-.417	.179	.378
CDE_level2	-.152	-.362	.063	.162
CDE_level3	-.166	-.361	.002	.052
CDE_level4	-.181	-.446	.026	.076
CDE_level5	-.196	-.553	.109	.167

8 해석은 앞서 한 것과 같게 하면 된다.

참고문헌

배병렬 (2021). SPSS/PROCESS에 의한 조절효과 및 매개효과분석: 이론과 실제. 도서출판 청람.

이형권 (2018). *Mplus*를 이용한 매개효과와 조절효과 및 조절된 매개효과 분석. 신영사.

Asparouhov, T., & Muthén, B. (2019). Latent variable interactions using maximum-likelihood and Bayesian estimation for single-and two-level models. Mplus web notes: No.23. 1-46.

Cheung, G. W., & Lau, R. S. (2017). Accuracy of parameter estimates and confidence intervals in moderated mediation models: A comparison of regression and latent moderated structural equations. *Organizational Research Methods, 20*(4), 746-769.

Crowson, M. (2019, 8.22). Moderated mediation using AMOS (based on Hayes' Process Model 7) [Video] YouTube.https://www.youtube.com/watch?v=9Lk3ObsmZho&t=629s

DeCoster, J. (2009, 9. 14). Graphing moderated mediation. Retrieved from Microsoft Excel Spreadsheets: http://www.stat-help.com/spreadsheets.html

Edwards, J. R., & Lambert, L. S. (2007). Methods for integrating moderation and mediation: A general analytical framework using moderated path analysis. *Psychological Methods, 12*(1), 1-22.

Feng, Q., Song, Q., Zhang, L., Zheng, S., & Pan, J. (2020). Integration of moderation and mediation in a latent variable framework: A comparison of estimation approaches for the second-stage moderated mediation model. *Frontiers in Psychology, 10*, 1-24.

Hayes, A. F., & Preacher, K. J. (2013). Conditional process modeling: Using structural equation modeling to examine contingent causal processes. In G. R. Hancock & R. O. Mueller (Eds.), *Structural equation modeling: A second course* (2nd ed., pp. 219-266). Information Age Publishing.

Hayes, A. F. (2018). *Introduction to mediation, moderation, and conditional process analysis: A regression-based approach* (2nd ed.). Guilford Press.

Holland, S. J., Shore, D. B., & Cortina, J. M. (2017). Review and recommendations for integrating mediation and moderation. *Organizational Research Methods, 20*(4), 686-720.

Kelava, A., & Nagengast, B. (2012). A Bayesian model for the estimation of latent interaction and quadratic effects when latent variables are nonnormally distributed. *Multivariate Behavioral Research, 47*(5), 717–742.

Preacher, K. J., Rucker, D. D., & Hayes, A. F. (2007). Addressing moderated mediation hypotheses: Theory, methods, and prescriptions. *Multivariate Behavioral Research, 42*(1), 185-227.

Sardeshmukh, S. R., & Vandenberg, R. J. (2017). Integrating moderation and mediation: A structural equation modeling approach, *Organizational Research Methods, 20*(4), 721-745.

Stride, C. B., Gardner, S., Catley, N., & Thomas, F. (2015). Mplus code for the mediation, moderation, and moderated mediation model templates from Andrew Hayes' PROCESS analysis examples. http://www.offbeat.group.shef.ac.uk/FIO/mplusmedmod.htm

Wang, L.(P.), & Preacher, K. J. (2015). Moderated mediation analysis using Bayesian methods. *Structural Equation Modeling, 22*(2), 249-263.

Zyphur, M. J., & Oswald, F. L. (2015). Bayesian estimation and inference: A user's guide. *Journal of Management, 41*(2), 390-420.

Chapter 16

조절된 매개효과분석(Ⅳ): 연속형 변수

1. 연속다중매개모델의 조절된 매개효과분석
2. 병렬다중매개모델의 조절된 매개효과분석

CHAPTER 16 조절된 매개효과분석(Ⅳ): 연속형 변수

앞 장에서는 매개변수가 하나인 단순매개모델과 조절변수가 하나인 모델을 대상으로 한 조절된 매개효과분석에 대해 살펴보았다. 이제 매개변수가 두 개 이상인 다중매개모델(multiple mediator model)을 대상으로 한 조절된 매개효과분석에 대해 살펴보기로 한다. 다중매개모델을 연속다중매개모델과 병렬다중매개모델으로 나누어 살펴보기로 한다.

1 연속다중매개모델의 조절된 매개효과분석

1.1 PROCESS 모델 83의 개요

PROCESS 모델 83의 개념적 모델과 통계적 모델은 [그림 16-1(a)], [그림 16-1(b)]와 같다. 조절된 매개효과분석의 공식적 검정은 조절된 매개지수(index of moderated mediation: IMM)를 계산하여 이 값이 통계적으로 유의적인가를 보는 것이다. PROCESS 모델 83의 조절된 매개지수는 다음과 같다.

① IMM1: $a_4 \times d_1 \times b_2$; ② IMM2: $a_4 \times b_1$

조절된 매개지수가 통계적으로 유의적인 것으로 나타나면 조절변수의 수준에 따라 매개효과가 어떻게 되는가를 살펴본다. 이를 조절변수(W)의 특정값에 따른 조건부 간접효과(conditional indirect effect: CIE)라 한다. PROCESS 모델 83의 조건부 간접효과는 다음과 같다.

① CIE_1($X \rightarrow M1 \rightarrow M2 \rightarrow Y$): $a_1 \times d_1 \times b_2 + a_4 \times d_1 \times b_2 \times W$

② CIE_2($X \rightarrow M1 \rightarrow Y$): $a_1 \times b_1 + a_4 \times b_1 \times W$

그림 16-1 ❙ PROCESS 모델 83

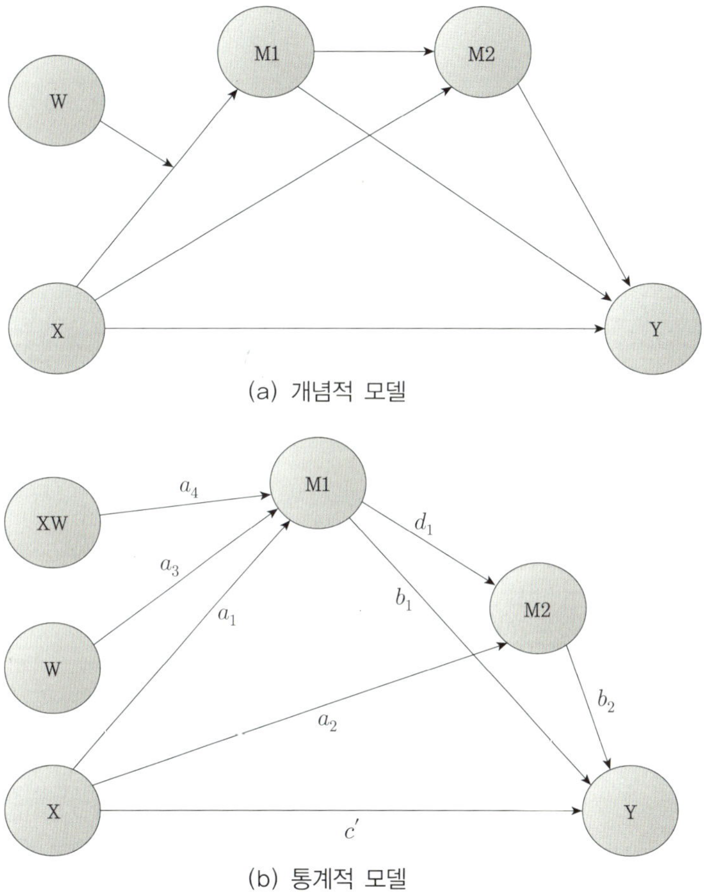

1.2 PROCESS 모델 83의 예

[그림 16-2]의 PROCESS 모델 83을 분석하기로 한다.

그림 16-2 | PROCESS 모델 83

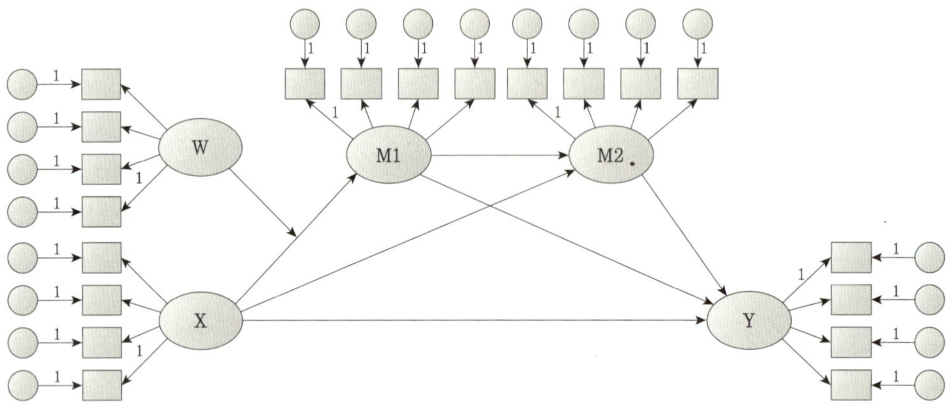

1 대응된 쌍 접근법으로 분석하기 위해 [Input Model_83_1]과 같은 경로도를 그리고 경로에 명칭을 부여한다.

Input Model_83_1 대응된 쌍 전략

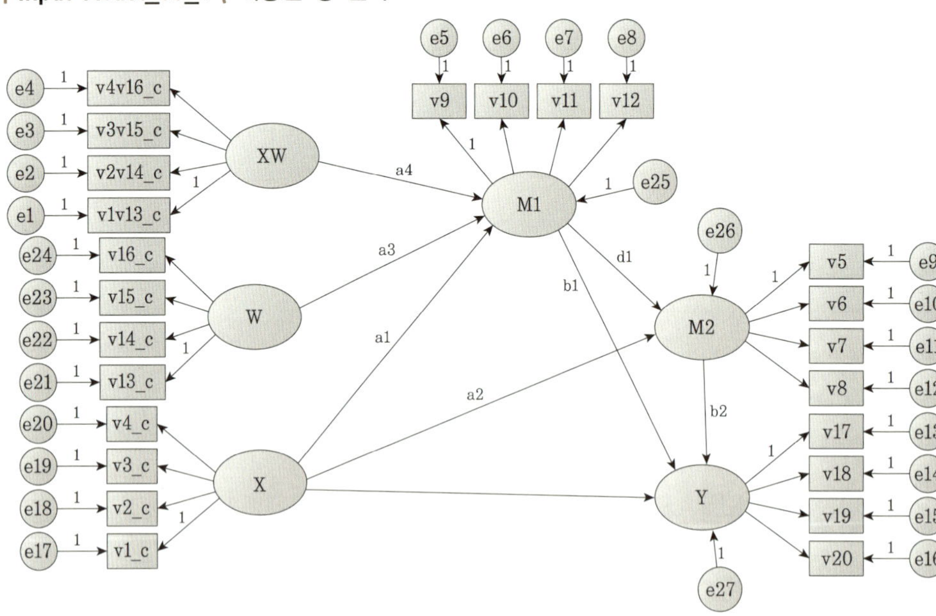

2 [user-defined estimand]에서 다음과 같은 명령문을 작성하고 저장한다.

File Edit Format Help

```
'Index of moderated mediatio(IMM)

IMM1=a4*d1*b2
IMM2=a4*b1

'Conditional indirect effect

CIE_1low=a1*b1+a4*b1*(-1.504)
CIE_1medium=a1*b1+a4*b1*(0)
CIE_1high=a1*b1+a4*b1*(1.504)

CIE_2low=a1*d1*b2+a4*d1*b2*(-1.504)
CIE_2medium=a1*d1*b2+a4*d1*b2*(0)
CIE_2high=a1*d1*b2+a4*d1*b2*(1.504)
```

3 이를 실행하면 다음과 같은 결과를 얻는다.

Output Model_83_1 PROCESS 모델 83 분석 결과

Regression Weights: (Group number 1 - Default model)

			Estimate	S.E.	C.R.	P	Label
M1	<---	XW	.118	.040	2.925	.003	a4
M1	<---	W	.713	.063	11.392	***	a3
M1	<---	X	-.123	.048	-2.546	.011	a1
M2	<---	X	.474	.039	12.158	***	a2
M2	<---	M1	-.017	.035	-.488	.626	d1
Y	<---	M2	.990	.159	6.242	***	b2
Y	<---	M1	.334	.058	5.752	***	b1
Y	<---	X	-.071	.089	-.797	.426	

User-defined estimands: (Group number 1 - Default model)

Parameter	Estimate	Lower	Upper	P
IMM1	-.002	-.015	.006	.633
IMM2	.039	.016	.075	.003
CIE_1low	-.100	-.187	-.040	.002
CIE_1medium	-.041	-.094	-.006	.023
CIE_1high	.018	-.024	.074	.377
CIE_2low	.005	-.018	.035	.637
CIE_2medium	.002	-.007	.016	.491
CIE_2high	-.001	-.019	.003	.470

4 조절된 매개지수2(IMM2)는 유의적이고 조절된 매개지수1(IMM1)은 유의적이지 않은 것으로 나타났다. 조절된 매개지수1은 유의적이지 않으므로 조건부 간접효과1만 검토하면 된다. 조건부 간접효과1(CIE_2)을 보면 조절변수의 수준이 높을수록 간접효과가 커지는 것을 알 수 있다.

5 이 분석을 모든 적지표 접근법으로 하기로 한다. 이를 위한 입력파일이 [Input Model_83_2]이다.

Input Model_83_2 PROCESS 모델 83

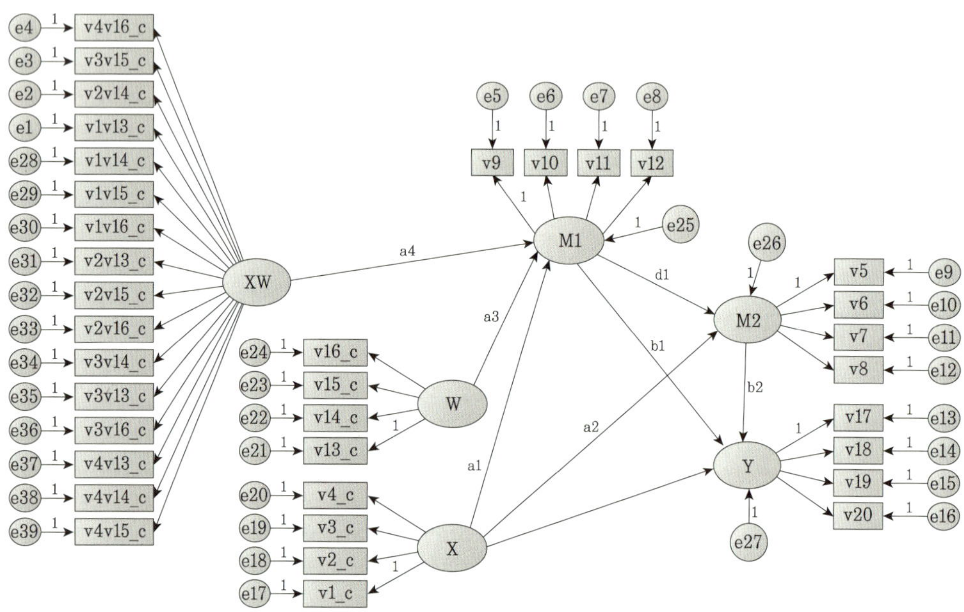

6 이를 위한 [user-defined estimand]는 앞의 것과 동일하다.

7 이를 실행하면 다음과 같은 결과를 얻는다.

Output Model_83_2 PROCESS 모델 83 분석 결과

Regression Weights: (Group number 1 - Default model)

			Estimate	S.E.	C.R.	P	Label
M1	<---	XW	.103	.034	3.024	.002	a4
M1	<---	W	.716	.063	11.435	***	a3
M1	<---	X	-.122	.048	-2.517	.012	a1
M2	<---	X	.474	.039	12.160	***	a2
M2	<---	M1	-.017	.035	-.492	.622	d1
Y	<---	M2	.990	.159	6.244	***	b2
Y	<---	M1	.334	.058	5.768	***	b1
Y	<---	X	-.071	.089	-.798	.425	

User-defined estimands: (Group number 1 - Default model)

Parameter	Estimate	Lower	Upper	P
IMM1	-.002	-.013	.006	.639
IMM2	.035	.014	.064	.003
CIE_1low	-.093	-.173	-.037	.001
CIE_1medium	-.041	-.095	-.006	.022
CIE_1high	.011	-.029	.062	.544
CIE_2low	.005	-.017	.032	.613
CIE_2medium	.002	-.007	.016	.476
CIE_2high	-.001	-.016	.002	.569

8 대응된 쌍 접근법의 결과와 거의 비슷하다.

1.3 PROCESS 모델 84의 개요

PROCESS 모델 84의 개념적 모델과 통계적 모델은 각각 [그림 16-3(a)], [그림 16-3(b)]와 같다.

그림 16-3 | PROCESS 모델 84

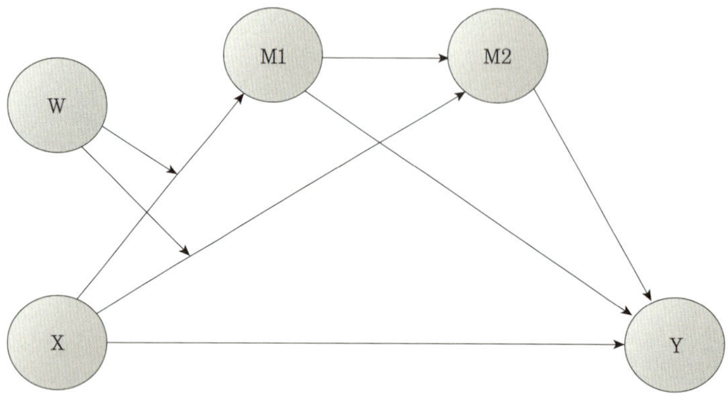

(a) 개념적 모델

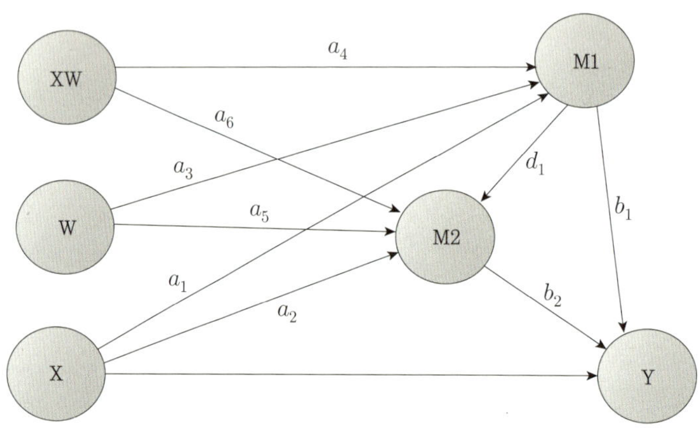

(b) 통계적 모델

PROCESS 모델 84의 조절된 매개지수(index of moderated mediation)는 다음과 같다.

① IMM1: $a_4 \times d_1 \times b_2$; ② IMM2: $a_4 \times b_1$; ③ IMM3: $a_6 \times b_2$

PROCESS 모델 84의 조건부 간접효과는 다음과 같다.

① CIE_1($X \rightarrow M1 \rightarrow Y$): $a_1 \times b_1 + a_4 \times b_1 \times W$

② CIE_2($X \rightarrow M1 \rightarrow M2 \rightarrow Y$): $a_1 \times d_1 \times b_2 + a_4 \times d_1 \times b_2 \times W$

③ CIE_3($X \rightarrow M2 \rightarrow Y$): $a_2 \times b_2 + a_6 \times b_2 \times W$

1.4 PROCESS 모델 84의 예

[그림 16-4]의 PROCESS 모델 84를 분석하기로 한다.

그림 16-4 | PROCESS 모델 84

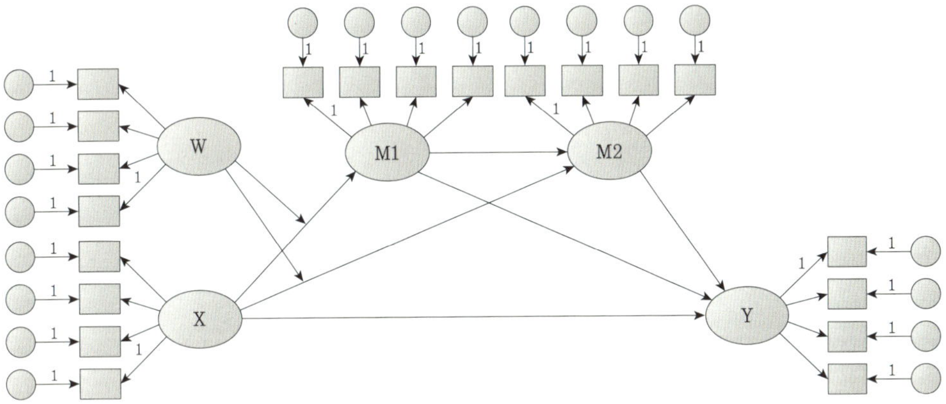

1 대응된 쌍 접근법으로 분석하기 위해 다음과 같은 경로도를 그리고 경로에 명칭을 부여한다.

Input Model_84_1 PROCESS 모델 84

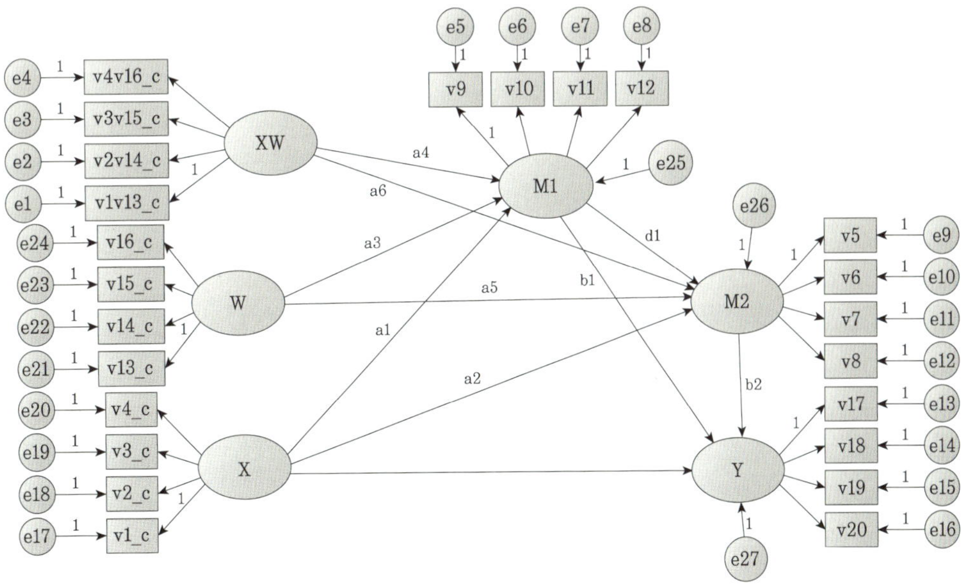

2 [user-defined estimand]에서 다음과 같은 명령문을 작성하고 저장한다.

```
File  Edit  Format  Help

'PROCESS model 84

'Indices of Moderated Mediation

IMM_1 = a4*d1*b2
IMM_2 = a4*b1
IMM_3 = a6*b2

' Conditional indirect effects of X on Y via M1 only given values of W

  LWa1b1 = a1*b1 + a4*b1*(-1*1.5)
  MWa1b1 = a1*b1 + a4*b1*(0)
  HWa1b1 = a1*b1 + a4*b1*(1*1.5)

' Conditional indirect effects of X on Y via M2 only given values of W

  LWa2b2 = a2*b2 + a6*b2*(-1*1.5)
  MWa2b2 = a2*b2 + a6*b2*(0)
  HWa2b2 = a2*b2 + a6*b2*(1*1.5)

' Conditional indirect effects of X on Y via M1 And M2 given values of W

  LWa1d1b2 = a1*d1*b2 + a4*d1*b2*(-1*1.5)
  MWa1d1b2 = a1*d1*b2 + a4*d1*b2*(0)
  HWa1d1b2 = a1*d1*b2 + a4*d1*b2*(1*1.5)
```

3 이를 실행하면 다음과 같은 결과를 얻는다.

Output Model_84_1 PROCESS 모델 84 분석 결과

Regression Weights: (Group number 1 - Default model)

			Estimate	S.E.	C.R.	P	Label
M1	<---	XW	.121	.041	2.961	.003	a4
M1	<---	W	.696	.063	11.118	***	a3
M1	<---	X	-.100	.049	-2.063	.039	a1
M2	<---	X	.330	.033	9.866	***	a2
M2	<---	M1	-.241	.051	-4.673	***	d1
M2	<---	XW	-.029	.024	-1.226	.220	a6
M2	<---	W	.364	.052	6.987	***	a5
Y	<---	M2	1.074	.150	7.183	***	b2
Y	<---	M1	.343	.058	5.876	***	b1
Y	<---	X	-.119	.071	-1.688	.091	

User-defined estimands: (Group number 1 - Default model)

Parameter	Estimate	Lower	Upper	P
IMM_1	-.031	-.070	-.010	.003
IMM_2	.041	.016	.078	.003
IMM_3	-.031	-.092	.032	.297
LWa1b1	-.096	-.182	-.036	.003
MWa1b1	-.034	-.084	.000	.050
HWa1b1	.028	-.014	.088	.181
LWa2b2	.401	.266	.603	.001
MWa2b2	.354	.230	.561	.001
HWa2b2	.307	.151	.557	.001
LWa1d1b2	.073	.024	.165	.002
MWa1d1b2	.026	.001	.075	.043
HWa1d1b2	-.021	-.076	.010	.156

4 조절된 매개지수3(IMM_3)은 유의적이지 않고 나머지 두 개는 유의적인 것으로 나타났다. 따라서 조절된 매개지수1과 조절된 매개지수2의 조건부 간접효과를 살펴본다. 조절된 매개지수1은 조절변수 수준이 높을 때에는 유의적이지 않고, 조절된 매개지수2는 조절변수의 세 수준에서 모두 유의적인 것으로 나타났다.

5 위 분석을 모든 적지표 접근법으로 하기로 한다. 이를 위한 입력파일이 [Input Model_84_2]이다.

Input Model_84_2 PROCESS 모델 84

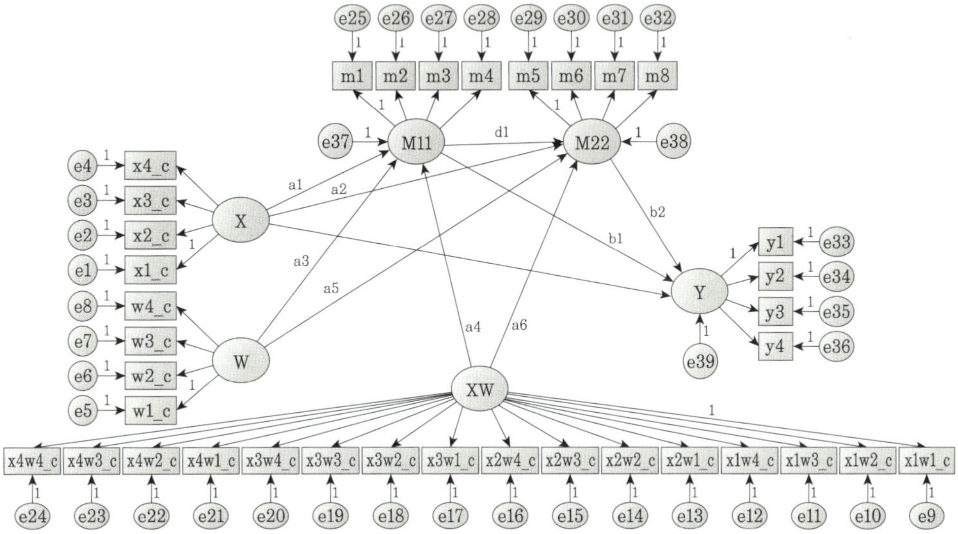

6 이를 실행하면 다음과 같은 결과를 얻는다.

Output Model_84_2 PROCESS 모델 84 분석 결과

Regression Weights: (Group number 1 - Default model)

			Estimate	S.E.	C.R.	P	Label
M11	<---	X	-.099	.049	-2.037	.042	a1
M11	<---	W	.699	.063	11.165	***	a3
M11	<---	XW	.105	.034	3.067	.002	a4
M22	<---	M11	-.242	.051	-4.733	***	d1
M22	<---	X	.329	.033	9.854	***	a2
M22	<---	W	.364	.052	6.998	***	a5
M22	<---	XW	-.026	.020	-1.279	.201	a6
Y	<---	M22	1.073	.150	7.169	***	b2
Y	<---	X	-.119	.071	-1.681	.093	
Y	<---	M11	.343	.058	5.890	***	b1

User-defined estimands: (Group number 1 - Default model)

Parameter	Estimate	Lower	Upper	P
IMM_1	-.027	-.058	-.009	.004
IMM_2	.036	.015	.066	.003
IMM_3	-.028	-.080	.024	.259
LWa1b1	-.088	-.167	-.032	.003
MWa1b1	-.034	-.084	.000	.051
HWa1b1	.020	-.019	.074	.307
LWa2b2	.394	.264	.596	.001
MWa2b2	.353	.229	.560	.001
HWa2b2	.312	.165	.556	.001
LWa1d1b2	.067	.022	.150	.002
MWa1d1b2	.026	.000	.075	.044
HWa1d1b2	-.015	-.065	.014	.280

7 대응된 쌍 접근법의 결과와 거의 비슷한 값을 얻는다.

1.5 PROCESS 모델 87의 개요

PROCESS 모델 87의 개념적 모델과 통계적 모델은 [그림 16-5(a)], [그림 16-5(b)]와 같다.

그림 16-5 ▌PROCESS 모델 87

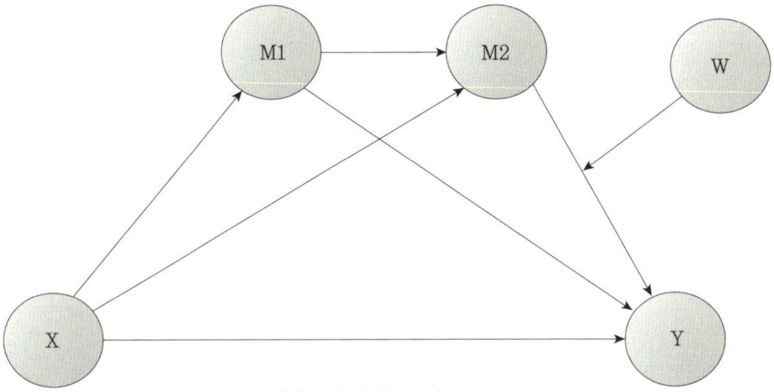

(a) 개념적 모델

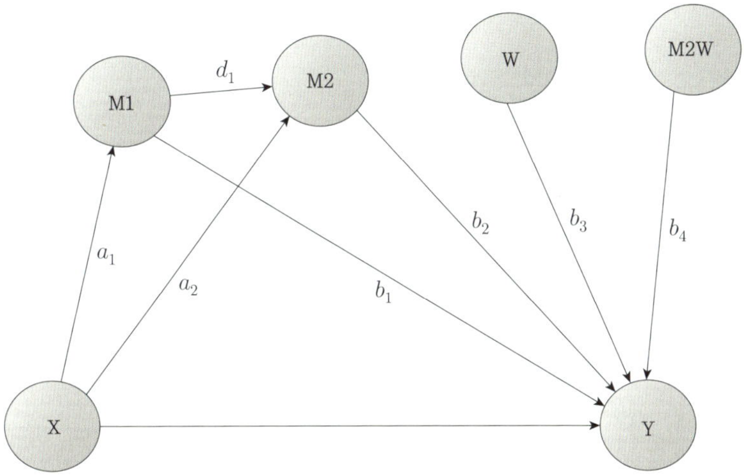

(b) 통계적 모델

PROCESS 모델 87의 조절된 매개지수(index of moderated mediation)는 다음과 같다.

① IMM1: $a_1 \times d_1 \times b_4$; ② IMM2: $a_2 \times b_4$

조건부 간접효과는 다음과 같다.

① CIE_1($X \rightarrow M2 \rightarrow Y$): $a_2 \times b_2 + a_2 \times b_4 \times W$

② CIE_2($X \rightarrow M1 \rightarrow M2 \rightarrow Y$): $a_1 \times d_1 \times b_2 + a_1 \times d_1 \times b_4 \times W$

1.6 PROCESS 모델 87의 예

[그림 16-6]의 PROCESS 모델 87을 분석하기로 한다.

그림 16-6 | PROCESS 모델 87

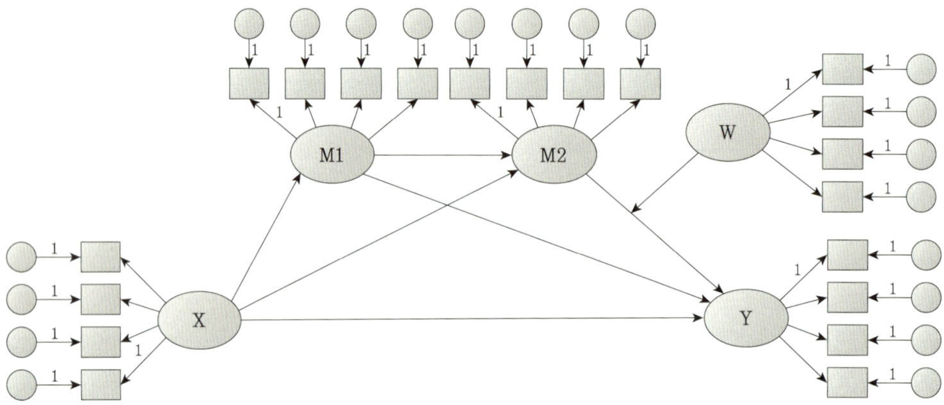

1 [Input Model_87_1]과 같은 경로도를 그리고, 경로에 명칭을 부여한다.

Input Model_87_1 PROCESS 모델 87

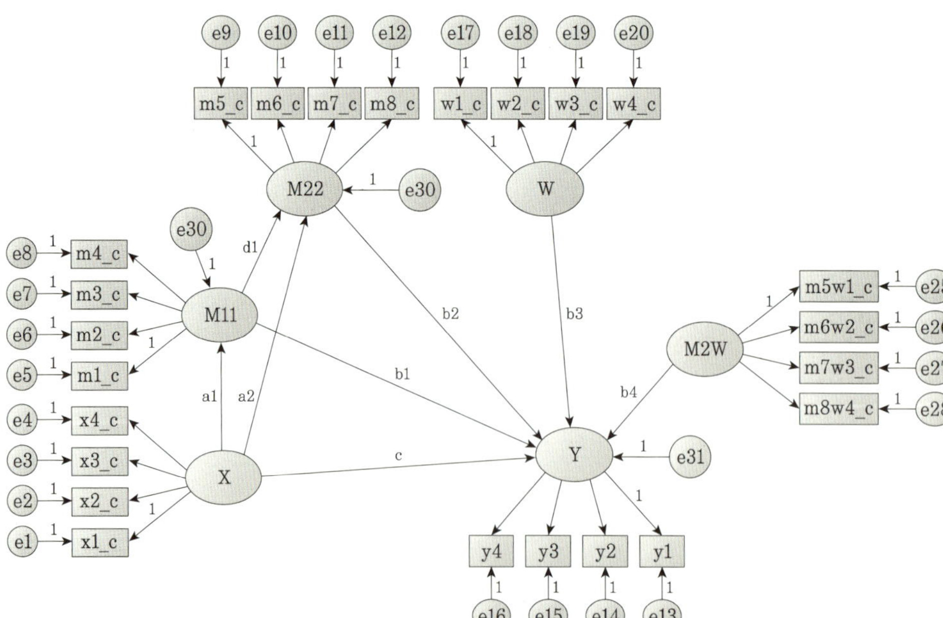

2 [user-defined estimand]에서 다음과 같은 명령문을 작성하고 저장한다.

```
File  Edit  Format  Help

'Index of moderated mediatiom

IMM1=a1*d1*b4
IMM2=a2*b4

' Conditional indirect effects of X on Y via M2 only given values of W

  LWa2b2 = a2*b2 + a2*b4*(-1*1.507)
  MWa2b2 = a2*b2 + a2*b4*(0)
  HWa2b2 = a2*b2 + a2*b4* (1*1.507)

' Conditional indirect effects of X on Y via M1 And M2 given values of W

  LWa1d1b2 = a1*d1*b2 + a1*d1*b4*(-1*1.507)
  MWa1d1b2 = a1*d1*b2 + a1*d1*b4*(0)
  HWa1d1b2 = a1*d1*b2 + a1*d1*b4*(1*1.507)
```

3 이를 실행하면 다음과 같은 결과를 얻는다.

Output Model_87_1 PROCESS 모델 87 분석 결과

Regression Weights: (Group number 1 - Default model)

			Estimate	S.E.	C.R.	P	Label
M11	<---	X	.255	.062	4.097	***	a1
M22	<---	M11	-.042	.039	-1.067	.286	d1
M22	<---	X	.480	.040	11.854	***	a2
Y	<---	W	.467	.057	8.267	***	b3
Y	<---	X	-.151	.084	-1.798	.072	c
Y	<---	M22	.868	.145	5.995	***	b2
Y	<---	M2W	.253	.072	3.531	***	b4
Y	<---	M11	.016	.057	.286	.775	b1

User-defined estimands: (Group number 1 - Default model)

Parameter	Estimate	Lower	Upper	P
IMM1	-.003	-.012	.002	.186
IMM2	.122	.042	.209	.001
LWa2b2	.233	.044	.437	.009
MWa2b2	.417	.251	.634	.001
HWa2b2	.600	.364	.886	.001
LWa1d1b2	-.005	-.024	.003	.192
MWa1d1b2	-.009	-.035	.007	.224
HWa1d1b2	-.013	-.049	.010	.230

4 IMM2는 유의적이다. 따라서 $X \rightarrow M2 \rightarrow Y$의 매개효과는 W에 의해 조절된다고 할 수 있다. 조건부 간접효과를 보면 조절변수의 수준이 높아질수록 매개효과가 커지는 것을 알 수 있다.

1.7 PROCESS 모델 88의 개요

PROCESS 모델 88의 개념적 모델과 통계적 모델은 [그림 16-7(a)], [그림 16-7(b)]와 같다.

그림 16-7 | PROCESS 모델 88

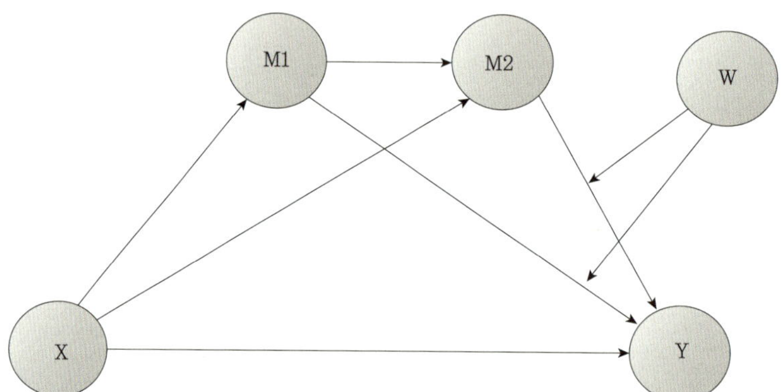

(a) 개념적 모델

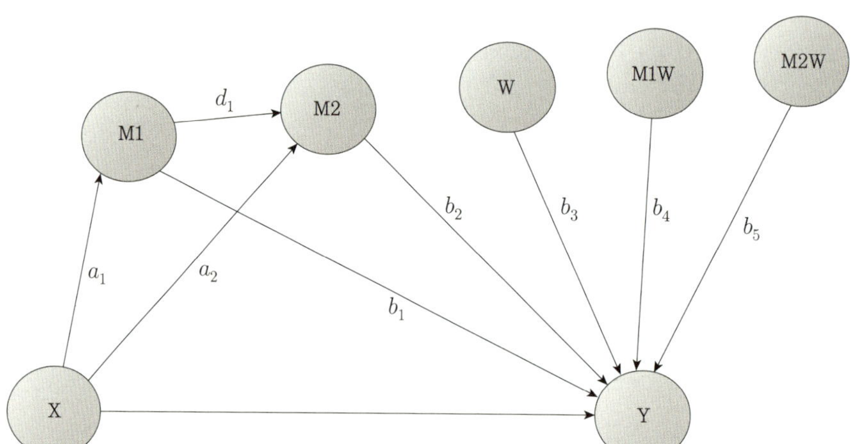

(b) 통계적 모델

조절된 매개지수(index of moderated mediation)는 다음과 같다.

① IMM1: $a_1 \times d_1 \times b_5$; ② IMM2: $a_1 \times b_4$; ③ IMM3: $a_2 \times b_5$

조건부 간접효과는 다음과 같다.

① CIE_1(X → $M1$ → Y): $a_1 \times b_1 + a_1 \times b_4 \times W$

② CIE_2(X → $M1$→ $M2$ → Y): $a_1 \times d_1 \times b_2 + a_1 \times d_1 \times b_5 \times W$

③ CIE_3(X → $M2$ → Y): $a_2 \times b_2 + a_2 \times b_5 \times W$

1.8 PROCESS 모델 88의 예

[그림 16-8]의 PROCESS 모델 88을 분석하기로 한다.

그림 16-8 ❙ PROCESS 모델 88

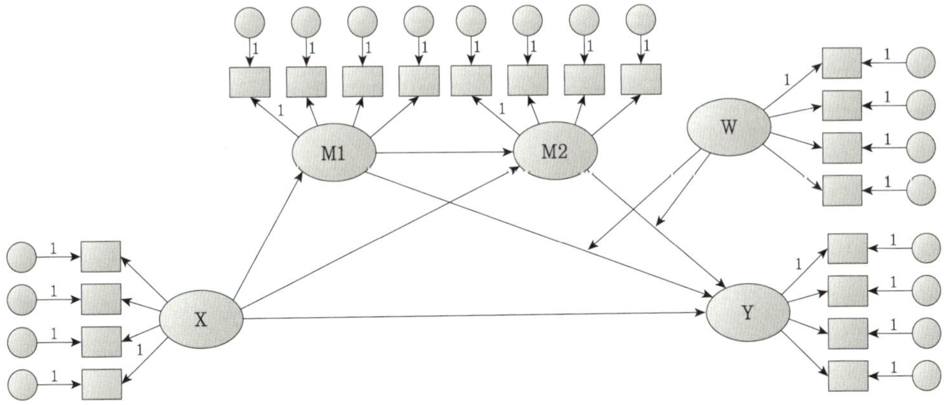

1 [Input Medel_88_1]과 같은 경로도를 그리고, 경로에 명칭을 부여한다.

Input Model_88_1 PROCESS 모델 88

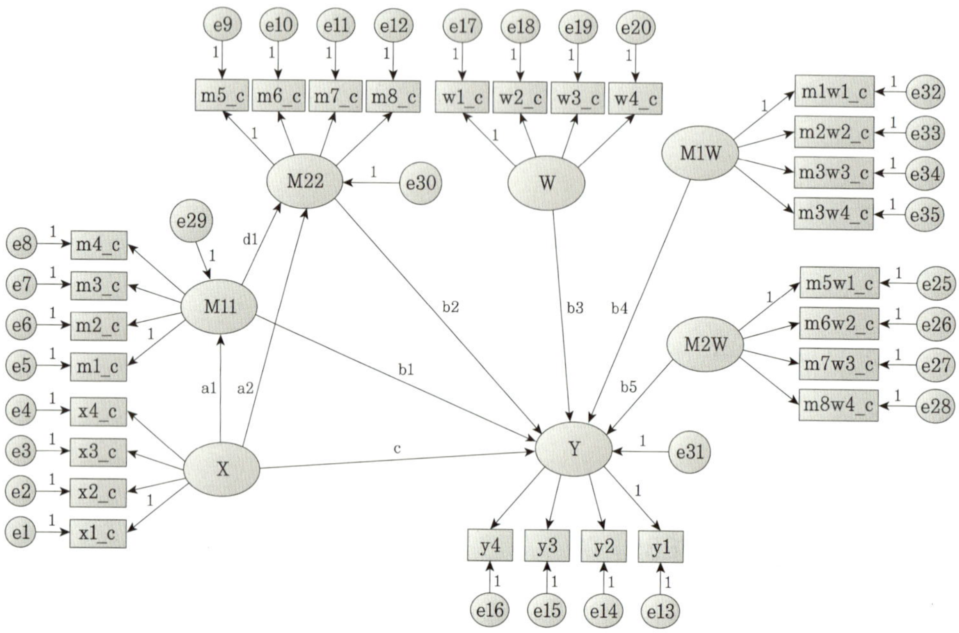

2 [user-defined estimand]에서 다음과 같은 명령문을 작성하고 저장한다.

File Edit Format Help

```
'Index of moderated mediatiom

IMM1=a1*d1*b5
IMM2=a1*b4
IMM3=a2*b5


'Conditional indirect effects of X on Y via M1 only given values of W

  LWa1b1 = a1*b1 + a1*b4*(-1*1.507)
  MWa1b1 = a1*b1 + a1*b4*(0)
  HWa1b1 = a1*b1 + a1*b4*(1*1.507)


' Conditional indirect effects of X on Y via M2 only given values of W

  LWa2b2 = a2*b2 + a2*b5*(-1*1.507)
  MWa2b2 = a2*b2 + a2*b5*(0)
  HWa2b2 = a2*b2 + a2*b5* (1*1.507)

' Conditional indirect effects of X on Y via M1 And M2 given values of W

  LWa1d1b2 = a1*d1*b2 + a1*d1*b5*(-1*1.507)
  MWa1d1b2 = a1*d1*b2 + a1*d1*b5*(0)
  HWa1d1b2 = a1*d1*b2 + a1*d1*b5*(1*1.507)
```

3 이를 실행하면 다음과 같은 결과를 얻는다.

Output Model_88_1 PROCESS 모델 88 분석 결과

Regression Weights: (Group number 1 - Default model)

			Estimate	S.E.	C.R.	P	Label
M11	<---	X	.255	.062	4.099	***	a1
M22	<---	M11	-.042	.039	-1.072	.284	d1
M22	<---	X	.479	.040	11.848	***	a2
Y	<---	W	.386	.054	7.165	***	b3
Y	<---	X	-.132	.083	-1.599	.110	c
Y	<---	M22	.844	.142	5.928	***	b2
Y	<---	M2W	.245	.071	3.475	***	b5
Y	<---	M11	.111	.057	1.957	.050	b1
Y	<---	M1W	.111	.039	2.866	.004	b4

User-defined estimands: (Group number 1 - Default model)

Parameter	Estimate	Lower	Upper	P
IMM1	-.003	-.012	.002	.196
IMM2	.028	.009	.062	.005
IMM3	.118	.039	.205	.003
LWa1b1	-.014	-.068	.029	.448
MWa1b1	.028	-.013	.087	.152
HWa1b1	.071	.011	.163	.025
LWa2b2	.228	.040	.431	.014
MWa2b2	.405	.245	.620	.001
HWa2b2	.582	.342	.874	.001
LWa1d1b2	-.005	-.024	.003	.186
MWa1d1b2	-.009	-.034	.006	.217
HWa1d1b2	-.013	-.049	.009	.231

4 IMM2와 IMM3만 유의적인 것으로 나타났다.

1.9 PROCESS 모델 91의 개요

PROCESS 모델 91의 개념적 모델과 통계적 모델은 [그림 16-9(a)], [그림 16-9(b)]와 같다.

그림 16-9 | PROCESS 모델 91

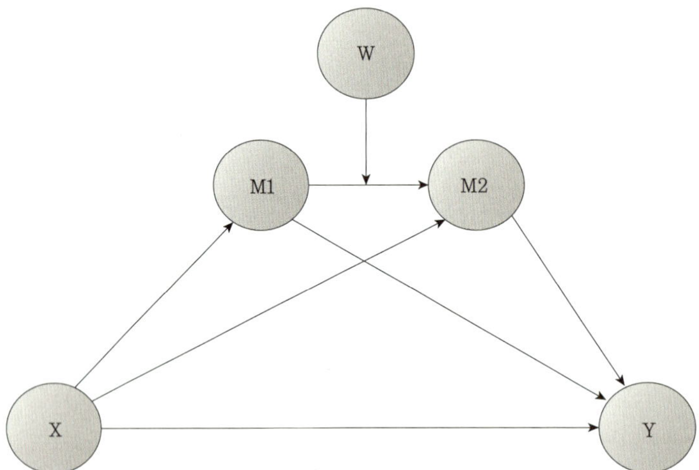

(a) 개념적 모델

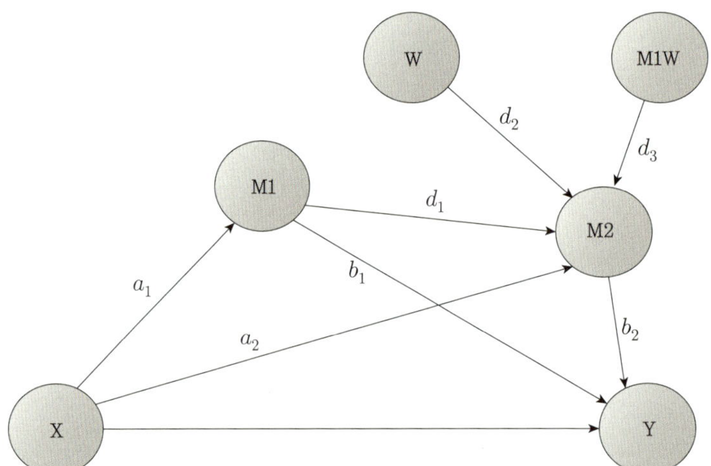

(b) 통계적 모델

조절된 매개지수(index of moderated mediation)는 다음과 같다.

① IMM1: $a_1 \times d_3 \times b_2$

조건부 간접효과는 다음과 같다.

① CIE1($X \rightarrow M1 \rightarrow M2 \rightarrow Y$): $a_1 \times d_1 \times b_2 + a_1 \times d_3 \times b_2 \times W$

1.10 PROCESS 모델 91의 예

[그림 16-10]의 PROCESS 모델 91을 분석하기로 한다.

그림 16-10 ▌PROCESS 모델 91

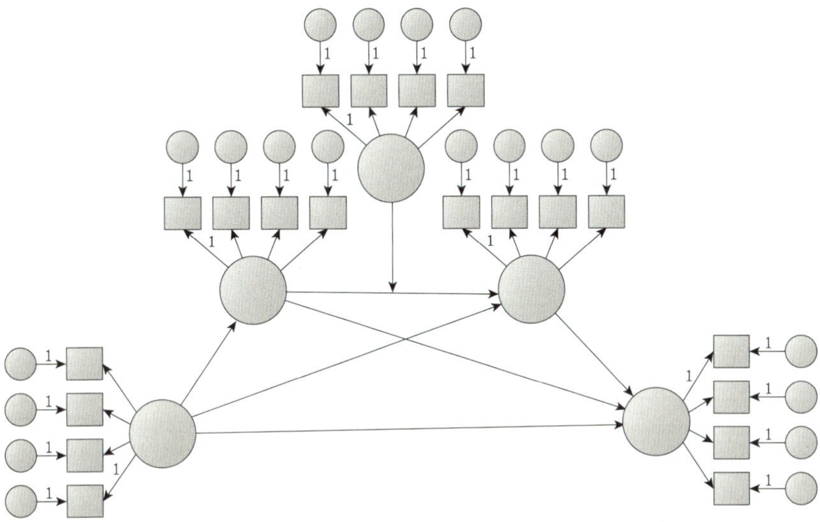

1 [Input Model_91_1]과 같은 경로도를 그리고, 경로에 명칭을 부여한다.

Input Model_91_1 PROCESS 모델 91

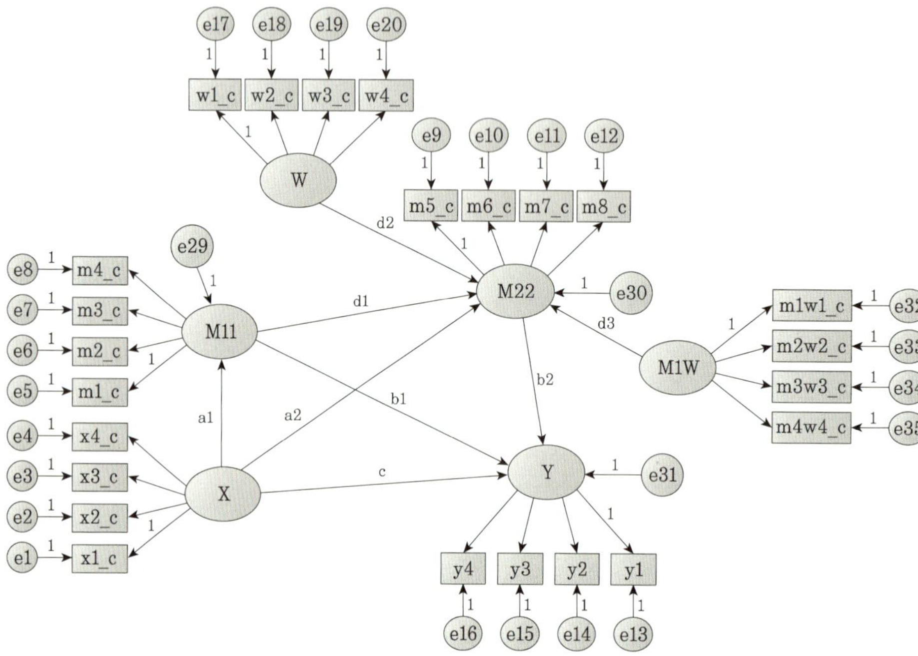

2 다음과 같은 명령문을 작성하고 저장한다.

File Edit Format Help

```
'Index of moderated mediatiom

IMM1=a1*d3*b2


' Conditional indirect effects of X on Y via M1 And M2 given values of W

  LWa1d1b2 = a1*d1*b2 + a1*d3*b2*(-1*1.50)
  MWa1d1b2 = a1*d1*b2 + a1*d3*b2*(0)
  HWa1d1b2 = a1*d1*b2 + a1*d3*b2*(1*1.50)
```

3 이를 실행하면 다음과 같은 결과를 얻는다.

Output Model_91_1 PROCESS 모델 91 분석 결과

Regression Weights: (Group number 1 - Default model)

			Estimate	S.E.	C.R.	P	Label
M11	<---	X	-.470	.094	-5.029	***	a1
M22	<---	M11	.636	.054	11.725	***	d1
M22	<---	X	-.041	.054	-.762	.446	a2
M22	<---	W	.219	.036	6.088	***	d2
M22	<---	M1W	.117	.029	4.064	***	d3
Y	<---	X	-.191	.052	-3.663	***	c
Y	<---	M11	.193	.070	2.768	.006	b1
Y	<---	M22	.649	.089	7.263	***	b2

User-defined estimands: (Group number 1 - Default model)

Parameter	Estimate	Lower	Upper	P
IMM1	-.036	-.084	-.010	.001
LWa1d1b2	-.141	-.401	-.060	.000
MWa1d1b2	-.194	-.481	-.091	.000
HWa1d1b2	-.248	-.579	-.112	.001

4 조절된 매개지수가 유의적이다. 따라서 조건부 간접효과를 검토한다. 조절변수의 수준이 증가할수록 음(-)의 매개효과가 커진다.

2 병렬다중매개모델의 조절된 매개효과분석

Hayes(2018)는 병렬다중매개모델에 대해서는 기술하지 않고 있어 그와 관련된 모델 넘버는 명명되어 있지 않다.

2.1 병렬다중매개모델: 예 1

[그림 16-11]의 병렬다중매개모델을 분석하기로 한다.

그림 16-11 ▌병렬다중매개모델: 예 1

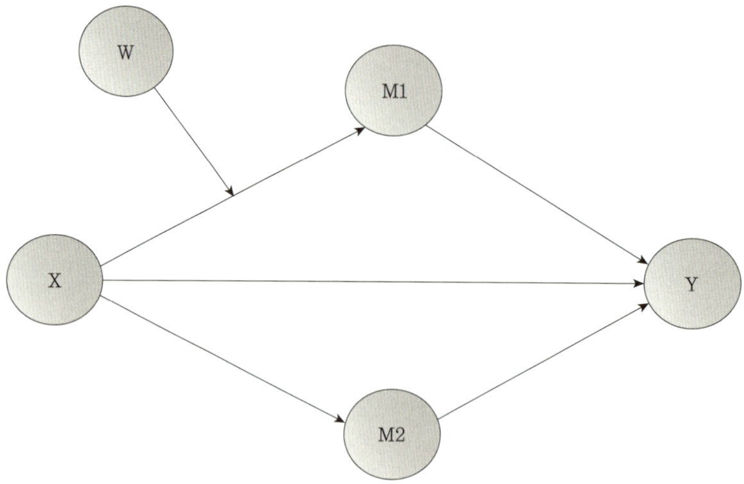

1 [그림 16-11] 모델을 분석하기 위한 입력파일은 [Input Model_parallel]과 같다.

Input Model_parallel 병렬다중매개모델

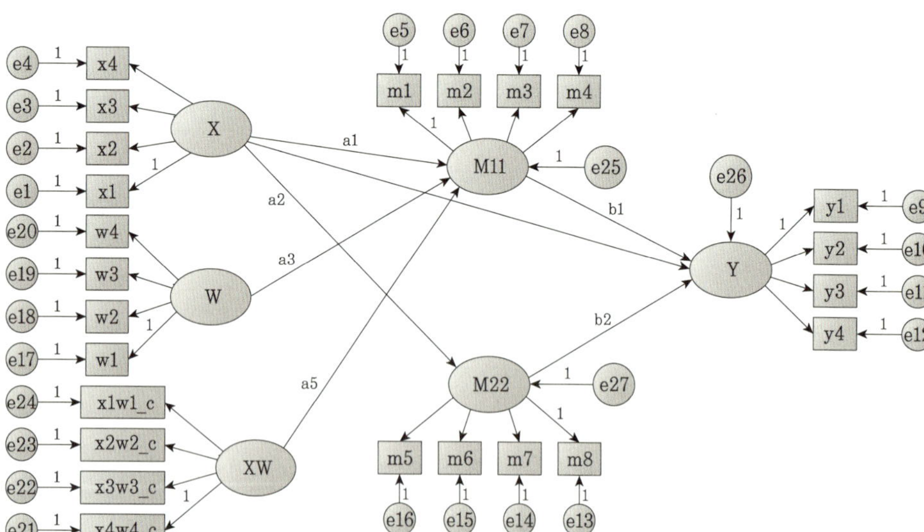

이 모델의 조절된 매개지수는 다음과 같다.

① IMM: $a_5 b_1$

조건부 간접효과는 다음과 같다.

① CIE($X \rightarrow M1 \rightarrow Y$): $(a_1 + a_5 W)b_1 = a_1 b_1 + a_5 b_1 W$

2 다음과 같은 명령문을 작성하고 저장한다.

File Edit Format Help

```
'multiple parallel model 1

'Conditional indirect effect

'omega=(a1+ a5*W)*b1 =a1*b1 +a5*b1* W

cie_low=a1*b1+a5*b1*(-1*1.504)
cie_medium=a1*b1+a5*b1*(0)
cie_high=a1*b1+a5*b1*(1*1.504)

'Index of Moderated mediation
IMM=a5*b1

'specific indirect effect

SIE=a1*b1
```

3 이를 실행하면 다음과 같은 결과를 얻는다.

Output Model_parallel 병렬다중매개모델 분석 결과

Regression Weights: (Group number 1 - Default model)

			Estimate	S.E.	C.R.	P	Label
M11	<---	X	-.125	.048	-2.589	.010	a1
M11	<---	W	.714	.063	11.419	***	a3
M11	<---	XW	.115	.039	2.935	.003	a5
M22	<---	X	.607	.049	12.270	***	a2
Y	<---	M11	.331	.058	5.741	***	b1
Y	<---	M22	.765	.122	6.258	***	b2
Y	<---	X	-.069	.089	-.781	.435	

User-defined estimands: (Group number 1 - Default model)

Parameter	Estimate	Lower	Upper	P
cie_low	-.098	-.189	-.039	.002
cie_medium	-.041	-.096	-.007	.019
cie_high	.016	-.025	.069	.416
IMM	.038	.014	.071	.004
SIE	-.041	-.096	-.007	.019

4 이 분석을 모든 적지표 접근법으로 하기로 한다. 이를 위한 입력파일이 [Input Model_parallel_1_1]이다.

Input Model_parallel_1_1 병렬다중매개모델

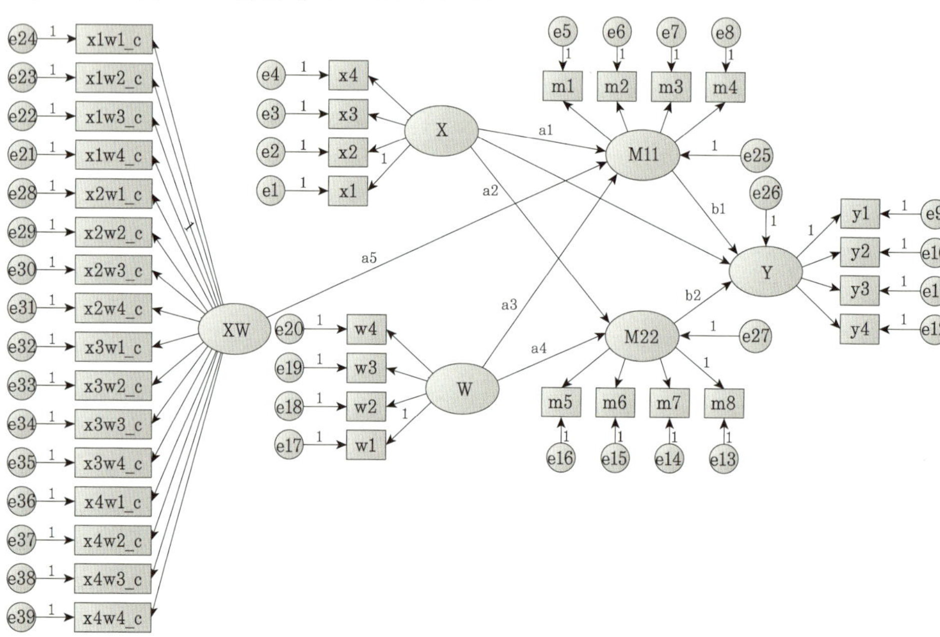

5 이를 실행하면 다음과 같은 결과를 얻는다.

Output Model_parallel_1_1 병렬다중매개모델 분석 결과

Regression Weights: (Group number 1 - Default model)

			Estimate	S.E.	C.R.	P	Label
M11	<---	X	-.123	.048	-2.560	.010	a1
M11	<---	W	.717	.063	11.462	***	a3
M11	<---	XW	.093	.031	3.027	.002	a5
M22	<---	X	.607	.046	10.430	***	a2
Y	<---	M11	.331	.058	5.757	***	b1
Y	<---	M22	.765	.122	6.260	***	b2
Y	<---	X	-.069	.089	-.782	.434	

User-defined estimands: (Group number 1 - Default model)

Parameter	Estimate	Lower	Upper	P
cie_low	-.087	-.165	-.034	.001
cie_medium	-.041	-.093	-.007	.021
cie_high	.005	-.034	.049	.784
IMM	.031	.013	.056	.003
SIE	-.041	-.093	-.007	.021

6 조절된 매개지수가 유의적이므로 $X \rightarrow M1 \rightarrow Y$의 매개효과가 W의 수준에 따라 차이가 있다. 조절변수 수준이 커질수록 매개효과가 커지는 것을 알 수 있다.

2.2 병렬다중매개모델: 예 2

그림 16-12 병렬다중매개모델: 예 2

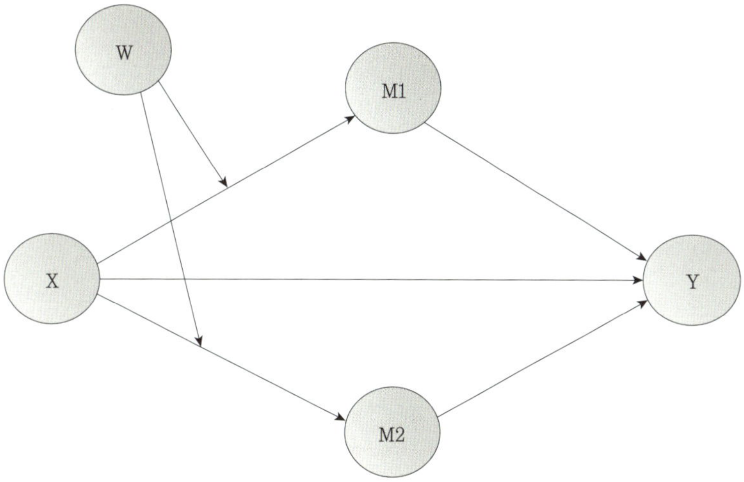

[그림 16-12]를 분석하기 위한 경로도는 [그림 16-13]과 같다.

그림 16-13 | 병렬다중매개모델

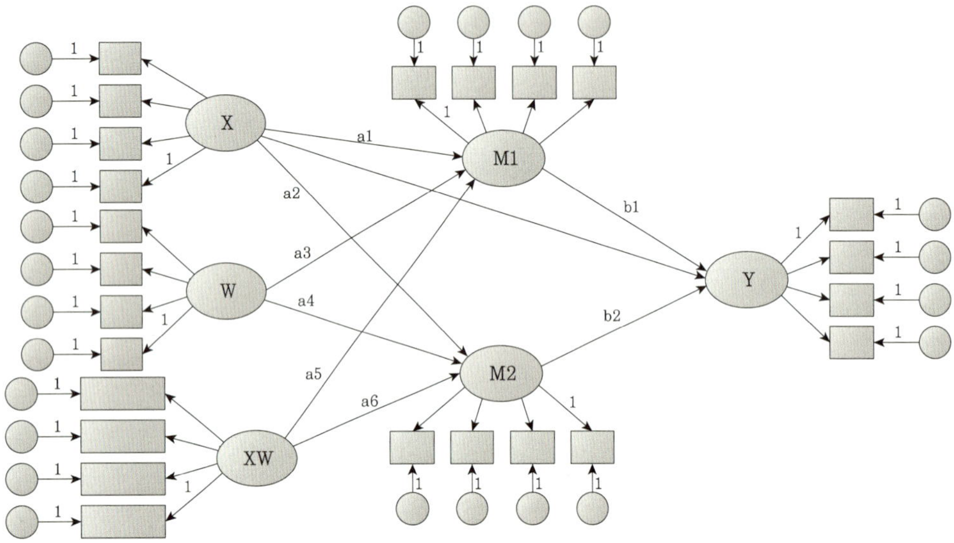

$X \rightarrow M1 \rightarrow Y$의 조건부 간접효과($\omega$)는 다음과 같다.

$$\omega = (a_1 + a_5 W)b_1 = a_1 b_1 + a_5 b_1 W$$

조절된 매개지수는 $a_5 b_1$이다.

$X \rightarrow M2 \rightarrow Y$의 조건부 간접효과($\omega$)는 다음과 같다.

$$\omega = (a_2 + a_6 W)b_2 = a_2 b_2 + a_6 b_2 W$$

조절된 매개지수는 $a_6 b_2$이다.

1 이 모델을 분석하기 위한 입력파일이 [Input model_parallel_2-1]이다.

Input Model_parallel_2-1 병렬다중매개모델

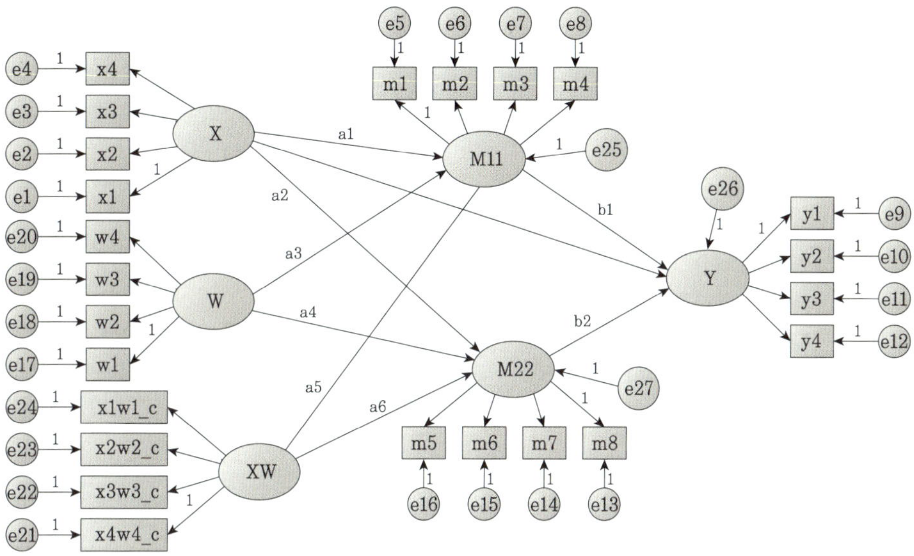

2 다음과 같은 명령문을 작성하고 저장한다.

File Edit Format Help

```
'multiple parallel model 2

'Conditional indirect effect

'omega1=(a1+ a5*W)*b1 =a1*b1 +a5*b1* W;
'omega2=(a2+ a6*W)*b2 =a2*b2 +a6*b2* W

cie1_low=a1*b1+a5*b1*(-1*1.504)
cie1_medium=a1*b1+a5*b1*(0)
cie1_high=a1*b1+a5*b1*(1*1.504)

cie2_low=a2*b2+a6*b2*(-1*1.504)
cie2_medium=a2*b2+a6*b2*(0)
cie2_high=a2*b2+a6*b2*(1*1.504)


'Index of Moderated Mediation
IMM1=a5*b1
IMM2=a6*b2
```

3 이를 실행하면 다음과 같은 결과를 얻는다.

Output Model_parallel_2-1 병렬다중매개모델 분석 결과

Regression Weights: (Group number 1 - Default model)

			Estimate	S.E.	C.R.	P	Label
M11	<---	X	-.113	.049	-2.310	.021	a1
M11	<---	W	.698	.063	11.152	***	a3
M11	<---	XW	.122	.039	3.095	.002	a5
M22	<---	X	.465	.045	10.353	***	a2
M22	<---	W	.232	.043	5.379	***	a4
M22	<---	XW	-.078	.030	-2.582	.010	a6
Y	<---	M11	.312	.060	5.179	***	b1
Y	<---	M22	.783	.121	6.481	***	b2
Y	<---	X	-.076	.075	-1.007	.314	

User-defined estimands: (Group number 1 - Default model)

Parameter	Estimate	Lower	Upper	P
cie1_low	-.092	-.182	-.034	.002
cie1_medium	-.035	-.084	-.003	.033
cie1_high	.022	-.015	.079	.221
cie2_low	.456	.300	.654	.001
cie2_medium	.364	.242	.560	.001
cie2_high	.272	.136	.497	.001
IMM1	.038	.014	.073	.003
IMM2	-.061	-.114	-.009	.025

4 모든 적지표 접근법으로 분석하기 위한 입력파일이 [Input Model_parallel_2]이다.

Input Model_parallel_2_2 병렬다중매개모델

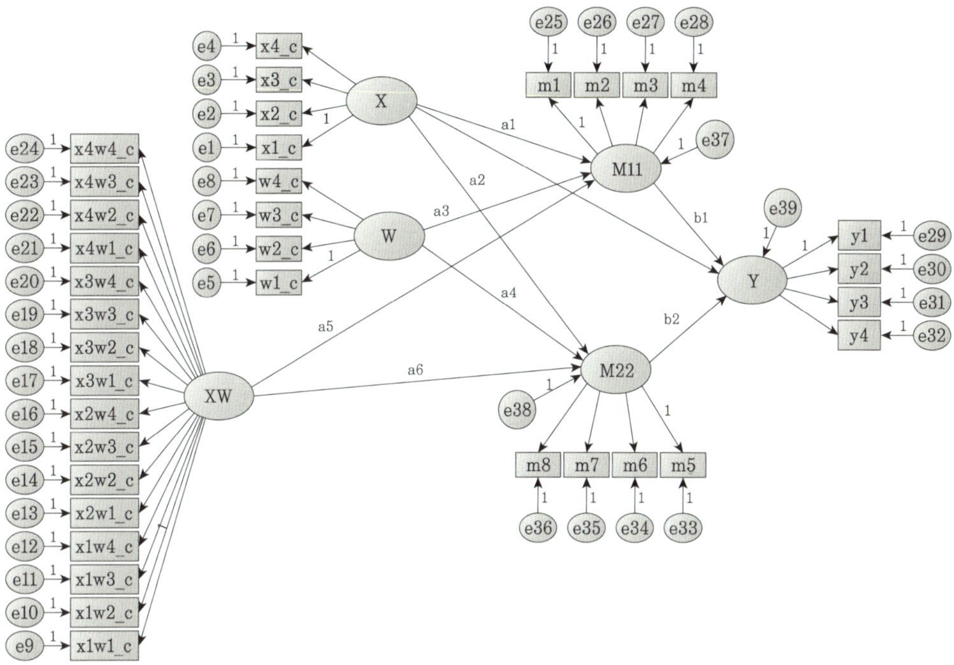

5 이를 실행하면 다음과 같은 결과를 얻는다.

Output Model_parallel_2_2 병렬다중매개모델 분석 결과

Regression Weights: (Group number 1 - Default model)

			Estimate	S.E.	C.R.	P	Label
M11	<---	X	-.112	.049	-2.297	.022	a1
M11	<---	W	.700	.063	11.178	***	a3
M22	<---	W	.180	.034	5.333	***	a4
M11	<---	XW	.105	.035	3.045	.002	a5
M22	<---	X	.364	.035	10.352	***	a2
M22	<---	XW	-.052	.021	-2.513	.012	a6
Y	<---	X	-.075	.076	-.992	.321	
Y	<---	M11	.312	.060	5.171	***	b1
Y	<---	M22	.999	.155	6.458	***	b2

User-defined estimands: (Group number 1 - Default model)

Parameter	Estimate	Lower	Upper	P
cie1_low	-.084	-.162	-.031	.002
cie1_medium	-.035	-.083	-.003	.034
cie1_high	.014	-.022	.063	.403
cie2_low	.442	.299	.639	.001
cie2_medium	.364	.240	.561	.001
cie2_high	.285	.148	.499	.001
IMM1	.033	.014	.060	.003
IMM2	-.052	-.100	-.007	.024

6 두 개의 경로 모두 조절된 매개효과가 있다.

2.3 병렬다중매개모델: 예 3

그림 16-14 | 병렬다중매개모델

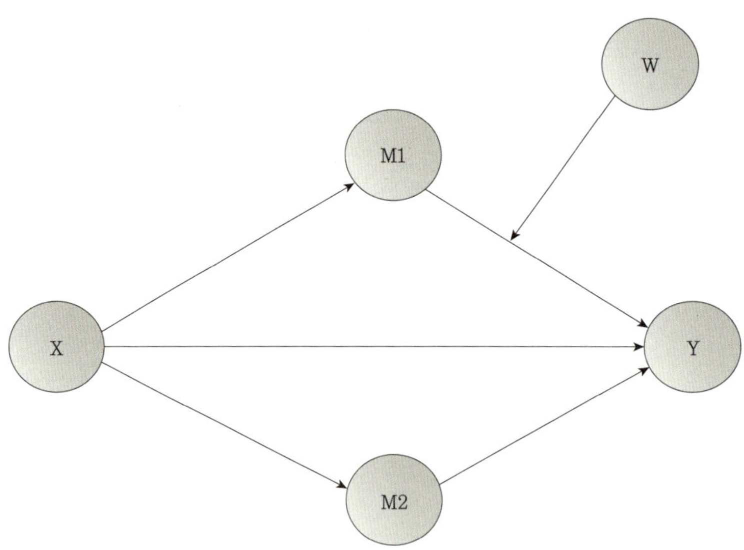

1 위 모델을 분석하기 위한 경로도는 다음과 같다.

Input Model_parallel_3 병렬다중매개모델

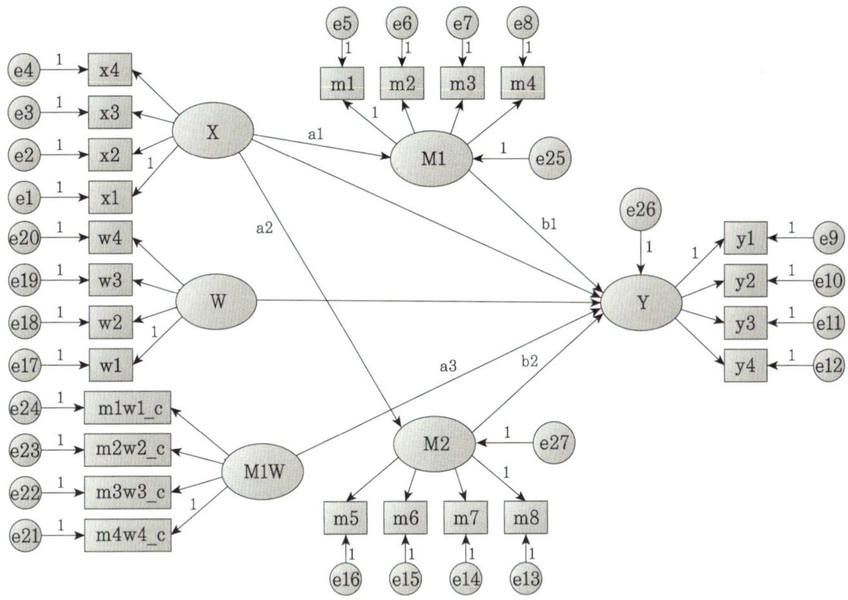

$X \rightarrow M1 \rightarrow Y$의 조건부 간접효과($\omega$)는 다음과 같다.

$$\omega = (a_1 + a_3 W)b_1 = a_1 b_1 + a_3 b_1 W$$

조절된 매개지수는 $a_3 b_1$이다.

2 다음과 같은 명령문을 작성하고 저장한다.

```
File  Edit  Format  Help
'Index of moderated medition
IMM=a3*b1

'Conditional indirect effect

CIE_low=a1*b1+a3*b1*(-1*1.51)
CIE_medium=a1*b1+a3*b1*(0)
CIE_high=a1*b1+a3*b1*(1*1.51)
```

3 이를 분석하면 다음과 같은 결과를 얻는다.

Output Model_parallel_3 병렬다중매개모델 분석 결과

Regression Weights: (Group number 1 - Default model)

			Estimate	S.E.	C.R.	P	Label
M11	<---	X	.251	.062	4.038	***	a1
M22	<---	X	.605	.050	12.193	***	a2
Y	<---	M11	.170	.058	2.936	.003	b1
Y	<---	M22	.534	.109	4.901	***	b2
Y	<---	X	-.100	.082	-1.216	.224	
Y	<---	W	.361	.055	6.617	***	
Y	<---	M1W	.099	.034	2.936	.003	a3

User-defined estimands: (Group number 1 - Default model)

Parameter	Estimate	Lower	Upper	P
IMM	.017	.001	.050	.034
CIE_low	.017	-.006	.065	.114
CIE_medium	.043	.007	.107	.022
CIE_high	.068	.007	.168	.030

4 조절된 매개효과가 있는 것으로 나타났다. 조절변수의 수준이 커질수록 매개효과가 커지는 것으로 나타났다.

2.4 병렬다중매개모델: 예 4

그림 16-15 | 병렬다중매개모델: 예 4

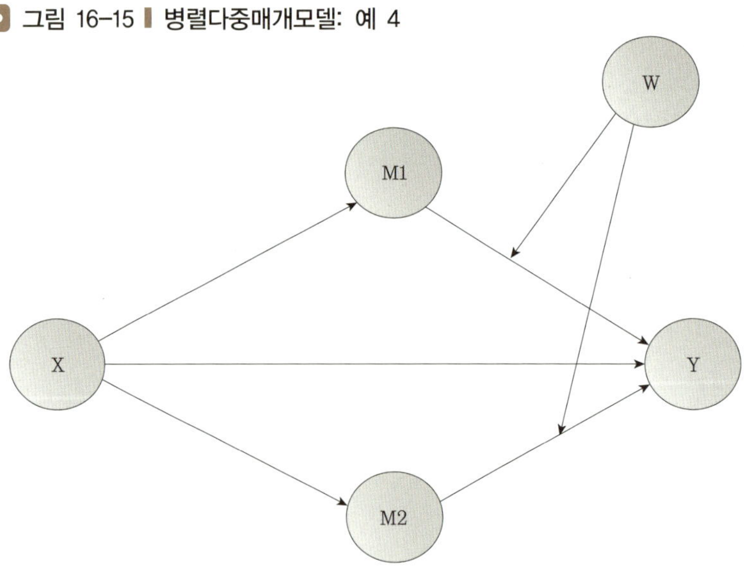

1 위 모델을 분석하기 위한 경로도는 다음과 같다.

Input Model_parallel_4 병렬다중매개모델

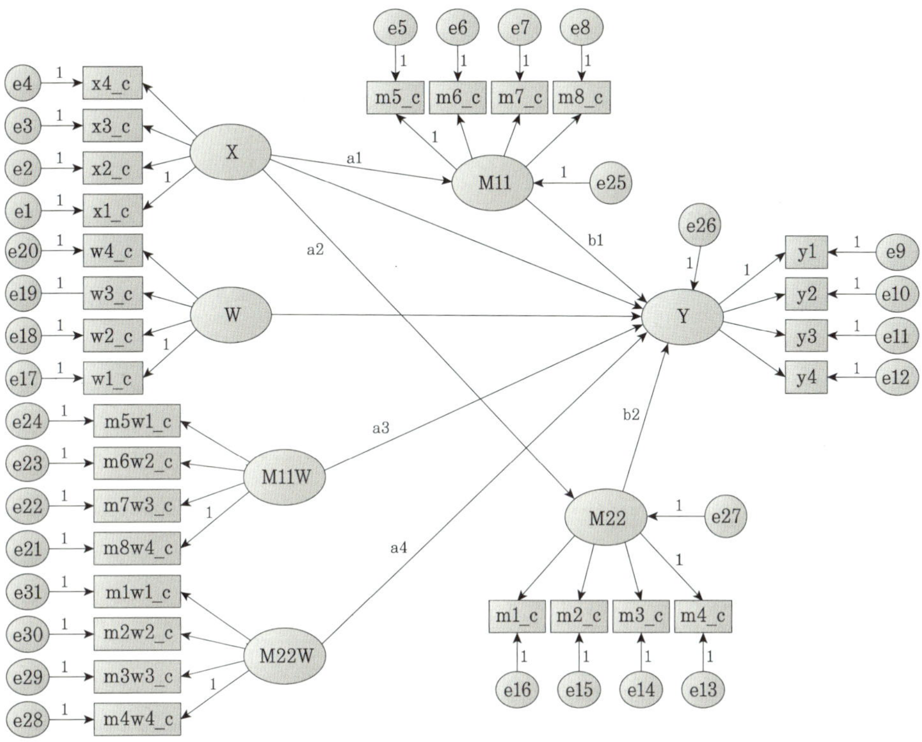

$X \rightarrow M1 \rightarrow Y$의 조건부 간접효과($\omega$)는 다음과 같다.

$$\omega = (a_1 + a_3 W)b_1 = a_1 b_1 + a_3 b_1 W$$

조절된 매개지수는 $a_3 b_1$이다.

$X \rightarrow M2 \rightarrow Y$의 조건부 간접효과($\omega$)는 다음과 같다.

$$\omega = (a_1 + a_4 W)b_2 = a_1 b_2 + a_4 b_2 W$$

조절된 매개지수는 $a_4 b_2$이다.

2 이를 분석하기 위해 다음과 같은 명령문을 작성하고 저장한다.

File Edit Format Help

```
'Parallel model 4

'Conditional indirect effect(omega)

'Omega1=a1*b1+a3*b1*W

cie1_low=a1*b1+a3*b1*(-1*1.509)
cie1_med=a1*b1+a3*b1*(0)
cie1_high=a1*b1+a3*b1*(1*1.509)

'Index of moderated mediation1
Imm1=a3*b1

'Omega2=a1*b2+a4*b2*W

cie2_low=a1*b2+a4*b2*(-1*1.509)
cie2_med=a1*b2+a4*b2*(0)
cie2_high=a1*b2+a4*b2*(1*1.509)

'Index of moderated mediation1
Imm2=a4*b2
```

3 이를 실행하면 다음과 같은 결과를 얻는다.

Output Model_parallel_4 병렬다중매개모델 분석 결과

Regression Weights: (Group number 1 - Default model)

			Estimate	S.E.	C.R.	P	Label
M11	<---	X	.469	.039	12.090	***	a1
M22	<---	X	.272	.067	4.037	***	a2
Y	<---	M11	.839	.141	5.966	***	b1
Y	<---	X	-.128	.081	-1.593	.111	
Y	<---	W	.386	.054	7.170	***	
Y	<---	M11W	.127	.035	3.590	***	a3
Y	<---	M22	.096	.052	1.859	.063	b2
Y	<---	M22W	.094	.033	2.870	.004	a4

User-defined estimands: (Group number 1 - Default model)

Parameter	Estimate	Lower	Upper	P
cie1_low	.233	.103	.416	.002
cie1_med	.394	.241	.607	.001
cie1_high	.554	.296	.905	.001
Imm1	.107	.030	.233	.003
cie2_low	.031	−.019	.087	.174
cie2_med	.045	−.032	.120	.235
cie2_high	.059	−.037	.166	.236
Imm2	.009	−.003	.035	.186

4 조절된 매개지수1(imm1)은 유의적이고, 조절된 매개지수2(imm2)는 유의적이지 않은 것으로 나타났다. 따라서 $X \rightarrow M1 \rightarrow Y$의 매개효과는 조절변수 W의 수준에 따라 달라지고, $X \rightarrow M2 \rightarrow Y$의 매개효과는 조절변수 W의 수준에 따라 달라지지 않는다고 해석한다. 구체적으로 $X \rightarrow M1 \rightarrow Y$의 매개효과는 조절변수 W의 수준이 높을수록 커지는 것으로 나타났다.

참고문헌

배병렬 (2021). SPSS/PROCESS에 의한 조절효과 및 매개효과분석: 이론과 실제. 도서출판 청람.

이형권 (2018). *Mplus*를 이용한 매개효과와 조절효과 및 조절된 매개효과 분석. 신영사.

Feng, Q., Song, Q., Zhang, L., Zheng, S., & Pan, J. (2020). Integration of moderation and mediation in a latent variable framework: A comparison of estimation approaches for the second-stage moderated mediation model. *Frontiers in Psychology, 10*, 1-24.

Hayes, A. F. (2018). *Introduction to mediation, moderation, and conditional process analysis: A regression-based approach* (2nd ed.). Guilford Press.

Hayes, A. F. (2022). *Introduction to mediation, moderation, and conditional process analysis: A regression-based approach* (3rd ed.). Guilford Press.

Hayes, A. F., & Preacher, K. J. (2013). Conditional process modeling: Using structural equation modeling to examine contingent causal processes. In G. R. Hancock & R. O. Mueller (Eds.), *Structural equation modeling: A second course* (2nd ed., pp. 219-266). Information Age Publishing.

Chapter 17

조절된 조절된 매개효과분석

1. 조절된 조절된 매개효과분석의 의의
2. PROCESS 모델 11
3. PROCESS 모델 18
4. PROCESS 모델 21

CHAPTER 17

조절된 조절된 매개효과분석

1 조절된 조절된 매개효과분석의 의의

조절된 조절된 매개효과분석(moderated moderated mediation effect analysis)에는 2개의 조절변수가 포함된다. 조절된 조절된 매개분석을 통해 제1조절변수(primary moderator: *W*)에 의해 간접효과가 조절되는 경우 제2조절변수(secondary moderator: *Z*)에 의해 다시 조절되는가를 확인하고자 한다. 즉 조절된 매개효과가 다른 조절변수에 의해 조절되는가를 확인하고자 한다. PROCESS에서 조절된 조절된 매개모델에 포함되는 것 가운데 PROCESS 모델 11, PROCESS 모델 18, PROCESS 모델 21을 중심으로 살펴보기로 한다.

2 PROCESS 모델 11

2.1 PROCESS 모델 11의 개요

PROCESS 모델 11의 개념적 모델과 통계적 모델은 각각 [그림 17-1(a)], [그림 17-1(b)]와 같다.

그림 17-1 | PROCESS 모델 11

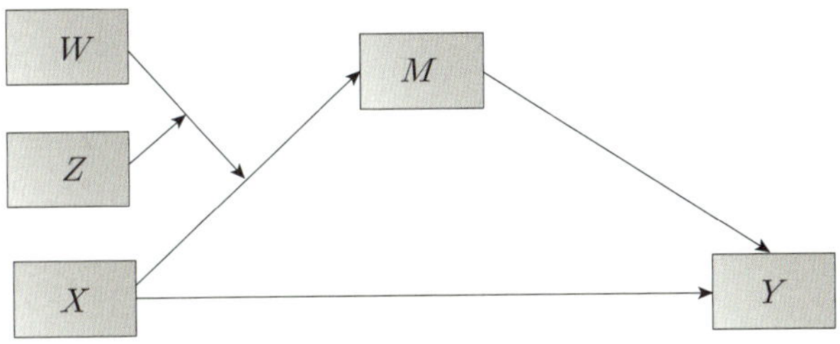

(a) 개념적 모델

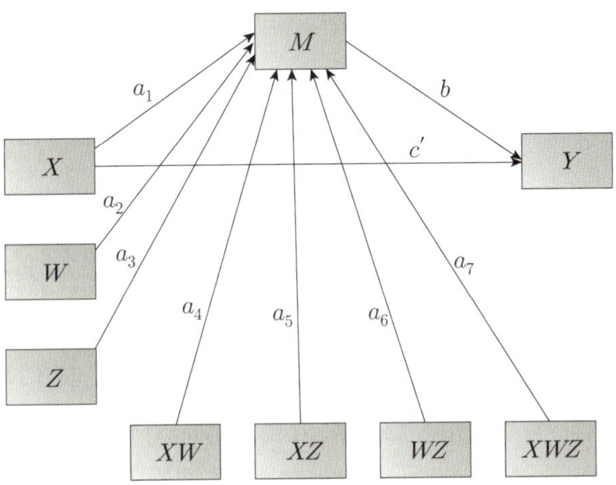

(b) 통계적 모델

통계적 모델은 다음과 같은 회귀식으로 나타낼 수 있다.

$$M = i_M + a_1 X + a_2 W + a_3 Z + a_4 XW + a_5 XZ + a_6 WZ + a_7 XWZ \quad (1)$$

$$Y = i_M + c' X + bM \quad (2)$$

식(1)을 X의 관점에서 정리하면 식(3)과 같다.

$$M = i_M + a_2 W + a_3 Z + a_6 WZ + (a_1 + a_4 W + a_5 Z + a_7 WZ)X \quad (3)$$

식(3)에서 X가 M에 미치는 조건부 효과는 다음과 같다.

$$\theta_{X \to M} = a_1 + a_4 W + a_5 Z + a_7 WZ \quad (4)$$

식(4)를 통해 X가 M에 미치는 효과는 W와 Z에 의존함을 알 수 있다.
식(2)에서 M이 Y에 미치는 효과는 b이다. 따라서 X가 M에 미치는 효과와 M이 Y에 미치는 조건부 효과는 다음과 같다.

$$\theta_{X \to M} \times b = (a_1 + a_4 W + a_5 Z + a_7 WZ)b = a_1 b + a_4 b W + a_5 b Z + a_7 b WZ \quad (5)$$

식(5)를 통해 X가 M을 경유해 Y에 미치는 효과는 W, Z, WZ의 함수임을 알 수 있다. W와 Z의 값을 이 식에 대입하면 W와 Z값에 따른 X의 Y에 대한 조건부 간접효과를 얻을 수 있다. 식(5)는 W를 기준으로 다음과 같이 정리할 수 있다.

$$\theta_{X \to M} \times b = a_1 b + a_5 b Z + (a_4 b + a_7 b Z) W \quad (6)$$

식(6)은 X의 간접효과와 W의 관계는 Z의 선형함수($a_4 b + a_7 b Z$)임을 의미한다. $a_4 b + a_7 b Z$는 특정 Z값에 따라 W가 변화하는 경우 X의 Y에 대한 간접효과의 변화율을 계량화한 것이다. 즉 Z의 특정값에 따라 W에 의한 X의 간접효과의 조절효과를 계량화한 것이다. $a_4 b + a_7 b Z$를 **W에 의한 조건부 조절된 매개지수(index of conditional moderated mediation by W)**라고 한다. 특정값 Z에서 W에 의한 조건부 조절된 매개지수가 0과 다르다면 해당 Z값에서 X의 간접효과가 W에 의해 조절된다고 할 수 있다. PROCESS 모델 11에서 $a_7 b$를 **조절된 조절된 매개지수(index of moderated moderated mediation)**라 하며 PROCESS 모델 11의 공식적인 검정통계량이 된다. 이 지수가 95% 신뢰구간에 0을 포함하지 않으면 조절된 조절된 매개효과가 있다고 해석한다.

2.2 PROCESS 모델 11: 예 1

1) PROCESS macro에 의한 분석

[그림 17-2]는 Lange 등(2015)이 연구한 PROCESS 모델 11이다.

그림 17-2 ▌ Lange 등(2015)의 PROCESS 모델 11

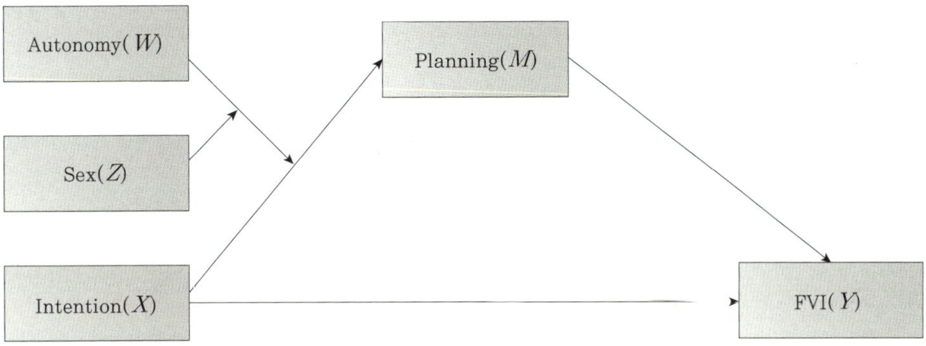

1 가상의 자료를 이용하여 [그림 17-2] 모델을 분석하기로 한다. [그림 17-2]를 분석하기 위해 PROCESS에서 다음과 같이 변수를 지정하고 [Model number]를 [11]로 바꾼다.

PROCESS 대화상자-1 변수지정 및 모델넘버

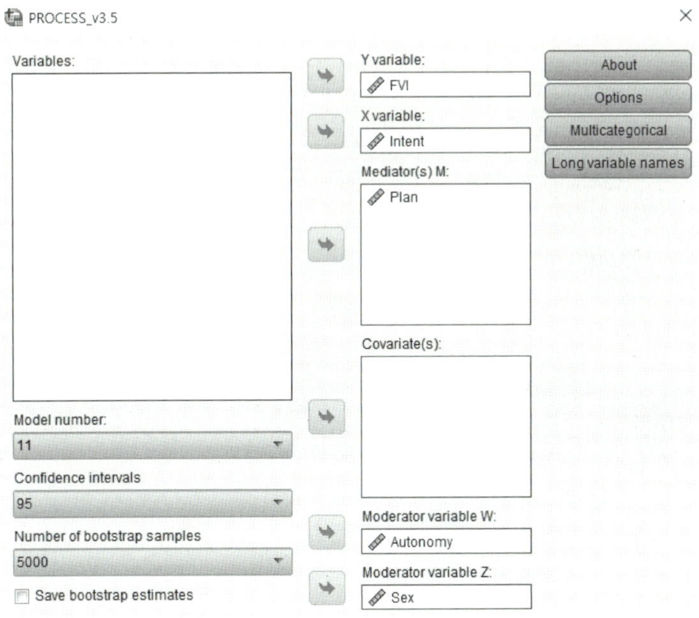

2 이를 분석하면 [PROCESS Output 1]을 얻는다. 이 결과는 변수를 평균중심화해서 얻은 것이다.

PROCESS Output 1 PROCESS 모델 11 분석 결과

```
**************************************************************************
Model  : 11
    Y  : FVI
    X  : Intent
    M  : Plan
    W  : Autonomy
    Z  : Sex

Sample
Size:  600

**************************************************************************
OUTCOME VARIABLE:
 Plan

Model Summary
```

R	R-sq	MSE	F	df1	df2	p
.312	.098	11.694	9.142	7.000	592.000	.000

Model

	coeff	se	t	p	LLCI	ULCI
constant	22.564	.146	154.341	.000	22.276	22.851
Intent(a_1)	.074	.045	1.649	.100	−.014	.162
Autonomy(a_2)	.358	.060	5.926	.000	.239	.476
Int_1(a_4)	.003	.014	.218	.827	−.024	.030
Sex(a_3)	−.096	.295	−.326	.744	−.676	.483
Int_2(a_5)	.000	.092	−.001	.999	−.181	.180
Int_3(a_6)	−.166	.123	−1.354	.176	−.407	.075
Int_4(a_7)	−.086	.029	−3.029	.003	−.143	−.030

```
Product terms key:
 Int_1    :    Intent    x    Autonomy
 Int_2    :    Intent    x    Sex
 Int_3    :    Autonomy  x    Sex
 Int_4    :    Intent    x    Autonomy  x    Sex

Test(s) of highest order unconditional interaction(s):
        R2-chng       F       df1       df2        p
X*W*Z     .014      9.175    1.000    592.000     .003
----------
    Focal predict: Intent    (X)
          Mod var: Autonomy  (W)
          Mod var: Sex       (Z)
```

Test of conditional X*W interaction at value(s) of Z:

Sex	Effect	F	df1	df2	p
-.568	.052	4.883	1.000	592.000	.028
.432	-.034	4.563	1.000	592.000	.033

Conditional effects of the focal predictor at values of the moderator(s):

Autonomy	Sex	Effect	se	t	p	LLCI	ULCI
-2.517	-.568	-.057	.094	-.607	544	-.243	.128
-2.517	.432	.160	.070	2.279	.023	.022	.298
.000	-.568	.074	.073	1.020	.308	-.069	.216
.000	.432	.074	.056	1.310	.191	-.037	.184
2.517	-.568	.205	.093	2.205	.028	.022	.388
2.517	.432	-.013	.068	-.185	.853	-.147	.122

****

OUTCOME VARIABLE:
FVI

Model Summary

R	R-sq	MSE	F	df1	df2	p
.434	.189	10.287	69.444	2.000	597.000	.000

Model

	coeff	se	t	p	LLCI	ULCI
constant	15.395	.846	18.191	.000	13.733	17.057
Intent	.206	.039	5.269	.000	.129	.283
Plan(b)	.355	.037	9.572	.000	.282	.428

************************** DIRECT AND INDIRECT EFFECTS OF X ON Y *************************

Direct effect of X on Y

Effect	se	t	p	LLCI	ULCI
.206	.039	5.269	.000	.129	.283

Conditional indirect effects of X on Y:

INDIRECT EFFECT:
Intent -> Plan -> FVI

Autonomy	Sex	Effect	BootSE	BootLLCI	BootULCI
-2.517	-.568	-.020	.043	-.118	.055
-2.517	.432	.057	.033	.006	.135
.000	-.568	.026	.027	-.028	.081
.000	.432	.026	.025	-.014	.083
2.517	-.568	.073	.030	.022	.143
2.517	.432	-.004	.030	-.058	.064

```
Index of moderated moderated mediation
Index       BootSE     BootLLCI     BootULCI
-.031        .013        -.061         -.009

Indices of conditional moderated mediation by W
  Sex        Index       BootSE      BootLLCI      BootULCI
 -.568        .019         .010          .002           .043
  .432       -.012         .008         -.029           .002
*****************************************************************************************************
```

3 조절된 조절된 매개지수(-.031)값이 95% 신뢰구간([-.061, -.009])에 0을 포함하지 않으므로 조절된 조절된 매개효과가 있다고 해석한다. 구체적으로 *W*(autonomy)에 의해 조절되는 매개효과가 *Z*(sex)에 따라 다르다고 해석한다.

4 *W*에 의한 조건부 조절된 매개지수가 *Z*가 여자인 경우(1=남자, 2=여자)에는 지수값(-.012)이 95% 신뢰구간([-.029, .002])에 0을 포함하므로 조절된 조절된 매개효과가 없다고 해석한다.

2) Amos에 의한 분석

1 Amos로 분석하기 위해 [Input Lange(2015)]와 같은 경로도를 만들고, 경로에 명칭을 부여한다.

Input Lange(2015) Amos에 의한 분석

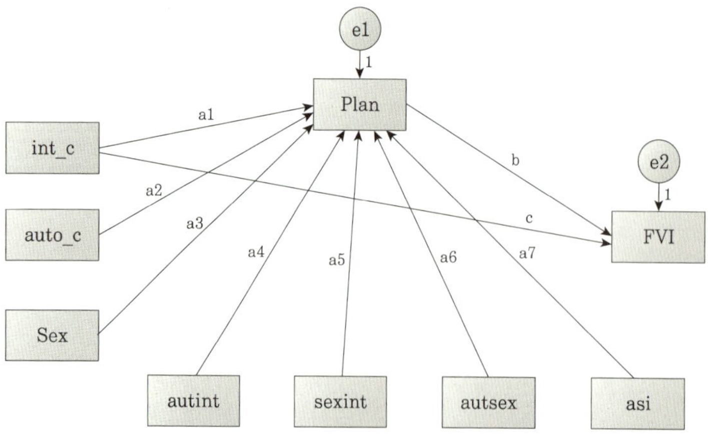

2 [user-defined estimand]에서 다음과 같은 명령문을 작성하고 [Check Syntax]를 해서 문제가 없으면 저장한다.

File Edit Format Help

```
'index of moderated moderated mediaion(IMMM)
IMMM=a7*b

'Conditional indirect effects for each combination of moderator values(W & Z)

  ILOW_LOZ = a1*b + a4*b*(-2.515) + a5*b*(-.495) + a7*b*(-2.515)*(-.495)
  IMEW_LOZ = a1*b + a4*b*(0) + a5*b*(-.495) + a7*b*(0)*(-.495)
  IHIW_LOZ = a1*b + a4*b*(2.515) + a5*b*(-.495) + a7*b*(2.515)*(-.495)

  ILOW_MEZ = a1*b + a4*b*(-2.515) + a5*b*(0) + a7*b*(-2.515)*(0)
  IMEW_MEZ = a1*b + a4*b*(0) + a5*b*(0) + a7*b*(0)*(0)
  IHIW_MEZ = a1*b + a4*b*(2.515) + a5*b*(0) + a7*b*(2.515)*(0)

  ILOW_HIZ = a1*b + a4*b*(-2.515) + a5*b*(.495) + a7*b*(-2.515)*(.495)
  IMEW_HIZ = a1*b + a4*b*(0) + a5*b*(.495) + a7*b*(0)*(.495)
  IHIW_HIZ = a1*b + a4*b*(2.515) + a5*b*(-.495) + a7*b*(2.515)*(.495)

  'index of conditional moderated mediation by W

  ICMM1=a4*b+a7*b*(-.568)
  ICMM2=a4*b+a7*b*(.432)
```

3 이를 실행하면 다음과 같은 결과를 얻는다.

Output Lange(2015) PROCESS 모델 11 분석 결과

Regression Weights: (Group number 1 - Default model)

			Estimate	S.E.	C.R.	P	Label
Plan	<---	int_c	.074	.041	1.805	.071	a1
Plan	<---	auto_c	.358	.055	6.481	***	a2
Plan	<---	Sex	-.096	.280	-.343	.731	a3
Plan	<---	autint	.003	.013	.228	.820	a4
Plan	<---	sexint	.000	.084	-.002	.999	a5
Plan	<---	autsex	-.166	.113	-1.476	.140	a6
Plan	<---	asi	-.086	.026	-3.299	***	a7
FVI	<---	Plan	.355	.037	9.641	***	b
FVI	<---	int_c	.206	.039	5.333	***	c

User-defined estimands: (Group number 1 - Default model)

Parameter	Estimate	Lower	Upper	P
IMMM	-.031	-.061	-.008	.007
ILOW_LOZ	-.015	-.097	.057	.731
IMEW_LOZ	.026	-.015	.083	.227
IHIW_LOZ	.067	.021	.136	.003
ILOW_MEZ	.024	-.020	.083	.275

IMEW_MEZ	.026	−.003	.074	.079
IHIW_MEZ	.029	−.011	.085	.153
ILOW_HIZ	.062	.010	.151	.013
IMEW_HIZ	.026	−.015	.087	.216
IHIW_HIZ	−.009	−.074	.055	.792
ICCM1	.019	.002	.044	.028
ICCM2	−.012	−.031	.002	.081

4 조절된 조절된 매개지수(IMMM) 값이 PROCESS macro 분석과 동일한 결과를 얻는다. PROCESS 모델 11의 해석은 a_4, a_7, 조절된 조절된 매개지수의 부호를 토대로 한다. 즉 *W*와 관련된 a_4의 부호가 정적(+), *Z*와 관련된 a_7의 부호가 부적(−), 조절된 조절된 매개지수가 정적(+)이므로 *W*(autonomy)가 증가하고, *Z*(sex)가 여자일수록(0=여자, 1=남자) 'Intention → Planning → FVI'의 매개효과는 증가한다고 해석한다.

2.3 PROCESS 모델 11: 예 2

[그림 17-3] 모델을 대상으로 Amos로 PROCESS 모델 11을 분석하기로 한다.

그림 17-3 | PROCESS 모델 11

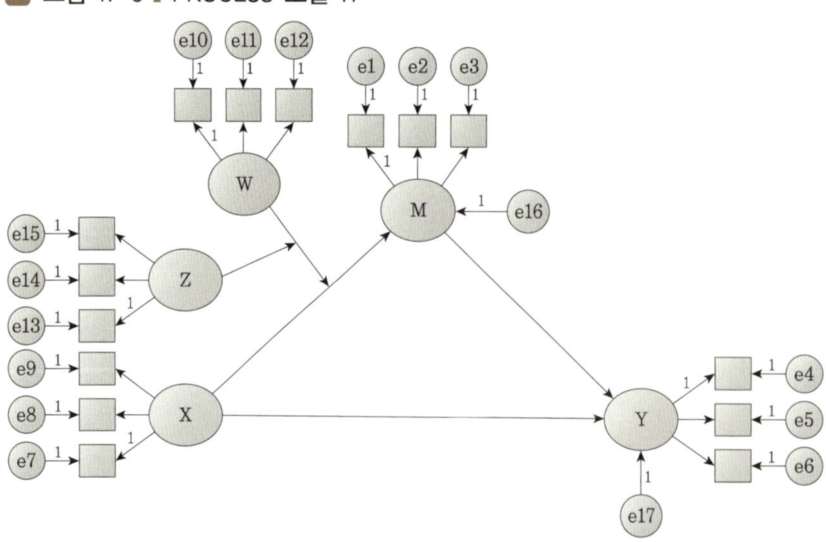

1 [Input Model_p11_1]과 같은 경로도를 그리고, 경로에 명칭을 부여한다. 이 분석은 대응된 쌍 접근법을 따른 것이다.

Input Model_p11_1 PROCESS 모델 11

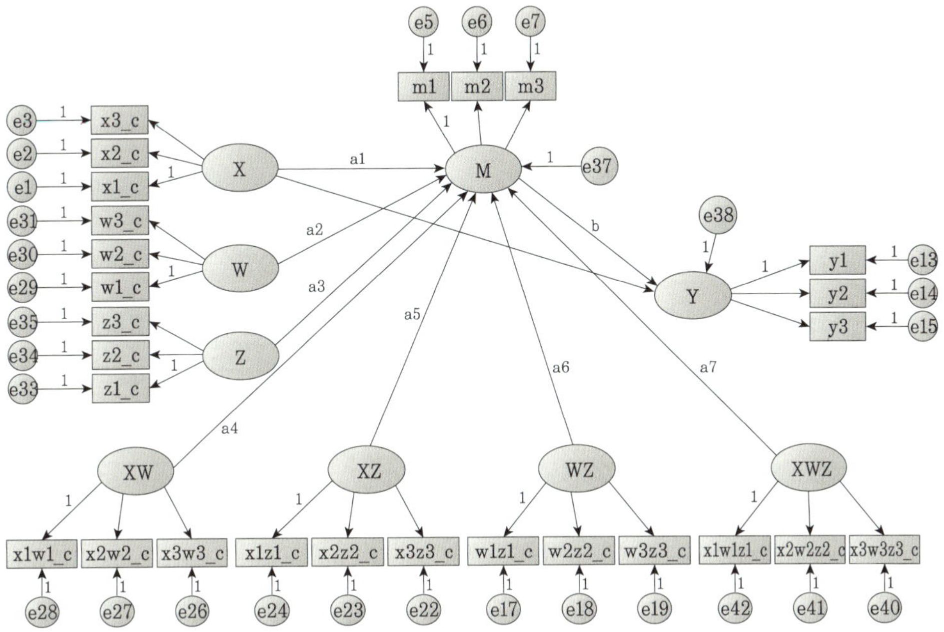

2 [user-defined estimand]에서 조절된 조절된 매개지수를 얻기 위해 명령문을 작성한다.

```
IMMM=a7*b
```

3 이를 실행하면 다음과 같은 값을 얻는다. 조절된 조절된 매개지수가 유의적이지 않다.

Output Model_p11_1 PROCESS 모델 11 분석 결과

User-defined estimands: (Group number 1 - Default model)

Parameter	Estimate	Lower	Upper	P
IMMM	.005	-.028	.049	.778

4 이를 모든 적지표 접근법으로 분석하기로 한다. 이를 위한 입력파일이 [Input Model_p11_3]이다.

Input Model_p11_3 PROCESS 모델 11

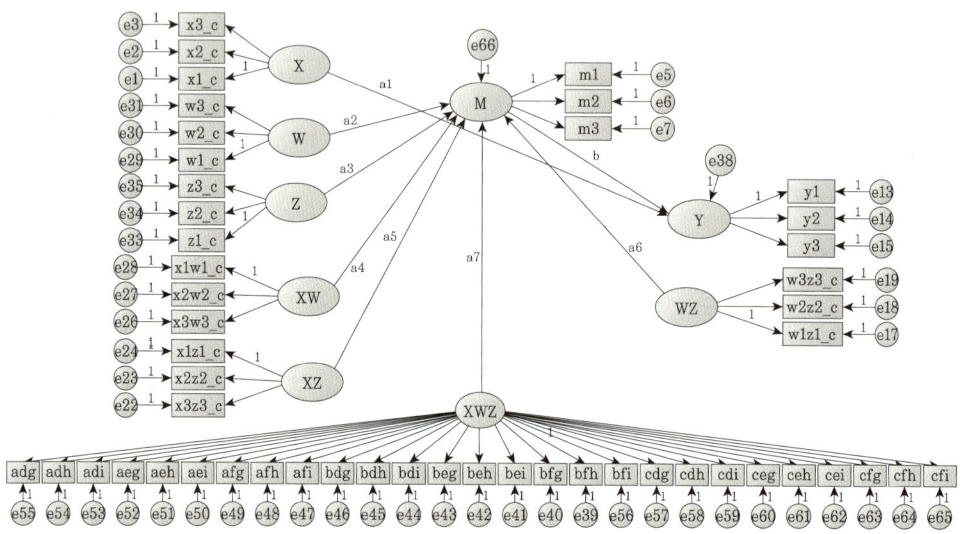

5 [user-defined estimand]에서 조절된 매개지수를 얻기 위해 명령문을 작성하고 실행하면 다음과 같은 값을 얻는다. 조절된 조절된 매개지수가 큰 차이가 없다.

Output Model_p11_3 PROCESS 모델 11 분석 결과

User-defined estimands: (Group number 1 - Default model)

Parameter	Estimate	Lower	Upper	P
IMMM	.014	-.033	.069	.516

2.4 PROCESS 모델 11: 예 3

[그림 17-4] 모델을 대상으로 PROCESS 모델 11을 분석하기로 한다.

그림 17-4 | PROCESS 모델 11

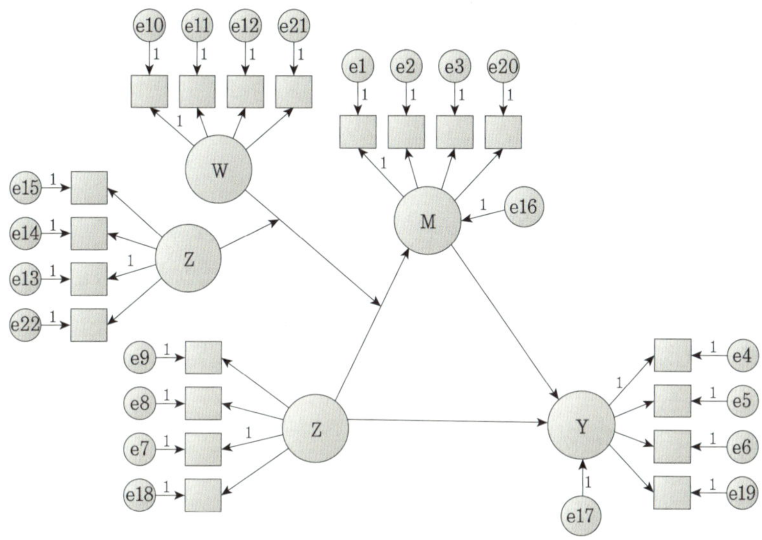

1. [그림 17-4]를 Amos로 모든 적지표 접근법으로 분석하는 데에는 한계가 있다. 왜냐하면 2원상호작용(XW, XZ, WZ)으로 지표를 만들기 위해서는 각각 16개(4×4)의 지표가 있어야 되고, 3원상호작용(XWZ)인 경우에는 64개(4×4×4)의 지표가 필요하기 때문이다.
2. 따라서 대응된 쌍 접근법을 이용하여 분석하기로 한다. 이를 위한 입력파일이 [Input Model_p11_4]이다.

Input Model_p11_4 PROCESS 모델 11

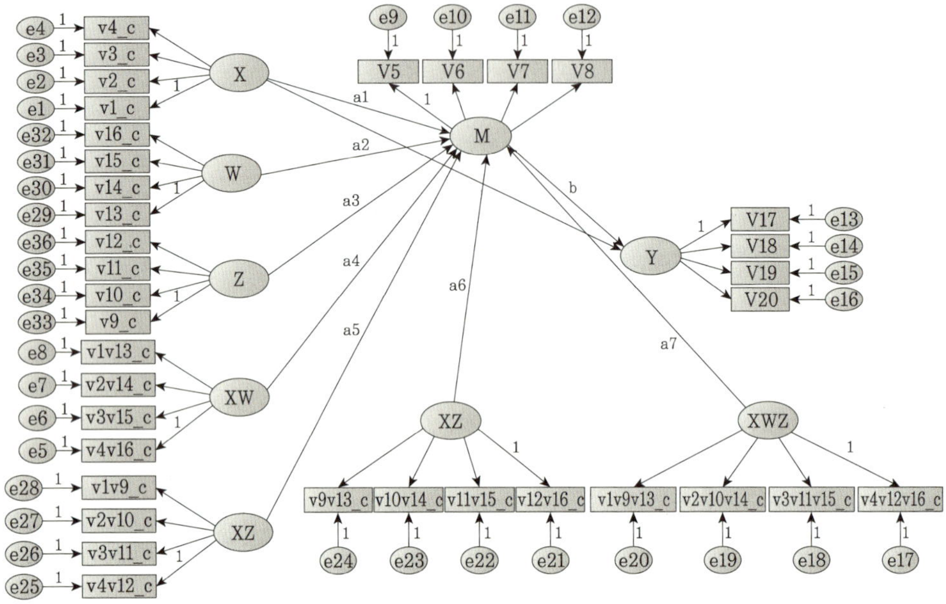

3 조절된 조절된 매개지수를 추정하면 다음과 같은 값을 얻는다. 조절된 조절된 매개지수가 유의적이지 않은 것으로 나타났다.

Output Model_p11_4 PROCESS 모델 11 분석 결과

User-defined estimands: (Group number 1 - Default model)

Parameter	Estimate	Lower	Upper	P
IMMM	.023	-.163	.204	.849

3 PROCESS 모델 18

3.1 PROCESS 모델 18의 개요

PROCESS 모델 18의 개념적 모델과 통계적 모델은 각각 [그림 17-5(a)], [그림 17-5(b)]와 같다. PROCESS 모델 18은 조절된 매개의 조절이 M과 Y 간에 발생한다.

그림 17-5 | PROCESS 모델 18

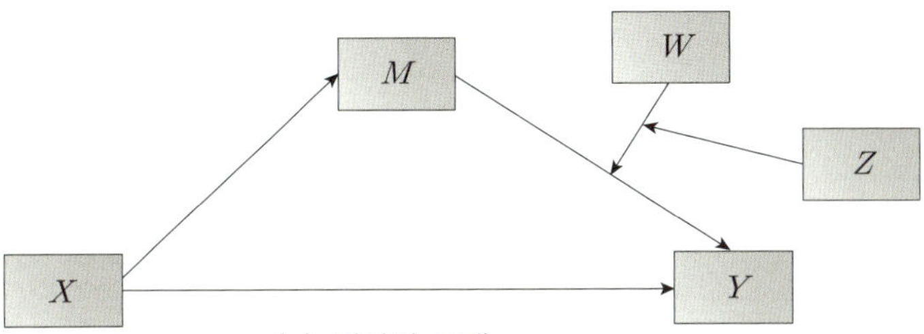

(a) 개념적 모델

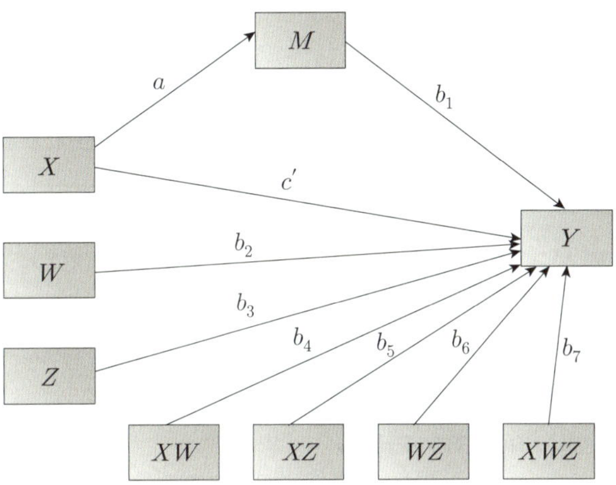

(b) 통계적 모델

통계적 모델은 다음과 같은 회귀식으로 나타낼 수 있다.

$$M = i_M + aX \tag{7}$$

$$Y = i_Y + c'X + b_1M + b_2W + b_3Z + b_4MW + b_5MZ + b_6WZ + b_7MWZ \tag{8}$$

식(7)에서 X가 M에 미치는 효과는 a이고, 식(8)에서 M이 Y에 미치는 조건부 효과는 다음과 같다.

$$\theta_{M \to Y} = b_1 + b_4W + b_5Z + b_7WZ \tag{9}$$

이 둘(a, $\theta_{M \to Y}$)의 곱은 X의 간접효과가 된다.

$$a\theta_{M\to Y} = a(b_1 + b_4 W + b_5 Z + b_7 WZ) = ab_1 + ab_4 W + ab_5 Z + ab_7 WZ \qquad (10)$$

W를 제1조절변수로 하는 경우 W에 의한 조건부 조절된 매개지수는 $ab_4 + ab_7 Z$이고 Z를 제1조절변수로 하는 경우 Z에 의한 조건부 조절된 매개지수는 $ab_5 + ab_7 W$이다. 이 둘에 모두 포함되는 ab_7이 조절된 조절된 매개지수(index of moderated moderated mediation)이다. ab_7가 0과 다르다는 추론은 X의 간접효과가 W에 의해 조절된 조절효과는 Z에 의존한다고 할 수 있다.

3.2 PROCESS 모델 18: 예 1

1) PROCESS macro에 의한 분석

[그림 17-6]은 Krieger & Sarge(2013)가 연구한 PROCESS 모델 18이다.

그림 17-6 | Krieger & Sarge(2013)의 PROCESS 모델 18

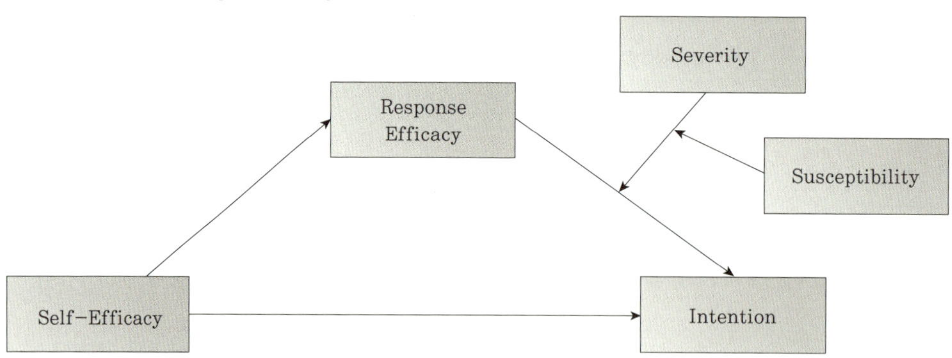

1 가상의 자료를 이용하여 위 모델을 분석하기로 한다. [그림 17-6]을 분석하기 위해 PROCESS에서 다음과 같이 변수를 지정하고 [Model number]를 [18]로 바꾼다.

PROCESS 대화상자-2 변수지정 및 모델넘버

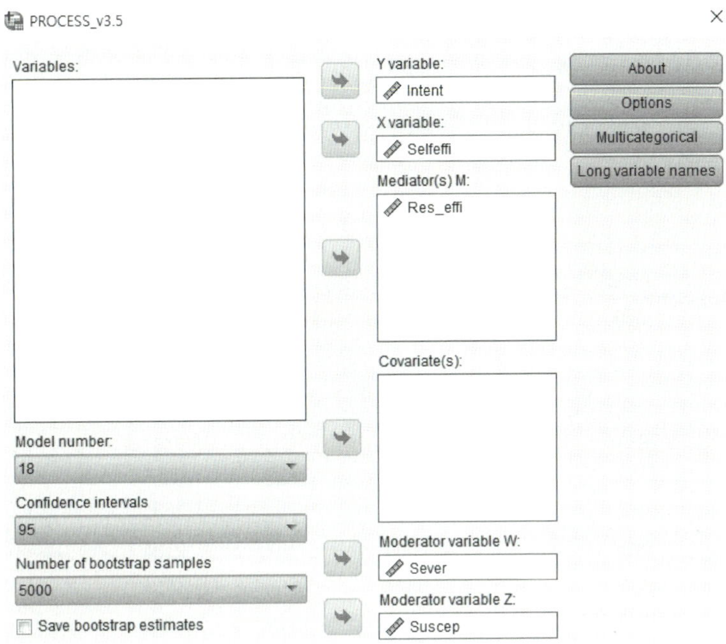

2 이를 분석하면 [PROCESS Output 2]를 얻는다. 이 분석은 모든 변수를 평균중심화해서 얻은 결과이다.

PROCESS Output 2 PROCESS 모델 18 분석 결과

```
**************************************************************************************************
Model  : 18
    Y  : Intent
    X  : Selfeffi
    M  : Res_effi
    W  : Sever
    Z  : Suscep

Sample
Size:  700

**************************************************************************************************
OUTCOME VARIABLE:
 Res_effi
Model Summary
          R       R-sq        MSE          F        df1        df2          p
      .1579      .0249      .6571    17.8546     1.0000   698.0000      .0000
```

Model

	coeff	se	t	p	LLCI	ULCI
constant	-.9936	.2371	-4.1900	.0000	-1.4591	-.5280
Selfeffi	.1604	.0380	4.2255	.0000	.0859	.2349

****

OUTCOME VARIABLE:
Intent

Model Summary

R	R-sq	MSE	F	df1	df2	p
.4169	.1738	.8606	18.1721	8.0000	691.0000	.0000

Model

	coeff	se	t	p	LLCI	ULCI
constant	5.6786	.2880	19.7139	.0000	5.1130	6.2441
Selfeffi	.0056	.0463	.1216	.9032	-.0853	.0965
Res_effi(b_1)	.0659	.0472	1.3976	.1627	-.0267	.1585
Sever(b_2)	.1873	.0362	5.1713	.0000	.1162	.2584
Int_1(b_4)	.0313	.0495	.6319	.5277	-.0659	.1284
Suscep(b_3)	.0593	.0392	1.5122	.1309	-.0177	.1362
Int_2(b_5)	.1924	.0504	3.8200	.0001	.0935	.2912
Int_3(b_6)	-.0903	.0190	-4.7632	.0000	-.1276	-.0531
Int_4(b_7)	.0908	.0251	3.6106	.0003	.0414	.1401

Product terms key:

Int_1	:	Res_effi	x	Sever		
Int_2	:	Res_effi	x	Suscep		
Int_3	:	Sever	x	Suscep		
Int_4	:	Res_effi	x	Sever	x	Suscep

Test(s) of highest order unconditional interaction(s):

	R2-chng	F	df1	df2	p
M*W*Z	.0156	13.0366	1.0000	691.0000	.0003

Focal predict: Res_effi (M)
Mod var: Sever (W)
Mod var: Suscep (Z)

Test of conditional M*W interaction at value(s) of Z:

Suscep	Effect	F	df1	df2	p
-1.0571	-.0647	1.7167	1.0000	691.0000	.1905
.0000	.0313	.3993	1.0000	691.0000	.5277
1.0571	.1272	4.1840	1.0000	691.0000	.0412

Conditional effects of the focal predictor at values of the moderator(s):

Sever	Suscep	Effect	se	t	p	LLCI	ULCI
-1.1083	-1.0571	-.0657	.0700	-.9386	.3483	-.2032	.0718
-1.1083	.0000	.0313	.0768	.4070	.6842	-.1196	.1822
-1.108	1.0571	.1283	.1123	1.1420	.2539	-.0923	.3488
.0000	-1.0571	-.1374	.0727	-1.8897	.0592	-.2802	.0054
.0000	.0000	.0659	.0472	1.3976	.1627	-.0267	.1585
.0000	1.0571	.2693	.0695	3.8757	.0001	.1329	.4057
1.0957	-1.0571	-.2083	.1075	-1.9377	.0531	-.4194	.0028
1.0957	.0000	.1002	.0670	1.4941	.1356	-.0315	.2318
1.0957	1.0571	.4087	.0804	5.0822	.0000	.2508	.5665

************************** DIRECT AND INDIRECT EFFECTS OF X ON Y *************************

Direct effect of X on Y

Effect	se	t	p	LLCI	ULCI
.0056	.0463	.1216	.9032	-.0853	.0965

Conditional indirect effects of X on Y:

INDIRECT EFFECT:
Selfeffi -> Res_effi -> Intent

Sever	Suscep	Effect	BootSE	BootLLCI	BootULCI
-1.1083	-1.0571	-.0105	.0136	-.0411	.0133
-1.1083	.0000	.0050	.0120	-.0210	.0288
-1.1083	1.0571	.0206	.0190	-.0169	.0595
.0000	-1.0571	-.0220	.0123	-.0501	-.0022
.0000	.0000	.0106	.0081	-.0041	.0279
.0000	1.0571	.0432	.0159	.0153	.0788
1.0957	-1.0571	-.0334	.0198	-.0774	-.0005
1.0957	.0000	.0161	.0118	-.0040	.0423
1.0957	1.0571	.0655	.0236	.0256	.1181

Index of moderated moderated mediation

Index	BootSE	BootLLCI	BootULCI
.0146	.0083	.0019	.0346

Indices of conditional moderated mediation by W

Suscep	Index	BootSE	BootLLCI	BootULCI
-1.0571	-.0104	.0106	-.0332	.0090
.0000	.0050	.0080	-.0087	.0233
1.0571	.0204	.0130	.0005	.0515

3 조절된 조절된 매개지수(.0146)는 신뢰구간에 0을 포함하지 않으므로 조절된 조절된 매개효과가 있다고 해석한다. PROCESS 모델 18의 해석은 b_4, b_7, 조절된 매개지수의 부호를 토대로 한다. 즉 *W*와 관련된 b_4의 부호가 정적(+), *Z*와 관련된 b_7의 부호가 정적(+), 조절된 매개지수가 정적(+)이므로 *W*(severity)가 증가하고, *Z*(susceptibility)가 증가할수록 'self-efficacy → response efficacy → intention'의 매개효과는 증가한다고 해석한다.

4 *Z*값이 4.3699보다 작거나 6.8414보다 큰 경우에 조절된 조절된 매개효과가 있는 것으로 나타났다.

2) Amos에 의한 분석

1 Amos로 분석하기 위해 [Input K&S(2013)]와 같은 경로도를 그리고, 경로에 명칭을 부여한다.

Input K&S(2013) PROCESS 모델 18

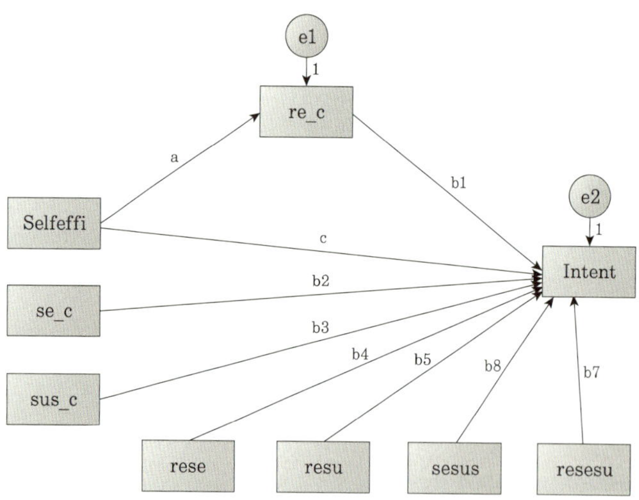

2 다음과 같은 명령문을 작성하고 저장한다.

```
File  Edit  Format  Help

'Index of moderated moderated mediattion for PROCESS model 18

IMMM=a*b7

'conditional indirect effects for each combination of moderator values(W & Z)

  ILOW_LOZ = a*b1 + a*b4*(-1.108) + a*b5*(-1.056) + a*b7*(-1.108)*(-1.056)
  IMEW_LOZ = a*b1 + a*b4*(0) + a*b5*(-1.056) + a*b7*(0)*(-1.056)
  IHIW_LOZ = a*b1 + a*b4*(1.108) + a*b5*(-1.056) + a*b7*(1.108)*(-1.056)

  ILOW_MEZ = a*b1 + a*b4*(-1.108) + a*b5*(0) + a*b7*(-1.108)*(0)
  IMEw_MEZ = a*b1 + a*b4*(0) + a*b5*(0) + a*b7*(0)*(0)
  IHIW_MEZ = a*b1 + a*b4*(1.108) + a*b5*(0) + a*b7*(1.108)*(0)

  ILOW_HIZ = a*b1 + a*b4*(-1.108) + a*b5*(1.056) + a*b7*(-1.108)*(1.056)
  IMEW_HIZ = a*b1 + a*b4*(0) + a*b5*(1.056) + a*b7*(0)*(1.056)
  IHIW_HIZ = a*b1 + a*b4*(1.108) + a*b5*(1.056) + a*b7*(1.108)*(1.056)
```

3 이를 실행하면 다음과 같은 결과를 얻는다.

Output K&S(2013) PROCESS 모델 18 분석 결과

User-defined estimands: (Group number 1 - Default model)

Parameter	Estimate	Lower	Upper	P
IMMM	.0146	.0026	.0355	.0193
ILOW_LOZ	-.0105	-.0419	.0137	.3547
IMEW LOZ	-.0220	-.0524	-.0021	.0323
IHIW_LOZ	-.0335	-.0835	-.0003	.0459
ILOW_MEZ	.0050	-.0155	.0336	.5199
IMEw_MEZ	.0106	-.0015	.0309	.0861
IHIW_MEZ	.0161	-.0024	.0461	.0865
ILOW_HIZ	.0206	-.0103	.0713	.1700
IMEW_HIZ	.0431	.0178	.0803	.0007
IHIW_HIZ	.0657	.0272	.1183	.0010

4 PROCESS macro로 실행한 결과와 동일한 값을 얻는다. 해석도 동일하게 하면 된다.

4 PROCESS 모델 21

4.1 PROCESS 모델 21의 개요

PROCESS 모델 21의 개념적 모델과 통계적 모델은 각각 [그림 17-7(a)], [그림 17-7(b)]와 같다. 그림에서 볼 수 있듯, PROCESS 모델 21은 X와 M 사이의 제1조절변수인 W가 조절역할을 하고, M과 Y 사이의 제2조절변수인 Z가 조절역할을 하는가를 검정하고자 한다. 이 모델을 통해 '$X \rightarrow M \rightarrow Y$' 간의 매개효과가 W와 Z의 수준에 따라 달라지는가를 확인하고자 한다.

그림 17-7 | PROCESS 모델 21

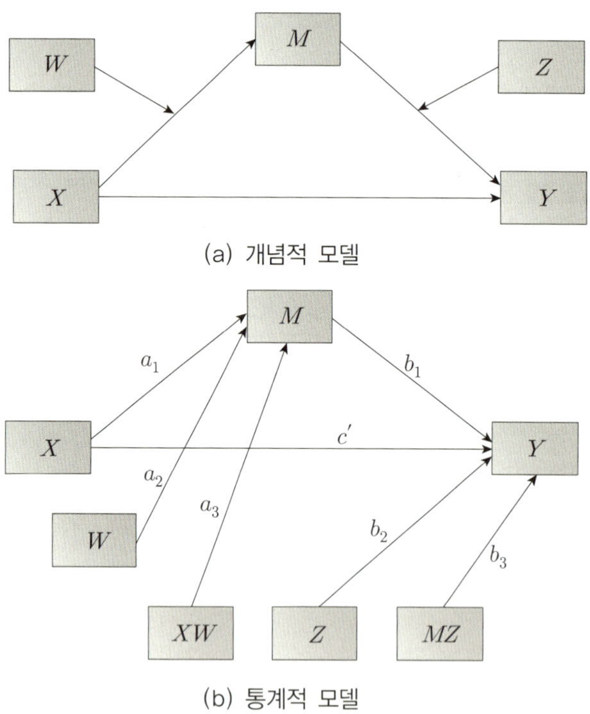

통계적 모델은 다음과 같은 회귀식으로 나타낼 수 있다.

$$M = i_M + a_1 X + a_2 W + a_3 XW \quad (11)$$

$$Y = i_Y + c'X + b_1 M + b_2 Z + b_3 MZ \quad (12)$$

식(11)로부터 X가 M에 미치는 조건부 효과는 다음과 같다.

$$\theta_{X \to M} = a_1 + a_3 W$$

식(12)부터 M이 Y에 미치는 조건부 효과는 다음과 같다.

$$\theta_{M \to Y} = b_1 + b_3 Z$$

X가 M을 경유하여 Y에 미치는 조건부 간접효과는 위 둘의 효과를 곱해서 얻을 수 있다.

$$\theta_{X \to M} \theta_{M \to Y} = (a_1 + a_3 W)(b_1 + b_3 Z) = a_1 b_1 + a_3 b_1 W + a_1 b_3 Z + a_3 b_3 WZ \quad (13)$$

식(13)을 W를 기준으로 정리하면 다음과 같다.

$$\theta_{X \to M} \theta_{M \to Y} = a_1 b_1 + (a_3 b_1 + a_3 b_3 Z) W + a_1 b_3 Z \quad (14)$$

식(14)는 W와 X의 간접효과의 관계는 Z의 선형함수임을 의미한다. $(a_3 b_1 + a_3 b_3 Z)$은 W에 의한 조건부 조절된 매개지수(index of conditional moderated mediation by W)라고 하며, 특정 Z값을 조건으로 한(conditioned on Z) W와 X 간의 간접효과의 크기를 계량화한 것이다.

식(14)를 Z를 기준으로 정리하면 다음과 같다.

$$\theta_{X \to M} \theta_{M \to Y} = a_1 b_1 + a_3 b_1 W + (a_1 b_3 + a_3 b_3 W) Z \quad (15)$$

식(15)는 Z와 X의 간접효과는 W의 선형함수임을 의미한다. $(a_1 b_3 + a_3 b_3 W)$은 Z에 의한 조건부 조절된 매개지수(index of conditional moderated mediation by Z)라고 하며, 이는 특정 W값을 조건으로 한(conditioned on W) Z와 X 간의 간접효과의 크기를 계량화한 것이다.

이들 2개의 조건부 조절된 매개지수에는 a_3b_3이 공통으로 포함되어 있다. 이 a_3b_3이 PROCESS 모델 21의 조절된 조절된 매개지수(index of moderated moderated mediation)이다. 이 지수는 Z의 변화에 따른 W에 의해 조절되는 X의 Y에 대한 간접효과의 변화율과 W의 변화에 따른 Z에 의해 조절되는 X의 Y에 대한 간접효과의 변화율을 동시에 계량화한 것이다.

4.2 PROCESS 모델 21: 예 1

1) PROCESS macro에 의한 분석

[그림 17-8]은 Li 등(2015)이 연구한 PROCESS 모델 21이다.

그림 17-8 | PROCESS 모델 21: strain과 pss의 조절효과모델

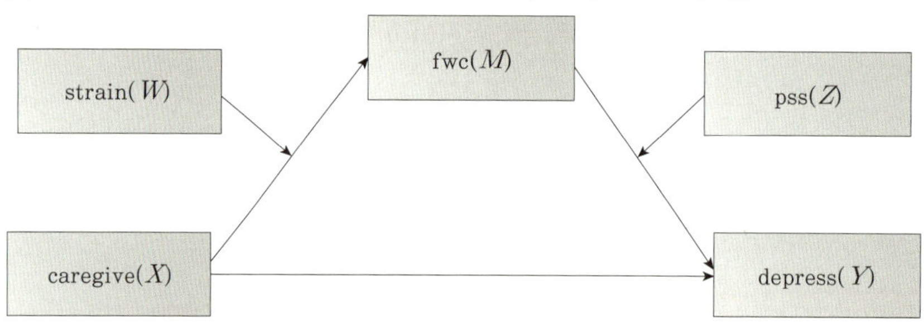

1 이를 가상의 자료를 이용하여 분석하기로 한다. PROCESS에서 다음과 같이 변수와 모델넘버를 지정한다.

PROCESS 대화상자-3 변수 및 모델넘버 지정

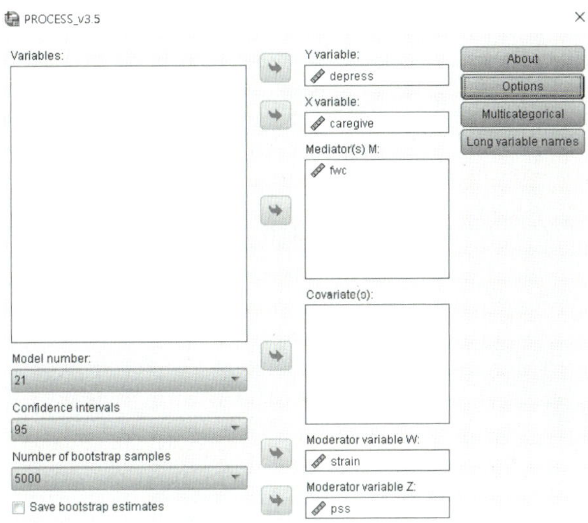

2 이를 실행하면 [PROCESS Output 3]을 얻는다.

PROCESS Output 3 PROCESS 모델 21 분석 결과

****

Model : 21
Y : depress
X : caregive
M : fwc
W : strain
Z : pss

Sample
Size: 272

****

OUTCOME VARIABLE:
fwc

Model Summary

R	R-sq	MSE	F	df1	df2	p
.6272	.3933	.7589	57.9196	3.0000	268.0000	.0000

Model

	coeff	se	t	p	LLCI	ULCI
constant	−.1246	.0588	−2.1178	.0351	−.2404	−.0088
caregive	.1830	.0515	3.5534	.0004	.0816	.2843

```
strain          .4919      .0542     9.0829      .0000      .3853      .5986
Int_1(a3)       .1525      .0317     4.8100      .0000      .0901      .2149

Product terms key:
 Int_1     :       caregive x       strain

Test(s) of highest order unconditional interaction(s):
       R2-chng           F          df1          df2           p
X*W       .0524       23.1357     1.0000     268.0000       .0000
----------
    Focal predict: caregive (X)
          Mod var: strain   (W)

Conditional effects of the focal predictor at values of the moderator(s):

     strain     Effect         se          t          p       LLCI       ULCI
    -1.1937      .0009      .0596      .0155      .9876     -.1165      .1183
      .0000      .1830      .0515     3.5534      .0004      .0816      .2843
     1.1937      .3650      .0679     5.3756      .0000      .2313      .4987
OUTCOME VARIABLE:
 depress

Model Summary
          R       R-sq        MSE          F        df1        df2          p
      .7572      .5734      .8529    89.7293     4.0000   267.0000      .0000

Model
              coeff         se          t          p       LLCI       ULCI
constant     4.7432      .0607    78.1014      .0000     4.6237     4.8628
caregive      .3527      .0580     6.0851      .0000      .2386      .4668
fwc           .2590      .0587     4.4089      .0000      .1433      .3746
pss           .4327      .0671     6.4508      .0000      .3007      .5648
Int_1(b3)     .3261      .0404     8.0680      .0000      .2465      .4057

Product terms key:
 Int_1     :       fwc       x       pss

Test(s) of highest order unconditional interaction(s):
       R2-chng           F          df1          df2           p
M*Z       .1040       65.0925     1.0000     267.0000       .0000
----------
    Focal predict: fwc      (M)
          Mod var: pss      (Z)

Conditional effects of the focal predictor at values of the moderator(s):

        pss     Effect         se          t          p       LLCI       ULCI
    -1.1022     -.1005      .0763    -1.3159      .1893     -.2508      .0499
```

```
       .0000      .2590      .0587     4.4089      .0000      .1433      .3746
      1.1022      .6184      .0710     8.7103      .0000      .4786      .7582

************************** DIRECT AND INDIRECT EFFECTS OF X ON Y *************************

Direct effect of X on Y
     Effect         se          t          p       LLCI       ULCI
      .3527      .0580     6.0851      .0000      .2386      .4668

Conditional indirect effects of X on Y:

INDIRECT EFFECT:
 caregive    ->    fwc         ->    depress

     strain        pss     Effect     BootSE   BootLLCI   BootULCI
    -1.1937    -1.1022     -.0001      .0143     -.0310      .0313
    -1.1937      .0000      .0002      .0222     -.0512      .0378
    -1.1937     1.1022      .0006      .0531     -.1214      .0873
      .0000    -1.1022     -.0184      .0207     -.0678      .0147
      .0000      .0000      .0474      .0241      .0009      .0937
      .0000     1.1022      .1131      .0466      .0164      .2018
     1.1937    -1.1022     -.0367      .0379     -.1206      .0306
     1.1937      .0000      .0945      .0426      .0040      .1744
     1.1937     1.1022      .2257      .0773      .0614      .3666

      Index of moderated moderated mediation
      Index     BootSE   BootLLCI   BootULCI
      .0497(a3b3)  .0206      .0119      .0935

      Indices of conditional moderated mediation by W
        pss      Index     BootSE   BootLLCI   BootULCI
    -1.1022     -.0153      .0166     -.0542      .0132
      .0000      .0395      .0201      .0011      .0797
     1.1022      .0943      .0396      .0154      .1713
```

3 조절된 조절된 매개지수(.0497)가 95% 신뢰구간에 0을 포함하지 않으므로 조절된 조절된 매개효과가 있다고 해석한다. PROCESS 모델 21의 해석은 a_3, b_3, 조절된 조절된 매개지수 부호를 토대로 한다. 이 예에서 a_3부호는 정적(+)이고, b_3부호도 정적(+)이고, 조절된 조절된 매개지수도 정적(+)이다. 따라서 a_3부호와 관련된 W가 증가하고, b_3부호와 관련된 Z가 증가할수록 '$X \rightarrow M \rightarrow Y$'의 간접효과는 증가한다고 해석한다.

4 보다 구체적으로 [strain]과 [pss]가 평균보다 높은 수준에서 조건부 매개효과가

있는 것으로 나타났다.

2) Amos에 의한 분석

1 Amos로 분석하기 위해 [Input Li(2015)]와 같은 경로도를 그리고 경로에 명칭을 부여한다.

Input Li(2015) PROCESS 모델 21

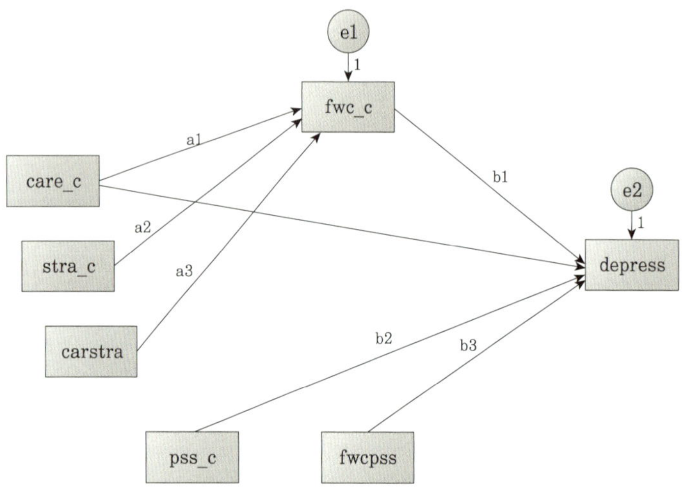

2 [user-defined estimand]에서 다음과 같은 명령문을 작성하고 저장한다.

```
File   Edit   Format   Help

'index of moderated moderated mediation

IMMM=a3*b3
'index of conditional moderated mediation by W
con_mm_low=a3*b1+a3*b3*(-1.1)
con_mm_med=a3*b1+a3*b3*(0)
con_mm_high=a3*b1+a3*b3*(1.1)

'index of conditional moderated mediation by Z
con_mm_low1=a1*b3+a3*b3*(-1.192)
con_mm_med2=a1*b3+a3*b3*(0)
con_mm_high3=a1*b3+a3*b3*(1.192)

' conditional indirect effects For Each combination Of moderator values (W & Z)

   ILOW_LOZ = a1*b1 + a3*b1*(-1.192) + a1*b3*(-1.1) + a3*b3*(-1.192)*(-1.1)
   IMEW_LOZ = a1*b1 + a3*b1*(0) + a1*b3*(-1.1) + a3*b3*(0)*(-1.1)
   IHIW_LOZ = a1*b1 + a3*b1*(1.192) + a1*b3*(-1.1) + a3*b3*(1.192)*(-1.1)

   ILOW_MEZ = a1*b1 + a3*b1*(-1.192) + a1*b3*(0) + a3*b3*(-1.192)*(0)
   IMEW_MEZ = a1*b1 + a3*b1*(0) + a1*b3*(0) + a3*b3*(0)*(0)
   IHIW_MEZ = a1*b1 + a3*b1*(1.192) + a1*b3*(0) + a3*b3*(1.192)*(0)

   ILOW_HIZ = a1*b1 + a3*b1*(-1.192) + a1*b3*(1.1) + a3*b3*(-1.192)*(1.1)
   IMEW_HIZ = a1*b1 + a3*b1*(0) + a1*b3*(1.1) + a3*b3*(0)*(1.1)
   IHIW_HIZ = a1*b1 + a3*b1*(1.192) + a1*b3*(1.1) + a3*b3*(1.192)*(1.1)
```

3 이를 실행하면 다음과 같은 결과를 얻는다.

Output Li(2015) PROCESS 모델 21 분석 결과

Regression Weights: (Group number 1 - Default model)

			Estimate	S.E.	C.R.	P	Label
fwc_c	<---	care_c	.1830	.0423	4.3254	***	a1
fwc_c	<---	stra_c	.4919	.0441	11.1595	***	a2
fwc_c	<---	carstra	.1525	.0297	5.1258	***	a3
depress	<---	care_c	.3527	.0457	7.7114	***	
depress	<---	fwc_c	.2590	.0515	5.0262	***	b1
depress	<---	fwcpss	.3261	.0398	8.1973	***	b3
depress	<---	pss_c	.4327	.0505	8.5660	***	b2

User-defined estimands: (Group number 1 - Default model)

Parameter	Estimate	Lower	Upper	P
IMMM	.0497	.0137	.0958	.0066
con_mm_low	-.0152	-.0510	.0144	.2647
con_mm_med	.0395	.0051	.0874	.0305
con_mm_high	.0942	.0211	.1785	.0183
con_mm_low1	.0004	-.0668	.0479	.9841
con_mm_med2	.0597	.0197	.1203	.0052
con_mm_high3	.1189	.0493	.2065	.0051
ILOW_LOZ	-.0001	-.0319	.0301	.9641
IMEW_LOZ	-.0182	-.0698	.0147	.2425
IHIW_LOZ	-.0364	-.1143	.0372	.3064
ILOW_MEZ	.0003	-.0490	.0392	.9809
IMEW_MEZ	.0474	.0115	.1127	.0159
IHIW_MEZ	.0944	.0221	.1918	.0216
ILOW_HIZ	.0007	-.1213	.0865	.9861
IMEW_HIZ	.1130	.0356	.2191	.0108
IHIW_HIZ	.2253	.0796	.3866	.0145

4 PROCESS macro의 분석 결과와 같다.

4.3 PROCESS 모델 21: 예 2

[그림 17-9] 모델을 Amos로 분석하기로 한다.

그림 17-9 | PROCESS 모델 21

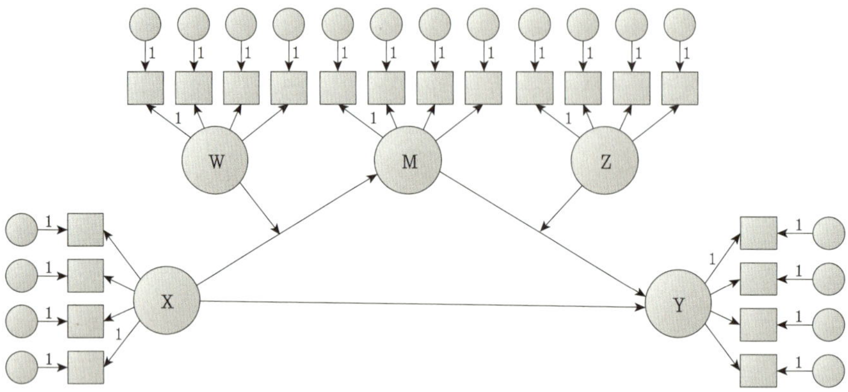

1 [Input Model_p21]과 같은 경로도를 만들고 경로에 명칭을 부여한다. 이 입력파일은 모든 적지표 접근법에 따른 것이다.

Input Model_p21 PROCESS 모델 21

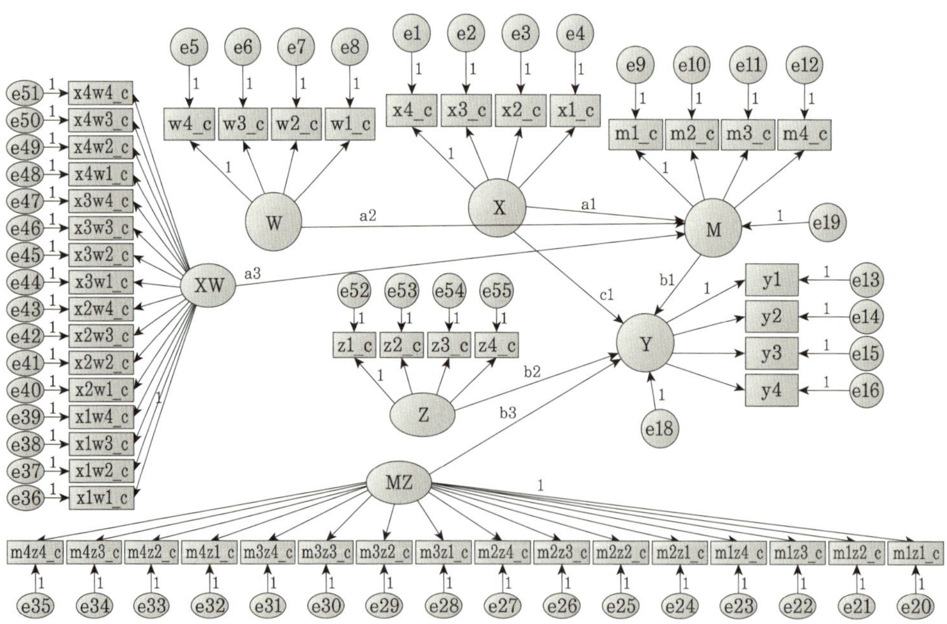

2 [user-defined estimand]에서 다음과 같은 명령문을 작성하고 저장한다.

```
File  Edit  Format  Help

'index of mederated moderated mediation
immm=a3*b3

'index of conditional moderated mediation by W
iccm1=a3*b1+a3*b3*(-1*1.612)
iccm2=a3*b1+a3*b3*(0*1.612)
iccm3=a3*b1+a3*b3*(1*1.612)

'index of conditional moderated mediation by Z
iccm4=a1*b3+a3*b3*(-1*1.386)
iccm5=a1*b3+a3*b3*(0*1.386)
iccm6=a1*b3+a3*b3*(1*1.386)

'conditional indirect effect for values of W and Z
ciewlzl=(a1+a3*(-1*1.162)*(b1+b3*(-1*1.162)))
ciewmzl=(a1+a3*(0)*(b1+b3*(-1*1.162)))
ciewhzl=(a1+a3*(1*1.162)*(b1+b3*(-1*1.162)))

ciewlzm=(a1+a3*(-1*1.162)*(b1+b3*(0)))
ciewmzm=(a1+a3*(0)*(b1+b3*(0)))
ciewhzm=(a1+a3*(1*1.162)*(b1+b3*(0)))

ciewlzh=(a1+a3*(-1*1.162)*(b1+b3*(1*1.162)))
ciemlzh=(a1+a3*(0)*(b1+b3*(1*1.162)))
ciewhzh=(a1+a3*(1*1.162)*(b1+b3*(1*1.162)))
```

3 이를 실행하면 다음과 같은 결과를 얻는다. 조절된 조절된 매개지수(immm) -.014는 $a3 \times b3$에 의해 계산된다.

Output Model_p21 PROCESS 모델 21 분석 결과

Regression Weights: (Group number 1 - Default model)

			Estimate	S.E.	C.R.	P	Label
M	<---	X	.385	.037	10.391	***	a1
M	<---	W	.179	.031	5.709	***	a2
M	<---	XW	-.054	.021	-2.613	.009	a3
Y	<---	X	-.097	.072	-1.351	.177	c1
Y	<---	MZ	.266	.055	4.843	***	b3
Y	<---	M	1.033	.141	7.314	***	b1
Y	<---	Z	.327	.058	5.677	***	b2

User-defined estimands: (Group number 1 - Default model)

Parameter	Estimate	Lower	Upper	P
immm	-.014	-.032	-.003	.012
iccm1	-.033	-.072	-.007	.012
iccm2	-.056	-.103	-.010	.019
iccm3	-.079	-.146	-.014	.019
iccm4	.123	.070	.195	.001

iccm5	.103	.054	.164	.001
iccm6	.083	.039	.147	.001
ciewlzl	.431	.325	.548	.001
ciewmzl	.385	.281	.504	.001
ciewhzl	.340	.220	.472	.001
ciewlzm	.450	.341	.569	.001
ciewmzm	.385	.281	.504	.001
ciewhzm	.320	.200	.459	.001
ciewlzh	.470	.354	.593	.001
ciemlzh	.385	.281	.504	.001
ciewhzh	.301	.172	.449	.001

4 이 분석을 대응된 쌍 접근법으로 실행해 보기로 한다. 이를 위한 입력파일은 [Input Model_p21_1]이다.

Input Model_p21_1 대응된 쌍 접근법

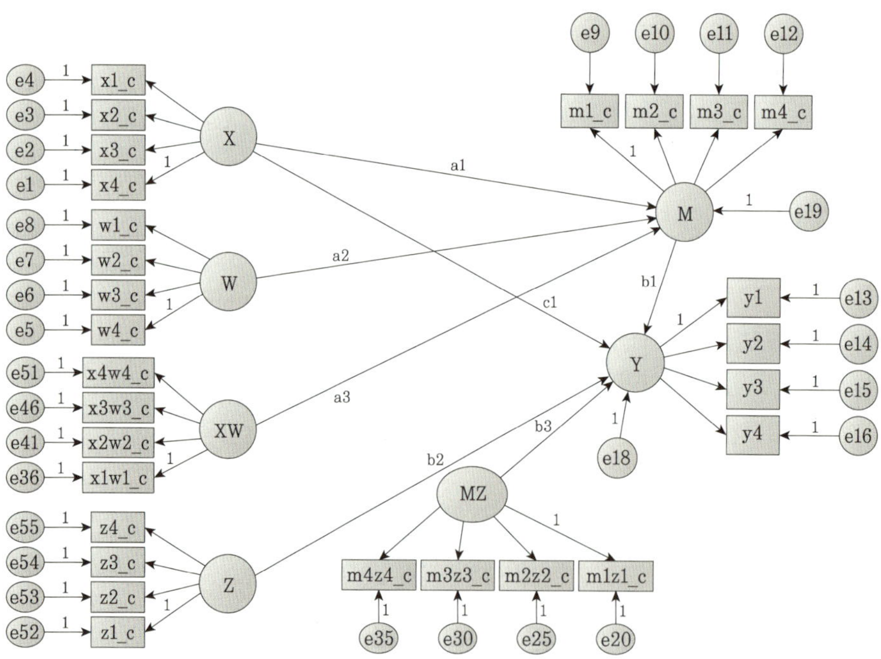

5 [user-defined estimand]에서 앞서 작성한 명령문과 같게 작성하고 저장한다.

6 이를 실행하면 다음과 같은 결과를 얻는다.

Output Model_p21_1 PROCESS 모델 21 분석 결과

Regression Weights: (Group number 1 - Default model)

			Estimate	S.E.	C.R.	P	Label
M	<---	X	.386	.037	10.403	***	a1
M	<---	W	.181	.031	5.762	***	a2
M	<---	XW	-.062	.025	-2.503	.012	a3
Y	<---	X	-.099	.072	-1.362	.173	c1
Y	<---	MZ	.279	.061	4.568	***	b3
Y	<---	M	1.044	.142	7.351	***	b1
Y	<---	Z	.325	.058	5.613	***	b2

User-defined estimands: (Group number 1 - Default model)

Parameter	Estimate	Lower	Upper	P
immm	-.017	-.039	-.003	.017
iccm1	-.037	-.084	-.005	.017
iccm2	-.064	-.122	-.009	.024
iccm3	-.092	-.173	-.012	.025
iccm4	.131	.073	.204	.001
iccm5	.108	.059	.174	.001
iccm6	.084	.037	.154	.001
ciewlzl	.438	.333	.555	.001
ciewmzl	.386	.282	.507	.001
ciewhzl	.335	.209	.469	.001
ciewlzm	.461	.347	.583	.001
ciewmzm	.386	.282	.507	.001
ciewhzm	.311	.181	.458	.001
ciewlzh	.484	.360	.612	.001
ciemlzh	.386	.282	.507	.001
ciewhzh	.288	.146	.443	.001

7 모수치가 큰 차이가 없다.

8 조절된 조절된 매개지수(IMMM)가 유의적이므로 조절된 조절된 매개효과가 있다. 구체적으로 $a_3(W)$가 감소하고 $b_3(Z)$가 증가할수록 '$X \rightarrow M \rightarrow Y$'의 간접효과는 감소한다고 해석한다.

참고문헌

배병렬 (2021). SPSS/PROCESS에 의한 조절효과 및 매개효과분석: 이론과 실제. 도서출판 청람.

이형권 (2018). M*plus*를 이용한 매개효과와 조절효과 및 조절된 매개효과 분석. 신영사.

이형권 (2020). PROCESS macro를 이용한 조절된 매개효과분석. 신영사.

Harun, A., & Rokonuzzaman, M. (2021). Pursuit of loyalty in service recovery: The roles of brand equity and cognitive reappraisal as moderators. *Journal of Retailing and Consumer Services, 62*, 1-11.

Hayes, A. F. (2018). Partial, conditional, and moderated moderated mediation: Quantification, inference, and interpretation. *Communication Monograph, 85*(1), 4-40.

Holland, S. J., Shore, D. B., & Cortina, J. M. (2017). Review and recommendations for integrating mediation and moderation. *Organizational Research Methods, 20*(4), 686-720.

Igartua, J. J., Wojcieszak, M., & Kim, N. (2019). How the interplay of imagined contact and first-person narratives improves attitudes toward stigmatized immigrants: A conditional process model. *European Journal of Social Psychology, 49*(2), 385-397.

Krieger, J. L., & Sarge, M. A. (2013). A serial mediation model of message framing on intentions to receive the human papillomavirus (HPV) vaccine: Revisiting the role of threat and efficacy perceptions. *Health Communication, 28*, 5-19.

Lange, D., Corbett, J., Lippke, S., Knoll, N., & Schwarzer, R. (2015). The interplay of intention, autonomy, and sex with dietary planning: A conditional process model to predict fruit and vegetable intake. *British Journal of Health Psychology, 20*(4), 859-876.

Li, A., Shaffer, J., & Bagger, J. (2015). The psychological well-being of disability caregivers: Examining the roles of family strain, family-to-work conflict, and perceived supervisor support. *Journal of Occupational Health Psychology, 20*(1), 40–49.

부록

1. 표준정규분포표

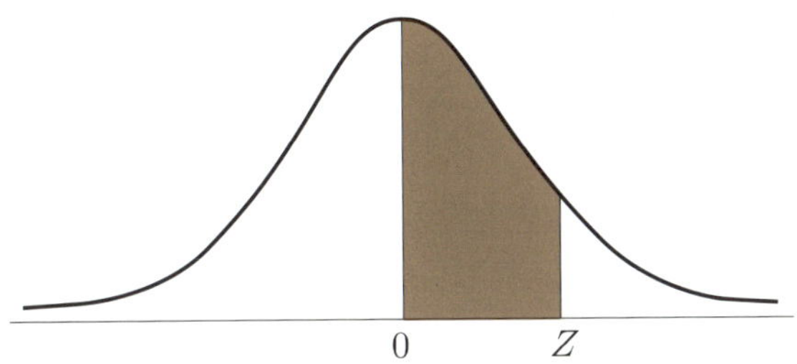

Z	.00	.01	.02	.03	.04	.05	.06	.07	08	.09
0.0	.0000	.0040	.0080	.0120	.0160	.0199	.0239	.0279	.0319	.0359
0.1	.0398	.0438	.0478	.0517	.0557	.0596	.0636	.0675	.0714	.0753
0.2	.0793	.0832	.0871	.0910	.0948	.0987	.1026	.1064	.1103	.1141
0.3	.1179	.1217	.1255	.1293	.1331	.1368	.1406	.1443	.1480	.1517
0.4	.1554	.1591	.1628	.1664	.1700	.1736	.1772	.1808	.1844	.1879
0.5	.1915	.1950	.1985	.2019	.2054	.2088	.2123	.2157	.2190	.2224
0.6	.2257	.2291	.2324	.2357	.2389	.2422	.2454	.2486	.2517	.2549
0.7	.2580	.2611	.2642	.2673	.2704	.2734	.2764	.2794	.2823	.2852
0.8	.2881	.2910	.2939	.2967	.2995	.3023	.3051	.3078	.3106	.3133
0.9	.3159	.3186	.3212	.3238	.3264	.3289	.3315	.3340	.3365	.3389
1.0	.3413	.3438	.3461	.3485	.3508	.3531	.3554	.3577	.3599	.3621
1.1	.3643	.3665	.3686	.3708	.3279	.3749	.3770	.3790	.3810	.3830
1.2	.3849	.3869	.3888	.3907	.3925	.3944	.3962	.3980	.3997	.4015
1.3	.4032	.4049	.4066	.4082	.4099	.4115	.4131	.4147	.4162	.4177
1.4	.4192	.4207	.4222	.4236	.4251	.4265	.4279	.4292	.4306	.4319
1.5	.4332	.4345	.4357	.4370	.7382	.4394	.4406	.4418	.4429	.4441
1.6	.4452	.4463	.4474	.4484	.4495	.4505	.4515	.4525	.4535	.4545
1.7	.4554	.4564	.4573	.4582	.4591	.4599	.4608	.4616	.4625	.4633
1.8	.4641	.4649	.4656	.4664	.4671	.4678	.4686	.4693	.4699	.4706
1.9	.4713	.4719	.4726	.4732	.4738	.4744	.4750	.4756	.4761	.4767
2.0	.4772	.4778	.4783	.4788	.4793	.4798	.4803	.4808	.4812	.4817
2.1	.4821	.4826	.4830	.4834	.4838	.4842	.4846	.4850	.4856	.4857
2.2	.4861	.4864	.4868	.4871	.4875	.4878	.4881	.4884	.4887	.4890
2.3	.4893	.4896	.4898	.4901	.4904	.4906	.4909	.4911	.4913	.4916
2.4	.4918	.4920	.4922	.4925	.4927	.4929	.4931	.4932	.4934	.4936
2.5	.4938	.4940	.4941	.4943	.4945	.4946	.4948	.4949	.4951	.4952
2.6	.4953	.4955	.4956	.4957	.4959	.4960	.4961	.4962	.4963	.4964
2.7	.4965	.4966	.4967	.4968	.4969	.4970	.4971	.4972	.4973	.4974
2.8	.4974	.4975	.4976	.4977	.4977	.4978	.4979	.4979	.4980	.4981
2.9	.4981	.4982	.4982	.4983	.4984	.4984	.4985	.4985	.4986	.4986
3.0	.4987	.4987	.4987	.4988	.4988	.4989	.4989	.4989	.4990	.4990
4.0	.4999									

(예: Z=1.96일 때 색칠한 부분의 확률은 0.4750임)

2. χ^2분포표

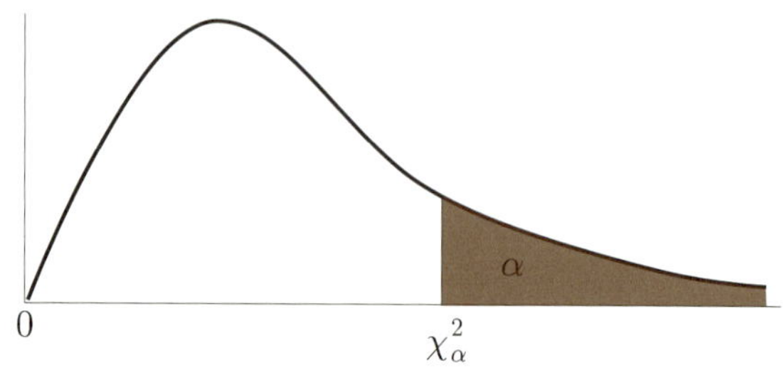

df \ α	$\chi_{0.990}$	$\chi_{0.975}$	$\chi_{0.950}$	$\chi_{0.900}$	$\chi_{0.500}$	$\chi_{0.100}$	$\chi_{0.050}$	$\chi_{0.025}$	$\chi_{0.010}$	$\chi_{0.005}$
1	0.0002	0.0001	0.004	0.15	0.45	2.71	3.84	5.02	6.63	7.88
2	0.02	0.05	0.10	0.21	1.39	4.61	5.99	7.38	9.21	10.60
3	0.11	0.22	0.35	0.58	2.37	6.25	7.81	9.35	11.34	12.84
4	0.30	0.48	0.71	1.06	3.36	7.78	9.49	11.14	13.28	14.86
5	0.55	0.83	1.15	1.61	4.35	9.24	11.07	12.83	15.09	16.75
6	0.87	1.24	1.64	2.20	5.35	10.64	12.59	14.45	16.81	18.55
7	1.24	1.69	2.17	2.83	6.35	12.02	14.07	16.01	18.48	20.28
8	1.65	2.18	2.73	3.49	7.34	13.36	15.51	17.53	20.09	21.95
9	2.09	2.70	3.33	4.17	8.34	14.68	16.92	19.02	21.67	23.59
10	2.56	3.25	3.94	4.87	9.34	15.99	18.31	20.48	23.21	25.19
11	3.05	3.82	4.57	5.58	10.34	17.28	19.68	21.92	24.72	26.76
12	3.57	4.40	5.23	6.30	11.34	18.55	21.03	23.34	26.22	28.30
13	4.11	5.01	5.89	7.04	12.34	19.81	22.36	24.74	27.69	29.82
14	4.66	5.63	6.57	7.79	13.34	21.06	23.68	26.12	29.14	31.32
15	5.23	6.26	7.26	8.55	14.34	22.31	25.00	27.49	30.58	32.80
16	5.81	6.91	7.96	9.31	15.34	23.54	26.30	28.85	32.00	34.27
17	6.41	7.56	8.67	10.09	16.34	24.77	27.59	30.19	33.41	35.72
18	7.01	8.23	9.39	10.86	17.34	25.99	28.87	31.53	34.81	37.16
19	7.63	8.91	10.12	11.65	18.34	27.20	30.14	32.85	36.19	38.58
20	8.26	9.59	10.85	12.44	19.34	28.41	31.14	34.17	37.57	40.00
21	8.90	10.28	11.59	13.24	20.34	29.62	32.67	35.48	38.93	41.40
22	9.54	10.98	12.34	14.04	21.34	30.81	33.92	36.78	40.29	42.80
23	10.20	11.69	13.09	14.85	22.34	32.01	35.17	38.08	41.64	44.18
24	10.86	12.40	13.85	15.66	23.34	33.20	36.74	39.36	42.98	45.56
25	11.52	13.12	14.61	16.47	24.34	34.38	37.92	40.65	44.31	46.93
26	12.20	13.84	15.38	17.29	25.34	35.56	38.89	41.92	45.64	48.29
27	12.83	14.57	16.15	18.11	26.34	36.74	40.11	43.19	46.96	49.64
28	13.56	15.31	16.93	18.94	27.34	37.92	41.34	44.46	48.28	50.99
29	14.26	16.05	17.71	19.77	28.34	39.09	42.56	45.72	49.59	52.34
30	14.95	16.79	18.49	20.60	29.34	40.26	43.77	46.98	50.89	53.67
40	22.16	24.43	26.51	29.05	39.34	51.81	55.76	59.34	63.69	66.77
50	29.71	32.36	34.76	37.69	49.33	63.17	67.50	71.42	76.15	79.49
60	37.48	40.48	43.19	46.46	59.33	74.40	79.08	83.30	88.38	91.95
70	45.44	48.76	51.74	55.33	69.33	85.53	90.53	95.02	100.43	104.21
80	53.54	57.15	60.39	64.28	79.33	96.58	101.88	106.63	112.33	116.32
90	61.75	65.65	69.13	73.29	89.33	107.57	113.15	118.14	124.12	128.30
100	70.06	74.22	77.93	82.36	99.33	118.50	124.34	129.56	135.81	140.17

찾아보기

가법다중조절모델(additive multiple moderation model) ········ 186
가속효과(accentuating effect) ········ 12
간접만 매개(indirect-only mediation) ········ 228, 240, 249
감소효과(mitigating effect) ········ 13
강화효과(enhancing effect) ········ 11
강화효과(strengthening effect) ········ 12
강화효과(synergistic effect) ········ 10
검정력(power) ········ 222
경계조건(boundary condition) ········ 3
경로에 명칭을 부여하는 방법 ········ 57
경쟁매개(competitive mediation) ········ 228
경쟁효과(competing effect) ········ 15
기질변수 ········ 3

다중독립변수모델(multiple independent variable model) ········ 221
다중매개모델(multiple mediator model) ········ 220, 264, 408
다중조절모델(multiple moderation model) ·· 186
다중종속변수모델(multiple dependent variable model) ········ 221
다중집단매개분석(multiple group mediation analysis) ········ 331
다중집단분석(multiple group analysis) ······ 6, 27
단순기울기(simple slope) ········ 7, 9
단순기울기 검정(simple slope test) ········ 9, 116
단순기울기 분석(simple slope analysis) 19, 143
단순매개모델(simple mediator model) · 219, 236
단순절편(simple intercept) ········ 7
단순조절모델(simple moderation model) ····· 186
단순효과(simple effect) ········ 8
단일매개모델(single mediator model) ·· 219, 236
단일조절모델(single moderation model) ······ 186
단일지표 접근법(single indicator approach) ········ 77, 95
대응된 쌍 전략(matched-pair strategy) 75, 112
대응된 쌍 접근법(matched pair approach) ········ 98, 355
대응별 모수비교(pairwise parameter comparison) ········ 27, 37
대응별 모수비교에 의한 방법 ········ 53, 61
대체효과(substituting effect) ········ 13
*W*에 의한 조건부 조절된 매개지수(index of conditional moderated mediation by) ····· 467
등가제약모델(equality constrained model) ···· 28

Lin 등(2010)의 접근법 ········ 132
Little 등(2006)의 접근법 ········ 156, 168

매개변수(mediator, mediating variable) ······· 212
매개효과(mediated effect) ········ 214
매개효과분석(mediating effect analysis) ······· 214
Marsh 등(2006)의 접근법 ········ 111
모든 가능한 쌍 전략(all-possible pairs strategy) ········ 112, 126
모든 적지표 전략(all product indicator strategy) ········ 75
모든 적지표 접근법(all product indicator approach) ········ 355
모든 정보 이용(Use all of the information) ··· 141

모수 붓스트래핑(parametric bootstrapping) ········ 237, 268
무방향성 가설(non-directional hypothesis) ···· 18
무효과 비매개(no-effect nonmediation) ······· 228

반대효과(antagonistic effect) ········ 11
방해효과(interference effect) ········ 11
방향성 가설(directional hypothesis) ········ 18
배반효과(violating effect) ········ 12
범주형 조절변수(categorical moderator) ·· 26, 27
베이지언 추정(Bayesian estimation) ········ 327
병렬(평행)다중매개모델(parallel multiple mediator model) ········ 264
보충매개(complementary mediation) ········ 227
부분매개(partial mediation) ········ 226
비모수 붓스트래핑(non-parametric bootstrapping) ········ 237, 268
비제약 접근법(unconstrained approach) ········ 77
비제약모델(unconstrained model) ········ 28

사용자 정의 추정(user-defined estimand) ········ 274, 292, 305, 308
사후심층탐구(post hoc probing) ········ 19, 143
상승효과(amplifying effect) ········ 11
상태변수(state variable) ········ 213
상호작용탐구(probing an interaction) ········ 19
상호작용효과분석(interaction effect analysis) ········ 6, 27, 74
세분화 접근법(segmentation approach) ········ 225
스포트라이트 분석(spotlight analysis) ··· 19, 143
시너지효과(synergistic effect) ········ 11
3-대응된 쌍 전략(3-matched pair strategy) ·· 142
3원상호작용(three-way interaction) ········ 198

약화효과(weakening effect) ········ 13
역전효과(reversing effect) ········ 14
연속다중매개모델(serial multiple mediator model) ········ 220, 264
연속형 조절변수(continuous moderator) · 27, 74
완전매개(full mediation) ········ 226
완화효과(buffering effect) ········ 9, 11
유의영역(region of significance) ········ 146
유의영역 접근법(region of significance approach) ········ 19, 143
이중평균중심화 접근법(double-mean-centering approach) ········ 132

자유모델(free model) ········ 28
잔차중심화 접근법(residual centering approach) ········ 156
적지표 접근법(product indicator approach) · 110
적항 접근법(product term approach) ······ 78, 97
전송 접근법(transmittal approach) ········ 225
정보의 재사용 금지(Do not reuse any of the information) ········ 141
제1조절변수(primary moderator: W) ·· 198, 446
제2조절변수(secondary moderator: Z) · 198, 446
조건부 간접효과(conditional indirect effect: CIE) ········ 340, 369, 408
조건부 직접효과(conditional direct effect) ··· 369
조명등 분석(floodlight analysis) ········ 19, 146
조절된 매개지수(index of moderated mediation: IMM) ········ 341, 408
조절된 매개효과분석(moderated mediation effect analysis) ········ 318
조절된 조절된 매개지수(index of moderated moderated mediation) ········ 460, 468
조절된 조절된 매개효과분석(moderated moderated mediation effect analysis) ······· 446
조절된 조절모델(moderated moderation model) ········ 186, 198
조절된 조절모델: PROCESS 모델 3 ········ 198
조절변수(moderator, moderating variable) ······ 2
조절효과분석(moderating effect analysis) ······· 3
존슨-네이먼 기법(Johnson-Neyman technique) ········ 19, 146

존재효과(existence effect) ········· 15
주문추정(custom estimand) ········· 329
직교화 접근법(orthogonalizing approach) ···· 156
직접만 비매개(direct-only nonmediation) ···· 228
직접효과(direct effect) ········· 2

χ^2차이검정(chi-square difference test) ········· 27
χ^2차이검정에 의한 방법 ········· 59, 64
초점예측변수(focal predictor) ········· 3
총간접효과(total indirect effect) ········· 266, 291
총체적 검정(omnibus test) ········· 342
추가추정(additional estimand) ········· 328

통계적 검정력(statistical power) ········· 19
특성변수(trait variable) ········· 3
특정간접효과(specific indirect effect) ··· 266, 292
특정값 선택법(pick-a-point approach) ··· 19, 143

팬텀변수(phantom variable) ········· 266, 267, 292
평행(병렬)다중매개모델
(parallel multiple mediator model) ········· 220
표준화계수의 교정 ········· 118

한 쌍 전략(one-pair strategy) ········· 112
항목묶기(item parceling) ········· 141

| 저자소개 |

배병렬
전북대학교 상과대학 경영학과 교수

Amos 28에 의한
조절효과, 매개효과 및 PROCESS 모델 분석

2022년 8월 5일 1판 1쇄 인쇄
2022년 8월 8일 1판 1쇄 발행

저 자 | 배병렬
발행인 | 이수영
발행처 | 도서출판 청람
서울시 마포구 독막로 288(대흥동, 세양상가 109호)
전 화 | 02)3272-2601~2
팩 스 | 02)3272-2603
이메일 | crbooks@daum.net
홈페이지 | http://www.crbooks.co.kr
등 록 | 2000.8.26 제6-0509호

ISBN 978-89-5972-888-6 93310 [정가 34,000원]